제 2 판

임 검사의
사기예방
솔루션

사기 없는 세상을 꿈꾸다

임채원

박영사

제2판을 내면서

이 책이 발행된 지 벌써 2년이라는 세월이 흘렀습니다. 초판 6 쇄를 발행하기까지 많은 조언과 성원을 아끼지 않으신 독자 여러분들께 깊은 감사의 마음을 전합니다.

그동안 독자들은 이 책에서 ① 사기예방의 지혜가 공공재(公共財)라는 것, ② 사기친 직장 상사를 용서하신 아버지 이야기, ③ 놀이식 고시공부 이야기, ④ 의사생활 30년에 환자의 인생까지 보는 의사 이야기, ⑤ '빌리 진' 노래에서 사기예방을 생각한 것, ⑥ 판소리 수궁가로 사기죄를 설명한 것, ⑦ 오삼불고기와 드립커피, ⑧ 약탕관에서 사기예방의 지혜를 찾은 것, ⑨ 딸의 볼펜 이야기에 대하여 많은 공감을 하셨습니다.

제2판에서는 전세사기 피해 방지를 위하여 임대인에게 (선순위 임대차 및 세금 미·체납) 정보 제시 의무를 부담토록 개정된 주택임대차보호법, 주택임차보증금에 대한 국세우선의 원칙 적용 예외를 인정한 개정된 세법, '전입 당사자의 서명'이 없는 경우 전입신고가 불가능하도록 개정된 주민등록법 시행령, 보이스피싱 사기범을 직접 만나 현금을 전달한 경우도 즉시 계좌 지급정지 신청 등 구제절차를 진행할 수 있도록 개정된 통신사기피해환급법, 2022년 법무연감(2023년 법무부), 2022년 범죄분석(대검찰청), 2022년까지의 보이스피싱 발생건수 및 검거현황(경찰청) 등 최근 통계를 반영하였습니다. 아울러 2년 동안 진화된 새로운 사기 수법에 의한 사기 피해 사례 등도 추가하였습니다.

이 책을 출판한 이후 44회에 걸친 추가 강연과 방송 등을 하면서 기존의 차용증(원금, 변제기, 이자가 기재됨)은 처분증거만 기재되어 있어서 사기죄로 고소해도 우리를 지켜주지 못하는 지극히 불완전한 문서라는 사실을 깨달았습니다. 이 문제의 해결책은 사기죄의 개념, 즉 "타인을 기망하여 재물의 교부를 받거나 재산상 이익을 취득하는 것"에서 찾아야 합니다. 이를 분석하면 사기죄는 **기망행위와 처분행위**로 구성되어 있어서 이에 대한 증거를 모두 갖추어야 사기죄로 처벌이 가능합니다. 그럼에도 지금까지의 차용증은 **처분증거만 기재된 반쪽짜리 문서**였던 것입니다. 대법원 판례에서 인정하는 기망증거로는 ① 대여금의 용도, ② 변제자금 마련방법을 속인 사실에 대한 증거를 들 수 있습니다. 금전 대여시 반드시 '2가지를 물어서 차용증에 담고, 돈에 꼬리표를 달아야 합니다. 즉, "① **어디에 쓸 건데?**(차용금의 용도), ② **어떻게 갚을 건데?**(변제자금 마련방법)"를 물어 차용증에 기재하고, 차용금의 용도를 추적이 가능하도록 '**돈에 꼬리표를 달기(계좌입금)**'를 실천하면 사기꾼은 사기죄의 핵심인 '**속인다**'(기망)가 차용증에 남아 있다는 것을 알기 때문에 사건이 대폭 감소할 것으로 생각됩니다. 나는 이러한 기망증거도 담긴 차용증을 '**민·형사통합 차용증**'(줄여서 '**임채원표 차용증**')이라고 이름을 지었습니다. 이에 대한 자세한 내용과 차용증의 양식은 본문 제252쪽에 있고, 차용증 양식은 유튜브 '임변불패' 채널에서 다운로드할 수 있습니다.

최근 재벌 3세 행세를 하며 수십 명을 상대로 다양한 수법으로 사기친 전청조 사건이 발생했습니다. 이 사건을 계기로 사기죄에 대한 양형이 개선되고, 국민들이 민·형사통합 차용증 사용 등 거래 시 증거를 남기는 문화가 정착되기를 바랍니다.

2024년 2월

임채원

머리말

1990년 수원지검 성남지청에서 시작한 검사생활이 올해로 33년째가 되었다. 그동안 사기사건을 가장 많이 수사했다. 수사를 하면서 항상 안타까웠던 점은 "피해자는 왜 이러한 황당한 말에 속았을까?"라는 것이었다. 사기가 인정될 것으로 생각하며 시작한 수사가 문서에 단어나 문구 하나가 빠지는 등으로 혐의없음 처분을 할 수밖에 없는 사건이 종종 있다. 검사가 된 지 20년이 된 시점에서 드디어 나는 사기꾼과 피해자라는 등장인물만 바뀔 뿐 사기사건에 일정한 패턴(pattern)이 있다는 사실을 알게 되었다. 패턴이 있다는 것은 사기꾼의 처음 행동에서 앞으로 어떤 방향으로 사기칠 것인지를 예측하여 피해를 예방할 수 있다는 것을 의미한다. 이러한 사기예방의 지혜(솔루션)는 오랜 기간 동안 수사를 해 오면서 내가 범한 수많은 시행착오[1]와 상사의 지도, 편달을 통하여 축적된 것이므로 일차적으로는 나 개인의 것이지만, 그 지혜가 사건 속에 등장하는 수많은 피해자들의 재산, 목숨, 눈물 등에서 뽑아낸 것이라는 관점에서 보면 잠재적 피해자들이 반드시 알아야 할 일종의 공공재(公共財, public goods)적인 성격도 가지고 있다. 따라서 이러한 지혜를 공유함으로써 더 이상 억울한 피해자가 생기지 않도록 해야 할 필요가 있다. 가장(家長)이 사기를 크게 당하면 그의 가족은

뿔뿔이 흩어져 사회가 혼란에 빠진다는 점에서 보면 사기꾼은 가정파괴범이요, 반사회적인 존재이다.

검사는 속으면서 성장하고, 사기꾼은 조사를 받으면서 전문가가 된다. 사기꾼이 처음에는 완벽하게 사기를 쳤다고 생각했지만 그보다 한 수 위인 검사를 만나 처벌을 받게 되면 미비점을 점점 보완해 가면서 사기전문가가 된다. 과거의 사기꾼은 사기친 후 공소시효가 끝날 때까지 도망갔다. 요즈음은 도처에 씨씨티브이(CCTV)가 설치되어 있고, 실시간으로 휴대폰 위치추적으로 쉽게 잡히기 때문에 프로급 수준의 사기꾼은 사기를 치면서부터 무혐의 처분을 받을 증거를 만들거나 고소를 피해 가는 방법까지도 강구한다고 하니 그를 처벌하기란 여간 힘든 일이 아니다. 반면에 피해자는 사기꾼의 말만 믿고 무방비 상태에 있다가 사기를 당한 후에야 증거를 수집하지만 사기꾼이 협조해 주지 않는다.

어느 날 개척교회 앞을 지나가던 나는 외벽에 설치된 전광판에서 "그럼에도 불구하고 **하나님은 악인(惡人)도 사랑**하십니다."라는 글귀가 옆으로 지나가는 것을 보았다. 그 순간 "하나님이 사기꾼(악인)을 죽을 때까지 사랑하시면, 당장 구제받아야 할 사기피해자는 누가 보호해 주지?"라는 생각이 들었다. 이어서 나는 "**하나님의 바로 저 빈 자리를 검사가 채워야 한다.**"라는 생각을 했다. 검사가 사기꾼을 전문가로 만들었으므로 아마추어 수준에 머물고 있는 피해자들과 사기 예방의 지혜를 공유함으로써 증거적 불평등을 극복해야 할 것이다. 나아가 증거적 약자인 피해자를 보호하기 위하여 검사는 항상 열정을 가지고 실력을 길러야 한다. 나는 "**검사가 게으르면 피해자가 운다.**"라고 생각한다. 능력부족이나 게으름으로 내가 오판을 했을 때 피해자는 진실을 끌어안고 홀로 울고 있을지도 모른다는 생각을 하면 배당받은 사건을 좀 더 세심히 살펴보게 된다. 그러나 검사가 아무리 그와 같이 실력과 열정을 가지고 있더라도 **수사기관이라는 원초적인 한계**가 있다. 수사기관은 피해자가 고소장이나 진정서를 접수한 이후에야 비로소 피해 내용을 알 수 있기 때문이다. 사기로 얻은 재산은 이미 은닉되어 있기 때문에 승소판결을 받아도 집행할 재산이 없으므로 그 판결문은 휴지조각에 불과하다. 한편 사기꾼이 실형을 선고받아도 교도소에서 몇 년을 살고 나오겠다고 버티면 피해회복은 불가능하다. 교도소에서 출소하는 어떤 사기꾼은 은닉한 재산을 퇴직금 정도로 생각한다. 사기꾼은 잘 먹고 잘 사는데, 피해자는 돈이 없어 궁핍한 생활을 한다. 사기죄의 기소율이 20%에도 못 미치는 것에서도 알 수 있듯이 사기 혐의를 밝히는 것은 정말 힘든 일이다. 그러므로 **사기 예방**이 중요하다.

사기꾼은 "어떻게 하면 사기치고 나서도 처벌받지 않고 무사히 돈을 챙길까?"라며 사기칠 적합한 대상(victim)을 선정한다. 만일 피해자가 꼼꼼하게 따지거나 증거수집을 잘 한다면 사기꾼은 대상을 바꿀 것이다. 굳이 그런 사람에게 사기를 치다가 처벌받을 이유가 없다. 왜냐하면 세상은 넓고 순진한 호구(虎口)는 넘쳐나기 때문이다. 그러한 측면에서 보면 사기피해가 예방되는 것이다.

우리는 언제 사기를 당할지 모르는 **잠재적 피해자**이다. 그동안 수사를 하거나 피해자를 상대로 무료 법률상담을 하면서 알게 된 지혜를 형법의 사기죄 구성요건에 맞추어 사기방지 8개 행위수칙(사전조치 5가지, 사후조치 3가지)으로 정리하였다. 나는 사람들에게

"○○공화국에서 살아남으려면? △△불고기를 먹고, □□커피를 마시세요!"라고 말한다. 정답은 '사기, 오삼, 드립(drip)'이다. 이 말 안에 사기예방의 모든 것이 들어 있다. 사기꾼이 계속 사기를 칠 수밖에 없는 이유는 "사기는 남는 장사"이기 때문이다.

이 책에서는 예컨대 차용증에 빌려가는 돈의 용도를 기재하면 쉽게 사기 혐의를 밝힐 수 있다는 사실(용도사기), 투자금인 경우에도 사기임을 증명할 수 있는 방법 등 개개의 사건에서 **피해자가 무엇을 잘못했는지를 지적함으로써 독자들로 하여금 비슷한 유형의 법률행위를 할 때 사기를 당하지 않으려면 어떻게 처신을 해야 하는지**, 즉 **솔루션(solution)을 제시**하기로 한다.

공무원을 영어로 표현하면 'public servant'이다. public은 공공(公共) 또는 국민이고, servant는 종(僕) 또는 하인이라는 뜻이다. 그러므로 공무원은 국민에 대한 봉사자이고, 공복(公僕)이다. 우리가 운전을 하고 가다 보면 도로에 '교통사망사고 발생지점'이라는 표지나 현수막이 걸려 있는 것을 가끔 본다. 사기 사건도 이와 같다. 검사가 사기 사건에서 일정한 패턴이 있다는 사실을 알았다면 당연히 그 내용을 국민에게 알려서 사기가 발생하지 않도록 해야 할 의무가 있다. 이러한 관점에서 보면 이 책은 '**33년 수사검사의 대국민 사기예방 보고서**'라고도 할 수 있다.

5년 전에 사람들의 권유로 우연히 시작한 '**사기당하지 않고 사는 법**'에 대한 강연이 입소문을 타고 알려지면서 강연 횟수가 44회나 되었다. 강연을 해 달라는 부탁을 받고 3일 동안 고민하다가 찾은 주제가 사기예방이고, 매번 강연할 때마다 그 내용을 보완해 왔다. 강연 내용이 책으로 나왔으면 좋겠다는 사람들의 말을 듣고 용기를 내어 이 책을 출간하게 되었다. 약 5개월 전에 우연히 만난 유튜브 방송 전문회사의 대표에게 무료 법률상담을 해 주다가 그 대표가 강연 내용을 촬영하여 유튜브에 올리면 많은 사람들에게 유익할 것이니 허락해 달라고 하여 강연할 때마다 그의 직원이 와서 촬영하여 올린 것이 수십 편에 이른다. 유튜브에 "임채원 부장검사"라고 입력하면 볼 수 있다. 이 책은 강연 내용을 근간으로 하여 출판되는 것이므로 동영상을 먼저 본 후에 이 책을 읽으면 좀 더 이해가 쉬울 것으로 보인다.

이 책을 읽을 때 참고할 사항은 다음과 같다.

첫째, 박스 안에 있는 이야기의 상당 부분은 내가 상담했거나 수사했던 사건을 토대로 한 것이다. 사건 관계인의 개인정보 보호와 명예, 사기예방이라는 공공의 이익, 사건에 대한 이해의 편의 등을 고려하여 일부 내용을 과감히 수정하여 단순화시켰고, 피고소인(피의자)은 A로, 고소인(피해자)은 B로, 제3자는 C로 표기하기로 한다.

둘째, 이 책에 나오는 대부분의 사건은 2021년 1월 1일 검경수사권 조정으로 형사소송법이 개정되기 이전에 처리된 것이다. 그 당시에는 경찰이 입건한 사건에 대하여 수사를 종결하면 혐의 유무와 관계없이 반드시 전부 검찰에 송치하도록 되어 있었다. 그러므로 이 책에 나오는 대부분의 사건은 형사소송법이 개정되기 전의 것이므로 "경찰은 혐의없음 의견으로 검찰에 송치하였다"라고 표현하였다. 개정된 형사소송법에 의하면 혐의없음 의견인 경우 경찰은 사건을 검찰로 송치하지 않는다(불송치).

셋째, 이 책의 핵심은 '사기피해 예방과 사후 대책'이므로 시간이 없는 분은 제3부(사기피해 예방을 위한 사전조치)와 제4부(사기당한 후 사후조치)만 읽어도 사기 방지의 지혜를 얻을 수 있을 것으로 보인다.

이 책의 본문에서 일부 비슷한 사건들을 중복해서 소개하는 이유는 첫째, 독자들로 하여금 그런 유형의 사건이 실제로 많이 발생한다는 사실을 알려 경각심을 일깨우고, 둘째, 비슷한 사건을 연습함으로써 사기예방 지혜를 함양하도록 하는 데 있다.

이 책의 목표는 법률행위를 함에 있어서 기본적으로 해야 할 **합리적 의심(reasonable doubt)**과 **증거남기기** 등의 행동지침들을 독자들에게 알려서 사기를 방지하는 것이다. 그러므로 이러한 지침을 아는 것만으로는 부족하고 꼭 실천할 것을 당부 드린다.

그리고 33년간 옆에서 묵묵히 내조해 온 아내와 이 책 원고에 대해 조언을 아끼지 않았던 사랑하는 딸 수완, 아들 주원에게 감사의 마음을 전한다.

2022년 1월
임채원

목 차

— 제2부 —

사기꾼의 실체

— 제3부 —

사기피해 예방을 위한 사전조치(5가지)

Ⅰ. 재고하고, 확인하라! _ 101

— 제4부 —

사기당한 후 사후조치(3가지)

I. 받을 가능성이 없으면 빨리 포기하라! _ 333

— 제5부 —

사기예방 강의 성공사례

— 제6부 —

검사와 에피소드

제 1 부

사기꾼에 대한 단상들

1. 아버지께서 사기를 당하지 않으셨다면 내가 과연 검사가 되었을까?

나는 초등학교 입학하기 일 년 전쯤 아버지께서 모시던 상사인 공장장을 따라 대구에서 서울로 이사 왔다. 아버지께서는 서울 성북구 상월곡동에 있던 재생 종이를 만드는 공장에 다니셨다. 부모님과 4남매로 구성된 가족 6명이 단칸방에 사글세를 살았다. 나와 같은 성을 가진 집주인 임씨는 자녀가 10명쯤 되었고, 그 집에 5세대가 방 한 칸씩 사글세를 얻어 살았다. 사람 수에 비하여 화장실은 단 하나뿐이라서 아침마다 재래식 화장실 앞에 종이를 들고 줄을 서서 차례를 기다렸다. 지금도 생생히 기억나는 일이 있다. 옆방에서 살던 아주머니가 솥에 물을 펄펄 끓이다가 잠시 자리를 비웠다. 공교롭게도 그 집의 돌을 갓 넘은 어린아이가 엉금엉금 기어 열린 방문으로 나오다가 굴러 떨어져 그만 그 솥에 빠지는 사건이 있었다. 급히 병원에 실려 간 것까지는 기억이 나지만 그 애가 어떻게 되었는지는 기억이 안 난다. 내가 서울에 이사를 온 지 약 1년쯤이 지났을 어느 날 큰 사건이 났다. 공장장은 아버지를 포함하여 제지공장 사람들한테 돈을 빌린 후 야반도주를 한 것이었다. 그 중의 가장 큰 피해를 입은 분은 아버지이셨다. 아버지께서는 당시 친척에게서 집 한 채 살 정도로 큰 금액의 돈을 빌려 공장장에게 빌려준 것이었다. 아버지께서는 공장장과 함께 온 사람이라는 이유로 결국 그 직장을 그만둘 수밖에 없었다.

아버지께서는 리어카를 구해서 야채 장사를 하시며 근근이 몇 년을 버텼으나 사글세를 낼 돈이 없었다. 결국 아버지께서는 어느

날 공터를 빌려서 '넝마주이'라고 부르는 20~30명 정도의 사람들
이 가져온 헌 종이, 박스, 넝마(못 쓰는 천이나 헝겊), 고철 등의 고물
을 통째로 사서 선별작업을 한 후 품목별로 파는 일('재건대'라고 불
렀음)을 하셨다. 선별된 고물을 사는 고물상과 달리 재건대는 미분
리 상태인 폐품을 산다. 그래서 재건대는 고물상보다 더 힘든 직업
이다. 특히 여름에 아버지와 어머니께서 함께 일하시던 천막으로
된 작업 현장에 가 보면 쓰레기 냄새가 진동하고 파리 떼가 들끓었
으며, 재건대원들은 전국에서 가난 때문에 무작정 서울로 올라온
사람들로 이루어졌는데 대부분 성격이 거칠었고 가끔 우범자도 있
었다. 아버지께서는 재건대가 비록 험한 직업이지만 빚을 빨리 갚을
수 있다고 말씀하셨다. 아버지께서는 재건대를 약 10년 정도 운영하
셨다. 늘 아버지 옆에서 폐지 등을 선별하는 작업을 하시던 어머니
께서는 쓰레기의 악취에 장기간 노출되어 음식을 만들어도 냄새를
전혀 못 맡는 직업병을 얻으셨다. 결국 지금으로부터 20년 전쯤 폐
가 고무처럼 굳는 병인 폐섬유증으로 60대 초반에 별세하셨다.

어느 날 아버지께서는 상월곡동을 지나가던 교외선 기차길 근
처의 공터에 시멘트 블록을 대충 쌓아서 무허가로 방 2칸짜리 집
을 지으셨다. 무허가로 지은 집이니 당연히 전기가 들어오지 않았
다. 그래서 호야등(燈)을 사용했다. 호야등은 호롱불보다는 밝지만
석유를 사용하기 때문에 그을음이 자주 생겨서 일주일에 한 번 정
도는 비누칠한 타올을 물에 적셔서 호야등 유리를 닦아야 했다. 그
을음을 닦다가 자주 호야등 유리를 깨뜨리곤 했다. 무허가 건물이
라 편지가 배달되지 않기 때문에 그 당시 나의 소원은 집에서 편지
를 받아 보는 것이었다. 또한 방의 아궁이는 연탄식이 아니라 네루

식이었다. 네루식은 온돌 깊숙이 연도(煉道)를 만든 후 바퀴가 달린 레일을 박아 아궁이 가운데로 깊이 밀어 넣을 수 있도록 된 것이다. 그 네루안에 불이 붙은 연탄을 넣는다. 우리집의 아궁이는 땔감을 때거나 네루를 겸용하여 사용할 수가 있도록 되어 있었다. 가끔 땔감을 만들기 위하여 근처 산에 가서 죽은 소나무를 몰래 벌채하다가 산림감시원(우리는 '산깜'이라고 불렀다)에게 발각되어 혼쭐난 적도 있다. 한 번은 어느 매우 추운 겨울날 내 방의 아궁이에 땔감을 너무 많이 집어넣어 때는 바람에 집에 불이 났다. 아궁이 쪽 벽의 벽지를 타고 연기와 함께 불길이 서서히 올라가고 있었다. 우리집은 담장이 없어 방문을 열면 바로 길이다. 때마침 지나가던 어떤 분이 창밖으로 자욱하게 피어 나오는 연기를 보고 문을 두드려 자고 있던 우리 형제들을 깨우는 바람에 위기를 모면할 수 있었다. 하마터면 화재로 모두 죽을 뻔했다.

부모님께서는 항상 나에게 "너는 집안의 장손이다. 반드시 고등고시에 합격해서 판·검사가 되어 집안을 일으켜야 한다."라고 말씀하셨다. 나는 고등학교 2학년이 되면서 전자공학을 전공하려고 이과를 지망했다. 아버지께서는 내가 법대에 가야 하므로 문과를 지망하라고 하셨다. 내가 싫다고 고집을 피우자 급기야 대구에서 외삼촌까지 올라와서 판·검사가 되어야 하니 문과로 바꾸라고 설득을 하셨다. 결국 나는 문과로 진로를 바꾸었다. 어렸을 때부터 집안을 일으켜야 한다는 중압감이 항상 나의 마음을 짓눌렀다. 그러나 사기를 당하여 고생을 하시는 부모님을 생각하니 공부만이 집안을 일으키는 길이고, 공부 자체가 나에게는 전쟁이었다. 어느 날 나는 어차피 치룰 전쟁이라면 전쟁을 재미있게 해야겠다고 생각했다. 공부할 내용을 나 혼자 재미있는 놀이로 만들었다. 사법시험 공부도 놀이식으로 하였다.

나의 사법시험 공부법은 이렇다. 처음에는 이해 위주로 책을 몇 번 읽는다. 그리고, 기출문제와 이에 대한 채점평을 구해 이를 복사하여 기본서의 해당 부분에 끼워 넣고, 어느 부분에 배점을 많이 하는지를 꼼꼼히 책에 적어 두었다. 시험치는 시간은 한정되어 있으니 좋은 점수를 받으려면 배점이 많은 부분을 많이 써야 높은 점수를 받을 수 있기 때문이다. 배점이 적은 부분은 많이 써도 큰 점수를 받을 수 없다. 그 당시 사법시험은 8개 과목을 하루에 2과목씩 치는데 한 과목당 2시간씩 4일간 시험을 친다. 한 과목당 50점짜리 큰 문제 1개(60분), 25점짜리 작은 문제 2개(60분)가 출제되며 가끔 사례(case) 문제가 출제되는 경우도 있다. 어느 정도 공부가 된 후에는 어떤 문제가 배점이 50점짜리(60분)와 25점짜리(각, 30분)로 출제되었을 때 주어진 시간과 배점을 기준으로 어떤 내용을 넣고 뺄 것인지를 주로 연습했다. 그러므로, 각 문제에 있어서 핵심은 무엇이고, 그 다음으로 중요한 것은 무엇인지를 항상 생각하며 책을 읽으니 재미가 있었다. 나만의 독특한 책을 가지고 노는 방법을 소개하기로 한다. 어느 날 좋아하는 노래를 듣다가 나는 "이 노래가사도 처음에는 몰랐지만 반복해서 듣다가 저절로 외워지는 것이 아닌가? 이 원리를 응용하면 큰 힘을 들이지 않고 출제가 예상되는 문제를 쉽게 외울 수 있겠다."라는 생각을 했다. 나는 바로 실행에 들어갔다. 녹음시간 90분짜리 공(空) 테이프를 여러 개를 산 뒤 과목별로 예상문제 50개 정도를 뽑아 문제와 답을 스스로 만든 후 이를 카세트 테이프에 녹음하기 시작하였다. 녹음작업은 생각보다 쉽지 않았다. 녹음할 양이 너무 방대하여 실제로는 상법 과목만 녹음하였다. 그러나 어떤 내용을 녹음할 것인지 준비하고, 녹음하는 과정에서 문제의 핵심을 간추리는 능력이 생겼다. 매일 학교 도서관과 집을 왕래하면서 녹음한 테이프를 열심히 들었다. 녹음의 효과인지 그해 사법시험에 합격을 하였다. 내가 수사하거나 다른 취미 활동을 하면서 하는 행동 방식이 그때 스스로 터득한 놀이 방식을 그대로 적용하고 있다. 그래서 수사도 재미있는 놀이라고 생각한다. 수사는 증거를 감추는 자(가해자)와 증거를 찾는 자(피해자와 검사)가 벌이는 게임이기 때문이다.

　나는 집안을 일으키기 위하여 사법시험에 인생을 걸었지만 계속 낙방을 했다. 이러다가 고시낭인으로 살면서 폐인이 될 수도 있겠다는 생각이 들었다. 그러던 중 1985년 공인중개사 시험제도가 처음 생겼다. 배수진으로 부동산 중개소를 해서 돈을 벌어 가며 고시공부를 하기로 마음먹고 약 한 달간 준비하여 시험에 합격했다. 시험치는 것에 조금 자신감이 생겼다. 1987년 제29회 사법시험 2차(주관식) 시험을 치러 가기 보름 전쯤 아버지와 어머니가 갑자기 사라지셨다. 나의 시험합격을 위해 설악산에 가서 기도하러 속초로 가신 것이다. 부모님은 설악산 밑에 숙소를 잡고 10일 동안 매일 케이블카를 타고 권금성 꼭대기에 올라가서 촛불을 켜고 기도하셨다. 당시 어머니는 골초였던 아버지로 하여금 열흘 동안 담배를 한 대도 못 피우게 하셨다. 그때부터 아버지는 담배를 끊으셨다. 기도 갔다가 오신 어머니는 나에게 "이번에 기도를 해 보니 예전과는 느낌이 많이 달라. 이번에는 너가 꼭 합격할 것만 같아."라고 하셨다. 부모님의 기도빨 덕분으로 나는 그해 제29회 사법시험에 합격했다.

3번 낙방하고 4번 만에 붙은 것이다. 합격했다는 소식을 들은 외삼촌께서 나를 부둥켜 안고 "조카야! 너무 고맙다. 너가 계속 시험에 떨어졌을 때는 '조카의 인생을 내가 망쳤다.'는 죄책감에 항상 마음이 무거웠는데 마음의 짐을 벗게 해 줘서 너무 고맙다."라고 기뻐하셨다. 나는 시험에 합격하기까지 너무 힘든 여정이라 자식을 낳는다면 절대로 고시공부를 시키지 않겠다고 다짐했다. 그런데 운명의 장난일까? 나의 생질(누나의 아들)이 경영학과를 가려는 것을 내가 설득하여 법대에 입학하게 되었다. 생질도 여러 번 사법시험에 떨어졌고, 결국 군대에 갔다. 나는 수년간 나의 외삼촌이 겪은 것과 같은 죄책감을 느꼈다. 제대 후 생질은 2011년 제53회 사법시험에 합격하여 지금은 어느 지방법원에서 판사로 근무하고 있다. 시험에 합격하는 날 나는 생질에게 외삼촌께서 나에게 하셨던 말과 똑같은 말을 하였다.

아버지께서 공장장에게 떼인 돈을 다 갚는 데 20년 정도의 세월이 걸렸고, 돌아가시기 몇 년 전에 나에게 공장장에 대하여 다음과 같은 이야기도 하셨다. "박○○(공장장의 이름)가 내 돈 떼먹고 대구로 도망간 지 10년쯤 지나서 그가 어렵게 산다는 소문을 들었어. 남의 돈 떼먹고 잘 되는 놈 못 봤지. 근데 이상하게 그 사람이 가끔씩 보고 싶어. 박○○ 때문에 내가 젊었을 때 엄청 고생했지만 그래도 그 사람 덕분에 우리 식구가 일찍 서울로 왔잖아? 지금 살아 있으면 90살이 넘었겠다. 넓게 보면 너가 검사가 될 수 있었던 것도 그 사람 덕분이라고 할 수 있어." 아버지께서는 박○○를 용서하신 것 같다.

나는 가끔 "그 당시 아버지께서 사기를 안 당하셨다면 과연 내

가 검사가 되었을까?"라는 생각을 한다. 공장장은 사기치고 야반도
주를 하여 부친께 큰 고통을 주었지만 내가 서울에 올 수 있었던
것은 그분의 덕이라고 생각하니 한편으로는 고마운 생각도 든다.

2. 검사는 '빼앗긴 꿈을 찾아주는 행복전도사'일까?

　검사는 어떤 사람일까? 흔히 영화나 드라마에서는 검사를 부정
적인 인물로 묘사한다. 직장을 다니면서 뒷바라지를 하던 애인을
사법시험에 합격하자 헌신짝처럼 차 버린 후 재벌의 딸과 결혼하
고, 자신의 출세를 위하여 영혼을 팔거나 나쁜 짓도 서슴지 않는다.
대부분의 경우 극적인 흥미를 위해서 이와 같이 과장되어 있다. 사
람들은 검사에 대하여 관심이 많다. 실제로 검사들이 영화나 드라마
속의 인물과 같은지 물을 때 나와 동료들의 일상에 대하여 이야기
를 하며 실상은 다르다고 말하면 사람들은 다소 의아해한다. 나는
검사로 근무하면서 과거를 돌이켜 보며 다음과 같이 검사에 대한
정의를 내렸다. "검사는 빼앗긴 꿈을 찾아주는 사람이다. 그래서
사람들로 하여금 행복하게 만드는 행복전도사이다." 왜 그런가?
　우선 피해자의 입장에서 보자.
　30년간 다니던 직장을 퇴직한 어떤 분이 3억 원 정도의 퇴직금
을 받았다. 은퇴 후의 멋진 삶을 설계하면서 꿈에 부풀어 있었다.
사기꾼은 그가 퇴직했다는 정보(정보제공을 하면 대가로 사기를 친 돈의
20~30% 정도를 준다는 말도 있음)를 수집한 후 그에게 접근하여 온갖
감언이설로 꾀어 그 돈을 전부 가로챘다. 피해자는 갑자기 꿈을 잃
어버려 극단적인 선택을 할까도 생각했지만 용기를 내어 그를 경

찰서에 고소했다. 경찰은 사기꾼의 말에 속아서 사기 혐의를 인정하기에는 증거가 부족하다고 판단하여 불송치하였다.**2** 이에 대하여 고소인이 이의신청을 했다. 기록을 송치받은 검사는 사기를 당한 것은 사실이나 기록에 있는 내용만으로는 증거가 부족하여 고소인의 진술을 들으면 증거를 더 찾을 수 있을 것으로 판단했다. 검사는 고소인을 소환하여 사기꾼을 만난 경위부터 시작하여 자세한 이야기를 들으면서 흩어져 있던 증거들을 찾아냈다. 수집한 증거를 토대로 사실관계를 조사하기 위하여 사기꾼을 소환했으나 계속 응하지 않았다. 검사는 체포영장을 발부받아 사기꾼을 체포해서 대질조사를 마쳤다. 사기꾼이 도주하거나 증거인멸의 우려가 있다고 판단한 검사는 구속영장을 청구했다. 그러자 사기꾼은 구속을 당하지 않기 위하여 다른 곳으로 빼돌렸던 돈을 고소인에게 돌려주고 고소취소장을 받아 법원에 제출했다. 고소가 취소되었다는 이유로 구속영장은 기각되어 사기꾼은 석방된다. 피해자는 돌려받은 돈으로 다시 제2의 인생을 설계한다.

다음은 가해자 입장에서 보자.

2003년 경찰의 무리한 수사로 살인 누명을 썼던 20대 남자가 약 한 달 만에 무혐의로 풀려났다는 언론 보도**3**가 있었다. 그 사건의 요지는 다음과 같다. 피의자 A(22세)는 2003년 3월 서울 남부터미널 근처 여관에서 친구 C(22세), 고향 선배인 피해자 B(27세)와 함께 술을 마시던 중 B를 5층 창문 밖으로 던져 숨지게 한 혐의로 경찰에 구속됐다. A는 "술을 먹고 잠들어 있었기 때문에 아무것도 모른다."라고 일관되게 주장했지만, 경찰은 C의 "A가 나(C)에게 숨진 B의 다리를 휴대전화 충전기 줄로 묶으라고 강요했고, A가 B의 얼굴을 베개로 눌러 숨지게 한 뒤 창 밖으로 던졌다."라는 진술만을 토대로 A를 구속했다. 경찰로부터 사건을 넘겨받은 검사는 B의 시신에 다리를 묶었던 흔적이 없고, 질식사가 아니라는 부검결과가 나오자 진범이 누구인지는 모르지만 일단 A를 석방한 후 전면 재수사에 돌입했다. 그 후 검사는 C로부터 "평소 나의 신체적 약점을 놀리던 B가 술에 취해 잠들자 5층 밖으로 던져 숨지게 했다."라는 새로운 자백을 받아 냈고 현장검증을 통해 이를 확인한 후 C를 구속기소했다. 하마터면 살인죄의 누명을 쓰고 평생 감옥살이를 할 뻔한 사람을 구해냈다. 이와 같은 검사의 끈질긴 노력으로 A는 누명을 벗고 새로운 삶을 찾을 수 있었다.

검사는 없는 증거도 만들어서 벌을 주는 사람으로 여기는 분들도 있다. 그러나 검사는 그런 사람이 아니다. 검사는 증거가 없음에도 불구하고 억울하게 처벌되거나 죄를 지어 마땅히 처벌을 받아야 할 사람이 법망을 피해 가는 일이 생기지 않도록 감시하는 사람이다. 몇 년 전 나의 사기예방 강연을 들었다는 어떤 분이 카톡 문자로 자신이 당한 이야기를 하면서 어떻게 대응해야 하는지를 물었다. 나는 성심껏 답글을 작성하여 보냈다. 몇 달 후 그분은 나의 조언 덕분에 일이 잘 처리되었다면서 "검사님이 옆에 계셔서 저는 너무 행복합니다."라는 문자를 보내왔다. 검사는 행복전도사가 맞는가 보다.

3. 검사의 칼, 의사의 칼

흔히 사람들은 검사(檢事)를 칼잡이(劍士)라고 부른다. 검사는 '말'이라는 칼을 사용하고, 의사는 수술용 칼을 사용하기 때문일 것이다. 그 칼이 어떻게 사용되느냐에 따라 사람의 생사가 달라진다. 특히 검사의 칼은 남용될 위험이 있으므로 반드시 법이 정한 사용법에 따라야 한다. 사기 사건을 수사하는 검사와 뇌수술을 위해 칼을 든 신경외과 의사는 비슷한 점이 있다. 뇌수술을 하는 의사가 조금이라도 실수를 하면 환자는 사망하거나 반신불수 또는 언어기능 마비 등 치명적인 결과를 가져온다. 한 치의 오차도 허용될 수 없다. 한편 검사의 칼인 '말'은 공소장이나 불기소장으로 표현된다. 고소인의 입장에서는 혐의없음 처분은 고소사건의 사망이요, 기소는 생존일 것이다. 사기죄만큼 유무죄가 검사의 실력이나 진실을 밝히겠다는 의지에 따라 크게 달라지는 범죄는 없을 것이다. 유능한 검사는 다른 검사가 발견하지 못하는 중요한 증거를 찾아내어 자칫 혐의없음으로 종결될 사건의 혐의를 밝히거나 나아가 무기징역형[4]이 선고될 수 있는 증거를 찾아낸다. 피해자가 법률행위를 하면서 나중에 고소하였을 때 사기 혐의를 밝힐 수 있는 증거를 미리 수집해 놓았다면 수사에 어려움이 없다. 그러나 대부분의 경우에는 사기꾼의 변명을 끝까지 따라가 확인해야 혐의를 밝힐 수 있다. 거짓임이 밝혀지면 사기꾼은 다시 변명을 하기 때문이다. "사기꾼의 말은 사막의 신기루와 같아서 끝까지 따라가 보면 실체가 없다."라는 말이 그것을 잘 설명해 준다. 사기꾼의 변명을 확인하는 과정은 지루하고 힘들기 때문에 검사의 인내심이 필요하다.

　법(규범)은 사회현상(사실관계)에 대하여 적용된다. 법을 제대로 적용하려면 먼저 사회현상을 잘 이해하고 있어야 한다. 검찰청에 중요경제범죄조사단이 생긴 이유가 바로 거기에 있다. 오랜 수사경험과 실력이 있는 부장검사로 구성된 이 조사단은 사안이 중대하

거나 사건의 난이도가 높은 고소·고발 경제범죄 사건과 재기수사
명령 사건을 주로 처리한다.

작년에 우연한 기회에 70대 중반의 연세지만 아직도 개업하여
임플란트 수술을 주로 하시는 치과의사를 만났다. 그분의 말씀에
의하면 치과의사는 수술할 때 힘을 많이 써야 하기 때문에 70세가
넘어서까지 치과의사를 하는 사람이 드물다고 한다. 의사경력 40
년인 그분은 개업한 지 10년 정도까지는 병원에 환자들이 오면 치
아만 보였고, 20년이 지나자 환자의 얼굴이 보였으며, 30년이 지나
자 환자들의 인생까지 보인다고 하셨다. 그분의 주된 고객은 다른
병원에서 했던 임플란트 수술에 대하여 불만이 많거나 연세가 많
고 까다로운 환자들이라고 한다. 이제는 치료하면서 그 환자들이
살아온 과거 이야기를 들으며 인생 상담까지 해 주는데 환자들이
행복해 한다고 한다. 최고의 경지에 도달한 분이 아닌가 하는 생각
이 들었다. 나도 그 경지에 도달할 수 있었으면 좋겠다. 나는 검사
20년차에 사기사건에서 일정한 패턴을 보았고, 그 패턴 속에서 사
기예방에 필요한 지혜를 뽑아내어 나누어 줌으로써 사람들을 행복
하게 만들려고 노력하고 있다.

4. 영화 「오징어게임」에 사기꾼이 나온다?

오징어 게임(Squid Game)은 빚에 쪼들려 벼랑 끝에 몰린 456명
의 참가자가 456억 원의 상금을 타기 위해 죽음의 게임을 벌이는
영화이다. 최후의 승자가 되면 456억 원을 타고, 탈락하면 죽는다.
2021년 넷플릭스를 통해 방영되면서 세계적인 관심을 끌었다.

그런데, 이 영화는 모두 여섯 개의 게임으로 이루어져 있다. 첫 번째는 '무궁화 꽃이 피었습니다.', 두 번째는 '달고나 뽑기', 세 번째는 '줄다리기', 네 번째는 '구슬치기', 다섯 번째는 '징검다리 건너기', 여섯 번째는 '오징어' 게임이다. 그중에 사기죄와 연관지어 설명될 수 있는 게임이 하나 있다. 과연 어떤 것일까?

정답은 다섯 번째인 '징검다리 건너기' 게임이다. 참가자들은 앞에 놓인 한 쌍의 유리 중에 어느 쪽이 강화유리인지를 판단해서 반대편까지 무사히 건너가면 통과로 인정된다. 실수로 강화유리가 아닌 유리(일반유리)를 밟으면 그 순간 떨어져 죽는다. 목숨을 건 도박이다. 몇 사람이 일반유리를 밟아 떨어져 죽었다. 참가자 중 한 명이 갑자기 나서서 자신은 유리공장에서만 30년을 일한 유리공인데 강화유리를 알 수 있는 두 가지 방법이 있다고 말한다. 첫 번째는, 다른 사람은 볼 수 없지만 비스듬한 각도로 빛에 비추어 보면 강화유리는 희미하게 얼룩 같은 게 보인다고 한다. 그 사람 덕분에 참가자들은 몇 개의 강화유리를 밟을 수 있었다. 그 상황을 주시하던 게임 주관자가 그 사실을 눈치채고 갑자기 조명을 꺼버렸다. 그러자 유리공은 강화유리는 일반 유리보다 소리가 더 맑기 때문에 소리로 구별할 수 있다고 하면서 참가자 중 한 명이 가지고 있던 구슬을 받아서 왼쪽 유리에 던졌고, 오른쪽 유리에도 던질 구슬을 달라고 했으나 없다는 말을 듣고 유리공은 '그러면 어느 것이 강화유리인지 모르겠다'고 말했다. 그러자 뒤에 서 있던 사람이 갑자기 그 유리공을 밀어 떨어뜨려 죽인 후에야 주인공을 포함한 나머지 참가자들은 무사히 징검다리를 건넜고, 게임은 끝난다.

　이 영화를 보면서 강화유리는 우리가 사회생활을 하면서 만나
는 **정상적인 사람**, 일반유리는 **사기꾼**을 연상했다. 일반유리를 밟고
떨어져 죽는 장면은 피해자들이 사기꾼을 잘못 만나서 전 재산을
탈탈 털린 후 극단적인 선택을 하는 모습으로 보였다. 이와 같이
극단적인 선택을 하는 근본적인 원인은 결국 재산이다. 한 집안의
가장이 사기꾼에게 전 재산을 사기 당하면 부부싸움이 자주 일어
나고 결국 이혼하는 경우도 생긴다. 그 결과 사기 피해자는 자책하
고, 사람을 불신하다가 우울증에 빠져 결국 극단적인 선택을 하는
것이다. 소셜네트워크서비스(SNS)를 통해 접근한 남성에게 포인트
환전 빙자 사기를 당한 20대 여성 피해자가 경찰서에서 조사를 받
은 직후 그곳 건물에서 투신해 숨졌다는 언론보도[5]가 최근에 있었
다. 30년 된 유리공의 지혜 덕분에 참가자들이 목숨을 건졌듯이 포
인트 환전 빙자 사기를 먼저 당한 그 누군가 그 사례를 피해자에게

알려주었다면 이와 비극적 사태는 발생하지 않았을 것이다. 그래서, **'사기예방 교육이야말로 사람의 목숨을 구하는 일'**이라고 생각한다.

30여 년간 사기 사건 수사 경험을 정리한 이 책이나 사기 예방 강연 덕분에 사기를 예방할 수 있어서 고맙다는 말을 들을 때마다 공교롭게도 **30년 된 유리공**의 강화유리 구별법 덕분에 참가자들이 목숨을 잃지 않고 무사히 징검다리를 건너가던 모습이 떠올랐다.

유리에서 나오는 빛의 **굴절을 확인**하고, 유리에 물체를 던져서 울리는 **소리를 확인**해야 강화유리를 밟고 무사히 징검다리를 건널 수 있다. '옷깃만 스쳐도 인연'이라는 말이 있다. 그러나, 인연을 맺음으로써 도움을 받기도 하지만 피해도 많이 입기 때문에 법정 스님은 '함부로 인연을 맺지 말라'고 하셨다. 상대방의 말을 그대로 믿지 말고 항상 **합리적인 의심**을 하고 **재고(再考)**하는 습관을 가져야 한다. 그래야 사기꾼한테 전 재산을 털린 후 목숨까지 잃는 불행한 사태를 예방할 수 있다. '오징어 게임' 영화 속의 '징검다리 건너기'에서 우리는 사기 예방의 첫 번째 덕목인 「**확인하라!**」를 배울 수 있다.

5. 문워크(moonwalk)의 비밀은? 빌리 진(Billie Jean)은 사기꾼인가?

나는 재즈나 팝송을 들으면서 그 노래 가사를 음미하는 취미가 있다. 가사의 의미를 알고 들으면 그 노래를 더 깊게 이해할 수 있을 뿐 아니라 사람들이 인터넷에 번역하여 올린 가사 중에서 잘못 번역된 부분을 찾아내는 재미도 쏠쏠하다.

팝의 황제(king of pop) '마이클 잭슨(Michael Jackson)'은 '빌리
진(Billie Jean)'을 노래할 때 항상 '문워크(moonwalk)**6**'를 한다. 그
춤은 스텝을 앞으로 딛는 것 같지만 실제로는 뒤로 움직인다. 실제
로 뒤로 움직이면서도 앞으로 가는 것처럼 착각이 들도록 하는데 이
것도 일종의 사기일까? 시각장애인 가수 스티비 원더(Stevie Wonder)
는 "내가 눈을 뜨게 된다면 꼭 보고 싶은 것 중의 하나가 마이클
잭슨의 문워크이다."라고 말했을 정도로 문워크는 유명하다. 아무
튼 **문워크를 하는 이유**가 늘 궁금했다. 노래 가사 속에 그 답이 있
을 것 같은 생각이 어느 날 문득 들었다. 평소의 습관대로 그 노래
가사를 번역해 보고, 동영상도 수백 번을 보았다. 드디어 그 가사
에서 마이클 잭슨이 문워크를 하는 이유를 찾아냈다. 가사내용을
간략히 살펴보자. 어느 날 주인공인 청년이 댄스장에서 '빌리 진'이
라는 배우처럼 예쁜 여자를 만난다. 청년은 그녀와 춤을 추었다.
그것이 전부였다. 1년 후 다른 댄스장에서 그녀를 다시 만났다. 그
녀는 그 청년에게 "자기야! 그날 우리는 새벽 3시까지 춤춘 뒤 함
께 잤었지!"라고 말하면서 그 청년을 빤히 쳐다보았다. 그리고 나
서 우는 어린아이(baby) 사진을 보여주면서 "이 아이가 그때 생긴
당신 애야!"라고 말했다. 그 청년은 빌리 진과 함께 춤을 춘 사실

외에는 아무것도 기억이 나지 않았다. 사진을 보니 아이의 두 눈이 자신의 눈을 닮았다(his eyes were like mine)는 느낌이 들었다. 청년은 극도의 혼란에 빠졌다. 청년은 몸이 얼어붙고, 아무 대답을 할 수 없었다. 그때 빌리 진은 아이 사진을 청년의 얼굴에 들이대면서 가까이 다가왔다. 이때 청년은 "빌리 진과 함께 잤다(one-night stand)는 기억이 없는데 어째서 이런 일이 생겼나?"라는 생각을 하면서 뒤로 주춤주춤 물러난다. 가사와 동영상을 분석한 결과, 나는 마이클 잭슨이 이 장면을 문워크로 표현하였다고 생각한다.

이 노래 가사에는 **거짓말을 하거나 사기를 치는 사람의 특징도** 나온다.

노래 가사를 보면, 청년이 빌리 진에게 아이가 자신의 아들이 아니라고 잡아뗀다. 결국 빌리 진은 "이 아이가 청년의 자식임을 인정해 달라."는 취지의 소송을 법원에 제기하였다. 이것을 '인지청구의 소(認知請求의 訴)'라고 한다. 우리나라는 민법 제863조7에 규정되어 있다. 인지(認知)는 혼인 외에 출생한 자식을 그 부모 또는 생모가 자기의 자식이라고 인정하는 행위이다. 자기의 자식이라는 판결이 확정되면 그 효력은 그 자식이 출생한 시점까지 거슬러 올라가 효력이 생긴다(민법 제860조). 그래서 빌리 진이 재판에서 이긴다면 청년은 아이의 출생 시부터 아이를 부양할 의무를 부담하게 된다. 대법원은 「부모 중 한쪽만이 자녀를 양육하게 된 경우 특별한 사정이 있는 경우를 제외하고는 과거의 양육비의 상환을 다른 쪽에 청구할 수 있다(대법원 1994. 5. 13. 자 92스21 전원합의체 결정).」라고 결정을 하였다. 빌리 진이 승소판결을 받으면 그동안 아이를 키우면서 썼던 병원비, 우윳값 등 아이에 대한 **과거의 양육비**

상환을 청년에게 청구할 수 있다.

이 사건의 재판이 열렸다. 담당판사가 청년에게 "이 아이가 당신 아들인가요(Is he your son)?"라는 질문을 했는지는 가사에 없다. 그러나 아래와 같은 청년의 대답에 비추어 그와 같은 질문을 했을 것이다. 이 경우 "내 아들이 아닙니다."라고 대답하는 것이 정상일 것이다. 그러나 청년은 다음과 같이 말을 빙빙 돌린다. "빌리 진은 내 애인이 아닙니다(Billie Jean is not my lover). 그녀는 내가 아이의 아빠라고 우기는 여자일 뿐입니다(She's just a girl who claims that I am the one). 하지만 그 아이는 내 아들이 아닙니다(But the kid is not my son)." 이것은 거짓말을 하는 사람의 특징이다. 청년은 판사가 묻는 말에 즉답을 피하고 이와 같이 엉뚱한 말을 장황하게 늘어놓았다. 이것은 마치 수사할 때 사기꾼이 검사가 묻는 말에 즉답을 하지 않고 엉뚱한 말을 장황하게 늘어놓는 것과 같다. 그럴듯한 답변을 찾기 위한 시간벌기 작전이다.

그러면 이 재판의 결과는 어떻게 되었을까?

노래 가사에, '40일 밤낮으로 재판을 했다. 법은 빌리 진의 편이었다(For forty days and forty nights. The law was on her side).'라고 되어 있다. 이 아이가 청년의 아들이라는 판결이 선고되었다. 요즈음 같으면 유전자감식을 통하여 쉽게 진실이 밝혀졌을 것이다.

왜 하필 재판이 '40일 밤낮'으로 진행되었을까? 성경에 '40일 밤낮'이라는 말이 많이 나온다. '예수는 40일 동안 마귀에게 시험을 받았고, 그동안 아무것도 먹지 못해 그 기간이 끝났을 때는 몹시 시장했다(누가복음).', '노아의 홍수 때 40일 밤낮으로 비가 내렸다(창세기).'고 하는 것 등이 그것이다. 기독교인들은 40이라는 숫자에는 '속죄와 정화'의 의미가 있다고 한다. 이 가사의 의미는 재판의 결과가 나오기까지 청년이 '40일 밤낮'으로 오판(誤判)에 대한 두려움으로 고통을 받았다는 것이다.

여기서 또 한 가지 재미있는 것이 있다. 동영상을 보면 마이클 잭슨이 노래 중간에 **양쪽 발을 바꾸어 가면서 펄쩍펄쩍 뛰고, 한쪽 귀를 막거나 눈을 가리며, 머리를 절레절레 흔드는** 장면이 나온다. 그 **이유는 무엇일까?** 아무리 생각해도 빌리 진과 육체관계를 가진 기억이 없는데, 아이가 청년의 자식이라는 판결이 선고되자 너무 억울했기 때문이다. 평소 주위의 사람이나 어머니로부터 "행동할 때에는 항상 조심하라."라는 말을 들었는데 방심하다가 이와 같은 일을 당하게 되니 얼마나 억울했을까? 이와 관련하여 이 노래가 탄생된 배경과 연관해서 볼 필요가 있다. 잭슨의 형제들로 이루어진 음악 그룹 '잭슨 5(Jackson 5)'의 막내였던 마이클 잭슨은 어느 인터뷰에서, 어느 극성 여성팬이 마이클 잭슨의 형의 아이를 낳았다고 주장하면서 소란을 일으키는 바람에 형이 고생했던 경험을 토대로 이 가사를 썼으며, 빌리 진은 특정한 여성이 아니라고 말했다고 한다. 그 당시에는 자신이 좋아하는 스타의 아이를 임신했다고 거짓 소문을 내고 다니는 그루피(groupie)라고 불리는 극성 여성팬들 많았던 점에 비추어 보면 빌리 진은 그루피인 것으로 보인다. 마이클 잭슨의 전기작가에 의하면, 마이클 잭슨이 1981년 어느 여성 스토커가 자신이 마이클 잭슨의 아이를 낳았다는 내용의 편지와 권총이 들어있는 소포를 받고 나서 악몽에 시달렸다고 한다. 그후 빌리 진 노래는 1982년에 나온 스릴러(Thriller)라는 음반에 수록되었다. 가사에 **"빌리 진이 아이가 내 자식이라고 말할 때, 내 억장이 무너진다**

(She says he is my son breaking my heart babe)."라고 청년은 절규했다. 이런 점에서 보면 청년은 빌리 진의 계략에 빠진 듯하다.

청년이 빌리 진과 육체관계를 가졌는지는 분명하지 않지만 청년이 **재판에서 진 이유**를 가사에서 찾아보면 다음과 같은 3가지를 지적할 수 있다.

첫째는, **빌리 진이 처음부터 파 놓은 함정에 빠졌기 때문이다**(가사 원문은 But who can stand when she's in demand **her schemes and plans**, 그러나 빌리 진이 음모와 계획을 가지고 유혹하는 데 넘어가지 않고 버틸 수 있는 사람이 어디 있겠나요?라고 되어 있다). 그루피인 빌리 진이 처음부터 아이를 낳을 계획(her plans)을 가지고 의도적으로 청년에게 접근하여 육체관계를 가졌거나 또는 청년이 아이의 아빠는 아니지만 1년간 아이를 낳아 기르느라 들어간 출산비, 분유값 등 **양육비 등 부양의무를 청년에게 부담시킬 의도**로 제3자를 매수하여 위증을 하도록 시켜서 결국 판사가 오판을 하게 되었다고 청년은 생각했다. 그렇다면 다음과 같은 사기죄의 문제를 생각할 수 있다.

① 빌리 진의 주장이 사실인 경우

남자의 동의 없이 임신하여 아이를 출산한 빌리 진을 과연 사기죄로 처벌할 수 있을까? 강의를 하면서 나는 사람들에게 이 질문을 하였다. 사기죄가 된다는 의견과 안 된다는 의견이 거의 반으로 나뉘었다. 형법 제347조 제1항에, 「사람을 기망하여 재물의 교부를 받거나 재산상의 이익을 취득한 자는 10년 이하의 징역 또는 2천만 원 이하의 벌금에 처한다」라고 규정되어 있다. 즉, 사기로 인하여 취득한 것이 재물이나 재산상의 이익이 아닌 경우에는 사기죄가 인정되지 아니한다. 빌리 진이 청년을 속여서 얻은 것은 어린아이[사람]이다. 어린아이는 재물이 아니므로 사기는 될지언정 형법상의 사기죄는 인정되지 않는다.

최근 언론[8]에 「비혼주의자였던 B는 평생 자식을 낳지 않기로 남편(A)과 약속했고,[9] 결혼에 앞서 남편이 정관수술을 했다고 하면서 정관수술을 한 병원 인증샷까지 보내주므로 이를 믿고 결혼을 했다. 어느 날 병원을 찾아간 B는 임신을 했다는 사실을 알고 A를 추궁했다. 그제서야 A는 B를 너무 사랑해서 정관수술을 했다고 속여 결혼을 했다고 실토했다. 아이를 낳지 않기로 구두로 약속했는데 다른 증거는 없는데 어떻게 해야 할지에 대한 하소연이 어느 온라인 커뮤니티에 올라왔고, 이에 대한 네티즌의 반응이 분분했다.」라는 재미있는 보도가 있었다. 사랑하는 여자와 결혼하기 위하여 정관수술을 했다고 거짓말을 하여 결혼하고, 여자의 동의 없이 임신을 시킨 남편은 사기죄가 될까? B의 남편은 이를 통하여 재물이나 재산상 이익을 얻은 것이 아니므로 사기죄가 인정되지 아니한다.

② 빌리 진의 주장이 거짓인 경우

청년이 아이의 아버지가 아님을 알면서도 청년을 상대로 인지 및 부양료청구 소송을 동시에 제기했다면 사기죄가 될까?

사기죄가 인정된다.

③ 재판에서 부양료에 대한 언급이 없었던 점에 비추어 보면 인지청구 소송만 제기했던 것으로 보이고 승소판결이 확정되었으나 아직 부양료 청구 소장을 법원에 접수하지 아니하였다면 사기미수죄가 될까?

이것은 보험회사를 속여 화재보험금을 타기 위하여 고의로 자신의 집에 불을 질러 집이 전부 소실되었으나 아직 보험회사에 보험금을 청구하지 아니한 경우와 구조가 같다. 이 경우는 아직 사기죄

의 실행의 착수에 이르기 이전 단계인 기망수단을 준비한 것에 불
과하므로 사기미수로 처벌할 수 없다. 보험회사에 보험금지급을 청
구했을 때 사기미수죄가 되듯이 부양료 청구소장을 법원에 접수해
야 사기미수죄가 된다.

둘째는, '달콤한 향수를 뿌린 빌리 진이 계획적으로 청년 옆에 바싹
붙어 후각을 자극하며 그녀의 방으로 유인하는 바람에 순간적으로 이성
을 잃어 이와 같은 일이 벌어졌다(She came and stood right by me.
Just the smell of sweet perfume. This happened much too soon. She
call me to her room).' 이것은 청년이 빌리 진과 하룻밤을 잤다는
사실을 인정한 부분이다. 청년의 기억이 오락가락하고 있다.

셋째는, 너무 늦은 시간인 '새벽 3시까지 춤을 추었다는 것이다
(She told 'my baby!' We'd danced till three).' 이것은 아이가 청년의
아이인 이유에 대한 빌리 진의 일방적인 주장이다.

마이클 잭슨은 이 노래를 부르다가 노래가 끝날 즈음에 중절모자
(中折帽子, fedora)를 항상 벗어 관중석으로 던지는데, 가사에서 그 3
가지 이유를 찾을 수 있다. 모자를 벗어던지기 직전의 공연 영상을
보면 마이클 잭슨은 벗은 중절모자를 양손으로 안고 마치 아이의
눈을 쳐다보며 어르는 장면을 연출한다. 여기서 중절모자는 아이를
의미한다.

첫째는, 충분히 다투어 보지도 못하고 확정되어 버린 재판에 대한
불만이다. 빌리 진은 제3자를 매수하여 위증을 하게 함으로써 재판
에서 이겼다. 당연히 공정한 재판이 이루어질 줄 알았던 청년에게
는 큰 충격이었다. 그러나, 청년은 우물쭈물하다가 이 판결에 대한

항소기간을 놓치는 바람에 그만 판결이 확정되었다. 이제 더 이상 다툴 수 없게 되었다. 우리나라 법을 살펴보자. 상소는 항소(2심)와 상고(대법원)를 포함하는 개념이다. 가사소송법은 특별한 규정이 있는 경우를 제외하고는 민사소송법의 규정(항소기간: 14일)에 의하므로 청년은 이 사건의 판결정본을 송달받은 날부터 14일 이내에 항소를 했어야 했다. 참고로 형사사건의 경우 상소기간은 7일이다.

둘째는, 빌리 진의 음모와 계획에 대한 분노다. 거짓이 진실로 둔갑하였다. 빌리 진이 자신을 속였다는 생각을 하니 도저히 참을 수 없었다.

셋째는, 자신의 암울한 미래에 대한 절망감이다. 청년은 혼자 살아가기도 빠듯하다. 그러나 판결에 의하여 청년은 아이에 대한 부양의무가 생겼으니 그 부담감은 더욱 컸다. 더 나아가 빌리 진이 아이를 키우면서 사용한 과거의 양육비까지 달라고 한다면 꼼짝없이 주어야 한다. 이러한 암울한 상황을 생각하던 청년은 이 판결의 결과를 도저히 받아들일 수 없어서 모자를 벗어 관중을 향하여 던졌다. 그러한 사실도 모르는 관중들은 날아가는 모자를 잡으려고 열광한다.

이 노래가 청소년들에게 던지는 강력한 메시지가 있다. 그것이 무엇일까? 이와 같은 사건이 터지기 전에 청년은 항상 사람들이 "당신이 하는 일에 신중하고, 젊은 여자애들 마음에 상처를 주지말라."라고 하는 말과 어머니가 "너가 사랑하는 사람과 너가 하는 일에 신중해라. **왜냐하면 거짓이 진실이 되기 때문이다**(Because the lie becomes the truth)."라는 말을 들어 왔다. 여기서 '거짓이 진실이 된다.'는 것은 아이가 청년의 아이라고 판결이 난 것을 암시한다. 어머니가 미래의 일을 예언하신 것일까? 청년은 그동안 들은 충고를 무시한 대가가 이렇게 클 줄은 몰랐다. 뒤늦게 이를 후회하면서 청년은 다음과 같은 절규를 한다. 가사에 '**그러므로 나의 강력한 충고를 받아들이세요, 모든 결정을 할 때에는 다시 한번 더 생각할 것을** 꼭 기억하세요(So take my strong advice, just remember to always think twice).'라는 내용이 있다.

어떤 말이나 행동을 하기 전에 한 번 더 생각(再考, Think twice!)해야 실수를 줄일 수 있다. 사기를 당하지 않기 위해서는 상대방의 말을 그대로 믿지 말고 합리적인 의심(reasonable doubt)을 가지고 한 번 더 생각해 보는 것이 중요하다.

마이클 잭슨은 빌리 진 노래 가사를 전부 춤으로 표현했다. 공연 실황의 처음 부분을 보면 흰셔츠를 입은 마이클 잭슨이 여행용 트렁크를 들고 컴컴한 무대의 중앙으로 뚜벅뚜벅 걸어 나온다. 트렁크를 의자 위에 놓고 연다. 조명은 그곳에 비춘다. 그 속에서 크리스탈로 반짝이는 검은 재킷을 꺼내 입는다. 크리스탈로 반짝이는 흰장갑을 꺼내어 낀다. 왜 이런 연출을 했을까?

우리는 먼저 소품의 색상에 주목할 필요가 있다. 재킷, 바지, 구두, 페도라는 모두 검은색이다. 무대의 배경도 검은색이다. 셔츠, 장갑, 양말, 바지의 선은 흰색이고, 재킷의 오른 팔에는 흰색의 완장을 차고 있다. 전부 흑(黑)과 백(白)으로 구성되어 있다. 상호 모순된 어떤 쟁점에 대하여 어느 것이 옳은지를 밝히는 것을 우리는 '흑백을 가린다.'고 말한다. 이러한 점에 착안해 보면 다음과 같은 추리가 가능하다.

마이클 잭슨이 무대에서 트렁크 가방을 연 것은 **재판의 개시를**

의미한다. 그는 트렁크에서 검은색 재킷을 꺼내 입는다. 그것은 판사가 검은색 법복(法服)을 입고 법정에 입장하는 것과 같다. 법복이 검은색인 이유는 검은색은 어떠한 색에도 물들지 않는 공정함의 상징이므로 중립적인 입장에서 오직 법과 원칙에 따라 재판을 한다는 것을 의미한다.

그 다음에는 한쪽 장갑만 꺼내 낀다. 그것은 판사가 **판결을 선고**하기 위하여 법봉(法棒)을 잡았다는 의미이다. 양쪽 손에 다 장갑을 끼었다면 그와 같은 추론은 불가능하다. 원래는 법봉을 들고 나와야 하겠지만 법봉을 들고 춤을 추기는 어렵다. 그래서 법봉 대신 장갑 한쪽이 나온 것이다. 장갑을 끼는 행동으로 법봉을 잡았다는 것을 표현했다. 참고로 그가 낀 장갑은 스와로브스키 크리스탈(swarovski crystal)이 무수히 박혀 있는데 2009년 어느 경매시장에서 4억 원에 팔렸다는 뉴스도 있었다.

마지막으로 페도라를 쓴다(어떤 공연에서는 페도라를 먼저 쓴 후 장갑을 끼었음). 우리가 미국 영화나 드라마에서 가끔 볼 수 있듯이 판사가 법정에 가발을 쓰고 나온다. 페도라는 바로 판사가 쓰는 법모(法帽)이다. 우리나라도 과거에는 판사에게 법복 외에 법모도 함께 쓰도록 했으나 1966년 법복에 대한 규칙이 새롭게 제정되면서 기존에 착용하던 법모는 없어졌으며 졸업식 가운처럼 간소화되면서 법복을 입을 때 넥타이를 착용하는 방식으로 변하였다. 요즘은 모의재판을 위한 교육에 사용할 수 있도록 법복을 판매한다.

트렁크를 열어 재킷을 입고, 장갑을 끼고, 법모를 쓰는 행위는 판결을 선고한다는 의미이다. 페도라를 쓰자마자 강한 비트와 함께 빌리 진 노래가 시작된다. 마이클 잭슨은 그 비트에 맞추어 장갑을

낀 손을 자신의 왼쪽 사타구니 위에 얹은 채로 골반을 앞쪽으로 야하게 튕기기 시작한다. 여기서 마이클 잭슨은 플래시백(flashback) 기법을 사용했다. 플래시백은 영화나 드라마 등에서 순차적으로 전개되는 이야기가 도중에 갑자기 과거로 돌아가 회상하는 장면을 보여주는 기법이다. 즉, 아이가 청년의 자식이 맞다는 잘못된 판결이 선고되고, 바로 청년이 빌리 진을 만나 육체관계를 가졌다는 과거의 그 시점으로 회귀하여 극적인 효과를 더 높였다. 이 장면을 보면서 관중들은 열광하기 시작한다.

판결의 선고는 40일 밤낮으로 불안하고 초조한 마음으로 기다리던 진실이 밝혀지는 시간이다. 양말에 부착된 크리스탈이나 의상의 흰색은 판사가 명경지수(明鏡止水)와 같이 어느 한쪽에 치우치지 않은 깨끗하고, 공정한 판결을 내려주길 바라는 마음을 표현한 것이다.

마이클 잭슨이 춤의 시작이나 중간 쯤에서 손을 자신의 사타구니 위에 얹은 채로 골반을 강하게 튕기는 이유는 빌리 진과 결코 육체관계를 가진 적이 결코 없음에도 아이가 자신의 아들이라고 판사가 오판을 하였기 때문이다.

노래의 후렴 부분을 세어 보니 청년은 빌리 진이 자신의 애인이 아니라고 9번이나 외쳤다. 마이클 잭슨이 무대의 소품들을 전부 흑백으로 준비했고, 자신의 형이나 본인이 여성팬으로부터 억울하게 모함을 당한 점에 비추어 보면 이 아이는 청년의 아이가 아닌 것으로 생각된다. 그래도 아직 풀리지 않는 한 가지 의문점은 "청년은 왜 항소하여 다투지 않았을까?" 하는 점이다.

가끔씩 이 노래를 들으며 이와 같이 해석하기까지 약 10년이 걸렸다. 물론 다르게 해석할 수도 있을 것이다. 80~90년대 우리나라 최고의 댄스 가수였던 박남정씨가 몇 년 전에 나의 사기예방 강의를 듣고 사석에서 "검사님! 내가 이 노래에 맞추어 춤을 많이 추었지만 이렇게 심오한 뜻이 담겨져 있는 줄 몰랐습니다. 이러한 내용을 어디서 알게 되었나요?"라고 물은 적이 있었다. 나는 "문워크에 대한 호기심을 갖고 시작해서, 가사를 염두에 두고 동영상을 수백 번 보고 분석한 결과지요."라고 대답했다.

6. 수궁가(판소리)에도 사기죄가?

나는 전주지검에서 근무하면서 약 9개월간 판소리를 배운 적이 있다. 초보 수준이지만 사적인 모임에서 가끔 판소리를 하라고 하면 사철가나 쑥대머리를 부르곤 한다. 그러던 중 판소리 다섯 마당인 춘향가, 심청가, 흥부가, 수궁가, 적벽가 중에서 어떤 것이 사기죄와 관련이 있는 것인지를 생각해 보았다. 사기와 관련이 있는 것은 수궁가일 것이다.

알다시피 수궁가는 중병이 들어 임종을 눈앞에 둔 남해 용왕이 토끼의 간을 먹으면 낫는다는 소문을 듣고 자라(별주부)에게 구해 오라고 분부한다. 자라는 "수궁에는 거리에 산해진미가 넘치고, 용왕님이 벼슬까지 주신다고 하니 함께 가서 부귀영화를 누립시다."라고 토끼를 유혹하여 수궁으로 데리고 간다. 토끼를 본 용왕은 내가 살기 위하여 너가 죽어야 한다고 했다. 그제서야 토끼는 자라에게 속았다는 사실을 알게 된다. 전주시에서 사기예방 강연을 할 때 청중들에게 자라와 토끼가 사람이라고 가정할 때 형법상의 사기죄가 되는지를 물었다. 된다는 의견과 안 된다는 의견으로 나누어졌다. 이것도 빌리 진에서 설명했던 것처럼 간은 신체의 일부이지 재물에 해당하지 아니하므로 사기는 될지언정 형법에서 말하는 사기죄는 인정되지 않는다.

그렇다면 자라는 처벌할 수 없을까? 형법 제288조 제2항에 「노동력 착취, 성매매와 성적 착취, **장기적출을 목적으로** 사람을 약취 또는 **유인한 사람은 2년 이상 15년 이하의 징역에** 처한다.」라고 규정되어 있다. 그러므로 사람의 간은 장기이고, 적출(摘出)은 끄집어내거나 솎아내는 것이며, 유인은 기망 또는 유혹하여 사람을 자기 또는 제3자의 사실적 지배하에 옮기는 것이다. 자라는 토끼의 간을 떼어낼 목적으로 토끼를 유인해서 수궁으로 데리고 갔으므로 자라에게 **장기적출유인죄가** 인정된다. 용왕에게는 어떤 죄가 적용될까? 형법상 교사범(敎唆犯)이란 타인으로 하여금 범죄를 결의하여 실행케 한 자를 말한다. 용왕은 자라에게 토끼를 유인해 오도록 시켰다. 그러므로 용왕에게 적용되는 죄명은 **장기적출유인교사죄이다.** 형법 제31조 제1항에 「타인을 교사하여 죄를 범하게 한 자는 죄를 실행한 자와 동일한 형으로 처벌한다.」라고 규정되어 있으므로 용왕은 자라와 동일한 형으로 처벌된다.

여기에 반전이 있다. 토끼는 살아남기 위하여 용왕에게 간을 산속에 감춰 두고 왔으니 육지에 가서 가져오겠다고 속이고 탈출한다. 이러한 행위는 형법적으로 어떤 의미가 있을까? 별도로 사기죄가 될까? 정당방위라 함은 자기 또는 타인의 법익(法益)에 대한 현재의 부당한 침해를 방위하기 위한 상당한 이유가 있는 행위를 말한다. 용왕이 토끼의 간을 떼어내려고 한 행위는 '토끼의 생명(법률용어로 법익이라고 함)에 대한 현재의 부당한 침해'이고, 이에 대하여 토끼가 용왕을 속인 것은 '그 침해를 방위하기 위한 상당한 이유가 있는 행위'이다. 따라서 **토끼가 용왕을 속인 것은 정당방위가 인정되어 위법하지 않다.**

그 후에도 집으로 돌아가던 토끼는 사람과 독수리를 각각 속여 죽을 고비를 두 번이나 넘긴다. 첫 번째는 사람이 쳐놓은 덫에 걸렸지만 쉬파리떼로 하여금 자신의 몸에 쉬를 슬게(알을 낳게)한 후 안 움직여서 죽은 것처럼 사람을 속여 덫에서 탈출한다. 두 번째는 토끼가 독수리에게 붙잡히자 자신이 수궁에 갔다가 '의사(意思)줌치'라는 신통한 주머니를 수궁 용왕에게 얻었고, 그것을 바위틈에 보관하고 있으니 꺼내 주겠다면서 독수리를 속이고 굴 속으로 도망쳐서 살아남는다. 이러한 토끼의 행위도 정당방위이므로 위법하지 않다.

7. 수목원에 있는 조각자(皂角刺) 나무를 보며 사기예방을 생각하다.

나는 전주지검에 근무할 때 전주수목원에 놀러간 적이 있다. 그 수목원은 고속도로를 건설하면서 훼손된 자연환경 복구를 위해 다양한 종류의 식물을 모아서 조성한 것이다. 수목원을 둘러보던 중 온통 가시로 덮인 큰 나무를 보았다. 얼핏 보니 가시덩쿨이 이 나무 줄기를 감싸고 있는 줄 알았다. 자세히 팻말을 읽어 보니 조각자(皂角刺) 나무라고 되어 있고, 콩과 주엽나무에 속하는 낙엽 활엽교목으로 신경통과 부스럼 치료의 약재로 사용된다고 한다. 원산지는 중국 중남부이며, 우리나라에서 자라고 있는 나무들은 심어 기른 것들이라고 한다.

조각자 나무

사진에서 보는 바와 같이 조각자 나무 자체가 자신을 보호하기 위하여 줄기를 온통 가시로 덮고 있는 것이었다. "식물도 자신을 보호하기 위하여 온통 가시로 줄기를 감고 있는데, 하물며 사람들은 돈거래를 하면서 증거를 왜 남기지 못할까?"라는 생각을 했다. 그렇다면 내가 사기예방 강의를 통하여 사람들에게 가시를 만들어 보호해 주어야 하겠다는 생각을 했다.

8. ○○공화국에서 살아남으려면? △△불고기를 먹고, □□커피를 마셔라!

이것은 내가 사기예방 강의를 하면서 이해를 돕기 위하여 사람들에게 던지는 질문이다. 이 말 안에 사기예방에 관한 모든 것이 들어있다. 정답은 '사기, 오삼, 드립'이다.

흔히 사람들은 우리나라를 사기공화국이라고 부른다. 살면서
한 번도 사기를 당하지 않은 사람이 거의 없을 정도로 사기가 만연
해 있기 때문이다. 사기를 친 사람이 지인이고, 사기 피해 금액도
그다지 크지 않은 경우에는 고소하지 못하고 가슴앓이를 하는 사
람도 많다. 사기공화국에서 살아남으려면 오삼불고기를 열심히 먹
어야 한다. 오삼불고기? 사기 이야기를 하면서 무슨 생뚱맞은 소리
인가? 오삼불고기는 오징어와 삼겹살을 재료로 만든 요리로서 가끔
텔레비전에서 소개되기도 한다. 오징어는 사기예방 행동준칙 5가
지의 '오', 삼겹살은 사기당한 후 사후조치 3가지의 '삼'을 의미한
다. 구체적인 내용은 이 책 본문에 나와 있다.

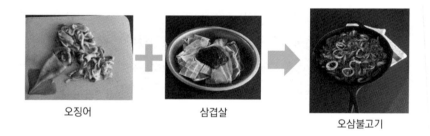

오징어   삼겹살
                                          오삼불고기

어느 날 커피 바리스타인 지인이 볶은 커피 원두 몇 봉지를 보
내왔다. 집에 원두 분쇄기(그라인더)가 없어서 며칠 동안 찬물에 원
두 몇 알을 넣어 커피 향만 맡았다. 일주일 정도 그렇게 하다가 인
터넷으로 원두 분쇄기, 여과지(필터) 등의 장비를 샀다. 보름 정도
원두를 갈아서 핸드드립을 하던 중 그 속에 사기에 관한 행동준칙
이 들어 있다는 사실을 발견했다. 분쇄한 원두가루를 여과지에 올
려 놓고 뜨거운 물을 부으면 원두가루가 봉긋하게 부풀면서 기름

① 사기꾼의 달콤한 말

② 합리적 의심(Reasonable Doubt)

③ 증거(Evidence)

거품이 일어난다. 그 기름 거품이 바로 사기꾼의 버터가 발린 현란한 거짓말과 같다. 여과지(필터)는 거래할 때 상대방의 말을 그대로 믿지 말고 다시 한번 생각할 때 기준이 되는 합리적인 의심(reasonable doubt)이다. 이 여과지를 통과하면 맛과 향이 좋은 드립커피가 추출된다. 드립을 다 하고 난 후 여과지에 남은 원두가루는 우리가 금전거래를 할 때 반드시 남겨야 할 증거에 해당한다. 결론적으로 **사기를 당하지 않으려면 "상대방의 말을 그대로 믿지 말고 반드시 합리적인 의심을 하고 증거를 남겨야 한다."** 눈을 돌려 주위를 살펴보니 많은 사물에 필터가 있다는 사실을 알았다. 집안에 있는 에어컨, 담배, 공기청정기, 자동차 등에 필터가 장착되어 있다. 저녁이 있는 삶은 중요하다. 그러나 필터(합리적 의심)가 있는 삶은 더 중요하다.

제 2 부

사기꾼의 실체

1. 사기꾼은 어떤 특징이 있을까?
2. 우리나라에 사기사건이 특히 많은 이유는 무엇일까?
3. 우리가 사기를 당하는 이유는 무엇일까?
4. 우리는 주로 어떤 사람에게 사기를 당할까?

1. 사기꾼은 어떤 특징이 있을까?

사기꾼의 특징을 한 줄로 요약한다면 과연 무엇일까? 그것은 바로 '사랑이 무서워'라는 영화에서 배우 김수미가 아들(임창정 분)에게 했던 "저 ××는 입만 벌리면 거짓말이 자동으로 나와!"라는 말이다. 많은 피해자들이 뒤늦게 사기당했다는 사실을 깨달았을 때 김수미처럼 말을 했을 것이다. 그런데, 이 말은 사기 예방에는 아무런 도움이 되지 못한다.

그렇다면, 사기꾼의 행동에는 어떤 특징이 있을까? 우리가 그 특징을 미리 알고 조심한다면 피해를 예방할 수 있을 것이다. 30여 년간 검사로서 수 많은 사기사건을 수사하고, 상담하면서 알아낸 사기꾼의 특징을 정리하면 다음과 같다.

첫째, 필요 이상으로 친절하고, 사기를 친 후에는 연락이 안 된다('먹튀'[10]).

사기꾼은 남의 재산을 자신의 손에 넣을 때(목적 달성)까지는 피해자에게 지극정성으로 잘 해 준다. 필요 이상 친절하고, 미안할 정도로 잘 해 준다. 피해자의 경계심을 누그러뜨려야 하기 때문이다. 피해자가 사기꾼에게 "나에게 너무 잘 해 주는 이유가 무엇인가요?"라고 물으면 "당신에게 인간적인 매력이 있기 때문이다.", "당신은 내가 존경했던 고등학교 은사님과 너무 닮아서 그렇다.", "당신의 성격이 너무 좋아서 그렇다." 등등 아무튼 적당히 둘러대면서 피해자를 안심시킨다. 최근 자신을 P호텔 카지노 회장의 혼외자라고 사칭하며 전 펜싱 국가대표 선수 남현희 씨에게 접근한 후 이를 매개로 사기를 쳤던 전청조 씨 사건이 국민적 관심을 끌고 있다. 전청조는 남현희와 함께 모 잡지사[11] 기자와 인터뷰를 하면서 "...(생략) 마주 앉아서 보니 (현희 씨의) 눈이 되게 예쁘게 생겼더라고요. 제 이상형은 예의 바르고 멋지고 친절한 사람, 어떤 시련이 와도 이겨내는 강인함을 가진 사람인데 현희 씨의 모든 게 이상형과 가까웠어요...(생략)..."라고 말했다. 전청조는 이와 같은 말을 하면서 남현희의 호감을 샀고, 자신이 월세로 살던 시그니엘[12]에 남현희 모녀가 들어가 살게 했고, 벤틀리 차, 각종 명품 가방, 백 등 약 10억 원 상당의 선물 공세를 하였다. 사기꾼은 이와 같이 미안할 정도로 잘해 주는 방법으로 경계의 벽을 허문다. 전청조에게 11억 원 상당의 투자 사기를 당한 피해자 A씨의 경우도 같다. 전청조는 A씨에게 P호텔의 스위트룸 숙박(1박에 1,200만 원)을 제공하고, 고급 와인(1병에 500만 원)까지 주었다. 그 외에도 전청조는 남현희와 딸, A씨 가족과 함께 여행하며 그 비용 일체를 부담하였다. 이와 같은 과분한 대접과 함께 전청조가 남현희의 재혼 상대라는 점을 믿은 A씨는 경계심을 풀고 11억 원을 투자하였다. 결국 A씨는 전청조와 남현희를 공범으로 고소하였다.

내가 상담했던 어떤 사건에는 목적 달성을 위하여 오랫동안(4년간) 작업한 사기꾼도 있었다. 그 사건의 피해자를 얼마 전에 만났다. 그는 그 사건으로 인하여 엄청난 스트레스를 받아 결국 암에 걸려서 항암치료 중에 있다고 한다.

사기꾼은 목적 달성을 하면 연락을 끊거나(일명 '**먹튀**') **태도가 돌변**하는 경우가 많다. '먹튀'의 경우는 최근 유명 포털 사이트에서 '해외 명품 구매대행' 사기를 친 후 잠적한 사건[13]을 들 수 있다.

범인은 180명의 피해자들로부터 150억 원의 사기를 치기 위하여 5년간 정상적인 거래를 하면서 신뢰를 쌓아 왔다고 한다. 태도가 돌변한 경우는 전청조의 또 다른 사건에서 찾아볼 수 있다. 전청조는 데이팅 앱**14**을 통해 어떤 남자(피해자)를 만나 모텔에서 그와 성관계를 가졌고, 그 후에도 만남을 지속해 왔다. 그러던 중 어느 날 전청조는 피해자에게 "내가 지금 임신을 했다. 문제는 '승마 대회에 선수로 출전할 예정이어서 마주(馬主)로부터 후원금을 받았는데, 임신 때문에 출전을 못하게 되어서 위약금으로 3억 5,000만 원을 물어줘야 하니 그 돈을 달라."라고 말했다. 그 말을 믿은 피해자는 대출까지 받아 7,800만 원을 전청조에게 보냈다. 돈을 받은 직후 태도가 돌변하여 피해자에게 "아이는 내가 알아서 키울 테니, 앞으로 연락을 하지마!"라며 이별을 통보했다. 뒤늦게 사기를 당한 사실을 안 피해자는 2023년 4월 전청조를 상대로 혼인을 빙자한 사기죄로 고소했다.

소시오패스(sociopath)에게 사기를 당한 피해자들의 사연이 유튜브에 많이 올라와 있다. 그들은 한결같이 소시오패스에게 당한 사연을 널리 세상에 알림으로써 다시는 자신들과 같은 피해자가 나오지 않기를 바라는 마음에서 그와 같은 동영상을 만들었다고 한다. 피해자들은 한결같이 "그가 나쁜 사람인 것을 왜 나만 몰랐을까?", "믿었던 내가 바보지! 얼굴에 쓰여있는 것도 아니고, 그가 사기꾼인지 내가 어떻게 알아?", "또 당하지 말라는 보장도 없고, 무섭다."라고 말한다. 소시오패스에게 몇 번 피해를 당하게 되면 사회생활을 하는 데 있어서 자신감을 잃고 나아가 사람에 대한 두려움까지 느낀다고 한다.

　　나는 소시오패스라는 개념을 통하여 30여 년간 수사하면서 도저히 이해할 수 없었던 일부 사기꾼들 예컨대, '자신을 수십 년간 도와준 은인을 속여 그의 재산을 전부 사기친 사람들'의 정신세계를 이해할 수 있었다. 미국 하버드대학의 마사 스타우트(Martha Stout) 교수는 25년간의 상담사례를 분석하여 '옆집에 사는 소시오패스(The sociopath next door)'라는 책을 출간하였다.[15] 이 책에 의하면, 소시오패시(sociopathy, 반사회적 인격장애)는 양심불량의 정도를 넘어서 **양심이 아예 없는 상태**를 뜻하고, 이러한 이기적인 성격은 교정이 전혀 불가능하다고 한다. 소시오패스(sociopath, 반사회적 인격장애자)는 미국 전체 인구의 약 4%, 즉 100명 중 4명이 이에 속하는데, 2020년 서울의 전체 인구가 약 1,000만 명이므로 그중 40만 명이 소시오패스인 셈이다. 그러나 미국보다 개인주의적 문화가 약한 일본, 중국 등 동아시아 국가에는 상대적으로 소시오패스가 적다고 한다. 우리나라도 이에 해당될 것이다. 정신병원이나 감옥에 가면 만날 수 있는 사이코패스와는 달리 소시오패스는 학교, 직장, 동창회 모임 등 일상생활에서 종종 볼 수 있는데, 비폭력적이며 범법 행위를 노골적으로 하지 않기 때문에 일반인들은 누가 소시오패스인지 구별할 수 없다고 한다.

　　소시오패스는 사기꾼과 비슷한 점이 많기 때문에 소시오패스의 특징과 대처법을 미리 안다면 사기를 예방할 수 있을 것이다. 사람들이 공통적으로 말하는 **소시오패스의 특징**은 다음과 같다.

　　① 소시오패스는 뛰어난 말솜씨와 매력이 있지만 **양심이나 공감 능력이 없다.** 그래서 사람들은 소시오패스의 카리스마나 매력에 빠져 그들의 유혹에 넘어간다. 소시오패스는 누가 자신에게 관심을

보이는지를 잘 알고, 누구보다도 더 충동적이고 열정적이며, 섹시
하고 재미있다. 사기꾼이 목적을 달성할 때까지 상대방에게 잘 해
주는 것은 바로 소시오패스의 이와 같은 특징과 일맥 상통한다.

② 소시오패스는 **이익과 손해에 따라서 움직인다.** 이용가치가 없
는 사람을 철저히 무시한다. 베푸는 척 하지만 실제로는 철저히 계
산적이다. 소시오패스에게 당한 사람들은 거의 사기 피해자들이다.
소시오패스는 다른 사람들을 자신의 목적 달성을 위한 수단 또는
도구로 취급한다. 자신은 무대의 주인공이고, 다른 사람은 관객 정
도로 생각한다. 소시오패스는 주로 자신보다 지위나 영향력이 높거
나 유명한 사람들에게 접근한다. 정신력은 약하지만 강한 책임감으
로 다른 사람을 잘 챙겨주는 사람들도 소시오패스의 희생양이 되
는 경우가 많다. 소시오패스가 던지는 달콤한 말은 상대방의 경계
의 벽을 허물기 위한 것이다. 이것은 사기꾼이 아첨을 통해 피해자
의 경계심을 누그러뜨리는 것과 같다.

③ 소시오패스는 **약속을 잘 안 지킨다.** 더 큰 이익을 우선시하므
로 이익이 덜 한 사람과 먼저 했던 약속을 깰 수밖에 없다. 사전통
보 없이 약속시간에 나타나지 아니하기도 한다. 이때 피해자가 전
화하면 전혀 미안한 기색이 없이 그제서야 약속을 다음으로 미루
자고 하기도 한다.

④ 소시오패스는 **손해를 보거나 자신에게 이긴 사람에게 반드시
복수**한다. 왜냐하면 소시오패스는 자신을 과대평가하여 승부욕이
강하기 때문이다. 그러므로 그들과 경쟁하거나 이기려고 하지 말아
야 한다.

⑤ 소시오패스는 **절대 변하지 않는다.** 그러므로 그들을 변화시켜

려하거나 동정을 하지 말아야 한다. 소시오패스는 진짜 모습이 들통나면 눈물을 글썽이는 등 **동정심에 호소**한다. 이러한 사실을 모르면 피해를 당하게 된다.

⑥ 소시오패스는 **똑똑하고 사회적 지위가 높거나 성공한 사람들** 중에 상대적으로 많다. 그들은 자신보다 못하다고 생각되는 사람들에게는 함부로 대한다. 그러므로, 중요한 계약을 체결할 상대방이 소시오패스인지를 알아보려면 식사나 술을 함께 하고, 골프를 치면서 그가 식당 종업원이나 캐디에게 함부로 대하는지 살펴볼 필요가 있다. 소시오패스는 그들이 아무런 이익을 주지 않기 때문에 함부로 대해도 된다고 생각하기 때문이다. 처음 만났을 때 이와 같은 점들이 발견된다면 그들은 소시오패스일 가능성이 높기 때문에 거래하지 않는 것이 좋다. 이것은 내가 앞으로 설명할 사기예방 행동준칙 중의 하나인 '첫 만남의 나쁜 느낌을 믿어라!'와 일맥상통한다. 건설업을 하는 나의 지인은 공사계약을 체결하기 전에 미리 상대방과 함께 술을 마시거나 골프를 치면서 그가 종업원들에게 대하는 태도나 사소한 약속을 잘 지키는지 등을 살펴서 소시오패스라고 판단되면 그와는 거래를 하지 않는다고 한다. 당장은 이익이 되더라도 장기적으로 보면 손해를 주기 때문이다. 그래서 그 지인은 몇십 년간 건설업을 하면서도 지금까지 공사대금을 한 번도 떼인 적이 없다고 자랑한다. 그분은 소시오패스라는 개념을 모르지만 사업에 이를 잘 활용하고 있다. 최근에 나는 그분의 일화를 다른 지인에게 말했다. 그러자 그는 "요즈음 인터넷을 통하여 소시오패스의 문제점(약자를 함부로 대하거나 무단 약속파기 등)을 알고 사람들이 소시오패스를 꺼린다는 사실을 안 소시오패스들이 이를 감추려

고 노력하는 것 같아요. 예를 들면 어느 날 저의 사무실로 건축 설
계 계약을 하자고 하면서 처음 찾아온 사람이 있었는데, 몇 시간
함께 있는 동안 예의 바르고 신뢰 가는 행동을 보이기에 다음에 계
약을 하기로 했어요. 건물 밖까지 나가 그를 배웅한 후 들어오려고
하는데 수위가 저에게 다가와 '사장님! 저분을 어떻게 아세요? 아
까 저에게 함부로 대하기에 따졌더니 저에게 욕을 했습니다. 나쁜
사람 같으니 조심하세요.'라고 했답니다. 저는 수위의 말을 듣고 그
의 이중적인 태도에 깜짝 놀랐고, 소시오패스로 보이기에 그와 계
약을 하지 않았어요."라고 말했다. 약자를 함부로 대하지 않거나
약속을 무단으로 파기하지 않는 사람이라고 하더라도 소시오패스
가 아니라고 단정할 수 없으니 주의할 필요가 있다.

⑦ 소시오패스 옆에는 **항상 새로운 사람이 많고, 친한 사람이 없
다.** 이해관계에 따라서 움직이기 때문이다. 소시오패스라고 판단되
면 가능한 빨리 관계를 끊는 것이 최상책이다.

둘째, '병풍치기'를 한다.

사기꾼은 자신의 먹잇감인 피해자를 착오에 빠뜨리기 위하여
교수나 공무원 등 사회적 신분이 확실한 사람을 동행해서 그들과
매우 친한 척한다. '유유상종(類類相從)'이라는 말이 있듯이 피해자
는 사기꾼을 데리고 온 사람과 같은 부류의 사람으로 사기꾼을 믿
는다. 나는 이것을 **'병풍치기'**라고 이름을 지었다.

나는 병풍치기 수법에 사기당한 피해자에게 물었다. 그러자, 피
해자는 "검사님! 사기꾼이 그 당시 함께 있었던 공무원과 너무 친
하게 지내시기에 같은 부류의 사람인 줄 알고, 그 사기꾼의 말을

그대로 믿었습니다."라고 말했다. 돈거래를 할 때에는 그 상대방 자체만을 놓고 판단해야 한다. 사기꾼과 함께 어울렸던 사람을 고려해서는 안된다. 사기의 세계에는 '유유상종'이 통하지 않는다.

전청조가 남녀 성별을 넘나들며 사기친 것을 보면 병풍치기 수법을 다음과 같이 여러 곳에서 사용한 것을 알 수 있다.

① 더 큰 사기를 치기 위하여 **남현희**를 이용했다. 전청조는 남현희라는 '병풍'을 통하여 대한펜싱협회에 30억 원을 후원하겠다는 의사를 전달했다. 그 후원에는 '자금의 출처를 묻지 말아 달라'라는 조건을 붙였고, 그것 때문에 협회가 거부하는 바람에 더 큰 사기로 진행되지 않았다. 전청조가 11억 원의 투자 사기를 쳤던 사건에서도 전청조는 피해자 A씨 가족과 함께 여행을 가면서 병품삼아 남현희를 동반하였다.

② 전청조가 사기치는 과정에서 "남(현희) 감독이 박세리 선수와 촬영해서 친한데, 내가 **박세리** 선수에게 골프를 배워 홀인원을 두 번 했다."라며 거짓 인맥을 과시했다. 이처럼 사기꾼은 거짓 인맥을 과시하며 병풍을 친다.

검사들은 명함을 함부로 주지 않는다. 왜냐하면, 사기를 치는 데 그 명함이 사용될 수도 있기 때문이다. 내가 어느 지방검찰청 검사로 근무하던 때의 일이었다. 어느 날 지인이 저에게 전화하여 "○○이라는 사람이 검사님하고 매우 친하다고 하면서 검사님 명함도 보여주던데, 그것이 사실인가요?"라고 물었다. 전혀 모르는 사람이었다. 아마도 어느 행사장에서 지인의 소개로 통성명을 하면서 명함을 주었던 것 같다. 나를 안다고 했던 사람이 사기꾼이라고 단정할 수는 없지만 조심할 필요가 있다.

③ 전청조는 자신이 재벌 3세인 것처럼 속이기 위하여 10명 정도의 **경호원**을 데리고 다니면서 병풍처럼 이용했다. 경호원 한명당 1,500만 원의 월급을 주었다고 한다.

④ 전청조는 **기자 역할 대행 아르바이트**를 고용하여 그들에게 인터뷰 대본을 준 후 깔끔한 복장을 하고, 노트와 펜을 지참한 채 서울 강남의 모 식당에서 전청조가 남현희, 지인 2명과 식사 중인 장소로 다가와 기자인 척 인터뷰를 요청하는 연기를 하도록 했다. 이것도 넓은 의미의 병풍치기라고 할 수 있을 것이다. 그 대본 내용은 다음과 같다.

> 기자1: 안녕하세요. 전청조 대표님! 인터뷰 요청했던 기자입니다.
> 대표님(전청조): 음, 저는 인터뷰에 응했던 적이 없는 걸로 기억합니다만 저의 개인적인 일정 중에 방해하시면 어쩌라는 거죠?
> 기자1: 몇 가지만 질문하겠습니다. [수첩을 보면서 질문을 한다.] 파라다이스 회장님과는 어떤 관계시죠?
> 대표님: 대답 안 합니다...(중간 생략)...
> 기자2: 오? 같이 계신 분 혹시 남현희 씨 아니세요? [대표님이 흥분해서 화를 내신다면, 대표님이 뭐라 하면 기자 역할을 하시는 분들은 머리 숙여서] '죄송합니다, 저희가 너무 경솔했습니다'[라는 사과 후 퇴장하시면 됩니다.]

전청조 사건이 언론에 보도되자 이 연기를 했던 사람의 제보로 이와 같은 행각이 세상에 알려지게 되었다.

⑤ 전청조는 재벌 회장인 아버지가 남현희에게 카카오톡 메시지를 보낸 것처럼 위장하거나, 남현희가 있는 곳에서 어머니와 통

화하는 척 연기를 했다. 가짜 **아버지와 어머니**가 동원되었기 때문에 이것도 넓은 의미의 병풍치기라고 할 수 있다. 남현희는 잠실 시그니엘에 두고 간 전청조의 휴대폰 속에서 그동안 아버지인 재벌 회장이라며 자신에게 문자를 보냈던 사람이 사실은 전청조가 꾸며낸 인물임을 알게 되면서 전청조에게 속았음을 완전히 깨달았다고 한다. 문자 내용에는 "반가워요. 저는 청조 아버지 되는 사람 전○○이요. 아들 녀석이 연락이 안 되는군요. 회사 일로 연락해야 하는데 아들이 부재중이니 급히 연락드리네요. 아들을 깨워 주면 좋겠어요. 부탁 좀 드리겠어요. 급하네요."라는 것이 있다. 전청조에 대한 사기 의혹이 터지면서 남현희가 해당 내용이 사실인지에 대해 묻자 전청조는 어머니와 통화하는 척을 하며, "나는 언제까지 숨어 살아야 하느냐"라는 등의 말을 지어내면서 끝까지 재벌 3세의 혼외자인 척했다.

전청조 사기 사건은 **포항 가짜 수산업자 김태우 사기 사건**과 여러 가지 점에서 비슷한 사기꾼의 특징들이 보인다.

① 사기죄로 형을 마치고 출소 후 **단기간 내에 재범**하였다.

전청조는 2018년 4월부터 2019년 9월까지 10여 명의 피해자를 상대로 3억 원 상당의 사기를 쳐서 2020년 징역 2년 3개월의 실형을 선고받고 출소한 후 단기간 내에 다시 27명을 상대로 30억 원 상당의 사기를 쳐서 구속·기소되었다.

김태우는 2008년부터 2009년까지 36명을 상대로 1억 6,000만 원 상당의 사기를 쳐서 2016년 징역 2년을 선고받고, 2017년 12월 특별사면으로 출소한 후 6개월 만에 다시 사기 행각을 시작했다.

② 자신이 **재력가인 척** 연기를 하였다.

전청조는 위에서 본 바와 같이 자신이 재벌의 혼외자이고, 시그니엘에 거주하면서, 벤틀리 외제차, 명품 가방이나 백 등을 남현희에게 선물했고, 1박에 1,200만 원인 호텔 풀빌라에 숙박하거나 사람들에게 은행 앱을 켜서 51조의 예금잔고가 들어 있는 것처럼 보여 주는 등 자신이 재력가인 척했다.

김태우는 자신을 1,000억 원대의 유산을 상속받고, 고향인 포항에서 어선 수십 척과 풀빌라, 고가 외제차량을 소유한 재력가인 것처럼 행동했다. 유명 연예인에게 포르쉐 등 고급 외제차나 명품 가방 등을 선물하면서 재력을 과시했고, 선동오징어(배에서 잡아 바로 급랭한 오징어) 사업에 투자하면 수개월 내에 3~4배의 이익을 얻게 해 주겠다고 기망하여 2018년 6월부터 2021년 1월까지 7명의 피해자들로부터 116억 원을 가로챈 범죄사실로 2022년 7월 14일 대법원에서 징역 7년의 실형이 확정되었다.

③ **병풍치기**를 하였다.

전청조는 위에서 본 바와 같이 남현희, 박세리 선수, 경호원, 아르바이트(기자 역할), 가짜 아버지와 어머니를 병풍으로 내세워 사기를 쳤다.

김태우는 골프채나 렌터카 같은 금품과 향응을 정치인·법조인·언론인 등에게 제공하며 친분을 과시하여 그들을 병풍으로 삼았다.

이와 같이 자신의 재력을 과시하거나 병풍치기를 하는 사람은 경계할 필요가 있다.

다음은 사기꾼(A)에게 8억 원을 빌려주었던 사람(C)이 그 돈을 받기 위하여 A가 시키는 대로 고소인(B)에게 거짓말을 하는 바람에 A와 공범으로 고소되어 조사받은 피의자신문조서의 일부를 발췌한 것이다. 여기서 우리는 사기꾼이 어떻게 신뢰를 쌓고, 병풍치기를 하여 상대방을 착오에 빠뜨리는지를 알 수 있다.

> 문: 피의자는 A(사기꾼)와는 어떤 사이인가요?
> 답: A는 10년 전부터 제가 운영하는 화장품 가게의 손님으로 알게 되었고, 저와 깔끔하게 거래를 해서 A를 신뢰했습니다. 그런데, 2022년 11월 2일 1억 8,000만 원을 빌려 달라고 해서, 저의 지인인 ○○○에게 1억 원, 저는 돈이 없어 친언니와 엄마에게 빌린 8,000만 원을 A에게 빌려줬고, 그때 공정증서를 작성했어요. 그 후 열흘 쯤 뒤에 그 돈을 거의 변제했던 걸로 기억하는데, 그래서 또 A를 신뢰했어요. A는 평소 자신이 침구사업을 하면서 신라호텔, 워커힐호텔에서 진행하는 음악회 등을 주관하는 일을 한다고 했는데, 제가 알기로 A의 인맥은 화려했습니다. 샤넬, 몽클레르 관계자, 롯데호텔 대표 등 회사 관계자들과 찍은 사진을 보여주고 그 인맥을 자랑했습니다. 그리고, 평소 A는 샤넬 등 명품으로 치장하고 다니며 행색이 화려했습니다. 그래서, 저는 A가 젊은 나이에 대단하다고 생각했습니다.
> 문: 당신이 B(고소인)에게 거짓말 한 이유는 무엇인가요?
> 답: A는 저에게 "일주일 뒤에는 돈이 나오니 B가 『A가 B로부터 받은 돈을 어디에 썼는가?』라고 물으면, 『부동산 시행사에게 주었다고 말해 달라. 그래야 내가 당신한테 빌린 8억 원도 갚을 수 있다.』라고 말했습니다. 그래서 내 돈을 받을 욕심에 B에게 거짓말을 했습니다. 죄송합니다.

셋째, 장밋빛 미래만 말한다.

'아름다운 말은 감동을 주지만 지키기 어렵다.'는 말이 있다. 사기꾼은 지키기 어려운 정도를 넘어서 처음부터 지킬 마음이 없거나 지킬 수도 없는 아름다운 약속을 한다. 사기꾼은 장밋빛 미래만 말한다. 어떤 사기꾼이 피해자에게 '제주도에서 부동산 개발사업을 하는데 이에 투자하면 원금과 함께 수익금의 절반을 주겠다.'고 말한다. 그 말을 가만히 듣고 있던 피해자가 그 개발사업의 결정적인 문제점을 발견하고 질문한다. 그러자 사기꾼은 부동산이 개발된 후의 장점들만 장황하게 설명한다. 그러면서 그러한 문제점은 도저히 발생할 수가 없으며 **파격적인 고수익**이 날 것이라고 강조한다. 어느새 피해자는 사기꾼이 하는 말대로 지금 당장 투자하지 아니하면 큰 손해를 볼 것 같은 착각에 빠져서 투자한다. 사기꾼의 최면에 걸린 것이다. 그 후 피해자가 자신이 사기를 당했음을 깨닫게 되기까지는 많은 시간이 걸리지 않는다.

사기꾼은 사기의 목적을 달성하기 위하여 무조건 잘 된다고 피해자를 현혹시킨다. 최근 언론에 다음과 같은 안타까운 사연[16]이 보도되었다.

> 주식을 전혀 모르는 50대 주부가 어느 날 '돈만 입금하면 투자해 주겠다.'는 문자메시지를 받았다.
>
> 그녀는 주위에서 은행대출을 받아 주식을 사서 큰 돈을 벌었다는 소문도 듣고 하여 호기심에서 그 메시지 속 사이트에 접속하여 회원가입을 한 후 호기심에서 50만 원을 입금했다. 얼마 지나지 않아

90만 원을 되돌려 받았다.

욕심이 생긴 그녀는 카드대출까지 받아 8,600만 원을 투자했으나 그 운영자는 연락을 끊고 잠적을 했다.

경찰에 신고를 했지만 그 사기꾼 일당은 해외에 있어서 찾기 어려웠고, 가정은 파탄이 났으며 그 대출금을 갚지 못하여 신용불량자가 되었다.

그녀가 사기꾼 일당으로부터 수익이 났다며 90만 원을 되돌려 받는 순간 바로 최면에 걸린 것이다. 어떻게 그와 같은 수익이 나는지 합리적으로 따져 볼 생각을 못해 피해를 입은 것이다. 추후 설명할 지역주택조합, 분양형(수익형) 호텔, 레지던스(residence) 호텔 등도 장점과 함께 많은 문제점들이 있으니 각별한 주의가 필요하다.

넷째, 다급하게 재촉한다.

사기꾼은 급히 돈이 필요하다며 똥 마려운 강아지처럼 부산을 떤다. 사기꾼은 그 상황에서 돈을 빌려주지 않는 사람은 인정머리가 없고, 나쁜 사람이라는 느낌이 들도록 그럴듯하게 이야기를 지어낸다. 특히 사기꾼은 피해자에게 어떤 현안이 생겨서 그것에 온통 정신이 팔려 있을 때를 잘 포착한다. 다급하게 재촉하면 사람들은 합리적인 판단을 못하게 되는데, 사기꾼은 이렇게 함으로써 먹잇감이 자신이 쳐 놓은 틀 안에서 벗어나지 못하게 한다. 예컨대, 나의 지인은 2020년경 '비싼 캐피탈 대출을 저금리 은행 대출로 바꾸어 준다(대환대출).'는 말에 속아 2,000만 원을 보이스피싱당한 적이 있었다. 범인은 "만기 도래전 대출금 상환은 계약위반이지만 오늘까지 대출금을 현금으로 갚으면 되는 것으로 은행 측의 양해를 얻었다. 은행 직원이 집으로 찾아갈 것이니 현금을 전달하라."라고 기망했다. 이자를 낮추기 위해서는 '**오늘까지 갚아야 한다**'는 절박감으로 인해 지인은 "왜, 은행 직원이 집에 방문하여 현금을 가져가지?"라는 **합리적인 의심**을 결국 하지 못했다.

가장 큰 문제는 이와 같은 급한 상황에서는 **차용증이나 계약서를 작성하지 않는다는 것**이다. 사기꾼은 처음부터 갚을 생각이 없었기 때문에 증거를 남기지 않는다. 계좌에 입금한 경우라면 그나마 민사소송이라도 제기할 수 있겠지만, 사기죄로 상대방을 고소하기 위해서는 기망했다는 사실을 입증할 수 있는 증거가 있어야 하지만 쉽지 않다.

나는 수사하면서 피해자들에게 "조금만 생각해 보면 거짓말이라는 것을 금방 알 수 있었을 텐데, 왜 그런 생각을 하지 못했나요?"라고 묻곤 했다. 그러자, 한결같이 피해자들은 "상대방은 지인이며 평소에 재력이 있다고 자랑했고, 바로 내일 돈을 준다고 해서 믿었습니다."라고 말한다. 만일 사기꾼이 병풍치기까지 한 상태라면 피해자는 더욱 쉽게 속는다.

상대방이 날짜나 시간을 촉박하게 잡은 후 그때까지 돈을 빌려달라는 등의 요구를 할 때는 합리적인 의심을 할 필요가 있다. 돈이 급한 사람은 상대방이지 내가 아니기 때문이다.

다섯째, 비밀유지를 하라고 요구한다.

사기꾼은 외부의 정보를 철저히 차단하여 자신에 대한 의존성

을 극대화시켜 피해자로 하여금 객관적이고 합리적인 사고를 못하
게 한다. 자신이 제공하는 정보는 중요하기 때문에 비밀로 유지할
것을 강조한다. 그래야 피해자가 착오에 쉽게 **빠져** 목적을 달성할
수 있기 때문이다.

전청조 사건에서, 전청조는 부유층을 대상으로 운영하려 했던
펜싱 아카데미(학원) 사업에 대하여 남현희가 주변 코치들에게 홍
보하면서 "(전청조) 대표님이 SK나 삼성보다 돈이 훨씬 많다. 이 **사
업의 비밀을 유지해야** 하는 이유는 교육 방법이 조금 색다르고, 노
출되면 다른 데서 따라 할 수 있기 때문이다."라고 했던 말이 녹음
되어 공개되었다. 이 학원 사업과 관련하여 남현희가 전청조의 사
기 범행에 가담했는지의 여부는 아직 알 수 없다. 그러나, 남현희
는 전청조의 요구에 따라 이와 같이 비밀을 유지해 달라고 말한 것
으로 보인다.

다음은 현직 검사 때 상담하면서 만났던 어느 피해자의 이야기
이다. 피해자는 오랜만에 동창회에서 친하게 지냈던 고교 동창을
만났다. 서로 안부를 묻고 많은 이야기를 나누다가 친구(사기꾼)가
자신이 부동산 개발업을 하고 있는데 정치인 등을 통해 몰래 **빼낸**
미공개 개발정보로 토지를 미리 사고, 나중에 개발이 되면 다시 높
은 가격으로 그 토지를 파는 일을 하면서 꽤 많은 돈을 벌었다고
자랑했다. 그 친구는 "때마침 진행 중인 것이 하나 남아 있는데 친
구니까 특별히 너에게 싸게 줄게! **절대로 비밀을 유지해야** 된다."라
고 했다. 피해자는 학교 다닐 때 워낙 친하게 지냈던 사이라서 그
친구를 믿고 현장에 가보거나 위치도 확인하지 아니한 채 1억 원
을 주고 그 토지의 남은 지분을 샀다. 몇 년이 지났지만 개발되지

아니하였다. 그제서야 피해자는 자신이 산 토지의 지번을 알아보았
다. 그곳은 어느 지방의 외진 산골에 있는 경사가 가파르게 절개된
아무 쓸모 없는 땅이었다. 속은 사실을 알고 항의하니 그 친구는
땅을 처분하여 대금을 돌려주겠다고 했고, 그래서 현재 기다리고
있는 중이라며 사기죄로 고소가 가능한지를 물었다. 나는 피해자에
게 위 임야에 대한 소유권은 넘겨받았는지를 물었다. 그러자, 피해
자는 그 친구가 토지가 개발되어 가격이 오르면 팔아서 준다고 해
서 매매대금은 주었지만 아직 소유권은 넘겨받지 않았다고 한다.
나는 피해자의 말을 듣고 황당함을 감출 수가 없었다.

여섯째, 증거를 남기지 않는다.

사기꾼은 자신의 거짓말에 상대방이 착오에 빠진 이후에는 실
험실의 알코올처럼 그 말이 바로 증발되어 없어지기를 원한다. 사
기꾼이 나중에 고소를 당하게 되면 과거에 자신이 했던 그 말 때문
에 사기죄로 처벌받을 수 있기 때문이다.

예컨대, 어느 건물을 임차하려는 임차인(고소인)에게는 건물에
딸린 창고나 옥탑방이 중요한 요소였다. 그래서 임차인은 임대인
(피고소인)에게 "임대하는 주된 건물에 딸린 창고나 옥탑방이 불법
건축물은 아니겠지요?"라고 물었다. 그러자 임대인은 "네, 전부 합
법적으로 지은 것입니다. 걱정하지 마세요."라고 말했지만 건축물
대장은 보여주지 않았다. 임차인은 그 말만 믿고 건축물대장을 확
인하지 아니한 채 임대차계약을 체결하였다. 그때로부터 약 1개월
후에 주된 건물에 딸린 창고와 옥탑방이 불법 건축물로 단속되었
다. 임차인은 그 부대시설인 창고와 옥탑방이 없으면 임차목적을

달성할 수 없었다. 사기죄로 고소를 당한 임대인은 자신도 창고와 옥탑방이 딸린 이 사건 건물 전체를 매수한 것이므로 창고와 옥탑방이 불법 건축물인 줄을 몰랐다고 변명했다. '창고와 옥탑방'은 계약의 중요한 사항이므로 계약서의 특약사항에 "창고와 옥탑방이 적법한 건축물이라는 임대인의 말을 믿고 계약을 체결한다. 사실이 아닌 경우 임차인은 계약을 해제함과 아울러 위약금으로 00원의 손해배상을 임대인에게 청구할 수 있다."라는 내용을 기재하여 증거로 남기면 좋다. 이 경우 임차인이 직접 건축물대장을 열람하여 위법한 건축물이 있는지 확인하였다면 이와 같은 문제는 처음부터 발생하지 아니하였을 것이다.

또 다른 예를 들어보기로 한다. 어떤 사람(고소인)이 아파트를 임차하기 위하여 등기사항전부증명서를 보았더니 채권최고액이 아파트의 시세의 약 70% 정도의 금액으로 근저당권이 설정되어 있었다. 이러한 사실을 알게 된 그분(고소인)은 불안하여 계약을 하지 않겠다고 했다. 그러자 집주인(피고소인)은 "임대보증금을 받아서 근저당권을 바로 말소할 예정이니 걱정말라."라며 안심을 시켰다. 그 말을 믿고 고소인은 계약을 체결하였다. 그러나 집주인은 임차인으로부터 받은 보증금을 사업자금으로 사용하면서 위 아파트에 설정된 근저당권을 말소하지 않았다. 그때로부터 6개월 뒤에 위 아파트에 대하여 경매신청이 들어왔다. 그제서야 임차인(고소인)은 "보증금을 받아 바로 아파트에 설정된 근저당권을 말소하겠다고 속여 임대차계약을 체결하는 방법으로 보증금을 사기쳤다."라고 집주인(피고소인)을 사기죄로 고소하였다. 수사기관에서 조사를 받으면서 집주인은 "임차인으로부터 받는 보증금으로 바로 근저당권을

말소해 주겠다는 말을 한 사실이 없으며, 등기사항전부증명서를 임
차인에게 보여주고 계약을 체결하였다."라고 주장하였다. 이 사건
에서 "보증금으로 근저당권을 말소하겠다."는 사실은 이 계약의 중
요한 부분이므로 계약서의 특약사항에 기재하는 것이 좋다. 나아가
이와 같이 근저당권의 말소 여부는 집주인의 마음에 달려 있기 때
문에 집주인의 말을 그대로 믿고 계약하면 안 된다. 이와 같이 사
기꾼은 증거를 남기지 않는다.

　사기꾼과 수십 년간 지내 온 인간관계 때문에 돈을 빌려주고도
차용증을 요구하거나 계약서를 쓰자는 말을 하지 못하는 피해자가
많다. 사기를 당했더라도 문서 등 증거가 없다면 법의 보호를 받지
못한다. 이러한 쓰라린 아픔을 경험한 피해자는 차용증이나 계약서
를 꼭 써 달라고 상대방에게 요구한다. 이 경우 사기꾼은 마지못해
서 계약서 등 문서를 작성해 준다. 치밀한 사기꾼은 이 경우에도 차
용증이나 계약서의 **중요한 문구를 애매모호하게 작성**하므로 각별한
주의가 필요하다. 계약서 문구가 애매모호하면 분쟁이 발생했을 때
에 당사자가 원하는 쪽으로 해석이 전부 가능하다. 그렇게 되면 애
써서 작성한 계약서가 분쟁해결에 아무런 도움이 안 된다. 피해액
이 수십억 원이나 되는 실제의 사기사건에서 혐의를 밝힐 수 있는
결정적인 증거가 되는 계약서의 문구가 너무 추상적이어서 무혐의
처분이 되는 경우가 종종 있다. 사기꾼은 계약서를 써 줌으로써 피
해자를 일단 안심시키고, 나중에 고소를 당했을 때 빠져나가기 위
하여 이와 같은 행동을 하는 것이다. 한편 피해자는 사기꾼이 했던
말들이 계약서 문구에 전부 담겨있다고 생각하고 안심하고 있다가
불의타(不意打, surprise attacks)를 당한다. 안타까운 일이다.

일곱째, 차일피일 미룬다.

사기꾼은 채권자가 빌려준 돈을 달라고 하면 '내일 줄게! 모레 줄게!' 하며 계속 미룬다. 다음 날 약속했던 시간에 찾아가면 자리를 피하거나 그 다음 날로 다시 미룬다. 이렇게 채무자(사기꾼)의 **미뤄 조지기 작전**에 속수무책으로 당하는 사람들이 많다. 사기꾼은 처음부터 갚을 생각이 없기 때문에 이와 같이 **영혼 없는 약속**을 하는 것이다. 실제 사건에서 피해자가 10억 원을 빌려주었다. 사기꾼은 이런 방식으로 계속 미루면서 갚지 않았다. 몇 년이 지난 후 피해자는 차용증을 공증해 달라고 졸랐고, 사기꾼은 자신 명의로 된 재산이 없었기에 흔쾌히 공증해 주었다. 피해자는 그 공증을 믿고 몇 년을 더 기다렸다. 빌려간 지 11년째가 되자 피해자는 이제 더 이상 참을 수 없어 채무자를 사기죄로 고소하기로 했다. 그런데, 공소시효(10년)가 지나서 처벌할 수 없다는 사실을 알았다. 그동안 사기꾼의 최면에 걸려 법적 조치를 취하지 못한 자신의 어리석음을 한탄했지만 이미 때는 늦었다.

최근 내가 변호사로 개업 중 상담했던 사건 중에는 이와 같은 공허한 약속만 믿고 무작정 기다리다가 그만 공소시효가 끝난 것이 종종 있다. 안타깝게도 그중에 피해 금액이 10억을 훌쩍 넘는 경우도 가끔 보인다. 채권자가 채무자에게 변제기한을 몇 번 연기해 주었으나 핑계를 대면서 계속 갚지 않는다면 더 이상 갚을 의사가 없는 것이니 기다리지 말고 신속히 민사소송이나 형사 고소를 할 필요가 있다. 사기꾼은 피해자의 감성을 자극하여 피해자로 하여금 소송을 제기할 생각을 하지 못하게 하는 재주가 있으니 각별한 주의가 필요하다.

여덟째, 말을 잘 하고, 임기응변에 능하다.

그동안 많은 사기사건을 수사하면서 느끼는 점은 사기꾼은 대체로 말을 잘 한다. 사기꾼의 현란한 말솜씨에 당한 피해자가 너무 많다. 내가 사기꾼을 조사하면서 그가 예상하지 못한 질문과 함께 증거를 제시하면 처음에는 당황하지만 금방 그럴듯한 말로 잘 둘러댄다. 한편 민사사건에 불과함에도 사기사건인 것처럼 사실관계를 왜곡하거나 부풀린 후 사기죄로 고소하는 사람도 많다. 수사를 끝까지 해 보아야 사기인지의 여부를 알 수 있으니 답답한 노릇이다. 전청조 사건에서도 많은 피해자들은 "전씨가 말을 기가 막히게 잘한다. 계속 듣다 보면 진짜 같아서 속을 수 밖에 없었다."라고 한결 같이 말했다.

아홉째, 피해액이 고소하기 귀찮을 정도의 소액인 경우가 많다.

2022년 대검 범죄분석에 의하면, 사기 범죄로 인한 재산 피해 액수는 10만 원 초과~100만 원 이하가 31.7%로 가장 많았고, 그 다음은 1,000만 원 초과~1억 원 이하로 25.7%를 차지하였으며, 100만 원 초과~1,000만 원 이하의 비율은 23.4%, 10만 원 이하는 11.0%이다.

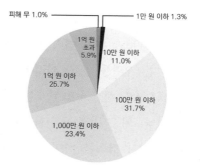

사기범죄 피해자의 재산피해정도

위 그래프에서 알 수 있듯이 사기범죄로 인한 **재산피해액이 1,000만 원 이하인 경우는 66.1%**이다.

내가 아는 분(피해자)이 어느 날 그의 지인으로부터 "운전하다가 방금 접촉사고를 냈어요. 내가 합의금으로 50만 원을 주면 상대방이 경찰에 신고하지 않고 끝내겠다고 하네요. 당장 돈이 없는데 빌려주면 내일 아침에 바로 입금할게요."라는 다급한 목소리의 전화를 받았다고 한다. 피해자는 계좌로 돈을 송금했고, 그 후 1년이 지났지만 50만 원이 입금되지 않았다. 연락조차 없었지만 피해자는 너무 적은 금액이라 포기했다. 남의 돈을 빌려가 안 갚으면서 카톡 프로필에 해외여행을 다니며 찍은 사진이 올려져 있는 것을 보면 화가 치밀었다. 나중에 그 지인에게 자신과 같이 소액을 빌려주고 받지 못한 사람들이 많다는 사실을 알고나서 관계를 끊었고, 그가 하도 다급하게 말하는 바람에 피해자는 아무런 의심 없이 돈을 보냈다고 한다. 그분은 나에게 "이와 같은 것도 사기꾼 특징 중의 하나이니, 강의할 때 꼭 사람들에게 말해 주세요."라고 말했다.

일반적으로 사기죄는 피해자와 합의가 되지 않았더라도 피해금액이 1,000만 원을 넘지 아니하면 벌금형으로 기소('약식기소'라고 한다)된다. 재판을 통해 확정된 벌금을 납부하지 못하는 경우 10만 원을 1일로 계산하여 나오는 일수만큼 교도소에서 수감생활을 해야 한다. 이를 법적으로 환형유치(換刑留置) 또는 노역장유치[17]라고 한다. 내가 강의를 하면서 만났던 피해자들이 입은 사기 피해금액이 1,000만 원 이하인 경우가 상당히 많았다. 그들은 고소하기가 번거로워 고소하지 않았다고 한다. 다음은 소액의 사기 피해자들로부터 들은 재미있는 사건들이다.

[에피소드 1] 부장검사의 부인은 부장검사보다 더 똑똑하다?

이 사건은 내가 2007년 사법연수원에서 부장검사로 근무할 때 함께 검찰교수를 했고, 현재는 변호사로 개업한 후배 부부를 2년 전 모임에서 만났을 때의 일이다. 요즈음 어떻게 지내느냐고 묻길래 나는 사기예방 강의를 하러 다닌다고 하면서 사기꾼의 특징을 말했다. 나는 고소하기가 다소 애매한 정도의 적은 금액을 여러 명을 상대로 사기치는 사람들이 의외로 많다는 이야기도 덧붙였다. 그러자 옆에 있던 후배의 부인이 나에게 "선배님! 제가 부장검사인 남편도 해결하지 못한 사기 사건을 해결한 적이 있어요."라며 자랑스럽게 말했다. 궁금해서 물었다. 후배의 부인이 해결한 사연은 다음과 같다.

사법연수원 교수시절 부장검사였던 후배는 사법시험 제2차 형법 과목 출제 담당교수로 차출되었다. 부장판사인 교수 1명, 부장검사인 교수 1명, 대학교수 1명이 한 조가 되어 교외에 있는 어느 호텔에서 약 한 달 이상 기숙하면서 시험문제를 출제한다. 출제기간 동안 외부와 단절된 상태에서 할 수 있는 유일한 운동은 탁구라고 한다. 그 후배는 그때 출제하러 온 대학교수가 마침 같은 대학교 선배라는 사실을 알게 되어 더 친하게 되었다.

그 후 약 6개월이 지난 어느 날 그 대학교수가 후배에게 전화하여 자신이 지금 중국에 있는데 급히 500만 원이 필요하니 빌려주면 귀국하는 대로 바로 갚겠다고 했다. 그분은 서울 소재 모 법대교수이고, 대학교 선배이므로 별다른 의심 없이 500만 원을 송금했다.

그 후 1년이 지나도록 아무런 연락이 없어 그 대학교의 교수실에 전화를 했으나 교수는 없었고, 조교에게 교수님이 들어오시면 전화가 왔었다는 말을 전해 달라고 했다.

그 후에도 교수실에 수회 전화를 하였으나 전화를 받지 않았고, 문자메시지를 보내도 답장이 없었다. 현직 부장검사가 대학교수를 상대로 사기죄로 고소하는 것도 부담스럽고 하여 몇 달간 고민만 하고 있었다.

어느 날 후배의 부인은 남편의 안색이 좋지 아니한 것을 보고 그 이유를 물었다. 자초지정을 들은 부인은 이런 제안을 했다. "내가 교수한테 돈을 다 받아낼 테니 그 돈 전부 내가 가져도 되겠지요?"라고 했다. 후배는 흔쾌히 동의했다. 결론부터 말하면 부인은 그 교수로부터 500만 원을 받았다.

과연 어떻게 받았을까? 후배의 부인은 먼저 그 교수에게 전화를 했다. 물론 교수는 전화를 받지 않았다. 부인은 다시 "저는 아무개 부장검사의 부인입니다. 교수님이 전에 500만 원을 내 남편한테 빌려갔다고 하던데, 1년이 지났는데도 갚지 않는 이유가 뭡니까?"라는 문자로 보냈다.

그래도 교수는 아무런 답을 하지 않았다. 그러자 그 부인은 2차 작전에 돌입했다. 다시 이러한 문자를 보냈다. "교수님의 학교 사이트에 들어가니 교수님은 월, 목요일 아침 10시부터 00건물 00호 강의실에서 형법강의를 하시네요. 제가 다음 주 월요일 10시에 교수님을 뵈러 강의실로 직접 찾아가겠습니다."라는 말과 함께 돈을 받을 계좌번호를 문자로 보냈다. 문자를 보낸지 1시간도 안 되어서 500만 원이 입금되었다.

그 후배 부인의 재치가 놀랍다. 내 생각에 아마도 천재인 듯하다. 후배 부인은 그 교수의 아킬레스건이 무엇인지 정확히 알고 찔

렀다. 그래서, 나는 **부장검사의 부인은 부장검사보다 더 똑똑하다**는 생각을 했다.

[에피소드 2] 아버지! 왜, 열쇠를 세입자한테 미리 넘겨주셨나요?

아버지께서는 노후에 서울 변두리에 조그만 건물(지상 4층, 지하 1층)을 지어 세를 받아 혼자 생활을 하셨다. 어느 날 아버지께서는 나에게 "건물 지하에 세입자가 새로 들어왔는데 주겠다고 약속했던 보증금을 안 주고 나가지도 않아서 골치가 아프다."라고 하셨다. 사건의 경위는 다음과 같다.

아버지께서는 건물 지하실을 세놓기 위하여 백지에 "건물 지하를 보증금 500만 원, 월세 30만 원에 세놓음"이라고 써서 건물 입구에 붙여 놓으셨다. 어느 날 그것을 본 어떤 사람이 지하에 세를 들겠다고 하여 그와 월세 계약을 체결했다. 계약 당일 그는 계약금으로 50만 원을 주면서 일주일 뒤에 보증금으로 500만 원을 주겠다고 했다.

보증금을 주기로 약속한 날의 하루 전날 그 사람은 아버지를 다시 찾아와 "내가 다른 곳에서 봉제공장을 하고 있습니다. 내일 내가 공장에서 나올 때 주인한테 보증금을 받게 되는데 보증금은 내일 드리겠습니다. 그런데 조금 전에 봉제기계를 새로 샀는데 어차피 내일 이사할 것이니 미리 지하에 갖다 놓고 봉제작업을 할 수 있도록 편의를 봐주시면 좋겠습니다."라고 했다. 아버지께서는 그 사람이 하도 다급하게 말했고, 인상도 선해 보여서 그 말을 믿고 지하실의 열쇠를 건네주셨다.

그는 보증금을 내지 아니한 채 하루 먼저 지하실에 들어와 봉제공장을 운영했다. 내일 주겠다던 보증금을 전혀 주지 아니한 채 차일피일 미루다가 2개월 분 월세 60만 원만 주었다. 계약을 위반했으니 나가라고 해도 그 사람은 나가지 않고 계속 그곳에서 공장을 운영하면서 버텼다. 6개월이 다 되어 가자 그 사람은 이사할 돈이 없어 나갈 수 없으니 이사비를 주면 나가겠다고 했다. 아버지께서는 법으로 하면 시간이 많이 걸린다고 생각하셔서 울며 겨자 먹기식으로 이사비 100만 원을 주어 그 사람을 내보냈다.

그는 돈 한 푼 안 들이고 6개월간 남의 지하실을 무료로 사용한 후 이사비 100만 원까지 챙겼다. 선의를 악용한 것이다.

아버지께서는 "그 사람이 하도 다급하게 말하는 바람에 믿고 지하실의 열쇠를 먼저 건네주었다."라고 말하셨다. 사기꾼은 항상 다급한 상황을 만든다. 그래야 상대방이 합리적인 생각을 할 시간적 여유가 없어 사기꾼의 말에 속기 쉽기 때문이다. 이것은 사기꾼의 특징 중의 하나이다.

내가 아는 지인도 이와 비슷한 수법으로 사기를 당했다. 악덕 임차인에게 속아 임대보증금 4억 원 중 1억 5,000만 원만 받고 임대할 창고를 먼저 넘겨주었더니 나머지 보증금을 주지 아니하는 바람에 받은 보증금 중에서 매월 월세 3,000만 원을 공제하다가 5개월 만에 그 보증금이 전부 소진되었다. 그러나 임차인이 계속 창고를 사용하는 바람에 그를 상대로 명도소송을 제기하여 재판 중에 있다고 한다. 그분은 괘씸한 이 임차인을 사기죄로 처벌할 수 있는지를 나에게 물었다.

임대할 건물을 임차인에게 넘겨주는 것과 임대보증금을 받은 것은 서로 동시에 이행해야 하는 관계에 있다. 간혹 악덕 임차인들이 임대인의 선한 마음을 이용하여 이와 같은 범죄를 저지른다. 그러므로 위 2건의 사건에서 우리가 명심해야 할 점은 **임대보증금을 다 받기 전에는 절대로 먼저 목적물을 임차인에게 넘겨주어서는 안 된다는 것이다.**

무신불립(無信不立)이라는 말처럼 믿음이 없으면 일이 이루어지지 않는 것은 사실이다. 남의 선의를 악용하는 사람들이 의외로 많기 때문에 거래 상대방의 말을 그대로 믿어서는 안 된다. 합리적인 의심을 가지고 따져 보아야 피해를 당하지 않는다.

[에피소드 3] 내 돈 900만 원을 갚으면 고소를 취소해 주마!

몇 년 전에 내가 아는 지인이 사기꾼에게 900만 원을 빌려주었다. 빌려 간 돈을 갚지 아니하여 고소장을 접수하려고 경찰서 민원실에 찾아갔으나 담당형사가 이 사건은 민사관계라고 하면서 접수를 거부했다고 한다. 그래서 그는 그 고소장을 관할검찰청에 접수했다고 한다. 그러나, 2021년 1월 1일부터 시행된 새로운 형사사법제도에 의하면 이 사건은 검사가 수사개시를 할 수 있는 대상범죄(피해금액이 5억 원 이상의 경제범죄)에 해당하지 아니하므로 고소장을 검찰청에 접수할 수 없어 반드시 경찰서에 접수해야 한다. 지인의 사연은 다음과 같다.

> 내가 아는 지인(B)이 몇 년 전에 사기꾼(A)에게 900만 원을 빌려주었으나 갚지 아니하여 고소하였다. 고소한 후 B는 A한테 같은 종류의 피해를 당하여 고소한 사람이 10명 정도가 된다는 사실을 알았다.
> 어느 날 A는 B에게 전화하여 "얼마 되지도 않은 돈을 빌려주고

치사하게 고소를 했냐?, 지금 900만 원 갚으면 고소를 바로 취소해 줄 수 있느냐?"라고 말했다. B는 "돈만 갚으면 당장 고소를 취소하 겠다."라고 대답을 하면서 계좌번호를 가르쳐주었다고 한다. A는 900만 원을 바로 입금하였다.

그리고 나서 B는 A로부터 고소취소장을 보내 달라는 전화를 받았 다고 한다.

B는 "다른 고소인들도 많아서 내 마음대로 고소를 취소할 수 없 다."라는 말과 함께 A의 제안을 거절했는데, 그후 어떻게 처리되었 는지는 모른다고 했다.

수사기관은 이 사건이 친고죄가 아니므로 고소가 취소되었더라 도 계속 수사하여 혐의 유무를 밝혀야 한다. 고소취소는 혐의가 인 정될 때 정상 참작사유에 불과하다.

이 사건을 좀 더 자세히 검토해 보자. 고소를 **취소해 주겠다고 하면서 사기꾼으로부터 900만 원을 돌려받은 지인의 행위는 법적으로 아무런 문제가 없을까?** 이것은 2가지 측면에서 검토할 필요가 있다.

가. 처음부터 고소를 취소할 생각이 없었던 경우

이분이 처음부터 고소를 취소할 의사가 없음에도 불구하고 고 소를 취소하겠다고 속여서 900만 원을 돌려받은 것이라면 사기죄 가 성립된다.

이와 관련하여 참고할 수 있는 대법원 판례는 다음과 같다.
① 「피고인의 소위(所爲)가 피해자에 의한 **채권을 변제받기 위한 방 편이었다 하더라도** 이 사건에서와 같이 피해자에게 환전하여 주겠

다고 **기망하여** 약속어음을 교부받는 행위는 위법성을 조각할 만한 정당한 권리행사방법이라고 볼 수 없어 **사기죄가 성립된다**(대법원 1982. 9. 14. 선고 82도1679 판결).」, ② 「**기망행위를 수단으로 한 권리행사**의 경우 그 권리행사에 속하는 행위와 그 수단에 속하는 기망행위를 전체적으로 관찰하여 그와 같은 기망행위가 사회통념상 권리행사의 수단으로서 용인할 수 없는 정도라면 그 권리행사에 속하는 행위는 **사기죄를 구성한다**(대법원 2011. 3. 10. 선고 2010도14856 판결).」, ③ 「피고인이 피해자에 대하여 **채권이 있다고 하더라도** 그 권리행사를 빙자하여 사회통념상 용인되기 어려운 정도를 넘는 **협박을 수단으로** 상대방을 외포케 하여 재물의 교부 또는 재산상의 이익을 받았다면 **공갈죄가 되는 것이다**(대법원 2000. 2. 25. 선고 99도4305 판결).」

채권이 있다고 하더라도 사회통념상 용인되는 범위를 넘어서는 상대방을 기망이나 협박을 한 경우에는 사기나 공갈죄가 인정된다. 사기를 당한 사람이 자신의 돈을 돌려받기 위해서 사기꾼을 속이더라도 괜찮다고 생각하는 사람들이 의외로 많다. **아무리 목적이 정당해도 수단이 사회통념상 용인될 수 있는 정도를 넘는다면 처벌된다.** 이것이 법치주의다.

나. 마음이 변하여 고소를 취소하지 아니하는 경우

돈을 빌려준 사람이 처음에는 고소를 취소할 생각으로 900만 원을 돌려받은 후 자신 외에 다른 피해자들도 많이 있다는 사실을 알고 괘씸한 생각이 들어 고소를 취소하지 아니한 경우에는 사기죄가 성립되지 않는다. 왜냐하면 돈을 돌려받을 당시에는 고소를 취소해 줄 의사가 있었기 때문이다. 즉, 속인 것이 없다. 이것은 형법에서 삭제되어 없어졌지만 과거의 혼인빙자간음죄와 그 구조가 같다. 그 당시 대법원은 "혼인빙자간음죄가 성립하기 위하여는 범인이 부녀와 성교할 당시 상대방과 혼인할 의사가 없는데도 성교의 수단으로 혼인을 빙자하였어야 하고, **성교할 당시에는 혼인할 의사가 있었으나 그 후 사정의 변화로 변심하여 혼인할 의사가 없게 된 경우에는 혼인빙자간음죄는 성립하지 아니한다.**"라고 판시하였다(대법원 2002. 9. 4. 선고 2002도2994 판결).

열째, 즉답을 회피한다.

일반인은 "당신은 고소인한테 1,000만 원을 빌린 사실이 있습니까?"라는 질문을 받는다면 "네", "아니오"라고 결론을 먼저 말한다. 다만 그 대답이 미흡하다고 느낄 경우 보충설명을 할 것이다. 그러나, 사기꾼들은 이와 같은 질문을 받는다면 상황이 완전히 다르다. 그들은 결론을 먼저 말하지 않는다. 즉, 사기꾼은 고소인을 처음 만난 경위부터 시작해서 질문과 관련이 없는 말을 장황하게 늘어 놓은 뒤 마지못해서 묻는 말에 맞는 대답을 한다. 대답하는 시간이 상당히 길기 때문에 이때 정신을 바짝 차리지 아니하면 내가 방금 이 사기꾼에게 했던 질문이 무엇인지 기억나지 않는 경우도 있다.

열한째, '거짓소문' 내서 피해자의 싸울 의욕을 꺾는다.

사기꾼은 고소를 당하게 되면 피해자나 주변 사람들에게 "나는 사건을 담당하는 검사나 경찰과 친하다. 이미 손을 써 놓았기 때문에 고소를 당해도 무혐의로 끝날 것이다."라는 식으로 거짓소문을 내고 다닌다. 그 말을 듣게 된 피해자는 더욱 절망하고, 사기꾼과 싸울 의욕을 잃게 된다. 나는 경찰로부터 송치받은 사건의 고소인들로부터 "검사님! 사기꾼(피고소인)이 경찰에 청탁하여 사건이 혐의없음 의견으로 검찰로 송치되었다는 소문을 들었다. 꼭 진실을 밝혀주세요."라는 말을 가끔 듣는다. 다만 2021년 1월 1일부터 개정·시행된 형사소송법, 검찰청법에 의하면, 경찰은 수사한 결과 혐의가 있다고 판단되는 사건만 기소의견으로 검찰로 송치하고, 그 밖의 경우에는 그 이유를 명시한 서면과 함께 관계 서류와 증거물('불송치 기록'이라고 함)을 지체 없이 검사에게 송부하여야 한다. 이 경우 검사는 불송치 기록을 검토하여 위법하거나 부당하지 아니하여 수사가 더 이상 필요 없는 경우 송부받은 날부터 90일 이내에 사법경찰관에게 이를 반환하여야 한다(경찰에게 1차 수사종결권 부여). 고소인은 경찰의 불송치 통지에 대하여는 해당 경찰서에 이의를 신청할 수 있고, 사법경찰관은 지체 없이 검사에게 사건을 송치하여야 한다.

그러면 검찰로 불송치된 이유가 사기꾼이 사건담당 경찰에게 실제로 로비를 했기 때문일까? 로비를 했다는 사기꾼의 말은 거짓이다.

그렇다면 사기꾼은 왜 그와 같이 헛소문을 내고 다닐까? 그 이유는 사기꾼에게 다음과 같이 2가지 이익이 되기 때문이다.

① 사기죄의 기소율이 20%에 못 미친다. 사건을 그대로 두어도 80% 정도는 사기꾼이 바라는 대로 된다. 사기꾼의 입장에서는 손해볼 것이 전혀 없다. 오히려 헛소문을 통하여 자신의 위세를 과

시함으로써 **고소인으로 하여금** 절망감에 빠지게 하고, 사건을 계속 진행할 의지를 꺾는 효과가 있다.

② 사기꾼에게 피해를 당했으나 아직 고소하지 아니한 **다른 피해자들로 하여금** 고소하지 못하게 하는 효과가 있다. 즉, 그들은 "사기꾼의 로비로 먼저 고소한 사건이 검찰로 송치되지 못하였으니 추가로 고소해도 소용이 없겠구나."라는 생각을 하여 고소하지 못한다.

이와 같이 수사기관에 로비했기 때문에 사건이 무혐의로 끝난다는 사기꾼의 말은 거짓이다. 이 말에 현혹되어 스트레스를 받거나 수사기관을 불신하는 일이 없어야 한다.

아래의 탄원서는 사기꾼의 거짓 소문에 피해자들이 얼마나 큰 고통 속에서 살아가고 있는지를 잘 보여준다.

❝탄원서 1❞

> 존경하는 임채원 검사님께.
> 매일매일 사는 것이 지옥이라 숨을 쉬는 것조차 힘들어 이렇게 탄원서를 올립니다.
> 사기당하는 줄도 모르고 A(피고소인)의 말만 믿고 7,000만 원을 대출받아 빌려주었습니다. 오로지 10년 넘게 사귄 친구라는 이유로 A의 말을 전부 믿었습니다.
> 어제 경찰에서 대질신문을 했습니다. 입만 벌리면 거짓말을 거리낌 없이 하는 A에게 10년 넘게 속았다는 사실에 심한 가슴통증이 와서 신경약을 먹어야 잠이 듭니다.
> 저는 2년째 대학생 두 자녀를 휴학시키고 원금과 이자를 매월

100만 원씩 2,000만 원을 갚으면서 정말 겨우 먹고만 살아가고 있습니다.

A가 그의 아들과 함께 일본에 여행가서 찍은 사진을 카카오톡 배경사진에 올린 것을 보면 심장이 베어 나가는 통증을 느낍니다. 신용불량자인 A는 아무 일이 없다는 듯이 잘 먹고 잘 살고 있고, 재산은 자식들 앞으로 해 놓았습니다.

저는 매일 기도합니다. "이 상황에서 삶을 포기하지 말고 제 머리가 미치지 않게 해 주세요."라고요. A는 외제 벤츠를 몰고 다니면서 호의호식을 하는데 전 앞으로도 남은 대출금 5,000만 원을 10년 넘게 갚아야 합니다. 돈을 갚겠다는 A의 말에 속아 지금까지 기다리다가 늦게 고소를 하게 되었습니다.

A는 지난 번 사건 때도 검찰에 아는 사람이 많아서 빠져나왔다고 합니다. 2번째 대질신문을 할 때에도 너무 당당하게 검찰로 사건이 넘어가기를 바라고 있는 것 같았고, 조사를 받고 나오면서도 뭔가 피해자와 가해자가 바뀐 기분이 들었습니다.

수없이 많은 일로 고생하시는 검사님!

저에게 다시 한번 힘을 내어 살아갈 수 있는 용기를 주시고, 하루라도 이 지옥 같은 고통에서 벗어나게 해 주시기를 간절히 바라는 마음으로 이 탄원서를 올립니다.

그리고, 법이 A의 손에 있다고 믿는 A에게 대한민국에도 법이 있다는 것도 알려주셨으면 감사하겠습니다.

철저한 조사로 다시는 저와 같은 선의의 피해자가 생겨 고통받는 일이 없게 만들어 주시기를 진심으로 간청드립니다.

피해자 ○○○ 올림

❝ 탄원서 2 ❞

노고가 많으신 검사님 안녕하세요.

저는 법에 대해서 아무것도 모르며 하루하루 열심히 최선을 다해 살아가려고 노력하는 평범한 주부입니다.

그런데, 사기를 친 A는 ○○경찰서 경찰과도 많이 알고 검사님, 변호사님, 과학수사관 분들도 많이 알고 있다고 늘 자랑하였습니다.

그래서 그런지 무슨 사건만 생겨도 한 번도 구속되지 않았습니다.

A는 사기친 돈으로 자식들에게 외제차를 사주고 정말 분통이 터져 죽겠습니다. A는 저에게 "법대로 해라!"라며 너무 당당하게 나오는 것을 보고 하도 기가 막혀 살고 싶은 생각이 없을 정도로 힘듭니다.

저는 세상을 살면서 남한테 못된 짓을 하지 않고 열심히 살아왔습니다.

그런데, 이번 일로 정말 세상사는 재미가 없고, 죽으면 마음이 편할까 하는 생각만 하고 있습니다. 정말 가족과 이웃들과 재미있게 웃으면서 살고 싶습니다.

검사님 제발 저 좀 살려주십시오.

이렇게 두 손 모아 간절히 빌겠습니다.

피해자 ⱴⱴⱴ 올림

이 사건들은 보완 수사를 한 후 피고소인들을 전부 기소하였다. 여러 명의 피해자가 있는 경우 어떤 사기꾼은 아직 고소하지 아니한 피해자들에게만 피해금의 일부를 갚으면서, 이미 고소한 사람에게는 피해금을 갚지 않거나 갚더라도 가장 늦게 갚겠다는 소문을 내는 방법으로 고소하지 못하게 한다.

열둘째, 직업이 확실해도 어려우면 사기를 칠 수 있다.

상당히 오래전의 사건이다. 나는 어느 날 전관 부장○○ 출신인 변호사가 의뢰인을 속여 10억 원 상당의 돈을 빌린 후 갚지 못하여 사기죄로 고소된 사건을 배당받았다. 그 변호사는 브로커에게 자신의 변호사 명의를 빌려주고, 사건의뢰인의 공탁금을 횡령하여 구속된 적도 있었다. 나는 고소인에게 "아무런 담보도 없이 10억 원이나 되는 큰 돈을 빌려준 이유가 무엇인가요?"라고 물었다. 그러자 그는 "내 사건을 맡은 전관 출신의 변호사이고, 큰 로펌에 지분도 가지고 있다고 말하기에 담보 없이 돈을 빌려준 것입니다."라고 말했다. 나는 전관 출신의 변호사로서 안정된 수입이 있는 사람이 왜 이런 처지가 되었는지가 궁금하여 기록을 샅샅이 살펴보았다.

그 이유를 찾았다. 그는 비상장주식과 시행사업에 손을 댔다가 약 100억 원 상당의 빚을 져서 그렇게 되었다. 안타까운 일이다. 우리 속담에 "사흘 굶어서 남의 담 안 넘는 놈 없다." 또는 "사흘 굶으면 나지 않는 생각이 없다."라는 말이 있다. 미국 법언(法彦)에는 "굶주린 변호사는 굶주린 사자보다 무섭다."라는 말도 있다. 사람이 궁박해지면 윤리 의식을 기대할 수가 없다. 결국 사람의 말을 그대로 믿으면 안 된다. 반드시 합리적인 의심을 해야한다. 검사, 판사, 변호사, 교수와 같이 상대적으로 높은 도덕성이 요구되는 직업을 가진 사람과 금전거래를 하는 경우에도 그들이 하는 말을 직업과 분리하여 판단하여야 할 것이다. **똑똑하고 사회적 지위가 높거나 성공한 사람**들 중에 소시오패스가 상대적으로 많기 때문이다.

열셋째, '화려한 과거팔이'를 한다.

사기꾼은 과거에 화려했던 자신의 경력과 재력을 자랑하면서 현재도 그와 같이 재력이 있는 것처럼 사람들에게 과시를 하기도 한다. 사기꾼은 피해자와의 반복된 만남을 통하여 어느 정도 신뢰가 쌓였다고 판단되면 본색을 드러낸다. 급히 돈이 필요한 것으로 보이는 상황을 만들어 돈을 빌려간 후에는 갚지 않는다.

사기당한 피해자에게 왜 이와 같은 사기꾼에게 돈을 빌려주었느냐고 물어보면 현재도 사기꾼이 재력이 있어 그 돈을 갚을 수 있는 것으로 믿었다고 한다. 돈을 빌려줄 때에는 상대방이 현재에도 재산이나 신용 상태가 좋은지에 대하여 확인이 필요하다. 그래야 사기꾼의 '화려한 과거팔이'에 속지 않게 된다.

열넷째, 돈 냄새를 잘 맡는다.

사기꾼은 오랜 경험을 통하여 누가 돈이 많은지를 안다. 돈 냄새를 잘 맡는 것이다. 그러므로 평소 돈 자랑하기를 좋아하거나 돈을 많이 가진 내색을 하는 사람은 사기꾼의 좋은 먹잇감이 될 수 있다. 가끔 어떤 분은 자신은 거절하지 못하는 성격이라 사기를 잘 당한다고 한다. 사기를 당한 줄 알지만 종교적인 이유로 한 번도 고소한 적이 없다고 자랑스럽게 말하기도 한다. 나는 그분에게 "절대로 그런 말을 하시면 안 됩니다. 그 말은 마치 내 돈은 뒷탈이 없으니 마음 놓고 가져가도 좋다고 광고하는 것과 같습니다."라고 말했다.

열다섯째, 사기칠 대상 포착에 능하다.

사기꾼은 사기칠 대상 포착에 능하다. 욕심이 많거나, 거절을 잘 하지 못하는 사람 또는 배포가 크면서 치밀하지 못하는 사람은 사기꾼의 좋은 먹잇감이다.

열여섯째, '장롱 특허'가 바로 상용화 될 것처럼 속인다.

어떤 사기꾼은 자신이 추진하려고 하는 사업과 관련하여 특허도 있다고 하면서 '특허증서'를 보여주고, 그 특허내용이 바로 상용화가 될 것처럼 말하면 이를 그대로 믿는 사람들이 가끔 있다. 그러나, 주의할 점은 특허가 있다고 하여도 그 특허가 상용화될 때까지는 많은 돈과 시간이 드는 경우가 많다는 것이다. 상용화가 되지 못한 소위 '장롱 특허'를 가지고 사기를 치는 경우가 가끔 있다. 특허권을 근거로 투자를 권유하거나 금전 대여를 요구해 올 경우에는 그 특허가 바로 상용화될 수 있는지를 면밀히 따져 봐야 할 것이다.

2. 우리나라에 사기사건이 특히 많은 이유는 무엇일까?

'대한민국은 사기공화국이다, 사기꾼 천국이다!'라는 말이 있다. 대검찰청의 '2022년 범죄분석'(아래 표 참조)에 의하면, 2015년부터 사기죄 발생 건수가 25만 7,620건으로 절도죄 발생 건수 24만 6,424건을 앞질렀다. 2021년에는 사기죄 발생 건수가 29만 7,981건으로 절도죄 발생 건수 16만 6,782건과 격차가 더 벌어졌다.

주요 재산범죄 유형별 발생건수 및 발생비 추이(2012~2021년)

(단위: 건, 발생비, %)

연도	절도			사기		
	발생건수	발생비	증감률	방생건수	발생비	증감률
2012	291,055	571.3	-	239,720	470.5	-
2013	288,757	564.6	-1.2	272,664	533.2	13.3
2014	266,784	519.8	-9.0	244,008	475.4	1.0
2015	246,424	478.2	-16.3	257,620	499.9	6.3
2016	203,573	393.8	-31.1	250,600	484.8	3.0
2017	184,355	356.0	-37.7	241,642	466.7	-0.8
2018	177,458	342.4	-40.1	278,566	537.5	14.2
2019	187,629	361.9	-36.7	313,593	604.8	28.5
2020	173,650	335.0	-41.4	354,154	683.3	45.2
2021	166,782	323.0	-43.5	297,981	577.0	22.6

경찰청 자료에 의하면 2022년 전체 범죄 발생 건수는 148만 2,433건이고 그중 사기죄는 32만 4,316건으로 21.9%를 차지한다. **5건의 사건 중 1건은 사기죄**이고, 이는 국내에서 가장 많이 발행하는 범죄이다. 피해 규모는 2021년에는 15조 1,000억 원이었으나 2022년에는 29조 2,000억 원으로 대폭 증가하였다.

이와 같이 우리나라에서 사기 사건이 특히 많이 발생하는 데 그 이유는 다음과 같다. 이를 차례로 살펴보자.

가. '사기 치면 무조건 이익'이라는 인식

우리나라에서 사기 사건이 가장 많은 첫 번째 이유는 한마디로 말해서 **'사기는 남는 장사'**이기 때문이다. 사기를 쳐서 얻는 이익이 처벌 등으로 인한 고통 또는 손해보다 훨씬 크기 때문이다. 그래서 사기를 아예 치지 않거나, 사기를 친다면 한 번에 그치는 것이 아니라 처벌받은 후에도 계속 친다.

2018년 10월 법제사법위원회 소속 금태섭 국회의원이 법무부와 검찰로부터 제출받은 자료에 의하면, 2016년 전과(前科) 여부가 확인된 사기범 중 9범 이상은 3만 622명으로 초범(2만 7,746명)보다 많았다. 전과 9범이 초범보다 많은 경우는 전체 범죄 중 사기죄가 유일하다.

사기를 치면 과연 어느 정도의 이익을 볼까? 이것을 고소단계, 수사 및 기소 단계, 법원의 선고단계, 판결의 집행 단계로 나누어 검토해 보자.

1) 고소 단계

한국형사정책연구원이 2020년에 발표한 '2018년 전국범죄피해조사'에 따르면, 사기 피해자 중에서 **25.8%만 수사기관에 신고하거나 고소하였고**, 나머지는 아무런 조치를 취하지 않았다. 그 이유를 알아보니 '피해가 심각하지 않아서(54.3%)', '증거가 없어서(14.9%)', '다른 방식이나 개인적으로 처리·해결해서(10.5%)', '신고해도 경찰이 조치하지 않을 것 같아서'(8.1%)**[18]**라고 한다. 이 통계를 좀 더 쉽게 풀어서 설명하면, **사기꾼이 10명을 상대로 1억 원씩 사기를 쳤을 때 피해자 10명 중에서 약 3명만 고소하므로 사기꾼은 고소단계에서 벌써 약 7억 원을 번 셈이다.** 사기꾼은 사기쳐 받은 돈을 차명으로 은닉해 두기 때문에 민사소송을 당해도 절대로 빼앗길 염려가 없다. 전청조 사건과 관련하여 내가 출연한 CBS 김현정 뉴스쇼**[19]** 유튜브를 본 어느 시청자가 "저도 지금 10년 동안 알던 여자에게 6억 원을 당하고, 그에 따른 재산을 차명으로 다 빼돌려 놓아 지금 소송 중에 있습니다. 저는 지금 인간이 무섭고, 우울하고, 가정도

침몰할 것 같은 심정입니다. 어쩜 변호사님 말씀이 이리도 저의 사건이랑 똑같습니까?"라는 댓글을 남겼다.

2) 수사 및 기소 단계

위에서 설명한 바와 같이 사기꾼이 피해자로부터 고소를 당한다고 해도 바로 합의를 시도하지 않는다. 사기꾼은 조사를 받아가면서 과연 증거는 있는지, 검사가 어느 정도 유죄의 심증을 가지고 있는지 등을 살펴가며 혐의가 인정될 것 같은 생각이 들어야 비로소 합의를 시도한다. 예를 들면 사기꾼이 실제로 피해금을 주지 아니하며 '다음 달까지 빌린 돈을 다 갚을 테니 지금 고소를 취소해 달라'고 하면서 합의(이것을 '외상합의'라고 한다)를 시도하거나 사기친 돈의 일부만 주면서 고소취소를 받으려고 한다. 고소가 취소되면 처벌이 가벼워지기 때문이다.

피해자는 사기를 당한 지 수년이 지나 거의 포기한 상태인데 일부라도 주니 고마운 마음으로 고소를 취소한다. 실제로 깡통전세 사기사건에서 어떤 피고인(임대인)은 재판을 받던 중 수백명의 세입자(피해자)들과 "임차인은 임대보증금의 60%만 받고 나머지 40%는 포기하며, 임대차계약은 종료한다."라는 내용으로 합의하여 약 20억 상당의 이익을 보면서 가벼운 형을 선고받은 경우도 있었다. 또 재판을 받고 있던 어떤 보이스피싱 피고인들은 피해자들에게 피해금액의 10~20% 정도를 합의금으로 제시한 뒤에 "이 돈이라도 받고 합의를 하는 것이 좋을 것이다. 재판이 끝나면 이것도 못 받는다."라는 식으로 합의를 종용한 경우도 있었다. 피해자들은 울며 겨자먹기식으로 그것이라도 받고 합의할 수밖에 없었다.

수사기관에 접수된 고소·고발 사건이 혐의가 밝혀져 기소되는 비율은 어느 정도일까? 법무부가 2023년에 발표한 '2022년 법무연감'에 의하면 최근 5년간 고소·고발된 사람의 수[20]는 꾸준히 증가하는 추세다. **기소율**(고소·고발된 사람 대비 기소된 사람의 비율)을 보면 2018년에는 17.3%, 2019년에는 16.5%, 2020년에는 16.0%, 2021년에는 21.1%, **2022년에는 23.4%**이다. 이 통계에는 사기죄 외에 다른 범죄도 포함되어 있다. 경제사범은 재산범죄로서 고소·고발 사건이 대부분이므로 그 통계를 보면 고소 사건의 기소율을 더 정확히 알 수 있다. 경제사범의 **기소율**은 2018년에는 22.3%, 2019년에는 11.0%, 2020년에는 19.1%, 2021년에는 21.4%, **2022년에는 23.1%**이다. 고소·고발 사건이나 경제사범의 경우에도 **기소율은 20%가 되지 않는다.** 검사가 법원에 재판을 청구하는 방식에는 공개된 법정에서 정식으로 재판해 줄 것을 청구하는 구공판(求公判)과 서류만 가지고 재판하여 벌금을 선고해 줄 것을 청구하는 구약식(求略式)[21]으로 나누어진다. 경제사범의 경우 2018년부터 2022년까지 5년간 혐의가 인정되어 기소된 인원 10만 4,143명 중에서 구공판은 3만 9,797명으로 **구공판율은 38.2%에 불과**하고, 61.8%가 서류재판인 구약식이다.

이와 같이 사기를 쳐서 혐의가 밝혀져도 64.6%가 법정에 서지 아니한 채 벌금형으로 끝이 나므로 '사기는 남는 장사'라고 해도 과언이 아니다.

2019년 전국에서 발생한 사기 범죄 피해액은 24조 3,201억 원이고 그중 **회수되는 돈이 3%**인 7,495억여 원에 불과하다는 대검찰청의 발표(2021년 7월 12일자)가 있었다는 언론 보도[22]에 의하면 피해금도 거의 회수되지 못했다. 왜냐하면 피해자가 너무 늦게 사기 당한 사실을 알게 되어 고소할 때쯤이면 이미 피해금을 전부 소비하거나 다른 곳에 은닉했기 때문이다.

아직도 생생하게 기억나는 피고소인이 있다. 그는 피해자에게 2억 원을 사기쳤다고 고소되었고, 그 사건은 경찰에서 혐의없음 의견으로 송치되어 나에게 배당되었다. 피고소인의 범죄경력자료를 살펴보니 사기죄로 고소된 것만 41번이었다. 그는 실형을 선고받아 교도소를 여러 번 들락거렸고, 혐의없음 처분된 경우도 아주 많았다. 그가 선고받은 판결문과 혐의없음 처분된 사건의 불기소이유를 전부 출력하여 검토하였더니 이 사건과 수법이 비슷하다는 사실을 발견하여 추궁하자 자백하였다. 조사를 하면서 그가 서울 강남에 있는 유명한 아파트에 전세(전세보증금 8억 원)로 살고 있다는 사실을 알게 되었다. 나는 그에게 "본인의 잘못을 진정으로 뉘우친다면 지금 살고 있는 아파트에 대한 전세보증금을 담보로 돈을 빌려서라도 이 사건 피해금의 일부라도 갚아야 하는 것이 도리가 아닐까요?"라고 말했다. 그러자 그는 "검사님! 사실은 제가 피해금을 갚아 주고 싶어도 갚을 수가 없습니다. 제가 하도 사기를 많이 쳐서 집사람이 저를 투명인간 취급합니다. 전세계약서도 저의 집사람 이름으로 되어 있어서 저는 아무 권한이 없습니다."라고 대답하였다. 더 이상 피해자를 도와줄 방법이 없어서 나는 피고소인을 바로 법원에 불구속 기소하였다.

3) 법원의 선고 단계

우리나라 법원이 사기죄에 대하여 **선고하는 형량은 외국에 비하**

여 너무 낮다. 사기죄는 10년 이하 징역 또는 2,000만 원 이하 벌금에 처하도록 형법에 규정되어 있다. 사기 피해액이 5억 원 이상인 경우에는 특정경제범죄 가중처벌 등에 관한 법률 제3조 제1항에 의하여 처벌이 가중된다. 즉, 사기범이 취득한 이득액이 5억 원 이상 50억 원 미만일 때에는 3년 이상의 유기징역, 이득액이 50억 원 이상일 때는 무기 또는 5년 이상 징역이다.

법관이 형을 정하는 과정을 보면, 우선 법에서 정한 형(법정형) 중에서 선고할 형의 종류(예컨대, 징역 또는 벌금형)를 선택하고, 법률에 정한 바에 따라 형의 감경·가중을 함으로써 일정한 범위 내의 형태로 **'처단형'**을 정하며, 그 처단형의 범위 내에서 특정한 **'선고형'**을 정하고, 형의 **집행유예 여부를 결정**하는데, 대법원의 양형위원회가 만든 '양형기준'을 참조한다. **양형기준은 원칙적으로 구속력이 없으나, 법관이 양형기준을 이탈하는 경우 판결문에 양형이유를 기재해야 하므로, 합리적 사유 없이 양형기준을 위반할 수는 없다.** 누구든지 인터넷에 접속하여 **양형위원회 사이트**에 들어가면 양형기준(형의 종류 및 형량, 집행유예 기준)을 자세히 볼 수 있다. 아래는 양형위원회 사이트, 양형위원회가 발표한 일반사기와 조직적 사기[23]의 양형기준이다.

조직적 사기 양형기준

유형	구분	감경	기본	가중
1	1억 원 미만	1년~2년6월	1년6월~3년	2년6월~4년
2	1억 원 이상, 5억 원 미만	1년6월~3년	2년~5년	4년~7년
3	5억 원 이상, 50억 원 미만	2년~5년	4년~7년	6년~9년
4	50억 원 이상, 300억 원 미만	4년~7년	6년~9년	8년~11년
5	300억 원 이상	6년~10년	8년~13년	11년 이상

일반사기 양형기준

유형	구분	감경	기본	가중
1	1억 원 미만	~1년	6월~1년6월	1년~2년6월
2	1억 원 이상, 5억 원 미만	10월~2년6월	1년~4년	2년6월~6년
3	5억 원 이상, 50억 원 미만	1년6월~4년	3년~6년	4년~7년
4	50억 원 이상, 300억 원 미만	3년~6년	5년~8년	6년~9년
5	300억 원 이상	5년~9년	6년~10년	8년~13년

양형위원회 사이트는 위 표 외에도 기망행위의 정도, 피해의 정도, 피해발생에 대한 피해자의 책임 유무, 피해회복 유무 등의 구체적인 양형인자를 어떻게 평가하여 형량범위를 결정하고, 선고형을 정할 것인지와 집행유예를 할 때 고려해야 할 인자들을 예시하고 이에 대한 평가 기준을 제시한다.

만일 사기를 쳐서 49억 9천 9백 9십 9원(50억 원 미만임)의 이득을 얻은 사기범이 초범이고, 한 푼도 피해변제를 하지 않는다면 일반사기의 기본 구간에 해당하여 판사는 징역 6년을 선고하게 될 것이다. 사기꾼에 대하여 민사소송을 제기하여 승소판결을 받아도 사기친 돈을 차명으로 은닉했기 때문에 강제집행할 수 없다. 50억 원이나 되는 이 돈은 직장인이 6년간 매년 **약 8억 3,333만 원씩의 연봉**을 받는 것과 같다. **사기꾼**은 "내가 비록 여기에 갇혀 있지만 1년에 8억 원이 넘는 돈을 버는 것이니 출소해도 든든하다."라는 생각으로 **하루하루가 즐겁다**고 한다. 이에 반하여 **피해자는 절망 속에서 피눈물을 흘린다**. 최근 언론보도[24]에 의하면, 오랜 지인에게 4억 원 상당의 투자사기를 당해 비관에 빠져 두 딸을 살해한 뒤 극단적인 선택을 시도했던 40대 여성이 살인죄로 징역 12년을 선고받았다.

한편 특정경제범죄 가중처벌 등에 관한 법률 제3조 제2항에 「제
1항의 경우 이득액 이하에 상당하는 **벌금을 병과할 수 있다.**」라고
규정되어 있다. 즉, 징역형을 선고하면서 벌금형을 함께 선고할 수
있다는 것이지 반드시 벌금을 병과해야 하는 것은 아니다. 피고인
의 입장에서는 벌금을 병과하지 않는 것이 가장 좋은 것이다. 피고
인에게 가장 나쁜 것은 어떤 경우일까? 판사가 피고인에게 6년의
징역형을 선고함과 동시에 50억 원에 가까운 벌금을 선고하는 것
이다. 벌금을 내지 않는 경우에는 피고인을 노역장유치를 한다. 형
법 제 69조 제2항에 「벌금을 납입하지 아니한 자는 1일 이상 **3년
이하의 기간 노역장에 유치**하여 작업에 복무하게 한다.」라고 규정하
였다. 그러므로 50억 원에 가까운 벌금을 납부하지 않더라도 3년
이하까지만 노역장에 유치되는 것이다. 이 사건의 경우 피고인이
벌금을 한 푼도 내지 않은 경우 50억 원에 가까운 돈을 버는 대신
합계 9년(기존 징역 6년＋노역장 3년)을 감옥에 있게 된다. 이것은 다
시 환산하면 **5억 5,555만 원의 연봉**을 받는 직장에서 9년간 계약
직으로 근무한 것과 같다.

사기죄에 대하여 우리나라가 다른 나라에 비하여 얼마나 형량
이 낮은 지를 살펴보자. 베트남과 비교해 보기로 한다. 2018년 4월
18일자 언론**25**에, 「**베트남 법원은** 2018년 4월 18일 한국인 김 모씨
에게 취업사기 혐의로 **무기징역을 선고**했다. 김 모씨는 베트남인 아
내 등 공범 4명과 함께 현지인을 한국학교에 인턴으로 보내는 것
처럼 서류를 허위로 꾸며 한국에 보내면서 수수료 명목으로 172억
동(약 8억 6,000만 원)을 챙겼는 것이다.」라는 보도가 있었다. 이 사
건과 비슷한 시기에 **우리나라에서는** 성직자 행세를 하며 취업 사기

행각을 벌인 혐의로 기소된 A씨가 **징역 3년을 선고받았다.** 즉, A씨는 2015년 2월부터 2017년 2월까지 '자녀를 교단이 운영하는 학교에 취업시켜 주겠다.'면서 총 9명으로부터 4억 원 가량을 받아 챙겼다. 법원은 '회복되지 않은 피해액이 3억 원이 넘고 죄질이 불량하다.'고 밝혔다고 한다.[26] 베트남과 법률체계가 다르지만 우리나라는 형량이 너무 낮다.

4) 판결의 집행 단계

나의 지인은 10억 원 상당의 의료기기 납품사기를 당했다고 한다. 그 사기꾼은 구속 기소되어 1심에서 징역 2년을 선고받고 항소심 재판 중에 있었다. 지인은 사기꾼이 합의를 하자고 연락이 올 것으로 은근히 기대하고 있었다고 한다. 그런데, 그 사기꾼은 지인에게 "난 이미 교도소에서 상당한 기간 살았으니, 조금 더 살면 석방될 것이니 합의하지 않겠다."라고 말하면서 약을 올렸다고 한다. 지인은 10억 원이나 되는 큰 돈을 사기쳤는데 고작 징역 2년이 뭐냐고 하면서 절망했다. 이와 같이 사기꾼이 **교도소에서 살겠다(**일명 **'몸빵')며 피해 회복을 거부하면 국가는 더 이상 피해자를 도와줄 수 없다.** 사기죄의 선고형량을 높여 사기꾼에게 사기는 더 이상 남는 장사가 아니라 **'사기를 치면 패가망신하고, 쪽박찬다.'**는 인식을 심어줄 필요가 있다.

나. 구두(말)로 하는 계약문화

우리나라 사람들은 아직도 차용증이나 계약서 작성에 익숙하지 않은 듯하다. 거래 시 문서 작성을 요구한다는 것 자체가 상대방을

불신한다는 내심을 내비치는 것으로 느끼거나 문서를 작성하는 것
자체가 귀찮은 일로 여기기 때문일 것이다. 그러나, 구두로 계약하
거나 약속할 당시에는 당사자 간의 의사 합치가 있었겠지만 **사람의
기억은 시간이 지남에 따라 희미해져서** 결국 계약 내용에 대한 해석
이 서로 다르게 되어 분쟁이 발생한다. 구두로 했을 뿐 문서로 남
긴 것이 없기 때문에 사기꾼이 거짓말을 했어도 피해자는 혐의를
입증할 증거가 없는 경우가 많다. 사기죄로 고소된 사건의 약 20%
정도만 기소되는 것도 바로 그 이유다.

　다음은 내가 현직 검사 때 지인에게 해 준 상담 내용이다. 그 사
건에서 우리는 **계약서 작성의 중요성**을 알 수 있다.

> 　천안시에 거주하던 어떤 분(A)이 연립주택을 짓기에 딱 좋은 땅을
> 발견하고 그 땅 주인(C)을 찾아가 자신에게 그 땅을 팔라고 사정을
> 했다. C는 팔 생각이 없다고 거절했다.
> 　A는 내 지인(B)을 찾아가 "당신이 C와 무척 친하다는 소문을 들
> 었는데, 내가 C의 땅을 살 수 있도록 중간에서 도와주면 그 대가로
> 6,000만 원을 주겠소."라고 말했다. 그 말을 들은 B는 흔쾌히 승낙
> 하였다.
> 　B는 C를 열심히 설득하였고, 그 결과 A는 C의 땅을 사게 되었다.
> 그후 A는 B에게 주기로 약속했던 6,000만 원 중 3,000만 원만 주었
> 을 뿐 나머지 3,000만 원을 주지 않았다.
> 　그러자, B는 저를 찾아와 A로부터 나머지 돈을 받을 수 있는 방
> 법이 무엇인지를 물었다.

　나는 그 지인에게 '일이 성사되면 6,000만 원을 주겠다.'는 취
지의 계약서가 있는지를 물었다. 그러자, 지인은 구두로 약속했을

뿐 문서로 남긴 것은 없다고 한다. 나는 그 지인에게 "그래도 그 사람에게는 일말의 양심이 남아 있었기에 절반이라도 받아서 다행이네요."라고 말했다.

그후 나는 또 다른 지인(乙)에게 이 사연을 전하면서 "앞으로 거래를 할 때에는 사전에 꼭 문서를 작성하세요!"라고 당부했다. 그러자 그분도 구두로 약속했다가 그와 꼭 같은 내용으로 사기를 당했다고 하면서 다음과 같은 이야기를 했다.

> 저의 지인(乙)은 평소 70대 중반의 남자(甲)를 형님으로 모시며 친하게 지냈다. 甲은 용인시 소재에 거래가격이 20억 원이 되는 여러 필지의 토지를 팔려고 중개업소에 내 놓았으나 수년간 팔리지 않았다.
>
> 어느 날 甲은 인맥이 넓은 乙에게 "내 땅을 살 사람을 물색해 달라. 내 땅이 팔리도록 작업을 해주면 당신에게 수고비로 1억 5,000만 원을 주겠다."라고 말했다. 乙은 甲이 자신을 동생이라고 부르면서 평소 하는 행동으로 보아서 신용이 있는 사람으로 생각하고 흔쾌히 그렇게 하겠다며 구두로 약속했다.
>
> 乙은 약 6개월 동안 여러 사람을 만나며 작업한 끝에 그 토지를 살 사람(丙)을 데리고 왔고, 甲은 원하는 가격으로 위 토지를 丙에게 팔았다. 그 후 乙은 약속한 돈을 받기 위하여 甲에게 수회에 걸쳐 전화를 했다. 甲은 乙의 전화를 받지 않았고, 문자도 씹었다.
>
> 이번에는 甲의 집을 찾아 갔으나 집에 없고 도망을 다니는 바람에 결국 乙은 돈을 받지 못했다.

乙은 6개월 동안 그 토지를 살 사람을 물색하면서 경비만 수천만 원을 썼다고 한다. 이 이야기를 하던 乙의 얼굴에서 甲에 대한 서운함과 원망을 읽을 수 있었다. 乙은 문서를 작성하지 아니한 채 이 일을 하는 바람에 수천만 원의 경비만 쓰고 사람(甲)도 잃었다. 변호사로 상담하다 보면, 수억 원이나 되는 돈을 투자하면서도 아무런 투자약정서가 없어 어떠한 법적인 조치를 할 수 없는 경우를 가끔 접한다. 우리는 위 사건에서 『아무리 친한 사이라도 계약서를 쓰기 전에는 절대로 행동하지 말자!』라는 교훈을 얻을 수 있다.

다. '돈이 도덕(윤리)보다 더 중요하다'는 국민의식

돈이 도덕이나 윤리보다 더 중요하다는 국민의식도 우리나라에서 사기범죄가 많은 이유 중의 하나이다. 흥사단 투명사회운동본부 윤리연구센터가 전국 성인(직장인) 1,000명과 청소년 4,073명을 대상으로 한 '2019년 청소년 정직지수' 조사 결과에 따르면 '10억이 생긴다면 잘못을 하고 1년 정도 감옥에 들어가도 괜찮다'는 항목 조사 결과 초등 23%, 중등 42%, 고등 57%, 20대 53%, 30대 43%, 40대 40%, 50대 이상 23%가 '괜찮다'고 응답했다(평균 40.1%). 특히 10대~30대 젊은 층(평균 43.6%)의 물질만능 가치관이 심각한 것으로 해석된다. 이는 미래가 불안하여 물질이 더 중요하다고 느끼기 때문일 것이다.

3. 우리가 사기를 당하는 이유는 무엇일까?

사기꾼은 사람들을 지속적으로 관찰하는데, 적당한 대상을 만나면 어떤 작업을 할까? 사기꾼은 피해자의 자만심을 자극하거나 지나칠 정도로 친절하다. 처음에는 다소 불편함을 느낄지 모르지만 반복되면 피해자는 익숙해져서 조금씩 경계의 벽을 허물고 사기꾼을 신뢰하게 된다. 신뢰가 쌓이면 피해자는 자신이 절실히 원하거나 이루고 싶은 욕구(needs)를 사기꾼에게 조금씩 말하거나 보여주게 된다. 사기꾼은 이러한 욕구를 자신이 채워 줄 수 있다고 말한다. 나는 이것을 사기꾼이 최면을 건다고 표현한다. 예컨대, 취직을 못한 아들 때문에 늘 고민하던 피해자의 아들을 사기꾼이 자신의 인맥을 동원하여 취직을 시켜 준다. 이에 감동한 피해자는 보답하려고 하지만 사기꾼은 대가를 바라고 한 행동이 아니라 당신이 좋아서 하였을 뿐이라고 말한다. 이때 피해자는 사기꾼에게 마음의 빚을 지고 있다고 느낀다. 앞으로 사기꾼이 어떤 부탁을 할 때 하나 정도는 들어주어야겠다고 생각한다. 마음의 문이 열리고, 설득을 당한 것이다. 그로부터 얼마 지나지 않아 사기꾼은 "1,000만 원을 투자하면 매월 200만 원의 수익이 나는 아주 좋은 투자처를 알고 있는데, 특별히 당신에게만 그 정보를 준다."라고 말한다. 피해자는 그 말을 믿고 투자금으로 1,000만 원을 준다. 사기꾼은 한 달 뒤에 수익이 났다며 200만 원을 건네준다. 그런 식으로 사기꾼은 투자 금액을 조금씩 늘여 나간다. 투자금이 5,000만 원 정도가 될 때까지는 원금과 수익금을 잘 준다. 이 정도가 되면 피해자는 사기꾼에 대한 경계의 벽을 완전히 허문다. 이제 피해자는 더 확실한 최면에 걸려 합리적인 의심(reasonable doubt)을 하지 못한다. 나는 이것을 붕어낚시를 할 때 사용하는 **밑밥과 미끼**에 비유한다. 밑밥을 뿌리는 목적은 그 냄새로 붕어의 후각을 자극하고, 그것이 물속에서 흘러내릴 때 반짝거리며 붕어의 시각을 자극하여 붕어를 유인하는 데 있다. 사기꾼의 이와 같은 행위는 마치 **밑밥을 뿌려 붕어를**

미끼 근처로 모이도록 유인하는 것과 같다.

　자신이 어떤 말을 해도 피해자가 전부 믿는다고 생각되면 사기꾼은 이때부터 본색을 드러낸다. 이제 사기꾼은 "2억 원을 투자하면 한 달 뒤에 4,000만 원의 수익이 나는 투자처가 있으니 투자를 하라."라고 말한다. 피해자는 남에게 빌리는 등으로 2억 원을 만들어 사기꾼에게 건네준다. 이것은 마치 **미끼 속에 날카로운 미늘27이 있는 줄 모르고 그 미끼를 덥석 문 붕어와 같다.** 피해자는 꿈에 부풀어 한 달을 기다렸으나 사기꾼은 연락이 되지 않는다. 그제서야 피해자는 자신이 사기를 당한 사실을 알고 뒤늦은 후회를 한다.

　나는 사기사건을 조사하면서 피해자들에게 "어떻게 이렇게 황당한 말을 믿게 되었습니까?"라고 가끔 묻는다. 많은 피해자들은 "저도 잘 모르겠습니다. 지금 생각해 보니 황당한데, 그 당시에는 뭔가에 홀린 듯 했습니다."라고 대답을 한다. 피해자가 사기꾼의 말이나 태도에 속아 순간적으로 이성이 마비되어 합리적인 판단을 못한 것이다. 나의 욕구나 약점이 사기꾼의 공략대상이므로 가급적 약점을 보이지 않는 것이 좋다. 사기꾼은 다음과 같은 단계를 거쳐 경계의 벽을 허물어뜨려 사기를 친다.

> 관심, 관찰 ➡ 신뢰 쌓기 ➡ 욕구(Needs) 충족 ➡ 최면 ➡ 사기

　N번방 사건을 계기로 청소년을 상대로 한 그루밍(grooming)이 화제이다. 사기를 당하는 과정은 그루밍이 완성되는 과정과 같다고 할 수 있다. 다만 사기는 피해자의 재산을 취득하는 것이지만 그루밍은 피해자의 성을 착취하는 것이라는 점만 다를 뿐이다. 그러므

로 사기당하는 이유를 좀 더 잘 이해하기 위하여 마이클 웰너 (Michael Welner) 박사가 분석한 '그루밍의 6단계(The six main stages to grooming)'를 살펴볼 필요가 있다. 그루밍이라 함은 마부(groom)가 말을 씻고 다듬어주는 행위(grooming) 또는 원숭이, 고양이 등의 포유류가 혀나 손발로 자신이나 동료의 털을 다듬고 손질하는 행위를 말한다. 그루밍 범죄는 주로 어린이나 청소년을 정신적으로 길들인 뒤 성범죄를 저지르는 것이다. 그루머(groomer: 그루밍을 하는 범죄자)의 교묘한 조종과 속임으로 인하여 피해자는 자신이 성범죄의 피해자라는 사실을 스스로 인식하지 못하는 경우가 많다. 한편 그루머는 문제가 생기면 '성을 착취할 목적으로 피해자에게 접근한 것이 아니라 순수한 호의와 배려였다.'고 변명한다. 그래서 **그루머는 좀 더 지능적인 사기꾼**이라고 할 수 있다. 성인도 그루밍 범죄의 대상이 되는 경우도 있다. 특히 경계심이나 자신을 방어할 수 있는 능력이 약한 사람들은 더욱 그렇다. 사기와의 관련성을 그루밍의 각 단계에 맞추어 살펴보기로 한다.

가. 제1단계: 대상 선정(targeting the victim)

애정결핍, 가출, 낮은 자존감 등의 약점이나 취미 또는 호기심을 가진 아이들이 희생양이 되기 쉽다. 이것은 마치 사기꾼이 만나는 사람들을 잘 관찰하여 사기를 치기에 적합한 대상을 선정하는 것과 같다. 재물욕, 이기심, 명예감, 허영심, 질투, 외로움 등 절실히 원하거나 이루고 싶은 욕구(needs)를 표출하면 사기의 대상으로 선정되기 쉽다.

나. 제2단계: 신뢰 얻기(gaining the victim's trust)

그루머는 피해자의 관심을 파악하거나 필요한 것을 사주며 신뢰를 쌓는다. 이것은 사기꾼이 신뢰를 쌓기 위하여 지속적으로 잘 해 주거나 상대방의 민원을 해결함으로써 신뢰를 얻는 것과 같다.

다. 제3단계: 욕구 충족(filling a need)

특별한 선물이나 관심을 피해자에게 보임으로써 그루머는 피해자와 특별한 관계를 형성한다. 이 단계에서는 가해자를 향한 무한한 신뢰를 갖는다. 사기꾼은 피해자의 욕구를 파악하여 이를 충족시켜 줌으로써 피해자의 경계의 벽을 완전히 허문다.

라. 제4단계: 고립화(isolating the victim)

특별한 여행을 하는 등 피해자와 비밀을 만들면서 피해자를 보호자 등으로부터 고립시켜 그루머에 대한 의존성을 극대화시킨다. 사기꾼이 피해자를 다른 사람들로부터 분리시켜 그들의 영향을 받지 못하게 함으로써 피해자가 쉽게 착오에 빠지도록 한다. 예컨대, 보이스피싱 범인이 피해자에게 전화로 조사를 시작하기 전에 '혹시 옆에 다른 사람이 있는지'를 항상 물어본다. 그 의도는 피해자를 고립시키데 있다. 옆사람의 조언으로 피해자가 사기를 당하고 있음을 금방 알아챌 수 있다. 대면편취 보이스피싱범이 피해자로 하여금 전화를 끊지 말고 계속 통화를 하도록 강요하는 것도 같은 맥락이다. 피해자와 대화를 계속 함으로써 현금수거책과 분리시켜 피해자가 착오에 빠진 상태를 유지한다.

마. 제5단계: 관계의 성애화(性愛化)(sexualizing the relationship)

이 단계가 되면 피해자는 그루머를 완전히 신뢰하게 되고, 그루머는 적극적으로 성적인 관계로 발전시킨다. 그루머는 '너를 사랑해서 이렇게 하는 거야' 등의 말로 속여서 성적인 관계를 가지며 피해자를 완전히 사회로부터 고립시킨다. 그루밍이나 사기는 피해자를 속이는 점에서는 같지만 그루밍은 성을 착취하는 것이고, 사기는 재산을 취득하는 점에서 차이가 있다.

> **바. 제6단계: 통제 유지(maintaining control)**
>
> 그루머는 피해자에게 '주변에 알리겠다.', '아무도 네 말을 믿지 않을 거야.'라는 등 회유나 협박으로 성적인 관계를 유지해 나간다. '전화가 끊기면 수사방해로 간주하여 공무집행방해죄로 지명수배한다.'며 순창군 소재 취업준비생을 협박한 보이스피싱범은 11시간 동안 전화를 못끊게 하여 피해자에 대한 통제를 유지하였다.

내가 전주지검에 근무할 때인 2020년 6월경 전주 시내 중앙시장과 모래내시장 등의 전통시장 상인들을 상대로 고금리를 미끼로 사기 및 유사수신행위[28]를 했던 대부업체 대표(A)가 430억 원을 챙겨 잠적했다. 얼마 지나지 않아 A는 경찰에 검거되어 검찰로 구속 송치가 되었다. 그후 A는 다른 피해자들의 추가 고소로 최종적인 피해금액이 1,500억 원으로 밝혀졌다. 먼저 기소된 사건과 병합되어 2021년에 항소심에서 징역 18년을 선고받았다.[29] 지방에서 발생한 사건으로는 피해 규모가 대단히 큰 사건이었다. 피해규모를 고려할 때 선고된 형량은 그다지 높지 않다. 파격적인 수익을 노린 피해자의 잘못도 참작된 것으로 보인다.

'우리가 사기를 당하는 이유'를 이 전통시장 사건으로 분석해 보자. 10년 전쯤 전주 시내의 신협직원이었던 이 사건의 A는 '매일 상인들을 찾아가 자잘구레한 잔 심부름을 해 주는 등 특유의 싹싹함'을 무기로 상인들의 경계심을 허물었다(① 민원해결을 통해 경계심을 허물고, 신뢰를 얻음). 이와 같은 방식으로 상인들은 '최면'에 걸린 것이다.

어느 날 대부업체 사장이 된 A는 사람들에게 "매일 1만 원씩 예치하여 100일이 되면 즉시 예금의 3%, 즉 103만 원을 주겠다."라고 말하며 단기간 내에 높은 이자(2020년 6월 당시 한국은행 기준금리는 '연 0.75%', 은행에 1억 원을 예금하면 연간 75만 원 지급함)를 주겠다고 속였다(② 단기간에 파격적 이자보장을 약속함). 결국 A는 '돌려막기(일명 폰지 사기)'를 한 것으로 밝혀졌다. 여기서 돌려막기란 "순위 투자자들의 투자금으로 선순위투자자들에게 투자수익 또는 수당으로 지급하는 방식"의 사기를 말한다.

피해자가 간절히 원하는 것을 알아내어 신뢰관계를 형성한 뒤에 사기를 친 사건을 하나 더 보자.

다방을 운영하는 고소인(B, 여)은 피고소인(A, 남)이 종업원으로 있는 무인텔로 커피배달을 몇 번 갔다가 알게 되었다. A는 B를 누나라고 부르며 친하게 지냈다.

A는 B가 다방을 운영하면서 5,000만 원 정도 빚이 있어 고민하고 있다는 것을 알았다. A는 그 돈을 갚을 수 있는 자금을 벌 수 있는 것처럼 B를 속여 사기를 치기로 마음먹었다.

A는 B로 하여금 자신이 무인텔을 운영하는 것처럼 믿게 하기 위하여 1년 동안 다음과 같이 연기를 하였다.

① 자주 커피를 배달시켜 먹었고,

② B에게 무인텔 직원들에게 먹인다고 하면서 고기를 사오라는 심부름도 시켰으며,

③ 5만 원권 뭉치를 가끔씩 보여주면서 1,000만 원이 넘는데 신용불량자인 자신을 대신하여 은행송금을 해 달라고 부탁하며 재력을 과시했고,

④ B의 명의로 휴대폰을 개통해 달라고 부탁하여 이를 개통하여 무인텔로 온 B 앞에서 어떤 사람에게 전화로 1억 원을 빌려

달라고 말하였다.

　며칠 후 A는 B에게 "우리 형제 3명이 이 무인텔을 함께 운영하면서 환전사업도 하고 있다. 1억을 투자하면 월 1,700만 원의 수익이 나는데, 9,000만 원은 이미 준비가 되고 있고 1,000만 원이 부족하다. 돈을 빌려주면 무인텔과 환전사업으로 나오는 수익금으로 당신의 부채를 정리해 주겠다."라고 말했다.

　B는 A가 무인텔을 운영하면서 수익이 많이 나는 것으로 믿고 빌려준 돈의 이자를 받아 기존의 빚 5,000만 원을 갚을 생각으로 1,000만 원을 빌려준 것을 시작으로 그때부터 3개월 동안 20회에 걸쳐 A에게 합계 1억 1,000만 원을 빌려주었다.

　결국 B는 A가 빌려간 돈을 갚지 아니하자 A를 사기죄로 고소를 하였다.

　수사과정에서 A는 무인텔을 운영한 것이 아니라 종업원인 사실이 밝혀졌다. A는 인터넷 도박을 하면서 그 자금을 마련하기 위하여 이와 같이 범행을 하였다고 하면서 순순히 자백하였다.

　B는 돈을 빌려줄 때마다 A로부터 차용증을 받았다. 그러나, A는 처음부터 갚을 생각이 없었다. 피해자가 돈을 빌려줄 때 차용증 등 증거를 확보하더라도 사기꾼에게 남은 재산이 없다면 아무런 의미가 없다. 예방만이 최선이다.

　A는 커피를 여러 번 시켜 먹고, 돈다발도 보여주는 등의 방법을 통하여 B의 경계심을 허물어뜨렸다. 이제 사기의 실행단계로 들어가도 될 정도가 되었다고 판단한 A는 본색을 드러냈다. B가 절실히 원하는 것은 5,000만 원의 빚을 갚아야 한다는 사실이다.

그러한 B의 간절함을 이용하여 B의 돈으로 B에게 빌린 돈의 이자를 갚으며 차용금의 액수를 점점 키웠다.

4. 우리는 주로 어떤 사람에게 사기를 당할까?

우리는 "친한 친구한테 사기를 당했다.", "형제한테 속았다."라는 말을 주변에서 많이 듣는다. 실제로 아는 사람에게 사기를 당하는 경우가 모르는 사람에게 사기를 당하는 경우보다 많을까?

한국형사정책연구원이 2017년 12월에 발표한 '2016년 사기꾼과 피해자의 관계'에 관한 통계에 따르면, 사기꾼이 '지인/친구인 경우가 57.1%, 전혀 모르는 사람인 경우가 33.8%, 친인척인 경우가 9.1%'로 나타났다. 결국 '10명 중 7명(66.2%)이 아는 사람(지인/친구＋친인척)에게 사기를 당했다는 것이다. 다음은 이에 관한 통계를 파이 그래프로 만들어 보았다.

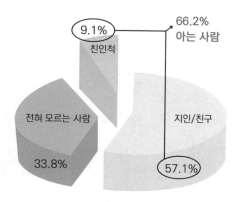

사기범과 피해자의 관계

출처: 한국형사정책연구원

나는 처음에 이 통계수치가 잘못된 것이 아닌가 하고 생각했다.
그러나, 곰곰이 생각해 보니 우리는 일반적으로 모르는 사람에 대
하여는 경계를 하고, 아는 사람에 대하여는 경계의 벽을 허물기 때
문에 위 통계결과에 수긍이 갔다.

더 큰 문제는, 사기꾼은 "수십 년 동안 친하게 지냈으니 이 정
도의 돈은 갚지 않아도 되겠지?"라고 생각하고, 피해자는 "그동안
너를 끔찍이 챙겨주었는데, 어떻게 나한테 이럴 수가 있지?"라고
생각한다. 서로가 느끼는 서운한 감정의 골이 전혀 모르는 사람의
경우보다 훨씬 깊다. 아는 사람 간에는 돈거래를 하지 않는 것이
좋다. 돈 잃고 사람도 잃는 경우가 많기 때문이다.

다음은 절친한 친구에게 사기를 당해 고통을 받았던 내 지인의
사연을 소개한다.

> 검사님! 저는 40년 동안 형제보다 더 친하게 지냈던 친구에게 사
> 기를 당했습니다. 돈을 잃었다는 것보다 배신을 당했다는 것이 더
> 충격적이고, 마음이 아픕니다.
>
> 그 친구가 폐기물처리 사업을 하겠다고 하기에 허가를 받아 주려
> 고 제가 만사를 제쳐 놓고 여러 번 관청을 다니며 허가를 대신 받아
> 주었고, 그 사업자금으로 10억 원을 빌리는 데 보증을 서 달라고 하
> 여 보증까지 서 주었습니다.
>
> 그 친구는 빌린 10억 원을 갚지 아니하였고, 결국 제가 집을 팔아
> 서 전부 갚았습니다.
>
> 나중에 보니 그 친구는 빌린 10억 원의 절반은 폐기물 사업과 관
> 계가 없는 곳에 사용하였습니다. 제가 보증인으로 대신 갚아 준 돈
> 을 달라고 했더니 제가 그 폐기물 사업의 동업자의 자격으로 보증

을 한 것이고, 그 빌린 돈으로 폐기물 사업을 하다가 망했으니 갚을
이유가 없다고 우깁니다.

　사기를 당한 사실을 알고 조사해 보니, 그는 여러 번 교도소를 다
녀왔고, 저와 비슷한 피해를 입은 사람들이 주위에 많습니다.

　검사님! 어떻게 복수하면 좋겠습니까?

　나는 지인에게 그 사건이 언제 발생한 것인지를 물었다. 그는 2
회에 걸쳐 보증을 섰는데, 첫 번째 8억 원은 10년 전이고, 두 번째
2억 원은 1개월 있으면 10년이 된다고 한다. 지인이 차용증에 보
증인으로 서명할 때 '빌리는 돈은 폐기물 사업에만 사용하겠다.'라는
취지의 문서를 받았다면 10억 원 중 절반을 다른 용도로 사용했기
때문에 **용도사기**가 인정될 가능성이 높아 보여 나는 지인에게 그러
한 문서가 있는지를 물었더니, 지인은 '워낙 친했기 때문에 그러한
문서를 받을 생각을 못했다.'고 한다. 첫 번째 8억 원의 보증은 이
미 공소시효가 끝났고, 두 번째 2억 원의 보증은 투자 의미의 보증
인지의 여부가 분명하지 아니하고, 공소시효가 1개월밖에 남지 아
니하여 그 안에 사기 혐의를 밝히기에는 현실적으로 불가능해 보
였다. 나는 지인에게 "남은 1개월 안에 사기 혐의를 밝힌다는 것은
현실적으로 불가능하니 **안타깝지만 당신의 행복을 위하여 그냥 잊으
세요.**"라는 말밖에 할 수 없었다.

사기피해 예방을 위한
사전조치(5가지)

사기방지를 위하여 필요한 8가지의 행위수칙(사전조치 5가지와 사후조치 3가지)을 사기죄의 구성요건30에 맞추어 정리하였다.

형법에는 사기죄에 대하여 다음과 같이 규정되어 있다.

【형법】

제347조[사기] ① 사람을 기망하여 재물의 교부를 받거나 재산상의 이익을 취득한 자는 10년 이하의 징역 또는 2천만 원 이하의 벌금에 처한다.

② 전항의 방법으로 제삼자로 하여금 재물의 교부를 받게 하거나 재산상의 이익을 취득하게 한 때에도 전항의 형과 같다.

이 조문을 분석하면, 사기는 『① (사기범의) **기망행위**(欺罔行爲)31 → ② (피해자의) **착오**(錯誤) → ③ (피해자의) **처분행위**(處分行爲)32』의 단계를 거쳐서 완성된다. 기망(欺罔)33이란 '널리 거래관계에서 지켜야 할 신의칙에 반하는 행위로서 사람으로 하여금 착오를 일으키게 하는 것'이다. 착오(錯誤)란 '사실과 일치하지 않는 인식'을 의미하고, 처분(處分)34은 '직접 재산상의 손해를 초래하는 행위'를 말한다.

사기피해 예방을 위한 사전조치인 5가지 행위수칙을 요약하면 다음과 같다.

첫째, 상대방의 말의 내용을 「재고하고, 확인하라!」

둘째, 처음으로 만난 상대방의 행동이나 외모 등 첫인상에서 풍기는 「**첫 만남의 나쁜 느낌을 믿어라!**」 이것들은 모두 상대방 쪽에 대한 것이다.

셋째, 「**세상에 공짜는 없다!**」 이것은 피해자 쪽에서 검토한 것이다.

넷째, 「담아라!(문서 등 증거 남기기)」 사기꾼과 피해자, 즉 거래의 당사자간에 생기는 것이다.

다섯째, 「반대문서를 받아라!」 이것은 넷째에 포함되는 것으로 볼 수도 있겠지만, 너무나 중요한 사항이기 때문에 항목을 별도로 만들었다.

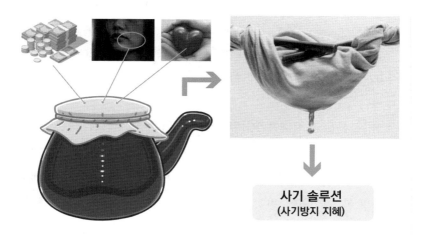

사기 솔루션
(사기방지 지혜)

위 사진을 설명하기로 한다. 좌측 상단에 있는 사진은 돈, 눈물, 심장, 그 밑에는 한약을 다릴 때 쓰는 약탕관, 우측에는 다린 한약재를 삼베천에 넣고 짜는 장면이다. 돈은 사기 피해자의 재산, 눈물은 사기를 당하여 받는 고통, 심장은 사기를 당하여 극단적 선택을 한 사람을 의미한다. 내가 처리했거나 무료로 상담했던 수많은 사건에서 피해자들은 사기방지를 할 수 있는 방법을 몰라서 억울하게 사기꾼들에게 희생되었다. 나는 그와 같은 소중한 희생 속에서 사기의 패턴(pattern)을 발견했고(약탕관), 이것을 8가지로 유형화하여(삼베로 짜는 모습) 사기 솔루션(사기방지 지혜)을 추출했다.

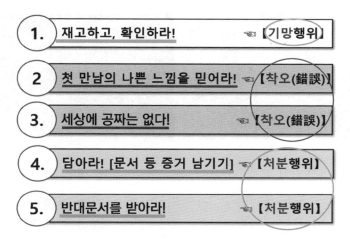

사기 예방을 위한 사전조치

Ⅰ. 재고하고, 확인하라!

"재고하고, 확인하라(Think twice & Check)!"라는 말은 상대방의 신뢰를 어느 정도 얻었다고 생각한 사기꾼이 '기망행위'를 시작할 때 거래 상대방(피해자)이 취해야 하는 첫 번째 행위수칙이다.

1. 재고하라(再考, Think twice)![35]

재고하라는 사기범의 말을 그대로 믿지 말고 상식에 어긋나는 부분이 있는지, 말 자체에 모순은 있는지 합리적인 의심(reasonable doubt)을 가지고 한 번 더 생각하라는 것이다.

　　소와 염소의 특징은 무엇인가? 그들은 한번 삼킨 먹이를 게워 내어 다시 씹는 일(되새김질), 즉 반추(反芻)를 한다. 동물들도 그러하건만 사람들은 거래 상대방이 하는 말을 재고하지 않고 그대로 믿어 버리는 잘못을 범하곤 한다. 예전에 어떤 사회심리학자는 "사기꾼이 파는 것은 미래가 지금보다는 낫겠지 하는 믿음이고, 그의 말은 사막의 신기루(mirage)와 같아서 끝까지 따라가 보면 실체가 없다."라고 말했다. 사기꾼의 말을 합리적으로 '재고'하다가 의심이 가는 부분에 대하여 계속 질문을 던져야 한다. 이 경우 질문을 받은 사람이 구체적인 답변을 회피하거나 대답이 막혀 화를 낸다면 그 사람은 사기꾼일 가능성이 높다. 거기서 거래를 끝내고 더 이상 진행하지 말아야 한다. '재고하라!'를 못하여 피해를 입게 되는 것으로는 보이스피싱, 로맨스 스캠(피싱), 이메일 해킹 무역사기, 비대면 중고거래 사기, 신종 오픈 마켓 사기 등이 있다. 차례로 살펴보자.

가. 보이스피싱(voice phishing, 전화금융사기)

1) 피해 실태

보이스피싱은 '전화로 개인정보를 낚아 올린다.'는 뜻이다. 음성(voice)＋개인정보(private data)＋낚시(fishing)를 합성한 신조어이다. 보이스피싱으로 인한 피해는 해마다 점점 늘어나고 있다. 경찰청 자료에 의하면, 최근 5년간(2018~2022년) 보이스피싱 피해액은 3조 620억 원이다. 2022년 보이스피싱 발생 건수는 총 2만 1,832건, 피해 금액은 5,438억 원으로 2021년의 발생 건수 총 3만 982건, 피해 금액 7,744억 원과 비교할 때 피해 금액이 2,306억이나 감소한 이유는 강도 높은 단속 때문이다.

보이스피싱 발생건수 및 검거현황

	2017	2018	2019	2020	2021	2022
발생건수	24,259	34,132	37,667	31,681	30,982	21,832
검거건수	19,618	29,952	39,278	34,051	27,647	24,522
검거인원	25,473	37,624	48,713	39,713	26,397	25,030
피해금액(억원)	2,470	4,040	6,398	7,000	7,744	5,438

출차: 경찰청

2) 진화된 수법과 대처 방안

보이스피싱의 유형으로는 ①『기관 사칭형』, ②『대출 빙자형』, ③『지인 사칭형(메신저 피싱)』, ④『스미싱(smishing, 단문 메시지 서비스 피싱)』, ⑤『납치 빙자형(인질형)』이 있다. 아래에서는 유형별로 검토해 보기로 한다.

가) 기관 사칭형

경찰이나 검사 등 **수사기관 또는 금융감독원 직원을 사칭**하여 피해자의 계좌가 대포통장 사기사건에 연루되어 있는데 혐의를 벗어나려면 통장에 있는 돈을 찾아 '안전하게 보관해야 한다.', 또는 '금융감독원에서 불법 자금인지 확인 후 다시 돌려주겠다.'는 식으로 속여서 그 돈을 대포통장이나 직접 현금으로 받아 챙기는 수법이다.

범인의 말처럼 내 계좌가 범죄에 도용이 되었다면 나는 그 범죄의 피해자이지 결코 사기의 공범이 아니므로 겁먹을 이유가 없다. 혐의를 벗어나기 위해서 통장에 있는 돈을 인출하여 안전한 곳에 보관하거나 금융감독원에 보내서 불법자금인지를 확인할 이유도 없다. 더구나 현금에는 아무런 표시가 없기 때문에 감식해도 불법자금인지를 확인하는 것도 불가능하다. 범인의 말을 찬찬히 재고(再考)해 보면 황당하기 짝이 없다. 사기를 당하고 나서야 피해자들은 지극히 비상식적인 말에 속았다는 사실을 알고 허탈해 한다.

근래 언론36에 "의사가 검사와 금융감독원 직원 등을 사칭한 보이스피싱 범죄조직에게 속아 예금·주식·보험·가상자산 등 41억 원 규모의 피해를 당한 사건이 발생했다."라는 보도가 있었다. 단일 사건 기준 역대 1인 최대 보이스피싱 피해 금액이다. 간략히 소개한다.

어느 날 서울중앙지검 검사라고 사칭한 사람(A)이 휴대폰번호 (010-)로 의사(B)에게 전화를 걸어서 "당신의 계좌가 보이스피싱 자금세탁에 사용됐다. 고소장이 70건 정도 들어왔고, 협조하지 않으면 구속하겠다. 사건의 실체를 밝혀야 하니 카카오톡에 친구 추가를 하라."라고 요청했다. 친구 추가를 하자 A는 위조한 검사 신분증과 구속영장 파일을 B에게 보내왔다.

　그 후 B는 "수사에 협조하면 약식 조사만 한다."라는 A의 말에 속아 메신저로 받은 링크를 눌렀고, 그러자 악성앱이 설치되었다.

　A는 B에게 "의심되면 직접 확인해 보라."라고 말하며 B로 하여금 금감원 홈페이지에 나온 번호로 전화를 걸도록 했다.

　B가 전화를 걸자 악성 앱이 깔린 스마트폰은 A의 다른 공범(C)에게로 연결되었고, C씨는 금감원 직원을 사칭해 B에게 "계좌가 범죄에 사용됐다."라고 확인해 줬다.

　이후 수사관을 사칭한 또 다른 공범(D)은 B에게 "대출을 실행하여 실제로 출금을 해야 당신 명의가 범행에 연루됐는지 알 수 있다. 대출을 받은 후 돈을 전달하라."라고 말했다.

　확인 후 범죄 연관성이 없으면 돈을 돌려주겠다는 범인들의 말을 믿은 B는 예금·대출금 등 모두 41억 원을 범인들에게 넘겨주었다.

아래의 자료는 범인들이 B에게 보내온 것이다.

위조 수사협조의뢰 공문서

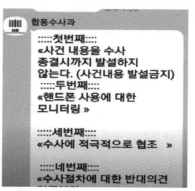

범인과의 실제 대화내용

자료: 경찰청 제공

다행히 최근 이 사건의 범인들이 잡혔다는 언론보도[37]가 있었다. 경찰은 국제 공조를 통해 중국 현지에서 일당 23명을 잡았는데, 이들에게 당한 사람이 100여 명, 피해액이 200억 원에 달한다.

최근 경찰청 보도자료(2023. 1. 4.자)에 의하면, "피해자에게 가짜 형사사법포털(KICS) 사이트 주소를 알려준 다음에 이름·주민등록번호를 입력 후 검색하게 해 사건이 진행 중인 것처럼 속인 사례"가 있으니 각별한 주의가 필요하다.

그 외에도 『위조한 서울중앙지검 공문을 문자메시지로 보내 수신자를 속이는 피싱이 성행하고 있으니 주의하라.』라는 언론보도[38]가 있었다. 그 문자메시지에는 "계류된 사건과 관련하여 본인의 주민등록등본상 주거지로 2회에 걸쳐 해당 서류 발송을 했으나 반송되어 부득이하게 통신고지를 보냈으니 이 번호('010-'으로 시작하는 개인 휴대폰번호)로 연락을 달라."라는 내용이 적혀 있었다. 그러나, **공공기관은 개인 휴대폰번호('010-')를 문서에 기재하지 아니한다.**

이 사건에서 의사 B는 과연 무엇을 잘못했을까? 수십 년간 수사를 해왔던 내 눈에는 이 사건의 진행 과정에서 보이스피싱임을 알아차릴 수 있는 단서들이 쉽게 보인다. 차례로 살펴보기로 한다.

첫째, '전화 가로채기' 수법을 몰랐다.

'전화 가로채기'란 스마트폰에 악성 앱이 깔린 사용자가 수사기관이나 금융회사 등의 대표 전화번호에 전화하면 보이스피싱 조직에 자동으로 연결되는 것을 의미한다. 범인이 보내 준 악성 앱이 깔리면 최초 실행할 때 사용자에게, 기본 전화 앱을 해당 악성 앱이 위장한 '새로운 앱으로 바꾸겠다.'는 팝업을 띄운다. 사용자가 무심코 **모든 권한**

을 허용하면 악성 앱은 스마트폰 정보와 문자메시지, 주소록 등을 빼가면서 전화 발·수신 기능에 접근해 통화 기록을 **조작한다.** 사용자가 수사기관 등에 전화하면 이를 감지한 악성 앱이 보이스피싱 조직에 연결되도록 한다. 통화가 종료된 후 통화 기록을 원래 통화하려던 기관의 전화번호로 바꿔서 증거도 없앤다. **사용자는 그러한 내용을 전혀 모른다.** 스마트폰은 사실상 '좀비폰'이 된다. 꺼림직한 생각이 들어 수사기관 등에 사실확인을 하고자 한다면, 다른 사람의 휴대전화 등으로 걸어 확인해 보는 것이 확실하다. 그동안 보이스피싱 조직은 '전화 가로채기' 수법에 대한 경찰의 추적을 피하기 위하여 전화 서버를 수시로 변경했으나 최근 이를 차단하는 기술이 개발되었다.

둘째, 검사 등 공공기관은 절대로 휴대폰번호(010-)로 전화하지 않는다.

검사 등 공공기관은 공무상 용건이 있을 때 유선번호(02-, 031- 등)로 전화를 하지 절대로 휴대폰번호(010-)로 전화하지 않는다. 만일 검사가 사건의 한쪽 당사자에게 휴대폰번호로 전화를 건다면 그 당사자는 담당 검사와 통화할 정도로 친하다고 거짓 소문을 낼 수 있고, 상대방 당사자가 그 사실을 알았다면 수사의 공정성을 의심하게 될 것이기 때문이다. 범인들이 휴대폰번호로 전화하는 이유는 그 번호를 카카오톡 친구로 추가하게 한 후 위조한 구속영장 사본 등을 보내야 하기 때문이다.

셋째, 검사는 검사신분증을 촬영하여 보내지 않는다.

범인은 자신이 검사임을 더욱 믿게 하려고 위조한 검사신분증을 보낸다. 검사의 명함이나 신분증을 가지고 사기를 치는 경우가 있기 때문에 검사는 절대로 자신의 신분증을 찍어서 전송하지 않는다. 조금만 더 생각하면, 검사의 신분증을 보낸 사람이 과연 그 신분증에 있는 사람인지도 알 수 없다.

넷째, B(의사)도 모르게 B의 계좌가 자금세탁에 사용된 것이다. 그러므로 B는 피해자일 뿐이므로 겁먹을 이유가 없다. 한편 본인(B)도 모르게 조사 없이 바로 구속영장이 발부되는 일도 없다.

범인(A)은 B에게 "당신의 계좌가 자금세탁에 사용되어 조사해야 하고, 구속영장이 발부되었다."라고 겁을 주면서 구속영장 사본을 카카오톡으로 전송했다. B도 모르게 계좌가 자금세탁에 이용되었다면 B는 피해자이다. B는 피해자로서 조사를 받으면 그만이다. 우리나라 형사사법 제도상 피의자가 소환에 불응하거나 도주하였을 경우 체포영장이 발부되고, 그 체포영장으로 피의자를 강제수사한 후 혐의가 인정되고, 도주 및 증거인멸의 우려가 있어야 구속영장이 청구되는 것이다.

다섯째, '약식조사'라는 용어나, 수사를 위한 앱 자체가 존재하지 아니하므로 당사자에게 앱을 전송할 이유도 없다.

범인(A)은 '약식조사'를 하겠다면서 메신저로 (악성)앱을 보내 설치하게 했다. 그러나, '약식조사'라는 용어나, 수사를 위한 앱 자체가 존재하지 아니하므로 당사자에게 앱을 전송할 이유도 없다. 이 사건에서 앱도 카카오톡으로 전송하였다.

여섯째, 수사기관은 절대로 금전이나 계좌이체를 요구하지 않는다.

수사기관은 절대로 금전이나 계좌이체를 요구하지 않는다. 범인은 "대출을 받은 돈을 주면 범죄 연관성을 확인 후 돌려주겠다."라고 말했다. 그러나, 현금에는 꼬리표가 붙은 것도 아니어서 범죄와의 연관성을 확인하는 것은 불가능하다. 범인의 말은 그 자체로서 상식에 맞지 않는다.

나) 대출 빙자형

대출 빙자형은 금융기관을 사칭하여 고금리를 저금리의 대출로 바꾸어 준다는 명목의 전화나 문자를 하여 돈을 편취하는 수법이다.

'전화 가로채기' 수법을 몰라 저금리로 대출해 준다는 말에 속아 2,000만 원을 보이스피싱당한 지인

2020년 12월 하순경 아는 지인으로부터 다급하게 전화가 왔다. 고금리 대출을 저금리 대출로 갈아타기를 해 준다는 보이스피싱범의 말에 속아 2,000만 원을 사기당했다고 한다. 지인은 바로 경찰에 신고했으나 수사에 대한 의지가 없어 보이는데, 어떻게 해야 하느냐고 물었다. 구체적인 사연은 다음과 같다.

모(某) 캐피탈로부터 2,000만 원을 대출받았던 자영업자인 지인 (B)은 평소 매월 90만 원씩 빠져나가는 이자가 너무 높다고 생각하

고 있었다.

그러던 중 B는 코로나 19로 소상공인에게 저금리 대출이 된다는 사실을 알고, 인터넷에 들어가 모(某) 은행에 접속하여 그곳에서 요구하는 대로 핸드폰번호, 신청금액, 상담할 내용, 이름을 기재하며 상담신청했다.

얼마 후 그 은행의 대출담당 직원이라고 사칭한 범인(A)이 전화했다. A는 "코로나로 인한 비대면 상담을 위해 카톡 문자로 링크할 앱을 보내주겠으니 설치 후 상담을 진행하자."라고 말했다.

B는 보내 준 앱을 다운받아 접근권한 등 요구사항에 전부 동의하였다. 이 앱을 깔고 나니 휴대폰 화면의 반 정도가 하얗게 되었다고 한다. 이제 휴대폰에 악성코드가 깔려 '전화 가로채기'가 가능하게 되었다. 휴대폰이 갑자기 이상해졌지만 B는 악성앱이 깔린 줄 몰랐다.

B는 다시 A에게 "저금리로 대출받을 2,000만 원을 모(某) 캐피탈에 바로 입금해 달라."라고 요구했다. 그러자 A는 코로나 19로 한시적으로 지원되는 저금리 대출이기 때문에 오늘까지 기존의 대출금을 전부 갚아야만 대출이 가능하다고 했다. B는 내일까지 갚을 수 있도록 해 달라고 사정했고, A는 처음에 대출했던 금융기관에 상의를 해보라고 했다.

할 수 없이 B는 모 캐피탈에 위 휴대폰으로 전화하여 "기존 대출금을 갚겠다."라고 했다. 그 휴대폰에 깔린 '전화 가로채기'가 작동되자 그 휴대폰의 전화를 가로챈 범인(C)은 자신을 담당직원이라고 사칭하며 "중도상환은 계약위반이니 만기 이전에 대출금 상환은 불가능하다."라고 말했다. B는 실랑이를 하던 중 "과거에 중도상환을 한 적이 있었다."라고 대답했다. 그러자 C는 "사정이 그러면, 대출해 줄 은행과 상의하라."라고 말했다.

이상하다고 느낀 B는 A가 대출해 줄 은행의 직원이 맞는지 알기 위해 휴대폰으로 114를 눌러 그 은행의 전화번호를 안내받아 전화했다. A가 전화를 받아 "조금 전 모 캐피탈 담당직원한테 전화를 받았고, 오늘까지 현금으로 갚으면 되는 것으로 양해를 얻었다. 현금을 마련하여 오늘 중으로 연락을 주면 대출절차를 진행해 보겠다."라고 말했다.

B는 동생한테 급히 현금 2,000만 원을 빌린 후 연락했다. A가 전화받아 "직원을 바로 보내겠으니 그에게 현금을 전달한 후 연락을 주면 된다."라고 말했다. 얼마 후 B의 집으로 직원이 찾아왔다. 돈을 가져갈 직원이 가져온 납입증명서의 내용이 엉성하다고 느낀 B는 그에게 명함을 요구했으나 명함을 가져오지 않았다고 하였다. 다시 신분증을 요구했으나 신분증도 없다고 하였다. 마스크를 벗게 한 후 얼굴을 보니 도저히 금융기관의 직원이라는 생각이 안들어 그를 그냥 돌려보냈다. 한참 후에 A가 전화하여 "손님, 대출을 받을 건가요, 말건가요? 아까 직원이 갔다가 그냥 오면서 들어간 왕복 교통비도 이자에 포함시켜 청구합니다. 다시 직원을 보내겠으니 이번에는 꼭 돈을 전해주세요."라고 말했다. 다시 다른 직원이 왔다. 아까 영수증을 받아 놓았기 때문에 현금만 건네 준 후 A에게 다시 전화했다. A는 "2,000만 원을 잘 받았다. 내일 오전에 대출이 되는데 그때 인지세를 납부해야 한다."라고 말했다.

다음 날 오전까지 대출이 되지 아니하자 B는 대출을 해 주기로 한 은행의 대표전화로 전화했다. A가 전화를 받아 "당신의 신용상태가 좋아서 인지세 460만 원을 정부가 보조해 주므로 추가비용 없이 잠시 후 대출이 될 것이다."라는 말을 했다. 한참 뒤에 금융감독원을 사칭한 직원(D)이 전화를 했다. 그는 "당신은 대출금 이자를 연체한 적이 있어 인지세 보조를 받을 수 없어 인지세를 내든지 아니면 대출받기를 포기하라."라고 말했다. B는 "금감원 직원이 왜 나한테 전화를 하는 거죠?"라고 따졌다. 그러자 갑자기 그는 "왜? 나한테 따져? 대출을 받을 거냐? 말 거야?"라고 호통을 쳤다. 순간 B는 약간 겁을 먹었다고 한다.

B는 할 수 없이 다시 동생에게 전화하여 "인지세를 더 내어야 대출이 가능하다고 하네. 460만 원을 더 빌려줘!"라고 말했다. 그러자 동생이 "좀, 이상한데, 보이스피싱 아냐?"라고 말했다. B는 "아까 대출해 줄 은행의 대표전화로 전화해 봤어. 금감원이나 은행의 대표전화는 도용할 수 없어!"라고 대답했다.

그러자 SF영화의 한 장면처럼 그 범인들과 통화했던 전화번호와 문자가 휴대폰에서 하나씩 사라지기 시작했다고 한다. 지금까지 B의 대화내용을 전부 들었던 범인들은 범행이 발각되었다고 판단하여 흔적을 지운 것이다. 그 순간 B는 너무 무서웠다고 한다. 동생이 해당 은행에 직접 전화하여 A를 찾았으나 그러한 직원은 없다고 한다. 보이스피싱을 당한 것이다.

인터넷 등을 통하여 평소 보이스피싱 범의 사기수법을 잘 알고 있다고 생각했던 B는 그 소식을 전해 듣고 자괴감과 함께 하늘이 무너져 내리는 듯한 느낌을 받고 극단적인 선택을 할까 생각했다고 한다.

집근처의 CCTV에 찍힌 현금수거책 2명의 동영상을 급히 확보하여 관할 경찰서에 신고했다. 그중 한 명은 근처의 편의점에서 우유를 사서 먹으면서 마스크를 벗는 모습도 찍혀 있었다.

수거책 중 한 명은 신고한 때로부터 약 석 달 뒤에 다른 경찰서에서 검거된 후 기소되자 B는 그를 상대로 배상명령을 신청하였고,

나머지 한 명은 아직 검거되지 않았다.

그 후 B는 저금리로 대출을 받으려고 했던 은행에 직접 찾아가서 저금리로 2,000만 원을 대출받아 월 4만 원의 이자를 내고 있다고 한다.

아래 사진은 **B가** 당시 범인들이 보내온 앱을 다운받으면서 휴대폰에 설치된 화면이다. 워낙 정교하여 전문가도 속을 수 있을 정도이다.

아래 캡처 사진을 순서대로 살펴보면, ① 스마트 디렉션(smart direction), ② 5건의 대출 승인사례, ③ 대출진행 절차, ④ 대출상담사의 사진과 이름 직책, ⑤ 앱 접근권한 동의서, ⑥ 대출신청서이다.

상담사의 사진과 인적사항, 대출승인사례의 내용은 전부 도용된 것으로 허위였다.

이 사건에서 B는 무엇을 잘못했을까?

첫째, 검증되지 아니한 **비공색 앱을 다운받았다.** 이 경우에는 악성 코드가 휴대폰에 깔릴 가능성이 매우 높으니 각별한 주의가 필요하다. 가능하면 플레이 스토어(공식 앱 스토어)에서 앱을 다운받을 필요가 있다.

둘째, **전화 가로채기 수법을 몰랐다.** 악성 코드가 깔렸기 때문에 지인이 그 휴대폰으로 캐피탈, 은행에 건 전화를 전부 범인들이 받았다. 나는 지인에게 '전화 가로채기'를 아는지를 물었다. 금시초문이라고 한다.

셋째, 프로그램을 설치하자 **휴대폰 화면의 절반이 하얗게** 되었다. 바로 이 시점에 악성코드가 깔린 것이 아닌지를 의심하고 주위 사람들에게 물어보았으면 좋았을 것이다.

넷째, 만기 이전에 대출금을 **중도 상환하는 것은 계약위반이므로 상환이 불가능하다는 범인의 말을 그대로 믿은** 잘못이 있다. 대출금을 중도 상환하면 자금운용에 공백이 생긴 금융기관은 수익을 낼 수 없기 때문에 고객은 그 손실에 해당하는 수수료를 내고 중도상환을 할 수 있다.

다섯째, 은행직원을 사칭한 사람에게 **현금을 직접 건네준** 잘못이 있다. 은행 직원이 돈을 회수하러 직접 고객의 집에 방문하는 일은 절대로 없다. 만일 은행이 고객의 돈을 받아야 하는 일이 생긴다면 직원의 계좌가 아닌 은행계좌로 받을 것이다. 사기꾼이 굳이 지인의 집에 찾아가 현금을 받는 이유는 계좌(대포통장)로 1회 100만 원

이상이 입금을 받은 경우 자동화기기(CD, ATM)에서의 인출(이체)이 30분 지연되거나 피해자의 신고로 그 계좌가 지급정지가 될 수 있기 때문이다.

여섯째, **대출을 받는 데 인지세가 필요 없다.** 범인은 지인이 이자를 연체한 적이 있기 때문에 정부로부터 인지세 보조를 받을 수 없어 460만 원의 인지세를 내라고 말했다. 인지세 460만 원은 대출금 2,000만 원의 23%나 되어 대출금에서 차지하는 비율이 커서 상식에도 맞지 않는다. 대출을 조건으로 금융기관이 선입금을 요구하지 아니하므로 선입금을 요구하면 사기이다.

일곱째, **금융감독원 직원**은 개인이 신청한 대출과 관련하여 **개인에게 전화를 하지 않는다.** 그러한 사실을 몰랐던 지인은 그 직원의 말에 속아 2,000만 원 외에 추가로 460만 원을 사기당할 뻔했다.

어떤 사건에서는 기존에 대출받은 금융기관과 다른 금융기관에서 추가대출 또는 대환대출을 받기 위한 상담을 하는 과정에서 대출 한도가 나오는지 조회해야 한다고 하면서 개인정보를 요구하고, 앱을 보내서 몰래 피해자의 휴대폰에 악성코드를 심는다. 그 후 기존에 대출을 해 주었던 금융기관의 채권팀 직원을 사칭한 범인이 피해자에게 전화하여 "당신이 다른 금융권에서 대출을 받으려고 조회한 것이 전산으로 발견되었다. 당신이 대출받을 당시 대환대출을 받지 않겠다는 계약조건을 어겨 금융법을 위반하였으므로 오늘 저녁까지 전액 상환해야 한다. 불이행시 **신용불량자로 등록한 후 금융감독원에 넘기겠다.**"라는 말을 하며 협박했다. 추가로 대출을 받더라도 기존 대출에 아무런 영향이 없으므로 계약위반이 될 수 없다. 이 사건의 피해자는 "금융법위반으로 신용불량자로 등록하고,

금융감독원에 넘기겠다."라는 말에 불안과 공포심으로 이성이 마비되어 꼼짝없이 당했다고 한다. 범인들은 수회에 걸쳐서 피해자에게 전화로 "금융법위반으로 강제로 상환하는 것이므로 계좌이체나 가상계좌의 사용은 불가능하고 현금을 직접 전달해야 한다."라고 협박하여 피해자로부터 받은 현금을 받아 잠적하였다.

또 어떤 피해자의 경우는 그가 어떤 금융사로부터 정상적으로 대출을 받았다. 얼마쯤 지나서 그 금융사의 직원을 사칭한 보이스피싱범이 피해자에게 전화하여 그가 대출받은 날짜, 대출금, 이자 등 대출내역 등을 정확히 말하면서 대출받을 당시가 **이벤트 기간이어서 낮은 금리를 적용하여야 함에도 착오로 높은 금리가 적용된 잘못이 있어 조정을 해 주겠으니 대출금을 전부 상환하라**고 속여서 그 돈을 가로챘다. 범인이 어떤 방법으로 피해자의 대출정보를 정확히 알았는지는 모르지만 이와 같은 상황이라면 대부분의 사람들은 쉽게 속아 넘어갈 것이다.

그 외에도 "신용등급이 낮아 대출을 받을 수 없어 신용등급을 높여야 하니 그 비용을 주면 신용등급을 높여 대출이 가능하도록 해 주겠다."라고 하면서 **신용관리비 명목으로 1인당 100~300만 원을 편취**하는 보이스피싱도 있었다.

다) 지인 사칭형(메신저 피싱)

지인 사칭형(메신저 피싱, messenger phishing)은 다른 사람의 메신저 아이디와 비밀번호를 도용하여 로그인한 후 이미 등록되어 있는 가족, 친구 등 지인에게 긴급히 돈이 필요한 척 요청하는 메시지를 보내고 이에 속은 피해자가 돈을 송금하면 이를 가로채는 사기 수법이다.

만일 "아빠 난데, 바빠? 부탁이 있어."라는 문자가 카톡으로 왔는데 카톡 좌측상단에 친구 '추가'라는 문자가 뜬다면 100% 보이스피싱이다. 왜냐하면 가족, 친구 등 지인의 전화번호는 이미 친구로 등록이 되어 있기 때문에 친구 '추가'라는 문자가 뜰 수가 없다.

> (1) 사기예방 강의현장에서 일어난 메신저 피싱("아빠! 나 민정이야. 휴대폰 액정이 깨졌어! 지금 바빠?")

나는 모 대학 최고경영자 과정의 요청으로 2020년 10월 저녁 롯데잠실 호텔에서 사기예방 강의를 하였다. 강의 시작 후 5분쯤 지나자 어떤 분이 휴대폰을 들고 강의실 밖으로 나갔다. 조금 지나 다시 들어왔다가 잠시 뒤에 휴대폰을 들고 밖으로 나갔다. 이렇게 여러 번 들락거리더니 강의가 끝나자마자 그분은 허겁지겁 강의실로 들어오면서 "검사님, 저 방금 보이스피싱을 당했습니다."라고 소리쳤다. 그분은 단상에 올라와 자신과 같은 황당한 피해를 당하지 말라고 하면서 딸이라고 사칭한 범인과 주고받은 문자메시지를 원우들에게 낭독했다. 그 내용을 간략히 소개하면 다음과 같다.

> 딸(사칭 범인): 아빠, 바빠?
> 나 민정이야, 내 휴대폰 액정이 나가서 내 폰을 맡기고 컴퓨터로 카톡에 접속했어
> *아빠(피해자): 그래?*
> 딸(사칭 범인): 아빠 신분증 있으면 아무거나 앞뒤로 찍어서 카톡으로 보내줘
> *아빠: 알았어*

> *(운전면허증을 사진 찍어서 보낸 후)*
> 딸(사칭 범인): 아빠! 운전면허증 앞 부분이 잘 안 나왔어. 다시 찍어
> 보내!
> *(다시 운전면허증을 찍어서 보낸다.)*
> 딸(사칭 범인): 아빠! 가지고 있는 신용카드 아무거나 앞뒤로 사진찍
> 어 보내줘!
> *아빠: 알았어*
> *(가지고 있던 신용카드를 앞뒤로 사진찍어 보낸다.)*
> 딸(사칭 범인): 방금 보내준 신용카드 비밀번호도 카톡으로 알려줘.

그분은 위 문자를 받고 자신의 **신분증과 신용카드**를 사진 찍어 비밀번호와 함께 카톡으로 범인에게 보낸 후 혹시나 싶어서 딸에게 전화를 했다. 딸은 자신이 보낸 것이 아니라고 했다. 그제서야 부랴부랴 카드거래정지를 신청했으나 그 사이에 이미 카드에서 상품권 구매 명목으로 300만 원이 빠져나간 뒤였다.

(2) 개인정보 유출(탈취)시 대처 방법

(가) 신분증 사본을 전송하는 바람에 입은 실제 사건(2건)

내 주변에 있는 사람들이 입은 피해 사례 2건을 소개한다. 첫 번째는, 나의 지인(A)이 2022년 10월 26일 "지인(B)의 아들(C)이 휴대폰 액정이 깨졌다는 문자를 보낸 줄 알고 인증서와 **신분증을 보내고** 나서 뒤늦게 보이스피싱을 당한 것을 알게 되어 경찰에 신고했으나 아직 피해 사실은 확인되지 않았는데, 과연 **어떤 조치를 더 해야 할까?**"라는 취지로 아래 왼쪽의 문자를 보내왔다.

두 번째는, 2023년 여름 강남역에서 내 강의를 들은 분의 어머니가 신분증 유출로 계좌의 돈을 다 털렸다고 하면서 문자를 보냈다(아래 사진의 오른쪽).

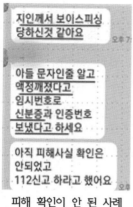

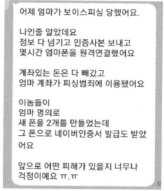

피해 확인이 안 된 사례   실제로 계좌가 털린 사례

(나) 예금 인출을 막는 3가지 방법

범인은 탈취한 신분증 사본으로 과연 어떻게 피해자의 통장에 있는 돈을 인출할까? 아래와 같은 순서로 돈을 빼간다.

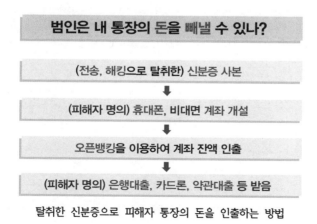

탈취한 신분증으로 피해자 통장의 돈을 인출하는 방법

우선 신분증 사본으로 피해자 이름의 대포폰(개통절차가 비교적 쉬운 알뜰폰)을 개통하고, 비대면으로 통장을 개설한다. 그 통장으로 계좌통합관리가 가능하게 된다. 오픈뱅킹(Open Banking)을 통하여 피해자의 여타 금융회사 계좌 잔액을 새로 개설한 계좌로 모아 돈을 빼가거나, 피해자 명의로 은행 대출, 카드론 또는 약관대출을 받은 후 돈을 빼간다. 그러므로 적절한 인출 한도 설정이 필요하다.

위와 같이 신분증 사본을 범인에게 보낸 경우 범인이 돈을 인출하기 전에 신속히 다음과 같이 조치를 해야 한다.

① 인터넷 포털사이트에 '개인정보노출자 사고예방시스템'이라고 **입력**한다.

이렇게 하면 **금융감독원** 사이트에 접속된다. 여기에 아래 사진에서 보는 바와 같이 개인정보를 등록하면 신규계좌 개설이나 신규로 신용카드가 발급되는 것을 제한할 수 있다.

금융감독원에 신속히 개인정보 등록

② 인터넷 포털사이트에 '**계좌정보통합관리 서비스**'라고 **입력**한다.

이렇게 하면 **금융결제원** 사이트에 접속하게 된다. 여기에서는 본인의 계좌, 카드정보를 조회하여 본인 모르게 개설된 계좌 또는 대출을 확인할 수 있다.

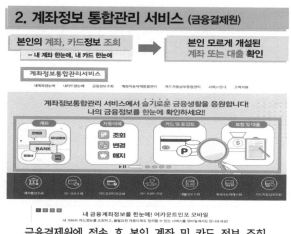

금융결제원에 접속 후 본인 계좌 및 카드 정보 조회

③ 인터넷 포털사이트에 '**명의도용 방지서비스**'라고 **입력**한다.

이렇게 하면 **한국정보통신 진흥협회** 사이트에 접속하게 된다. 여기에서는 본인 명의로 가입된 휴대폰의 가입사실 현황을 조회하고, 추가 개통을 제한할 수 있다.

한국정보통신 진흥협회 접속 후 휴대폰 가입사실 현황 조회

최근 언론보도[39]에 의하면, 112 전화 한 통으로 사건 접수뿐만 아니라 악성 애플리케이션(앱) 차단과 지급정지 등 후속 피해구제 절차가 자동으로 이뤄지는 '전기통신금융사기 통합신고·대응센터'를 설치·운영한다고 한다.

(3) 신상정보가 유출된 후 메신저 피싱에 800만 원을 사기를 당할 뻔한 사촌 동생의 친구("친구야! 돈 있으면 800만 원만 빌려줘")

어느 날 사촌 동생의 신상정보를 털어 가서 동생을 사칭한 메신저 피싱범이 친구에게 돈을 빌려 달라는 카톡 문자를 보낸 사실이 있으니 속지 말라는 문자를 동생이 보내왔다. 다음은 동생이 보내온 그의 친구가 범인과 주고받은 메신저이다.

> 사촌동생(사칭 범인): 친구야! 잘 지내지?
> 돈이 있으면 좀 빌려줘.

> 　　　　　　　　　미안해, 이런 부탁해서
> 사촌동생(사칭 범인): 응? 왜, 답이 없어.
> *친 구: 얼마?*
> 사촌동생(사칭 범인): 800만 원인데 여유가 돼?
> 　　　　　　　　　별일은 아니고, 선배한테 돈을 빌린 적이 있는데
> 　　　　　　　　　지금 급하게 넣어 달라고 해서 그래.
> 　　　　　　　　　안되면 부담 갖지 말고 얘기해.
> 　　　　　　　　　돈은 낼 오전에 바로 넣어 줄 수 있어.
> *친 구: 그런 큰 돈은 없지.*
> 사촌동생(사칭 범인): 그럼 얼마정도 여유돼?
> 　　　　　　　　　나머진 사정 좀 해 보게.

　　피싱 사기범이 다소 많은 금액인 800만 원을 요구했기 때문에 뭔가 이상한 느낌이 든 그의 친구가 사실관계를 확인하기 위하여 사촌동생에게 전화를 하는 바람에 사기피해를 막을 수 있었다고 한다. 만일 범인이 10~20만 원 정도의 적은 금액을 요구했다면 돈을 보내주었을지도 모른다. 휴대폰 연락처 등 신상정보가 털린 사실을 알게 된 사촌동생은 휴대폰을 초기화하면서 지인들에게 속지 말라는 문자를 보냈다.

　　만일 친구가 800만 원을 보내겠으니 사촌동생의 계좌를 알려 달라고 했다면 사기범은 어떤 행동을 했을까? 사기범은 대포통장의 계좌번호가 자기가 아는 선배의 것이라고 하면서 그쪽으로 직접 입금하라고 할 것이다. 이와 같이 **제3자의 계좌로 돈을 입금해 달라고 한다면** 보이스피싱 가능성이 매우 높으니 **본인에게 직접 전화하**

여 사실관계를 확인해야 한다.

(4) 아들을 사칭한 범인에게 메신저 피싱을 당할 뻔한 보이스피싱
   전담 경찰관("그래 니 애비 이름 뭐냐고?")

2021년 6월 어느 날 지인의 형에게 중학교에 다니는 아들(조카)
을 사칭한 범인이 아들의 휴대폰번호로 다음과 같은 내용의 카톡
문자를 보냈다.

> 아들(사칭 범인): 아빠! 잠깐 시간 되면 머 하나 부탁해도 돼?
> *아버지(지인의 형): 뭔데?*
> 아들(사칭 범인): 나 지금 급히 휴대폰 보험 인증 받을 거 있어서
>   그러는데 폰으로 하고 있는 거 아니라서 안 돼서
>   문자했어.
>   아빠 폰으로 인증 몇 번만 받으면 안될까?
> *아버지(지인의 형): 맞춤법이 안 맞는데 내 아들 맞아?*
>   *아빠 이름 뭐지?*
> 아들(사칭 범인): 아빠 나 정우야
> *아버지(지인의 형): 그래? 니 애비 이름 뭐냐고?*

지인의 형은 보이스피싱을 단속하는 경찰관이었다. 범인은 휴
대폰 보험의 인증을 위하여 수회의 소액 결제를 부탁한 것이다. 지
인의 형은 맞춤법이 틀린 문자를 보고 아들이 아닐 수도 있다는 생
각하여 과연 아들이 맞는지를 알기 위하여 아들의 이름을 물었다.
놀랍게도 범인은 아들의 이름을 정확히 말했다. 지인의 형은 순간
적으로 당황했다고 한다. 아들이 맞으면 당연히 아버지의 이름을
알기 때문에 이번에는 아버지의 이름을 물었다. 말문이 막힌 범인

은 더 이상 문자를 보내지 않았다.

이 사건은 아들의 휴대폰을 해킹한 범인이 아들을 사칭했다. 아들의 휴대폰에는 아빠라고만 되어 있지 이름이 입력되어 있지 않았던 것으로 보인다. 만일 아들의 휴대폰에 아버지의 이름도 함께 기재되어 있었다면 사기를 당했을 수도 있었겠다는 생각이 든다.

라) 스미싱(smishing, 단문 메시지 서비스 피싱)

스미싱은 SMS(short message service, 단문 메시지 서비스)와 피싱(phishing)의 합성어이다. 신뢰할 수 있는 사람이나 기업이 보낸 것처럼 가장하여 악성 앱이 포함된 문자메시지를 대량 전송 후 이용자가 악성 앱을 설치하도록 유도하여 금융정보 등을 탈취하는 신종 사기수법이다. 대표적인 유형으로는 택배 관련(택배도착, 부재중 택배 반송처리), 지인사칭(돌잔치 초대장 도착, 모바일 청첩장 도착), 공공기관 사칭(범칙금고지서 발부, 사건이 검찰로 송치, 민방위훈련소집통보서 발부) 등이 있다.

좀 더 발전된 스미싱 문자들을 소개하기로 한다. 다음의 사진 ①의 메시지는 내가 직접 받은 '건강검진 안내장'이고, ③의 메시지는 지인으로부터 전달받은 '법원송달 도착안내서'이다. 받는 즉시 보이스피싱이라는 것을 알았다. 그 이유는 무엇일까? 메시지의 발송전화번호가 "010-"(휴대폰번호)으로 되어 있기 때문이다. ②의 문자는 미국 출장 중인 딸이 받은 문자이다. 현지에서 물품을 산 적이 없는데 결제문자를 받은 딸은 잠시 당황했지만 평소 보이스피싱의 수법을 알고 있었기 때문에 당하지 않았다고 한다. 딸이 미국에 있다는 사실을 어떻게 알고 **맞춤형 스미싱 문자**를 보냈을까? 각별한 주의가 필요하다.

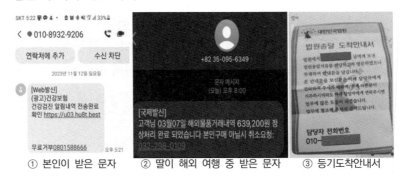

① 본인이 받은 문자　　② 딸이 해외 여행 중 받은 문자　　③ 등기도착안내서

(1) '보이스피싱 주의 안내' 문구가 기재된 문자

아래는 내가 2021년 9월 8일날 출근하면서 받은 대출관련 문자메시지이다. 이 문자가 종전과 다른 특징은 안내문 중간에 '**대출빙자형 보이스피싱 사전주의 안내**' 사항이 구체적으로 기재되어 있다. 얼마나 교묘한가! 나는 순간적으로 "지난 번에는 왜 이런 문자를 못 봤지? 빨리 대출신청을 해야겠다."라는 생각을 했다. 요즘 이처럼 수법이 지능적이고 교묘해졌음을 알 수 있다.

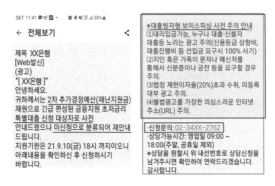

2021. 9. 8.자 출근 시 받은 대출문자

(2) 캠핑용품 배송을 빙자한 문자에 1인 최대 26억 원을 뜯긴 상
   속녀 사건[40]

보이스피싱 조직은 2020년 7월경 피해자(여, 49세, B)에게 '캠핑
용품이 집으로 배송될 예정'이라는 문자메시지를 보냈다. 주문한 적
이 없는 B는 상황을 알아보기 위하여 문자메시지에 기재된 연락처
에 전화를 했다.

전화를 받은 조직원(A)은 자신을 검찰 수사관이라고 하면서 B에
게 "당신 계좌가 범행에 연루되었으니 검수 조치를 위하여 금융감독
원 직원이 집으로 갈 것이니 계좌에서 현금을 찾아 전달하라."라고
말했다.

B는 대형우체국에서 가서 1만 원권을 4일 동안(1일 최대 3억 원
을 여행용 캐리어에 담아 옴) 모두 26억 원을 인출한 후 아파트 단
지앞에서 범인들(수거책 2명)에게 현금을 전부 전달하였다. 이 돈은
부친으로부터 상속받은 돈이었다.

B는 우체국 직원이 제시한 "검찰 등을 사칭하는 전화를 받은 사
실이 있느냐."라는 예방진단표에는 '없음'이라고 체크하고, 우체국 직
원에게는 "이민 자금이 필요하다."라고 말했다. 당시 우체국 직원은
B가 젊어 보여서 보이스피싱을 의심하지 못했다고 한다.

범인들은 26억 원이나 되는 거액을 상속받은 사실을 사전에 알
았던 것 같다. 이 사건의 현금 수거책, 전달책, 환전상 등 5명이 구
속되었지만 압수된 통장에는 3,600만 원밖에 없었다. 6억 5,000만
원은 환치기 방식으로 이미 중국에 송금되었고, 나머지는 행방을
알 수 없었다.

이 사건에서 **피해자는 무엇을 잘못했을까?** 다음과 같은 내용을 사전에 알았다면 피해자는 26억 원의 피해를 당하지 않았을 것이라는 아쉬움이 남는다. 구체적으로 살펴보기로 한다.

첫째, 문자메시지에 기재된 **연락처에 전화를 걸기 전에** 네이버의 검색창에 그 전화번호를 **입력하여 변작 여부를 반드시 확인해야** 한다.

인터넷 전화번호(070-)는 사람들이 받지 않는 경향이 있기 때문에 범인들은 변환기로 유선전화번호(02-) 등으로 변작하여 전화를 한다. 예컨대 아래의 표는 몇 년 전에 사지도 아니한 지펠냉장고를 내가 샀다는 허위의 매출전표를 문자로 받았다. 그곳에 기재된 전화번호 '02-8XX-3339'를 네이버의 검색창에 입력하면 우측과 같이 전혀 엉뚱한 것이 화면에 뜬다. 범인들이 변작한 전화번호이기 때문이다. 실제의 경우라면 삼성전자 회사나 대리점의 약도와 주소가 나와야 한다.

참고로 실제의 서울동부지방검찰청과 KBS 방송국의 대표전화를 다음과 같이 각각 입력해 보았다. 변작되지 아니한 번호이므로 주소와 지도가 화면에 뜬다.

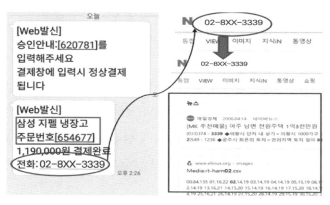

변작된 전화번호

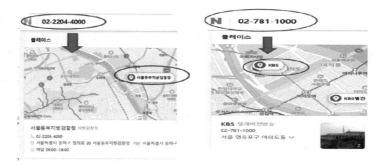

변작되지 않은 전화번호

둘째, 현금 인출 시 보이스피싱 예방진단표에 **사실대로 체크**해야 한다.

보이스피싱 예방진단표에 '예'라고 체크하고, 우체국 직원에게 사실대로 말했다면 이런 피해를 막을 수 있었을 것이다. 그러나, 피해자는 사전에 범인들로부터 "은행 창구 직원들은 사기꾼 일당과 공범이기 때문에 절대로 사실대로 이야기를 해서는 안 된다."라는 교육을 받았기 때문에 거액의 현금을 금융기관 창구에서 인출하면서도 사실대로 진술하지 못했다.

(3) 의료기기 배송을 빙자한 문자에 3,500만 원을 스미싱당한 사건[41]

보이스피싱 조직은 2021년 1월경 김해시 소재 피해자[B]에게 '의료기기가 집으로 배송될 예정'이라는 문자를 보냈다. 주문한 적이 없는 B는 항의하기 위하여 문자에 기재된 연락처에 전화를 했다.

홈쇼핑 고객센터의 상담원이라고 사칭한 여자[A]가 친절한 목소리로 전화를 받으면서 "명의가 도용된 것 같다."라며 신고를 대신

해 주겠다고 했다.

　잠시 후 사기범(C)은 전화하여 자신을 경찰관이라고 소개하며 "이런 일이 많이 벌어지고 있으니 범인을 잡을 수 있도록 협조해 달라."라며 앱(악성 코드 있었음)을 보내겠으니 설치하라고 하였고, 그러한 사정을 모르는 B는 앱을 설치하였다.

　의심을 품은 B는 그 휴대폰으로 114에 전화하여 안내받은 번호로 경찰(112)과 금융감독원(1332)에 직접 전화를 걸었다. 그런데 조금 전에 통화했던 사기 일당(A, C)이 그대로 전화를 받았고, B에게 2차 피해가 우려되니 현금을 찾아서 전달하라고 했다.

　B는 안심하고 현금 3,500만 원을 찾아 자신의 아파트 앞에 찾아온 수거책에게 이를 전달했다.

　이 사건에서도 알 수 있듯이 피해자는 앱을 함부로 설치하면 휴대폰이 '전화 가로채기'를 당한다는 사실을 몰랐다.

　어떤 피해자는, 신용카드로 전자제품을 산 적이 없음에도 매출전표가 발송되어 확인차 전화를 했더니 상담원이 전화를 받아 "원활한 **환불 처리를 위해 계좌번호와 비밀번호 등 개인정보가 필요하다.**"라는 요구를 받자 자신의 아들과 상의한 후에야 그것이 보이스피싱임을 알게 되었다고 하면서 하마터면 사기를 당할 뻔 했다는 글을 인터넷에 올려 주의를 당부했다. 환불 처리를 하는 데 계좌번호와 비밀번호 등 개인정보는 필요 없다.

마) 납치 빙자형(인질형)

(1) 그 목소리가 그 목소리지!

이 사건은 모(某) 대학에서 교수로 재직하다가 은퇴하신 나의 대학 선배가 몇 년 전에 겪었던 사건이다.

어느 날 나의 선배가 이사하기 위하여 짐을 정리하고 있었다. 갑자기 어디서 걸려온 전화 한 통을 받은 선배의 부인은 얼굴이 하얗게 질린 채 떨었다.

범인은 "당신의 아들이 도박자금에 쓴다고 3,000만 원을 빌려 갔는데, 갚지 않아서 장기를 떼려고 납치했다."라고 말했다.

잠시 후 "돈을 빨리 갚을 테니, 제발 살려주세요."라는 소리가 들렸고, 이어서 전화기에서 비명소리도 들렸다.

옆에서 그 소리를 듣고 있던 선배는 갑자기 대기업의 연구원으로 성실하게 근무하고 있던 아들은 결코 그와 같은 거액의 도박을 했을 리가 없다는 생각이 들어서 밖으로 나와서 아들에게 전화를 걸어보았다.

그러자 아들이 전화를 받으며 무슨 일이 있는지를 물었다. 그제서야 선배는 보이스피싱 전화라는 사실을 깨달았다.

선배는 부인에게 양팔을 들어 엑스[X] 표시를 했다. 그 뜻을 알아챈 부인은 안도의 숨을 쉬었다. 그제서야 휴대폰 속의 목소리가 아들의 목소리가 아니라는 사실도 알게 되었다.

선배 부인은 범인에게 "우리 아들 목소리가 아닌데요? 마음대로 하세요!"라고 여유있게 말했다. 그러자 범인은 "그 목소리가 그 목소리지!"라고 화내며 전화를 끊었다고 한다.

그 선배는 지금이니까 담담하게 이야기를 하지만 그 당시에는 놀라서 정말 많이 떨었다고 한다. 선배가 바로 옆에 있었기 때문에 합리적으로 대처할 수 있었다. 사랑하는 자식이 납치되어 인질로 잡혀있다는 말을 들은 부모는 대부분 이성이 마비되어 합리적인 판단을 할 수 없었을 것이다. 평소에 보이스피싱 범인의 수법을 잘 알고 있어야 범인들의 수법에 말려들지 않는다. 납치 빙자형 보이스 피싱을 당할 뻔 했던 사람들이 범인과의 대화내용을 인터넷에 올린 것을 들은 적이 있다. 목소리를 들어 보니 마치 내아들 목소리와 비슷하여 내가 만일 그와 같은 상황에 처한다면 속을 수 있을 것 같다는 생각이 들었다.

(2) '아들 납치했다.'는 말에 6,000만 원을 보이스피싱당한 지방법원장

이것은 2007년에 발생한 너무나도 유명한 사건이다. 간략히 소개하면 다음과 같다.

어느 날 모(某) 지방법원장은 "아들을 납치했으니 5,000만 원을 지정된 계좌로 보내라."라는 전화를 받았다.

그 전화기에는 살려 달라고 외치는 비명 소리가 흘러나왔다(법원장은 급박한 상황이라 아들의 목소리로 믿었다고 함).

법원장은 수회에 걸쳐 범인에게 5,000만 원을 보냈다. 이를 이상하게 느낀 법원 직원은 검찰에 수사를 의뢰했다. 검찰은 아들의 전화번호를 물었으나 법원장은 "아들에게 연락하면 아들을 죽이겠다."라는 범인의 협박에 겁먹어 함구했다.

검찰은 경찰에 연락하여 아들 주민번호를 조회하는 방법으로 전

> 화번호를 알아내서 아들과 통화했고, 아들이 납치되지 않았다는 사
> 실을 확인했다.
> 그러는 사이에 법원장은 추가로 1,000만 원을 범인에게 송금했다.

전화번호를 함구하지 않았다면 1,000만 원의 추가 피해는 막을
수 있었을 것이다. 이처럼 납치를 빙자하여 돈을 요구한다면 **직접
본인에게 전화하여 확인하거나 즉시 주변 사람이나 경찰에 도움을 요청
해야 한다.**

2020년 10월 언론**42**에 청주시내에 인질형 보이스피싱 사건이
발생했다는 보도가 있었다. 그 내용을 요약하면 다음과 같다. 청주
시에 사는 피해자(70대)는 아들을 납치했다는 전화를 받았다. 전화
기 너머로 아들의 울먹이는 목소리도 들렸다. 심지어는 걸려 온 휴
대전화 화면에 '아들'이라고 적혀 있어서 겁에 질린 피해자는 그 순
간 자신의 아들이라고 믿었다. 피해자는 "전화기의 목소리가 꼭 아
들 같았어요. 사채를 썼는데 사채업자가 납치해 지하실에서 막 때
린다고 말을 했어요." 피해자는 바로 경찰서에 찾아가 아들의 위치
추적을 요청하자 경찰이 아들과 통화를 연결해 주고 나서야 보이
스피싱임을 밝혀져 피해를 막을 수 있었다. 이 사건에서는 **이미 유
출된 아들의 개인정보를 토대로 범인이 발신자를 피해자 아들의 전화번호
로 고쳐서** 아들의 전화인 것처럼 휴대폰에 표시되도록 한 것이었다.

(3) 가족번호로 발신번호를 변작하여 현금을 요구하는 신종 '맞춤
형 보이스피싱'

최근 언론보도**43**에 의하면, 휴대전화에 **악성코드를 심은 뒤 주소**

록에서 전화번호를 알아내 그 가족번호로 발신번호를 변작해서 현금
을 요구하는 신종 '맞춤형 보이스피싱'이 기승을 부리고 있다. 간략
히 소개하면 다음과 같다.

> 서울 송파경찰서에 A씨의 다급한 신고가 접수됐다. 부인의 휴대
> 전화 번호로 전화가 걸려와 받았는데 "납치됐다"며 우는 여성의 목
> 소리와 함께 정체불명의 남성이 "5,000만 원을 송금해야 아내를 풀
> 어주겠다."라고 협박했다.
> 경찰은 곧바로 A씨의 부인 전화번호로 위치를 추적했고, 그 결과
> A씨의 부인은 집 근처에 있었고 납치를 당한 상태도 아니었다.

위 사건을 조사한 결과, 보이스피싱 조직이 A씨의 부인 전화번
호를 알아낸 후 그 번호를 변작하여 A씨의 부인이 건 것처럼 조작
한 것이었다.

사기예방 강의를 하면서 위의 이야기를 했다. 그 강의를 듣던
어떤 여자분이 자기도 "남편을 납치했다고 하면서 돈을 보내줘야
남편을 풀어주겠다."라는 보이스피싱 전화를 받은 적이 있다고 한
다. 그래서, 그 순간 전화기에 대고 "안 그래도 그 인간(남편)이 미
워서 죽이고 싶었는데, 잘 되었다. 당장 죽여라! 죽여!"라고 소리
를 치자, 범인이 전화를 바로 끊었다고 한다. 나는 그분에게 "남편
과 사이가 그렇게 좋지 않으냐?"라고 물었다. 그러자, 그분은 "당신
남편을 납치했다."라는 소리를 듣는 순간 보이스피싱임을 직감했다
고 한다.

3) 보이스피싱을 당해 극단적인 선택을 한 사례

보이스피싱을 당하여 공포감이나 자괴감이 들어서 스스로 목숨을 끊은 사건이 종종 일어나고 있어서 안타깝다. 다음은 이에 관한 사례들이다.

가) 검사 사칭에 사기를 당한 대한상공회의소 직원[44]

2019년 12월경 서울중앙지검 검사를 사칭한 보이스피싱범이 대한상공회의소 직원에게 전화하여 "당신 명의가 도용되어 대포통장이 만들어져서 수십 명의 피해자가 생겼으니 금융기관에 예치된 모든 돈의 현금코드를 검사해야 한다."라는 말 등에 속아 수회에 걸쳐 5억 3,000만 원을 송금한 사건이 발생했다. 지인의 조언으로 피해자는 2020년 1월에 경찰에 신고하였으나 절망감에 극단적인 선택을 하였다. 보내준 가짜 수사서류와 신분증에 감쪽같이 속았다고 한다.

나) 검사 사칭에 사기를 당한 취업준비생

2020년 1월경 서울중앙지방검찰청 검사를 사칭한 보이스피싱범이 전북 순창군에 있는 취업준비생(남, 28세)에게 전화하여 "당신 명의계좌가 금융 사기범죄에 연루었으니 일단 조사를 받아야 한다. 무죄를 입증하려면 계좌에 예치된 돈을 현금으로 인출하여 지정된 곳에 보관하라. 수사가 끝나면 돌려준다. 3일 동안 조사를 받아야 하므로 간단한 세면도구도 준비하여 서울로 올라오라."라고 하면서 검사 신분증과 명함을 찍은 사진을 메일로 보냈다. 이어서 "전화가 끊기면 수사방해로 간주하여 공무집행방해죄로 지명수배된다. 전화 중단 방지를 위해 휴대용 배터리를 준비하라."라고도 덧붙였다. 겁을 먹은 청년은 결국 정읍의 한 은행에서 현금 420만 원을 찾아 KTX를 타고 서울의 한 주민센터에 돈을 가져다 놓았다. 범인은 청년을 근처 카페로 이동하게 한 후 돈을 챙겨 달아났다. 11시간 동안 범인과 통화를 계속 하다가 실수로 전화가 끊겼다. 그들은 더 이상 전화를 받지 않았다. 청년은 공무집행방해죄로 구속될 것으로 압박감을 느껴 "저는 전화를 고의로 끊어 수사를 방해한 것이 아니고, 피해자입니다."라는 유서를 남기고 극단적인 선택을 했다. 그 후 그 범인이 검거된 후 기소되었다.

다) 대출 빙자한 범인에게 사기당한 자영업자

2021년 3월에 보이스피싱으로 고인이 된 사람의 여동생이 다음과 같은 사연을 소개하며 수거책을 엄벌해 달라는 취지의 글을 청와대 청원게시판에 올렸다. 폐업위기에 놓인 자영업자 임모씨(남, 40대)는 2020년 10월 하순경 모 캐피탈에서 대출을 받았다. 그 후 모 은행 직원이라는 사람으로부터 "추가대출을 받으면 대출약관위반으로 신용불량자가 될 수 있다. 캐피탈 대출금을 현금으로 갚아야 고발을 피할 수 있으니 사람을 보내겠다."라는 전화를 받았다. 보이스피싱을 의심한 임씨는 직접 은행과 금융감독원에 전화를 걸었으나 휴대폰에는 대출 상담과정에서 이미 심어진 악성코드로 '전화 가로채기'가 되어 있어서 범인들이 받았다. 이미 해킹된 상태인 휴대폰은 무용지물이었다. 모두 사실이라는 대답을 들은 임씨는 그 말에 속아 수거책에게 현금으로 1,200만 원을 주었다. 현금을 건네주자 황급히 택시타고 가는 수거책의 뒷모습을 보던 중 자신이 사기당한 걸 깨닫고 쫓아갔지만 놓치고 택시번호만 외워 경찰에 신고했다. 다음 날 피해자는 자책감에 빠져 옷을 갈아입고 가족들과의 추억이 담긴 강원도에 가서 극단적인 선택을 했다.

현장의 CCTV확보 및 신용카드로 택시비를 결제했던 수거책(전달책)은 인적사항이 나와서 다행히 검거되어 기소되었다. 범인은 10년 경력의 대학강사로 1억 원의 대출이자를 갚기 위하여 이와 같은 범행을 하였다고 하니 정말 가슴 아픈 일이다.

2021년 11월에는 춘천시에서 대출을 해 주겠다며 금융기관을 사칭한 보이스피싱 조직에 속아서 자신의 계좌에 있던 전 재산인 900만 원을 뜯긴 50대 가장이 극단적인 선택을 했다는 언론 보도[45]가 있었다.

라) 본사 직원 사칭 범인에게 상품권을 사기당한 배우지망생

배우지망생인 피해자(여, 22세)는 TV프로그램에 출연하여 이혼한 부모로 인하여 19세에 출생신고를 했고, 검정고시로 초·중·고등학교 학력을 취득했다고 한다. 피해자는 2021년 4월경 편의점에서 아르바이트를 하던 중 구글 본사 담당자를 사칭한 보이스피싱 조직이 전화를 걸어 재고 조사를 한다고 하면서 상품권의 핀 번호를 전송하게 해 200만 원 상당의 상품권을 사기당한 사건이다. 핀 번호를 입력하면 기존의 상품권은 무용지물이 되기 때문이다. 피해액은 아르바이트를 하며 생계를 꾸리던 피해자에게는 큰 돈이었다. 홀로 괴로워하다가 극단적인 선택을 하였다.

마) 몸캠피싱을 당한 중학생

2021년 5월 27일 인천 소재 19층 아파트에서 떨어진 중학생의 휴대폰에서 사망 전 몸캠피싱으로 협박을 당한 정황을 발견하고 경찰이 디지털 포렌식 작업을 하고 있다는 언론 보도[46]가 있었다.

4) 보이스피싱의 특징과 대응요령

보이스피싱의 특징을 미리 안다면 이로 인한 피해를 예방할 수 있다. 아래에서는 범인이 하는 말 자체에서 보이스피싱임을 바로 알아차릴 수 있는 특징과 일반적인 특징으로 나누어 설명하기로 한다.

가) 간과하기 쉬운 특징

① [고립시켜] 최면걸기 【"혼자 전화받고 있나?"】

　범인은 피해자가 사기의 공범인지의 여부를 전화로 조사해야 하고, 그 과정을 녹음하게 되는데 잡음이나 제3자의 목소리가 들어가면 그 녹음을 증거자료로 쓸 수 없어서 수사기관에 출석하여 진술해야 하니 조용한 곳에서 혼자 전화를 받아야 한다고 강조한다.

　피해자를 고립시켜야 범인에 대한 의존성이 높아지고, 피해자가 착오에 빠지는 것, 즉 최면걸기가 쉬워진다. 왜냐하면 제3자가 옆에서 영향을 주면 피해자는 범인의 의도대로 안 된다.

　인터넷에 올라와 있는 보이스피싱 사건의 실제 통화내용을 들어보면, 범인은 옆에 다른 사람이 있는지를 항상 묻는다. 이 경우 100% 보이스피싱이다.

② 최면상태 유지 【"전화를 끊지 말라!"】

수사기관은 전화로 조사를 하기도 한다. 그러나 그 조사에 걸리는 시간은 길어야 10분도 안 된다. 그 이상의 시간이 소요된다면 출석시켜 직접 조사한다.

범인이 돈을 가로챌 때까지 피해자의 최면 상태가 유지될 필요가 있다. 그래서 범인은 전화를 끊지 말고 휴대폰을 계속 들고 있으라고 강요한다. 요즈음은 대면편취형 보이스피싱 사건이 증가하고 있는데 범인은 현금을 받으러 온 수거책과 피해자가 불필요한 대화를 못하게 할 목적으로 피해자로 하여금 계속 통화를 하며 전화를 끊지 못하게 한다. 그러므로 전화를 끊지 못하게 강요한다면 100% 보이스피싱이다.

극단적인 선택을 한 취업준비생의 사건에서도 범인은 피해자에게 보조 배터리를 준비하여 11시간 통화를 하도록 강요하였다.

③ 자기책무 떠넘기기 【"당신이 피해자임을 입증하라!"】

어제 있었던 일에 대한 기억이 희미한데 과거에 있었던 일을 기억해 내어 무죄를 입증하지 못해서 처벌받게 된다면 우리는 불안해서 하루도 정상적인 생활을 할 수 없다. 그래서 헌법 제27조 제4항에 "형사피고인은 유죄의 판결이 확정될 때까지는 무죄로 추정된다[무죄추정의 원칙]."라고 규정하여 수사기관에게 유죄에 대한 입증책임을 부담시켰다.

보이스피싱 범인이 수사기관을 사칭했으니 이제 범인은 상대방이 유죄라는 사실을 입증해야 한다. 그럼에도 범인은 상대방에게 피해자[무죄]임을 입증하지 못하면 가해자로 재조사를 받아야 한다고 강조한다. 따라서 이런 말을 한다면 100% 보이스피싱이다.

④ 거짓말 강요하기

　범인은 은행 창구 직원(은행창구에서 고액 현금 인출 시)이나 편의점 직원(편의점에서 다량의 기프트카드 구매 시)이 사기범과 공범이기 때문에 절대로 사실대로 이야기를 해서는 안 된다고 강조한다.

　범인은 피해자에게 "직원들이 수사기관으로부터 전화를 받은 사실이 있는지, 현금 인출이나 다량의 기프트카드를 구매하는 이유가 무엇인지를 물어보면 전화 받은 사실이 없고, 사업자금을 빌려주는 것이라는 등으로 적당히 대답하라."라고 말한다. 이러한 거짓말을 강요한다면 100% 보이스피싱이다.

⑤ 변작된 가짜 유선전화번호(예, 02 - ××××-××××) 남기기

　범인이 인터넷 발송문자에 '080 - 전화'가 아닌 '유선전화(예, 02 -, 031 -)' 번호를 남기는 경우가 있다. 연락을 안 하는 것이 좋겠지만 호기심으로 전화를 하고 싶다면 전화를 걸기 전에 네이버의 검색창에 그 유선전화번호를 입력하여 번호 변작 여부를 확인할 필요가 있다. 실제로 존재하는 연락처라면 검색화면에 지도와 함께 그 전화번호의 소재지가 나타나고, 변작된 번호라면 전혀 다른 내용의 화면이 나타나거나 보이스피싱 전화번호라고 뜬다.

나) 일반적인 특징

① 범인은 정부기관을 사칭하며 자금이체를 요구한다.

　검찰, 경찰, 금융감독원 등 정부기관을 사칭하며 상대방이 범죄에 연루되었다는 말로 계좌에 있는 돈을 안전한 곳으로 이체하라고 하거나 금융정보를 요구하는 경우는 보이스피싱이다. 정부기관은 이러한 요구를 하지 않기 때문이다.

② **범인은** 대출을 권유하거나 안내**한다.**

은행 등 금융기관은 무작위로 대출하라는 권유나 안내 문자를 보내지 않는다. 시중은행을 사칭하여 전화나 문자로 대출을 유도한다면 보이스피싱이다. 대출이 필요한 경우 가급적 금융기관에 직접 찾아가서 대출받는 것이 안전하다.

③ **범인은** 저금리 대출을 위한 선입금, 예치금, 거래실적을 위한 추가대출금을 **요구한다.**

정상적인 금융기관은 이러한 요구를 하지 아니한다. 이러한 요구를 한다면 보이스피싱이다.

④ **범인은** 자녀 등을 납치했다고 하거나 또는 가족·지인을 사칭**하여 금전을 요구한다.**

이러한 경우에는 유선 전화로 반드시 본인에게 확인하여야 한다. 범인들은 본인에게 전화를 걸어 계속 통화 중인 상태를 만들기 때문에 본인과 통화가 되기 전에는 절대 돈을 보내서는 안 된다.

⑤ **범인은** 강압수사, 협조수사 또는 국가안전계좌**라는 용어를 사용한다.**

우리나라 법에는 이러한 용어가 없다. 아마 북한이나 중국에서 사용하는 용어로 보인다. 이러한 용어를 사용한다면 보이스피싱이다. 강압수사는 법원의 영장이 필요한 강제수사, 협조수사는 상대방 동의를 전제로 하는 임의수사를 의미하고, 국가안전계좌는 존재하지 않는다.

⑥ 채용을 빙자**하여** 계좌의 비밀번호를 요구하거나, 출처가 불분명한 파일이나, 문자 **등은 클릭하지 말고 삭제해야 한다.**

인질형에서는 조사를 위해, 대출빙자형은 코로나 19로 비대면 대출상담을 위해, 몸캠피싱은 영상통화를 위해 보내는 앱을 설치하도록 유도한다. 앱을 설치하면 휴대폰에 악성 코드를 심은 후 정보를 탈취한다.

⑦ **통화 중 보이스피싱으로 판단되면** 조용히 전화를 끊어야 **한다.**

보이스피싱 전화라는 사실을 알았다면 조용히 끊어야 한다. 범인은 이미 우리의 이름, 전화번호, 집주소 등의 정보를 알고 있는 경우가 있으므로 자극하면 보복을 당할 수 있다.

피해자가 보이스피싱 범인에게 1,200만 원을 송금했으나 추가 송금을 거부하자 앙심을 품은 범인이 이미 심어 놓은 악성 코드를 통하여 피해자의 휴대폰으로 112에 "부산의 어느 지하철 역을 폭파하겠다."라는 허위신고를 하여 경찰 특공대가 출동한 사건이 있었다.[47] 그 외에도 취업을 하려던 피해자가 보이스피싱을 하려고 한다는 사실을 알고 그 업체의 제안을 거절하자 이력서를 통해 얻은 피해자의 개인정보를 이용하여 피해자의 집에 하루 60만 원이 넘는 배달음식을 보내는 방식으로 보복한 사건도 있다.[48]

⑧ **보이스피싱 피해 발생 시** 30분 이내(골든타임)에 지급정지를 신청하고, 피해금 환급절차를 **진행해야 한다.**

보이스피싱 피해를 줄이기 위해 1회 100만 원 이상 계좌에 입금된 경우 그때부터 자동화기기(CD, ATM)를 통한 인출 또는 이체가 30분 지연되도록 하였다. 그러므로 피해 발생 시 가급적 30분(골든타임) 내에 신속히 지급정지 등 조치를 해야 한다. 그 외에도 이체 때 상대방 계좌에 일정시간(최소 3시간) 경과 후 입금되게 하는 '지연이체 서비스'를 은행에 미리 신청해 두는 것도 좋다.

5) 보이스피싱에 대한 처벌

사기이용계좌에 대한 즉시지급정지나 명의인 등록, 지연인출제 등으로 '**계좌이체형**' 보이스피싱은 감소했다. 경찰청이 집계한 자료를 보면 대면편취형 보이스피싱 범죄는 2019년 3,244건(8.6%)에서 2020년 15,111건(47.7%), 2021년 22,752건(73.4%), 2022년 14,053건(64.4%)으로 건수와 비중이 크게 늘었다. 아래 표에서 보는 바와 같이, 2020년부터 '**대면편취형**'(피해자를 직접 만나 현금을 전달받는 형태) 보이스피싱이 '계좌이체형'보다 더 많이 발생하고 있다. 따라서, '계좌 간 송금·이체 행위'만 규율하던 기존의 법체계로는 이에 대한 대응이 불가능했다.

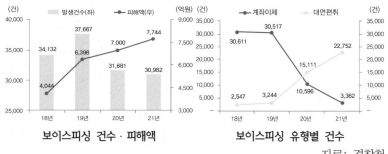

보이스피싱 건수·피해액　　　　　**보이스피싱 유형별 건수**

자료: 경찰청

이에 따라 개정된 '통신사기피해환급법'**49**은 전기통신금융사기의 정의에 『① 자금을 **교부**받거나 교부하도록 하는 행위와 ② 자금을 **출금**하거나 출금하도록 하는 행위』를 포함하고, 그에 맞추어 사기이용계좌 및 피해금의 정의를 확대하며, 금융회사의 피해의심 거래계좌에 대한 임시조치의 범위에 출금의 지연과 일시정지를 포함하는 한편, 『① 자금을 교부받거나 교부하도록 하는 행위와 ② 자금을 출금하거나 출금하도록 하는 행위』에 해당하는 전기통신금융사기에 대한 피해구제절차를 규정하고, **전기통신금융사기죄**를 신설하며, **범죄수익 비례 벌금제**를 도입하는 등 현행 제도의 운영상 나타난 일부 미비점을 개선·보완하였다. 아래에서는 개정안의 내용을 포함하여 통신사기피해환급법의 주요 내용을 살펴보기로 한다.

【통신사기피해환급법】(시행 2023. 11. 17.)

제2조(정의) 이 법에서 사용하는 용어의 뜻은 다음과 같다.

1. (생략)

2. "전기통신금융사기"란 「전기통신기본법」 제2조 제1호에 따른 전기통신을 이용하여 타인을 기망(欺罔)·공갈(恐喝)함으로써 재산상의 이익을 취하거나 제3자에게 재산상의 이익을 취하게 하는 다음 각 목의 행위를 말한다. 다만, 재화의 공급 또는 용역의 제공 등을 가장한 행위는 제외하되, 대출의 제공·알선·중개를 가장한 행위는 포함한다.

　　가. 자금을 송금·이체하도록 하는 행위

　　나. 개인정보를 알아내어 자금을 송금·이체하는 행위

　　다. 자금을 교부받거나 교부하도록 하는 행위

　　라. 자금을 출금하거나 출금하도록 하는 행위

첫째, '통신사기피해환급법은 '대면편취형' 보이스피싱에도 적용된다.

종전에는 보이스피싱범이 피해자를 직접 만나 돈을 건네받은 후 이를 입금하는 현장을 수사기관이 잡더라도 관련 계좌를 즉시 지급정지할 수 없어서 피해가 확산되었다. 그러나, 개정된 법에서는 보이스피싱범을 **현장에서 검거하는 즉시** 관련 **계좌**에 대한 **지급정지**를 하여 피해를 막을 수 있다.

'**대면편취형**' 보이스피싱을 전기통신금융사기 '개념'에 포함시킴에 따라, 지급정지와 피해환급 등의 **구제절차가 가능**하게 되었다. 대면편취의 경우 자금의 송금·이체 기록이 없어 피해자가 사기이용계좌를 특정할 수 없으므로 **수사기관이** 수사과정에서 계좌를 특정하여 금융회사에 **지급정지를 신청**한다. 수사기관이 피해자와 피해금액을 특정하면 **채권소멸**과 **피해환급금지급** 등 구제절차를 **진행**하게 된다.

둘째, '재화의 공급 또는 용역의 제공 등을 가장한 행위'에는 적용되지 않지만, 대출의 제공·알선·중개를 가장한 행위는 적용된다.

통신사기피해환급법 제2조 제2호 단서에서 "다만, 재화의 공급 또는 용역의 제공 등을 가장한 행위는 제외하되, 대출의 제공·알선·중개를 가장한 행위는 포함한다."라고 규정하고 있다. 재화의 공급 또는 용역의 제공 등을 가장한 행위까지 이 법을 적용한다면 일반 사기죄와의 한계가 모호해지기 때문에 그 적용을 배제했다.

우선 **재화의 공급을 가장**한 행위의 사례를 살펴보자.

중고나라, 당근마켓 등 중고거래 사이트에서 **중고물품 판매**를 가장한 행위는 재화의 공급을 가장한 행위이므로 이 법이 적용되지 않는다.

온라인에서 만난 이성에게 사기를 치는 '**로맨스 스캠**(romance scam)'의 경우 한국으로 귀중품을 보내는 택배 비용이나 세관 비용 명목으로 거금을 사기범의 계좌에 입금하였다면 이 법이 적용되지 않는다. 택배를 보낸다고 속인 것이 재화의 공급을 가장한 행위이기 때문이다.

다음은 **용역의 제공** 등을 **가장**한 행위의 사례를 살펴보자.

전문가를 사칭한 대화방을 만든 후 주식, 펀드, 암호화폐 등에 투자해 준다고 속여 돈을 받아 잠적하는 범죄를 '**리딩(leading) 사기**'라고 한다. 이 경우 허위 정보를 제공하는 행위가 용역의 제공을 가장하는 행위이므로 이 법이 적용되지 않는다.

셋째, 전기통신금융사범 대하여 '**1년 이상**의 유기**징역** 또는 **범죄수익의 3배 이상 5배 이하**에 상당하는 **벌금**'을 부과하는 등 처벌 규정을 강화하였다.

> 【통신사기피해환급법】[시행 2023. 11. 17.]
> 제15조의2[벌칙]
> ① 전기통신금융사기를 행한 자는 1년 이상의 유기징역 또는 범죄수익의 3배 이상 5배 이하에 상당하는 벌금에 처하거나 이를 병과 [併科]할 수 있다. <개정 2023. 5. 16.>
> ② 제1항의 미수범은 처벌한다.
> ③ 상습적으로 제1항의 죄를 범한 자는 그 죄에 대하여 정하는 형의 2분의 1까지 가중한다.

전기통신금융사기 범죄에 대한 종전의 처벌규정(10년 이하의 징역 또는 1억원 이하의 벌금)보다는 강화되었다.

6) 보이스피싱 방조

'30분 지연인출'이나 '즉시 지급정지제도'로 계좌이체를 통한 범죄가 어렵게 되자 보이스피싱 조직들은 고액 아르바이트를 미끼로 현금수거책을 모집하여 그들로 하여금 피해자를 직접 만나 돈을 받아오도록 한다. 문제는 자신이 범행에 이용당하고 있다는 사실을 모른 채 심부름을 하다가 검거되면 '몰랐다.'고 부인한다는 것이다. 법원은 아르바이트 공고의 내용과 이를 보게 된 경위, 신원을 숨기려고 노력한 흔적이 있는지, 일에 비하여 받게 되는 수당이 지나치게 높은지, 가담한 범행의 횟수와 피해액, 자수 여부 등 매우 다양한 요소를 참작하여 미필적 고의(범죄일 가능성을 인식했지만 그래도 상관없다고 받아들이는 것)를 판단한다. 실제로는 단순 가담한 초범이지만 '조직적 사기'의 공범으로 인정되어 엄하게 처벌될 뿐만 아니라 형사배상명령까지 받는 경우도 있으니 각별한 주의가 필요하다. 다음은 이에 관한 판례를 소개하기로 한다.

가) 일당을 받기로 하고 수금한 현금을 ATM기로 송금한 전달책

대법원은 보이스피싱 피해자들로부터 받은 현금을 보이스피싱 조직에 송금한 전달책에게 사기 방조죄를 인정하여 징역 1년 6월을 선고하였다. 그 요지는 다음과 같다.

> B는 2019년 11월 생활정보지에서 아르바이트 구인 광고를 연락했다.
> 연락받은 보이스피싱 조직원(A)은 "일당 및 수수료로 하루 15~25만 원을 주겠으니 고객들한테 대출금을 현금으로 수금한 후 이를 ATM기를 통해 지정하는 계좌로 송금해 달라."라고 B에게 요구했다.
> B는 이를 받아들여 보이스피싱 피해자들로부터 7,000만 원을 건네받아 성명불상의 보이스피싱 조직원(C)에게 전달했다.

> 검찰은 B를 보이스피싱 범행임을 알면서도 일당을 받기 위해 사기에 가담한 방조죄로 기소했다.

B는 재판과정에서 "대부업체를 통해 수금 업무를 하는 것으로 알았을 뿐, 보이스피싱 범행에 가담한다는 인식 또는 의사가 없었으므로 사기 방조가 아니다."라고 변명했다.

법원은 "① 통상적인 취업 절차와 달리 면접도 보지 않고 채용된 점, ② 수당이 과도하게 많은 점, ③ 고용주의 이름조차 알지 못하고도 일한 점 등을 고려해 B가 사기 범죄에 대해 미필적으로 인식하며 방조했다."라고 판시하였다.

나) '법무사 사무실의 외근직'으로 근무하는 줄 알고 수금한 현금을 전달한 전달책

그러나, 근래 대법원은 위와 같은 구조의 보이스피싱 전달책(B)의 사기방조 행위에 대하여 무죄를 선고하였다(대법원 2021. 5. 13 선고 2021도3320 판결 참조).

B는 보이스피싱 조직원(A)이 피해자들로부터 돈을 편취할 때 피해자들로부터 현금을 건네받아 전달하거나 지시받은 계좌에 입금해 보이스피싱 사기 범행을 방조한 혐의로 기소되었다. B가 전달한 금액은 약 8회에 걸쳐 1억 9,000만 원이었다.

B는 '법원 경매 및 채권 관련 외근'이라는 법무사 명의로 표기된 구인광고를 보고 전화 통화를 통해 채용된 뒤 지시대로 업무를 수행해 자신이 했던 일이 보이스피싱과 관련되었다는 의심을 전혀

하지 못했다고 변명했다.

1심법원은 징역 1년을 선고했지만, **2심법원**은 "B에게 업무를 지시한 A가 보이스피싱의 조직원이라거나, 수거한 돈이 보이스피싱 범행으로 인한 피해금이라는 사실을 B씨가 알고 있었는지 확인할 수 있는 직접증거가 없고, 설령 B가 불법적인 일에 가담한다는 의심을 했더라도, 불법적인 금전거래는 도박 자금, 탈세, 불법 환전 등 여러 가지가 있는 점에 비추어 B씨가 자신이 하는 일이 불법적인 것이라는 막연한 인식을 넘어 보이스피싱에 가담하는 것이라고 미필적으로나마 인식하고 있었다고 볼 만한 사정을 찾아볼 수 없다."라며 무죄를 선고했고, **대법원**에서 그대로 무죄 확정되었다. 이와 같이 무죄가 선고되는 경우는 드물다.

다) 보이스피싱인 줄 모르고 자신의 계좌에 입금된 돈을 송금한 사건

사기방조와 관련하여 몇 년 전에 있었던 사건이다. 내용은 다음과 같다.

> 어떤 분(B)이 은퇴한 친구들과 함께 울진 성류굴에 관광을 갔다. 동굴 구경을 마치고 입구에 서 있는데 어떤 사람(A)이 B에게 다가왔다.
>
> A는 B에게 "혼자 성류굴 관광을 왔는데, 휴대폰과 지갑을 전부 분실했어요. 급히 1,000만 원을 송금해야 하니 도와주세요."라고 말했다.
>
> B는 A가 시키는 대로 자신의 계좌로 1,000만 원을 입금받아 제3자에게 송금을 하고 서울로 올라왔다.

> 　그때로부터 한 달 뒤 B는 보이스피싱에 방조했기 때문에 조사해
> 야 하니 경찰서로 출석하라는 소환장을 받았다.
> 　알고 보니 A는 보이스피싱의 전달책이었고, B의 통장은 그 범행
> 에 이용된 것이었다.

　B는 착한 일을 하다가 자신도 모르게 보이스피싱의 공범이라는
혐의를 받게 되었다. 결국 B는 경찰서에 가서 조사를 받아야 하는
수고와 함께 혐의없음 처분을 받을 때까지 마음고생을 하였다. 요
즈음은 선한 일도 가려서 해야 하는 무서운 세상이다.

　라) 사설 중계기를 설치했다가 보이스피싱 방조범으로 처벌된 사례

　보이스피싱에 이용되는지 모른 채 '인터넷 모니터링 부업·재택
아르바이트'와 같은 제목의 광고에 넘어가 자신의 집에 사설 중계
기를 설치했다가 수사를 받게 되는 사례가 늘고 있다. 광고를 보고
연락하면 본인 또는 지인의 주거지에 기계를 설치하도록 하고 월
15~20만 원을 지급하는 방식이다. 사설 중계기는 국외에서 걸려
오는 '070' 인터넷전화를 '010', '02' 등으로 시작하는 국내번호로
위·변작을 해 주는 장치로 주로 중국에서 들어온다. 각별한 주의
가 필요하다.

　7) 보이스피싱 허위신고에 대한 처벌

> 【통신사기피해환급법】(시행 2023. 11. 17.)
> 제16조(벌칙) 다음 각 호의 어느 하나에 해당하는 자는 3년 이하의

징역 또는 3천만 원 이하의 벌금에 처한다.
1. 거짓으로 제3조제1항에 따른 피해구제를 신청한 자
2.~4. [생략]

보이스피싱의 의미는 전기통신금융사기이다. '전기통신금융사기'는 사기의 일종으로 전기통신을 이용하여 타인을 기망(欺罔)하는 것이다. '전기통신금융사기' 개념에 타인을 공갈(恐喝)한 것도 포함한 이유는 무엇일까? 보이스피싱의 개념에는 인질형(친인척을 납치했으니 석방의 대가로 돈을 입금하라고 협박)이나 몸캠피싱(입금하지 아니하면 음란한 동영상을 유포시키겠다고 협박)도 포함되기 때문이다.

보이스피싱을 당한 것이 아님에도 보이스피싱을 당한 것으로 사실관계를 만들어 거짓으로 신고하면 위 조항에 의하여 처벌된다.

8) 보이스피싱 피해 구제절차

통신사기피해환급법에 의하면, 피해자는 **소송절차를 거치지 않고** 지급정지를 통해 신속히 피해금을 환급받을 수 있고, 아래에서 그 절차를 간략히 소개하기로 한다. 이와 같은 환급절차는 금융감독원의 '보이스피싱지킴이' 사이트를 이용할 수 있다.

가) 신고접수처

자금을 송금·이체한 피해자는 경찰(112센터)이나 피해금을 송금·이체한 계좌를 관리하는 금융회사 또는 사기이용계좌를 관리하는 금융회사에 대하여 사기이용계좌의 지급정지 등 전기통신금융사기의 피해구제를 신청할 수 있다.

계좌정보통합관리서비스(www.payinfo.or.kr)를 활용하면 본인도 모르게 개설된 계좌 또는 대출을 확인할 수 있다.

나) 신청방법

전화로 지급정지 신청을 하면 **3일 이내**에 "피해구제신청서"와 경찰이 발급하는 "피해신고확인서"와 피해자의 신분증 사본을 거래 금융기관에 제출해야 한다.

수사기관은 사기이용계좌를 관리하는 금융회사에 대하여 '대면 편취형' 보이스피싱과 관련된 사기이용계좌의 지급정지를 구두로 요청할 수 있다. 이 경우 요청일로부터 영업 3일 내에 이에 관한 서면을 해당 금융회사에 제출하여야 하고, 피해 경위 조사 후 영업 30일 내에 서면으로 피해구제를 신청하여야 한다.

다) 피해구제

이후 금융감독원은 사기이용계좌의 명의인에게 계좌 지급정지 사실을 통보하여야 하며, **2개월** 동안 이의제기가 없을 경우 사기이용계좌의 명의인의 채권은 소멸하고, 피해자가 지정한 계좌로 돈을 돌려받게 된다.

나. 로맨스 스캠(피싱)

최근 전청조가 데이팅 앱을 통해서 만난 남자를 상대로 혼인을 빙자한 사기 사건과 "특정 사이트에 일정 금액을 입금하면 자신이 보유한 3,000만 원 상당의 포인트를 찾을 수 있다."라며 접근한 남성에게 속아 90만 원의 피해를 입은 20대 여성이 경찰서에서 투신한 사건[50] 등 연애 감정을 유발해 금품을 요구하는 이른바 '로맨스 스캠' 범행이 잇달아 발생하고 있다. 로맨스 스캠이란 로맨스(romance)와 사기(scam)의 합성어로 '연애 빙자 사기'라는 뜻이고, SNS 등을 통하여 접근해 친분을 쌓은 뒤 이를 미끼로 돈을 뜯어내는 사기 수법이다.

범인들은 지위가 높은 미국 교포로서 파병된 직업 군인 또는 의사를 사칭한다.

연인과의 이별 또는 사별, 이혼 등으로 외로움이 많은 사람이 피해자인 경우가 많다. 나이별로는 40~60대가 많았다. 피해자들의 말을 들어보면 "그 당시에는 진짜 사랑인 줄 알았다."라고 말하는 사람이 대부분이다. 당했다고 생각되면 바로 신고해야 한다. 최근 해외 범죄조직의 개입 의혹도 있으며 피해자가 늘고 있다.

대한법률구조공단에 따르면 '로맨스 스캠' 관련 상담 건수는 2019년 22건에서 2023년 11월 현재 88건으로 크게 늘었다. 국가정보원이 추정한 피해액도 2020년 3억 2,000만 원에서 2022년 39억 6,000만 원으로 약 12.4배 늘어난 것으로 나타났다.

최근 언론에, ① '로맨스 스캠' 등 사기 피해자들에게 피해 회복시켜 주겠다며 23명으로부터 9억 원을 가로챈 범인이 잡혔다는 보도[51]와, ② 로맨스 스캠 일당이 투자에 실패한 사람들에게 접근하여 피해를 복구해 준다면서 만든 가짜 코인 거래소에 투자를 유도해 48억을 사기쳤다는 보도[52](로맨스 스캠과 재테크의 결합형)도 있었다. 범인들은 대부분 해외에 거주하고 있어 추적이나 검거에 어려움이 많다.

로맨스 스캠은 전기통신금융사기로 분류되지 아니하여 즉시 계좌지

급정지가 불가능하다.

로맨스 스캠을 당하지 않으려면 어떻게 해야 할까?

첫째, SNS에서 무분별한 친구 추가나 외국인과 대화를 자제해야 한다. 나아가 SNS에서 모르는 사람이 먼저 말을 걸어 오면 의심부터 해야 한다.

둘째, 금전의 송금을 요구해 오면 로맨스 스캠이 아닌지를 의심해야 한다.

셋째, 상대가 보낸 URL 접속을 하지 말아야 한다. 왜냐하면 URL에 악성코드가 숨겨져 있을 위험성이 높기 때문이다.

넷째, 상대방의 이메일 주소와 프로필 사진을 구글 사이트의 검색을 통하여 정보를 확인해야 한다. 프로필 사진 도용이나, 정교한 합성을 하여 자주 써먹기 때문에 이것을 무조건 믿어서도 안 된다.

2021년 1월경 로맨스 스캠으로 2억 2,500만 원의 피해를 입은 사람이 청와대 청원게시판에 '로맨스 스캠 피해자를 구제해 주세요.'라는 제목으로 경찰이나 금융기관의 적극적인 수사나 협조를 부탁는 청원을 게시하였다. 그 요지는 다음과 같다.

SNS를 통해 알게 된 외국인 친구(A, 부모 없는 '고아'라고 함)가 피해자(B)에게 자신이 곧 한국에 오게 되니, 자신이 보내는 물건을 맡아 달라고 했다.

B는 대수롭지 않게 생각하고 주소와 전화번호를 알려주었다.

그러자 A는 100억 원 상당의 금괴를 보내는 것이니 잘 받아서 보관하고, 누구에게도 말하지 말라고 했다.

그리고 다음 날 택배회사가 B에게 위 물건에 대한 택배비를 지불하지 않았으니, 내라고 하여 B는 택배회사에서 연락이 왔기에 일단

700만 원을 입금했다.

그 다음 날 A는 소포가 영국에 있다며 소유자를 B로 변경하는 비용으로 1,800만 원을 내라고 하여 B는 부랴부랴 대출을 받아서 송금했다.

그 다음 날 새벽 또 택배회사가 연락했다. 금괴 상자가 다 풀어헤쳐진 사진을 B에게 보내면서 중국세관에 걸렸다고 한다. 중국 공안이 금괴를 압수할 것이고, B를 당장 체포하러 올 것이라는 말에 B는 겁을 먹었다.

택배회사는 B가 1억 5,000만 원을 주면 그 돈으로 중국 공안과 협상을 하여 금괴를 안전하게 받고, B도 안전할 수 있다고 했다.

B는 그 말을 믿고 집과 보험금을 담보로 잡히고 1억 5,000만 원을 보냈다.

또 다음 날 새벽 택배회사로부터 5,000만 원을 입금하면 한국세관에서 택배박스를 열어보지 않도록 하는 국제공인문서를 발행한다고 하자 B는 그날 대부업체에서 5,000만 원을 대출받아 택배회사에 보냈다.

이제까지 B가 합계 2억 2,500만 원을 보낸 사실을 안 은행직원이 전화로 B에게 그렇게 많은 돈을 외국에 보낸 이유를 물었다. B는 "지인의 금괴가 세관에 압류되었기 때문"이라고 했다. 그러자 직원은 SNS를 통해 그를 알게 되었는지를 물었고, B는 맞다고 대답했다. 이어서 직원은 "로맨스 스캠이니 당장 경찰서에 신고하고, 계좌 지급정지를 신청하라고 했다." 그제서야 B는 사기당한 사실을 알고 하늘이 무너지는 느낌을 받았다.

은행직원은 로맨스 스캠은 보이스피싱이 아니라서 계좌 지급정지를 할 수 없다고 했다.

다. 몸캠 피싱

몸캠피싱은 몸캠(음란한 화상채팅)과 피싱을 합성한 단어다. 채팅 과정에서 피해자를 속여 알몸사진 등 '몸캠'을 확보하고, 이를 가족이나 지인 등에게 유포 또는 SNS에 공개하겠다고 협박하여 금전을 갈취하는 행위를 말한다. 예컨대, 범인은 여성의 벗은 영상에 "저랑 즐기실 분 연락주세요."라는 내용과 휴대폰번호가 함께 기재된 문자메시지를 카톡으로 보낸다. 응답하면 영상통화 앱을 설치하라고 하면서 앱(해킹프로그램)을 보낸다. 앱을 설치하고 짧은 **음란행위를 하는 영상통화**가 끝나면 상대방(피해자) 남성의 휴대전화 주소록에 있는 여러 사람의 휴대폰번호를 카톡에 올린 후 협박을 시작한다. 신체 영상을 지워 주는 조건으로 돈(예컨대, 50만 원)을 요구한다. 심한 경우는 걸려 온 영상통화를 무심코 받았다가 1∼2초 사이에 찍힌 얼굴을 **음란물에 합성**하여 이를 유포하겠다고 협박하여 돈을 갈취하는 경우도 있다. 유명인은 물론이고 스마트폰 보안에 취약한 노인층까지 범죄의 대상이 된다.

만약 몸캠피싱에 걸렸다면 바로 돈을 보내지 말고 즉시 경찰에 신고해야 한다. 왜냐하면 대부분의 범인은 돈을 받고도 추가로 협박하는 방법으로 끝없이 돈을 받다가 결국에는 영상을 유포하기 때문이다. 최근 몸캠 피싱을 당한 지인이 "범인이 동영상을 유포하겠다고 협박하며 돈을 요구하는데 어떻게 하면 좋은지?"를 물어 왔다. **모르는 사람이 영상통화를 제안하면 거절하는 것이 최상의 예방책이다.**

라. 이메일(E-Mail) 해킹 무역사기

2021년 7월 초순경 지인으로부터 다급한 전화를 받았다. 방금 전 무역업을 하는 후배가 이메일 주소의 해킹으로 물품대금을 사기를 당했다는 연락을 받았으니 후배에게 전화로 조언을 해 주라고 했다. 사연은 다음과 같다.

> 지인의 후배는 국제물류업을 하는 국내기업(B)의 대표이사인데, 수년간 싱가포르 소재 거래처(C)와 거래를 해왔다.
>
> 어느 날 B는 C를 사칭하는 범인(A)으로부터 "회사의 사정으로 거래계좌가 종전 싱가포르 ○○은행에서 멕시코 △△은행으로 변경되었으니 변경된 계좌로 물품대금을 입금해 달라."라는 이메일을 받았다.
>
> B는 2021년 7월 초순경 C의 이메일 계정이 종전과 동일했기 때문에 아무런 의심 없이 변경된 계좌로 물품대금 2억 3,000만 원을 송금하였다.
>
> 며칠이 지난 후 B는 C로부터 "약속날짜가 지났으니 대금을 빨리 입금해 달라."라는 이메일을 다시 받고나서야 이메일 주소가 해킹되어 2억 3,000만 원이 해커에게 송금된 사실을 알게 되었다.
>
> B는 급히 은행에 지급정지를 요청하고, 경찰서에 수사의뢰를 했다.

B는 이메일 해킹으로 탈취된 위 돈을 회수할 수 있는지를 물었다. 나는 그 후배에게 "돈이 이미 범인들에게 넘어갔기 때문에 회수가 사실상 어려울 뿐만 아니라 범인들이 대부분 해외에 있어서 잡기도 어렵습니다."라고 말했다. B는 "코로나 19로 가뜩이나 어려

운데…"라며 낙담한 목소리로 말끝을 잇지 못했다.

　B의 말을 듣고 나서 인터넷에 들어가 보니 "방산업체인 한국항 공우주산업 주식회사(KAI)가 2021년 5월 초순경 영국의 협력업체 가 이메일 해킹을 당하는 바람에 영국으로 보낼 16억 원의 거래대 금을 해킹범이 지정한 은행계좌로 보내는 피싱 사기를 당해서 경 찰이 수사 중에 있다."라는 기사[53]를 보았다. 후배는 KAI가 당한 것과 같은 수법의 '이메일 무역 사기'를 당한 것이다.

　그런데 이미 2020년 12월 13일자 YTN 뉴스[54]에 위와 같은 수법 의 무역사기가 있으니 주의하라는 방송이 있었다. 내용은 다음과 같다.

> 2020년 7월 국내 기업(B)은 해외 거래처(C)로부터 "방역 마스크를 구해 달라."라는 요청을 받았고, 그 직후 해외 거래처(A)로부터 "방 역 마스크를 팔겠다."라는 제의를 받았다. B는 이를 사서 재판매하기 로 하고 물품대금을 A에게 보냈으나 마스크를 받지 못했다. 알고 보 니, 해킹 조직이 악성코드를 심는 방법으로 B의 이메일을 탈취한 후 C, A를 동시에 사칭하여 물품대금을 가로챘다.

　이 뉴스의 끝 부분에 기자는 "국정원은 **해외 거래처가 결제대금 계좌 변경을 요청할 경우** 반드시 진위를 확인해 달라고 당부했다." 라는 말을 했다. 이 방송만 보았더라도 피해를 당하지 않았을 것이 라고 생각하니 아쉽다.

　'이메일 무역 사기'는 무역 당사자 간의 이메일을 해킹해 거래 내용을 관찰하다가 결제 시점에 가서 "변경된 은행 계좌로 입금하 라."라는 이메일을 보내 결제대금을 가로채는 수법의 사기이다.

　종전에는 공격자(범인)가 수신자의 이메일 주소와 아주 비슷하게 만들었지만 수법이 진화되어 요즈음은 이메일 주소 자체를 해킹하여 거래정보를 탈취한다. 그 방법은 **보안에 문제가 발생했다는 경고 메일을 발송**하여 비밀번호의 입력을 유도하거나 이메일의 첨부파일로 악성코드 설치를 유도하는 것이다. 이메일 로그인 정보를 탈취한 후 수신자가 주고받은 영업비밀이 들어 있는 문서를 관찰하다가 그중 송장(invoice, 送狀: 수출업자가 수입업자에게 보내는 서류) 등 대금결제 관련 서류가 오가는 시기에 적극 개입하여 대금을 입금할 계좌정보가 바뀌었다는 이메일을 보낸 후 기록을 삭제한다. 수신자는 이메일 주소가 종전과 동일하므로 의심하지 않는다.

2021년 7월경 지인은 나에게 "검사님! 내가 미국에 유학을 갔다가 귀국하려는 아들의 이삿짐 운송비를 몇 개월 전 미국 쪽 운송회사가 보내온 이메일에 적힌 은행 계좌로 300만 원을 입금하였는데 며칠 뒤에 운송비가 입금되지 아니하였다는 연락을 받고 다시 보낸 적이 있습니다. 운송회사의 이메일이 해킹되는 바람에 이와 같은 피해를 입었는데, 사기 강의를 할 때 이 내용도 추가해 주세요."라는 말을 했다. 우리나라는 주로 보이스피싱이 사회적인 문제가 되지만 미국은 이메일 피싱이 더 큰 문제라고 한다. 미국에서는 이메일의 해킹으로 약 9,000만 달러(약 1,053억 원)를 사기당한 회사가 문을 닫은 적도 있었다고 한다. 이제 우리나라에서도 이메일 피싱 사건이 점점 증가하는 추세이므로 주의할 필요가 있다.

이메일 해킹에 의한 무역 사기를 당하지 않으려면 **어떻게 해야 할까?**

첫째, 거래처로부터 "변경된 은행 계좌로 입금하라."라는 이메일이 오는 경우 **사전에** 전화나 팩스 등 **이메일이 아닌 다른 연락 채**

널을 통하여 진위를 반드시 확인하여야 할 것이다.

둘째, **이메일 보안을 철저히** 한다. 주기적으로 이메일의 비밀번호를 변경하거나 악성코드 검사하고, 의심스러운 이메일 특히 첨부파일은 열람하지 말아야 할 것이다.

마. 인터넷 중고거래 사기

2023년 대검찰청 범죄분석에 의하면, 2022년도 사기범죄 수법 중에서 기타 항목을 제외하고 중고거래 사기를 포함한 **매매가장**(22.1%)**이 가장 많았고**, 그 다음은 **가짜속임**(18.2%), 차용사기(6.1%) 등의 순이었다. 이와 같은 현상의 원인은 코로나 19의 장기화로 인한 경기침체로 생계형 **비대면 전자결제**가 늘었기 때문으로 분석된다.

경북경찰청은 2020년 8월부터 1년간 인터넷 중고거래 사이트를 통해 중고 지게차, 컴퓨터, 명품가방, 상품권 등을 판매한다며 허위로 광고 글을 올린 뒤 이를 보고 연락한 174명한테 "안전결제 방식으로 거래하자."라고 하면서 **가짜 안전결제 메일**을 보내 송금하도록 하는 수법으로 합계 17억 8,300만 원을 받아 사기친 혐의로 11명을 구속하고 7명을 불구속 입건했다는 최근의 보도[55]가 있었다.

우리나라 인터넷 중고거래 사이트로는 중고나라, 당근마켓, 번개장터, 헬로마켓이 있고, 그 안에서 사기 범죄가 많이 발생한다.

우리나라 인터넷 중고거래 사이트로는 중고나라, 당근마켓, 번개장터, 헬로마켓이 있고, 그 안에서 사기 범죄가 많이 발생한다.

| 중고나라 | 당근마켓 | 번개장터 | 헬로마켓 |

주요 온라인 중고거래 전용 플랫폼

　인터넷 중고거래에서는 상대방을 직접 만나서 거래하는 것이 원칙이다. 그렇게 하여야 사기당할 위험이 낮다. 그러나 코로나 19로 인하여 사람들은 직거래를 꺼리고, 비대면 거래의 증가로 사기가 빈발하자 대부분의 중고거래 사이트가 자체적으로 안전결제 시스템을 제공하고 있다. 안전결제란 판매자/구매자가 제3의 기관에 돈을 맡겨 놓고 거래를 하는 에스크로(escrow) 방식이다. 구매자가 제품 구매 의사를 밝히고 제3의 기관에 돈을 맡기면 판매자는 입금 사실을 확인하고 제품을 발송한다. 구매자는 제품을 받고 난 뒤 제품이 마음에 들면 구매승인을 누르면 된다. 만일 구매승인을 누르지 않고 반송신청하면 제3의 기관에 맡겨 놓은 돈을 다시 돌려받을 수 있다.

　위 사기사건에서 알 수 있듯이 사기꾼들은 안전결제계좌를 보내주겠으니 지금 결제를 하라고 유인한다. **반드시 중고거래 사이트가 제공하는 안전결제 시스템을 사용하고, 사기꾼이 개인적으로 보낸 안전결제계좌 주소(URL)를 터치해서는 절대로 안 된다.** 그 주소는 실제의 안전결제와 똑같은 형태의 사이트(피싱)이다. 한편 거래가 끝났다고 문자를 함부로 지우면 안 된다. 가품(假品)이나 사기인 경우 경찰에 신고해서 돌려받는 데 필요한 증거이기 때문이다. 나아가 카톡 아이디를 알려주면서 문의는 카톡으로 하라고 유도하거나 가격이 터무니없이 싼 경우에도 사기일 가능성이 높다.

최근 사기꾼(판매자)은 '**자유적금계좌**'를 활용하여 사기를 친다. 이는 일반 계좌와 달리 제한 없이 계좌를 만들 수 있다. 그래서, **거래할 때마다 새 계좌를 만들어** 사기 이력 조회를 피했다.

중고거래 사기를 당한 경우 통신사기피해환급법에 따라 **즉시** 사기이용계좌 거래정지 신청 및 피해환급을 받을 수 있느냐의 문제이다. **결론적으로 불가능하다.** 경찰이 사건을 접수해 금융계좌 압수수색 영장을 받고, 은행에 계좌 지급정지를 신청하기까지 통상 7~10일이 소요된다. 그 사이에 그 계좌가 범행에 계속 사용될 수 있다. 중고나라 등에서 발생하는 사기죄의 구성요소인 기망행위는 '중고물품을 판매하겠다고 속이는 것'이고, 그것은 '재화를 공급하겠다고 속이는(가장하는) 것'이다. 통신사기피해환급법 제2조 제2호 단서에서 '재화의 공급을 가장한 행위는 그 적용을 배제한다.'고 규정하였다. 따라서 중고물품을 보내주겠다는 사기꾼의 말에 속아 돈을 송금하더라도 입금된 그 계좌를 즉시 지급정지할 수 없다. 각별한 주의가 필요하다. 인터넷 나무위키 사이트에 접속하면 '**중고나라/사기예방법**(15가지)에 대하여 자세히 기재되어 있으니 거래 전에 일독하면 많은 도움이 될 것이다.

바. 신종 오픈 마켓 사기

내가 아는 지인은 다음과 같은 신종 오픈 마켓 사기를 당했다. 그 내용은 아래와 같다.

> 지인(B)은 2021년 6월 초순 오픈 마켓(open market) 사이트인 11
> 번가에서 S전자 냉장고를 1,109,000원에 주문했다.
>   이후 판매자(A)로부터 연락이 왔고, 현금으로 결제하면 특별 할인
> 가격인 100만 원에 바로 배송해 준다는 안내를 받았다. 이 말에 B는
> 결제를 취소하고 A가 카톡 문자로 보내 준 계좌로 100만 원을 바로
> 이체해 주었다.
>   냉장고는 오지 않았고, A에게 연락을 했으나 연락이 되지 않았다.
>   오픈 마켓에 올려져 있는 판매자, 쇼핑몰 대표, 계좌이체 예금주
> 가 모두 다르다는 사실을 확인했다. 오픈마켓 사업자 정보를 도용한
> 사기였다.

 지마켓, 옥션, 11번가 등 오픈 마켓에서 이와 같은 신종 사기
수법이 등장하여 피해가 속출하고 있다. 이들의 범행수법은 먼저 배
송 지연, 재고 부족 등을 이유로 오픈 마켓 결제를 취소시키고, 다른
온라인 쇼핑몰에서 결제하면 바로 배송이 가능하다고 안내하는 것
으로 시작한다. 이어 **특별할인 금액을 제시**하면서, 카드 결제 수수료
를 핑계로 계좌이체 방식의 **현금결제를 요구한 뒤 입금되면 잠적한**
다. 판매자가 알려준 사이트가 계좌이체 등 현금결제만 가능하다고
하면 사기일 가능성이 매우 높으므로 각별한 주의가 필요하다.

 1) 해외 '명품 구매대행' 사기

 최근 유명 포털 사이트에서 180명의 피해자들로부터 피해액
150억 원 상당의 해외 '명품 구매대행' 사기를 친 범인이 잡혔다는
언론보도[56]가 있었다. 피해자들은 구매자가 직접 썼다는 리뷰를 보

고 믿었고, 사기꾼(판매자)은 대금 결제 후 직접 안내전화를 하며 판매자 전화번호(CS)도 알려주는 방법으로 속였다. 그 외에 다른 구매대행 사이트에서도 160명의 피해자가 15억 상당의 '해외 명품 구매대행' 사기를 친 범인이 잠적했다는 언론보도[57]가 있었다.

이와 같은 사기를 당하지 않으려면 어떻게 해야 할까?

첫째, 상품 구매 전 아래 표와 같이 한국소비자원 **'국제거래 소비자포털'** 사이트에 접속하여 등록된 해외직구 사기의심 사이트인지를 확인해 볼 필요가 있다.

한국소비자원의 국제거래 소비자포털

둘째, 사전에 해당 쇼핑몰의 **구매확정 시스템**을 **점검**해야 한다. 위 사건에서는 내가 구매하지도 않은 다른 물품의 송장번호를 입력해도 시간이 지나면 자동적으로 구매확정이 되는 문제점이 발견되었다.

셋째, 인터넷으로 **고가품**을 구매할 경우에는 계좌이체보다는 신용카드를 사용하는 것이 좋다. 국내거래인 경우 **할부로** 구입하면 신용카드 할부결제 철회·항변권을 행사할 수 있어서 구매 물품에 대하여 문제가 있는 경우 시간을 벌 수 있다. 해외거래인 경우에는 피해를 방지하기 위해서는 신용카드 '**차지백 서비스(chargeback service)⁵⁸'** 를 이용하는 것이 좋다.

넷째, 상품을 구매했다면 피해발생 시를 대비하여 **영수증, 주문확인서,** 제품 **광고 화면** 캡처본 등 입증자료를 보관한다.

2) 최저가 미끼 쇼핑몰 사기

최근 화장품이나 라면, 의류 등 생필품을 시세보다 80%나 저렴하게 온라인 쇼핑몰에 내놓은 뒤 대금만 챙기고 물건을 보내지 않는 방법으로 1년간 81만 명이 넘는 피해자들로부터 74억 원을 가로챈 업자가 구속되었다는 언론보도⁵⁹가 있었다. 이들은 물류창고 등 영업망을 갖추고 물건을 일부라도 배송하는 방법으로 발동 요건이 까다로운 판매 임시중지명령을 피할 수 있었다. 이로 인하여 피해는 눈덩이처럼 커졌다. 그 외에도 '명품을 최대 30% 이상 싸게 판다.'라는 허위 광고를 한 온라인 쇼핑몰에 대하여 판매 중지명령을 내렸다는 보도⁶⁰가 있었다. 명품을 시세보다 **저렴**하게 판매한다고 광고하거나, **현금결제만** 가능하다고 하는 경우 거래하지 않는 것이 좋다.

사. 기타(마사지 업소에서의 퇴폐행위를 신고하겠다는 협박에 500만 원을 보이스피싱당한 사건)

아는 지인의 후배가 2021년 5월 어느 날 한 통의 협박 전화를 받았다. 그 사연은 다음과 같다.

> 지인의 후배(B)는 2개월 전에 서울 시내에 있는 모 ○○마사지 업소에 예약하고 가서 마사지를 받은 적이 몇 번 있었다. 마지막으로 갔을 때 ○○나라에서 온 여성이 추가서비스를 받으라고 부추기는 바람에 그만 유사성행위를 한 번 했다고 한다.
>
> 어느 날 어떤 남자(A)가 지인의 후배에게 전화를 걸어 "지금 전화를 받고 있는 분이 ○○○씨 맞지요?"라고 묻는 말에 B는 맞다고 대답했다.
>
> 그러자 A는 "손님! ○년 ○월 ○일 ○시에 저희 업소에 와서 ○○나라에서 온 아가씨한테 마사지를 받은 적이 있지요. 저는 최근 폐업 직전인 이 업소를 인수했어요. 인수 과정에서 손님이 아가씨와 유사성행위를 하는 장면이 녹화된 동영상을 찾았어요. 저희 업소는 각 방마다 CCTV가 설치되어 있는데, 요즈음 장사가 너무 어려워요. 500만 원을 보내주면 이 영상은 없던 것으로 할게요. 근데 유사성행위를 했던 아가씨는 본국에 돌아갔기 때문에 신고해도 당신만 처벌됩니다."라고 말했다.
>
> B는 그 순간 눈앞이 캄캄해 졌지만 꿀 먹은 벙어리처럼 500만 원을 A가 알려준 계좌에 송금했다고 한다.

A는 어떻게 B의 그와 같은 행위를 알게 되었을까? 아마도 B가 마사지를 받겠다고 예약하면서 이름과 휴대폰 번호를 업소에 알려주었고, 유사성행위를 위한 추가요금을 낼 때 장부에 유사성행위에 관한 메모가 있었던 것으로 추측된다. B가 마사지 업소에 가서 건전한 마사지만 받았다면 이와 같은 협박으로 500만 원의 돈을 갈취당할 이유가 없었을 것이다. 위 업소를 인수했다고 주장하는 A

는 B처럼 유사성행위를 했던 고객들을 상대로 위와 같이 협박하여 많은 돈을 갈취했을 것으로 생각된다.

　이 사건과 유사한 사건이 2018년에도 있었다. 어느 회사원이 자신을 흥신소 직원이라고 소개하는 사람으로부터 "손님! 작년 12월 강남역 근처에서 불법 성매매를 하셨죠? 성매매업소가 단속되면서 성매매 여성은 경찰에 붙잡혔어요. 그녀의 오빠가 성매매 남성들에게 복수해 달라고 해서 업소 컴퓨터를 뒤져 보니 손님이 업소에 와서 성관계하는 장면을 찾았어요. 가족이나 직장동료에게 유포하지 않고 없던 일로 해 주겠으니 500만 원을 보내세요."라는 협박을 받았다. 이 회사원은 갔던 장소에 대한 기억은 없으나 업소명과 지역, 시기까지 이야기하기에 처음엔 뜨끔했다. 뭔가 이상하여 포털사이트 등을 검색해 보니 새롭게 등장한 보이스피싱 수법인 것을 알았다고 한다. 이와 같은 범죄가 끊이지 않는 이유는 피해자에게 성매매 의도가 있었던 만큼 섣불리 경찰에 피해 사실을 신고하지 못하기 때문이다. 2020년 9월 가짜 출장 마사지 사이트 35개를 운영하면서 피해자 310명에게 약 43억 원을 갈취한 조직 일당을 경찰이 검거했다는 보도도 있었다.

　이처럼 마사지와 같은 용역의 제공을 가장해 돈을 갈취한 행위는 통신사기피해환급법에 따른 지급정지와 피해구제를 받을 수 없다. 그 법의 제2조 제2호 단서에서 적용을 배제했기 때문이다.

2. 확인하라(Check)!

　사기범이 하는 말 속에 나오는 현장이나 사실관계를 반드시 확인하여야 한다. "부동산이 팔리지 아니하여 일시적으로 현금의 흐름이 막혔다. 돈을 빌려주면 원금과 이자를 꼭 갚겠다."라는 말을 듣는다면 아파트나 토지 등 해당 부동산에 대한 등기부를 열람하여 부동산의 소유나 근저당권 설정관계를 살펴서 실제로 그 부동산이 어느 정도의 재산적 가치가 있는지를 반드시 확인하고, 재산적 가치가 있다면 가급적 근저당권을 설정해야 한다. 최근 언론에 "미국에 있는 양아버지가 사망해 상속받을 재산이 145억 원인데 상속세 선납금에 사용할 돈을 빌려 달라며 위조한 상속세 관련 미국 국세청 공문을 피해자에게 보여주는 등의 방법으로 10년간 72억 원을 사기친 피고인에게 중형이 선고되었다."라는 보도[61]가 있었다. 피해자가 **국세청 공문의 진위 등을 확인하지 아니한 점**을 악용하여 피고인은 10년에 걸쳐 이와 같은 범행을 한 것이다. 그 외에도 "2020년 3월부터 2021년 3월까지 1년간 137회에 걸쳐 회계상 허위지출 내역을 만들어 자신의 계좌로 이체하는 수법으로 회삿돈 120억 원을 빼돌려 불법 도박사이트에 사용한 혐의로 구속 기소된 피고인에게 중형이 선고되었다."라는 보도[62]가 있었다. 이 사건의 피고인은 **지출 증빙 자료를 첨부하지 않아도 상사가 별다른 의심 없이 지출내용을 결재해 주는 점을 악용**하여 이와 같은 범행을 한 것으로 밝혀졌다. 상대방이 하는 말의 내용을 확인하지 않는 것은 상대방으로 하여금 사기나 횡령을 하라고 가르치는 것과 같다.

　　나는 사기사건을 조사하면서 피해자들에게 "사기범에게 돈을 빌려주기 전에 그가 갖고 있다고 말했던 부동산 소유관계나 담보설정 관계를 확인하지 아니한 이유가 무엇인가요?"라고 물어보았다. 대다수의 피해자들은 "사기꾼이 워낙 말을 조리 있게 잘하고,

예의가 바르며, 공무원 등 사회적으로 신분이 확실한 사람과 친하게 지내는 모습을 보여주어서 사기꾼의 말을 의심하거나 확인할 생각을 전혀 못했습니다."라고 말했다. 다음은 '확인하라!'를 하지 못해 사기를 당한 사건들이다.

가. 전세사기

요즘 전세사기로 인한 피해가 속출하여 사회문제가 되고 있다. 대표적인 전세사기 유형은 7가지로 나눌 수 있다. ① 깡통전세 등 보증금 미반환, ② 부동산 권리관계 허위 고지, ③ 실소유자 행세 등 무권한 계약, ④ 위임범위 초과 계약, ⑤ 세입자 허위 전출신고 후 담보대출, ⑥ 허위 보증·보험, ⑦ 불법 중개·매매 사기로 나누었는데, 순서대로 살펴보기로 한다.

1) 깡통전세 등 보증금 미반환

'**깡통전세 사기**'란 전세 또는 임대차 보증금이 매매가격과 같거나 더 높아서 보증금을 반환할 수 없다는 사실을 숨기고 계약을 체결한 후 이사갈 때 보증금을 돌려주지 않는 사기를 말한다. 예컨대, "경기 평택시 소재 모(某) 아파트 매매가 4,300만 원인데 같은 면적의 전세금의 시세가 7,000만 원으로 매매가보다 2,700만 원 높은 상황이다."라는 2022년 7월 13일자 언론보도[63]가 있었다. 깡통전세의 상당수는 처음부터 계획적으로 자본금 없이 미분양 빌라 등을 여러 채 매입한 후 임차인의 전세보증금을 활용하여 돌려막기식으로 집값을 충당했다가 임차인이 보증금 반환을 요구할 시기에 파산신청을 하여 면책받는 '**무자본·갭투자 기획파산**' 사기다.

사기 구조는 다음과 같다. 통상적으로 임대사업자와 중개업자가 사전에 모의하여, 연립주택을 신축했으나 매매가 잘 안되는 주택의 소유자나 건축주를 찾아 시세대로 팔아주겠다며 접근한다. 중개업자는 전세를 구하는 사람에게 예컨대 보증금 1억 6,500만 원에 소개하여 집주인(임대인)과 전세 계약을 체결하게 한다. 그 후 **집주인은 임대사업자에게** 인근 주택의 시세대로 **그 주택을** 1억 5,000만 원(매매계약서상 매매대금을 1억 6,500만 원)에 **매각한다.** 집주인은 팔리지 않아 고민했던 집을 처분해서 좋고, 임대사업자는 돈 한 푼 들이지 않고 그 집을 사서 좋다. 임대사업자와 중개업자는 세입자로부터 나온 차익 1,500만 원을 나눈다. 계약기간이 끝난 세입자가 보증금을 돌려달라고 하면 바뀐 집주인(임대사업자)이 새로운 임차인을 구할 수 없으면 파산신청을 해 버린다. 주택은 경·공매로 넘어가고 세입자는 보증금 전액을 다 찾기는 어렵다.

　세입자가 공적기관인 주택도시보증공사(HUG)에 전세보증금반환 보증보험을 가입했다면 그 피해는 고스란히 공적기관인 HUG에게 돌아간다. 최근 언론**64**에 『HUG에 따르면 2023년 1월부터 10월까지 집주인 대신 HUG가 세입자에게 반환한 전세금이 2조 7,192억 원에 달했다.』라는 보도가 있었다. 한편 별도 이면계약이나 리베이트 사실에 대한 증거가 없으면 집주인을 처벌하기도 어렵다. 이것이 가장 일반적인 전세 사기의 유형이다.

　위에서 든 예와 같이, 주택 임차 후 소유권자가 변경된 경우 새로운 소유자(매수인)가 **나이가 어리거나, 임대사업자 또는 법인**으로 수십 채 이상의 빌라를 가지고 있는 경우 임차인은 보증금을 돌려받지 못할 개연성이 매우 높다.

이와 같은 경우 집주인이 바뀌고, 보증금 회수에 문제가 있어 보인다면 임차인은 과연 어떻게 하는 것이 좋을까?

기존 임대인(전 소유자)에게 재산이 있다는 것이 확실하다면 즉시 **임대차계약을 해지한다는 의사표시**를 하고, 기존 임대인으로부터 보증금을 돌려받는 것이 최선책일 것이다. 이와 관하여 아래 대법원 판례를 참고하면 된다.

구 주택임대차보호법(2013. 8. 13. 법률 제12043호로 개정되기 전의 것, 이하 같다) 제3조 제1항에 따라 대항력을 갖춘 임차인이 있는 경우 같은 조 제3항에 따라 임차주택의 양수인은 임대인의 지위를 승계한 것으로 본다. 그 결과 임차주택의 양수인은 임대차보증금반환채무를 면책적으로 인수하고, 양도인은 임대차관계에서 탈퇴하여 임차인에 대한 임대차보증금반환채무를 면하게 된다.

그러나 임차주택의 양수인에게 대항할 수 있는 임차권자라도 스스로 임대차관계의 승계를 원하지 아니할 때에는 승계되는 임대차관계의 구속을 면할 수 있다고 보아야 하므로, 임대차기간의 만료 전에 임대인과 합의에 의하여 임대차계약을 해지하고 임대인으로부터 임대차보증금을 반환받을 수 있으며, 이러한 경우 임차주택의 양수인은 임대인의 지위를 승계하지 아니한다(대법원 2018. 12. 27. 선고 2016다265689 판결).

이 판례는, 임차인은 임대인과 **합의에 의하여** 임대차계약을 해지하고, 임대인으로부터 임대보증금을 반환받을 수 있다고 되어 있다.

그러나, 임대차기간의 만료전에 임대인과 계약 해지에 대하여 **임대인이 합의를 해 주지 않는 경우**에는 어떻게 되는지에 대하여 분쟁이 생길 여지가 있다. 이러한 문제를 근본적으로 해결하기 위해

서는 임대차계약서의 **특약사항**에 "임대 주택을 양도하는 경우 임대
인은 **즉시 양도사실을 임차인에게 통지하여야** 한다. 이 경우 임차인
은 그 통지를 받은 때로부터 상당한 기간내에 계약해지의 의사표
시를 하고, 임대인에게 보증금 반환을 청구할 수 있다."라는 문구
를 넣으면 될 것으로 보인다.

2) 부동산 권리관계 허위 고지

건물에 신탁등기가 되어 있는 등 임대할 권한이 없음에도 불구
하고 그러한 사실을 숨기거나 거짓말을 하는 바람에 등기상의 권
리관계를 제대로 확인하지 아니한 채 계약을 체결한 경우이다.

가) 『집주인이 등기부상 소유자가 아닌 사실을 알면서도』 전세계
    약을 체결한 피해자 40명이 전세금 합계 70억 원을 사기당
    한 사건

피고소인(A)은 자산신탁 회사로부터 공사비를 빌려 다세대주택,
오피스텔 등 건물 3동을 건축하면서, 그 채무를 담보하기 위하여 그
건물의 소유권을 신탁회사로 이전하였다.

A는 그 후 분양이 잘 되지 아니하고, 공사대금의 만기일이 다가오
자 공인중개사와 함께 고소인들(B)에게 "현재 등기부상 빌라의 소유
명의가 신탁회사로 되어 있지만 전세보증금이 들어와 은행대출금이
상환되면 건물의 소유권자가 A로 바뀐다."라고 하면서 전세계약을
체결하자고 했다.

공인중개사도 옆에서 A와 함께 위와 같이 말했기 때문에 B는 의
심하지 못하고 계약을 체결하고 전세금으로 2억 원 상당을 지급하

> 였다.
>
>   이러한 방법으로 합계 70억 원의 사기를 당한 40명(B 포함)은 A
> 를 사기죄로 고소했다.

  이것은 언론에 보도된 피해내용[65]이다. 아래에 예시된 것처럼 등
기사항전부증명서에는 신탁회사가 소유권자로 되어 있었다.

신탁등기 예시

【갑 구】				(소유권에 관한 사항)
순위 번호	등기목적	접수	등기원인	권리자 및 기타사항
1	소유권 보존	2018년 7월 17일 제2015호		소유자 김00 5××208-10××××1 서울특별시 ○○구 ○○대로 54
2	소유권 이전	2018년 7월 17일 제2016호	2018년 7월 14일 신탁	수탁자 000 신탁㈜ 123456-1234457 서울특별시 △△구 △△대로 45
				신탁 신탁원부 제1호

  신탁재산에 대하여 대법원은 「신탁법상의 신탁은 위탁자가 수
탁자에게 특정의 재산권을 이전하거나 기타의 처분을 하여 수탁자
로 하여금 신탁 목적을 위하여 그 재산권을 관리·처분하게 하는
것이므로(신탁법 제1조 제2항), **부동산의 신탁**에 있어서 수탁자 앞으
로 소유권이전등기를 마치게 되면 **대내외적으로 소유권이 수탁자에**

게 완전히 이전되고, 위탁자와의 내부관계에 있어서 소유권이 위탁자에게 유보되어 있는 것은 아니라 할 것이며, 이와 같이 신탁의 효력으로서 신탁재산의 소유권이 수탁자에게 이전되는 결과 수탁자는 대내외적으로 신탁재산에 대한 관리권을 갖는 것이다(대법원 2002. 4. 12. 선고 2000다70460 판결 참조).」라고 판시하였다.

이 사건에서 과연 **B가 사기를 피할 수 있는 방법이 있었을까?**

소유권이 신탁회사에 있다는 것이 판례의 입장이므로 A는 위 부동산에 대하여 아무 권한이 없다. 따라서 **B가 신탁회사에 사전에 연락하여 A에게 전세계약 체결권을 위임했는지를 확인하고,** 위임한 경우 전세보증금을 **신탁회사의 계좌에 입금**했다면 이러한 피해는 발생하지 않았을 것이다. 이 사건의 경우 약속을 이행할 것인지의 여부는 전적으로 A의 선의(善意)에 달려 있다. 공인중개사가 옆에서 바람을 잡은 탓도 있었겠지만 40명이나 되는 많은 피해자들이 이러한 사실을 분명히 하지 아니하였다는 사실이 놀랍다. 안타깝게도 결혼 예정이었던 한 여성(40대)은 사기 피해의 충격으로 극단적인 선택을 했다. 이와 같이 신탁등기된 부동산의 임차는 가급적 피하는 것이 좋겠지만 임차할 경우에는 반드시 신탁원부를 확인하여 신탁조건을 꼼꼼히 살펴볼 필요가 있다.

나) 신탁등기에 관한 설명을 듣지 못했거나, 받은 전세금으로 신탁등기 말소한다는 말에 속은 신림동 고시촌의 피해자(청년) 수십 명이 합계 30억 원 전세금 사기를 당한 사건[66]

2021년 10월 3일 청와대 청원게시판에 "국민청원[거리로 내몰린 청년들을 도와주세요.] 전세사기를 당했습니다. 피해금액은 1억 원입니다. 어찌 살아야 할까요?"라는 제목의 글이 올라왔다.

글의 내용은 『서울 관악구 신림동 소재 빌라의 집주인과 공인중개사의 말을 믿고 신탁등기된 빌라에 보증금 1억 원에 임대차계약을 체결하고, 전입신고와 확정일자를 받고 살고 있는데, 어느 날 신탁회사(빌라의 수탁자)로부터 집을 비워 달라는 협조공문을 받았습니다. 그 당시 중개업자로부터 이러한 설명을 듣지 못했고, 변호사들에게 확인하니 임대할 권한이 없는 자와 임대차계약을 체결하였다고 합니다. 도와주세요!』라는 것이었다. 일부 세입자는 집주인이라는 사람이 전세금을 주면 그 돈으로 신탁등기를 해제해 주기로 약속했으나 이행하지 않았다고 한다. 이런 방식으로 수십 명의 피해자들이 30억 원 상당의 사기를 당했다. 빌라는 신탁등기가 되어 있어서 실 소유자는 신탁사가 아닌 경우 임대할 권한이 없다.

이와 같은 사건은 해마다 계속 발생하고 있다.[67] 근본적인 제도 개선이 필요하다.

3) 실소유자 행세 등 무권한 계약

이것은 정당한 소유권이 없는데도 서류를 위조해 권리가 있는 것처럼 속여 보증금을 가로채는 유형이다. 『집주인이 준 등기사항전부증명서를 확인하고』 전세계약을 체결했음에도 피해자 47명이 전세보증금 합계 24억 원을 사기당했다는 사건이 언론에 보도[68]되었다. 요약하면 다음과 같다.

> 피고소인(공인중개사, A)은 인천 중구에서 남의 오피스텔을 자신의 소유인 것처럼 변조한 부동산 등기사항전부증명서를 보여주고

고소인(B)으로부터 전세보증금 명목으로 5,500만 원을 받았다.

B는 그때부터 9개월이 지난 후 상가관리 사무실로부터 석 달분 월세가 밀렸다는 말을 들었다.

사실관계를 확인해 보니, A는 집주인(C)으로부터 월세를 놓아 달 라는 위임을 받아 놓고서는 자기가 보유한 다른 오피스텔 등기사항 전부증명서에서 소유주 이름만 떼다가 붙여 복사해 가짜 등기사항 전부증명서를 만든 후 자신이 C인 것처럼 행세하며 이를 B에게 건 네주고 전세금을 받았다.

또 A는 C에게는 별도로 개통한 휴대폰의 전화번호를 월세 임차인 의 것이라고 속여서 월세계약서를 위조하였고, 석 달분 월세를 독촉 하는 C씨의 전화에 대하여 '곧 입금하겠다.'는 문자만 보냈다.

A는 이와 같은 수법으로 B를 포함한 47명의 피해자들에게 24억 원을 사기쳤고, 그들한테 사기죄 등으로 고소당했다.

B는 공인중개사인 A가 건네준 등기사항전부증명서와 집주인의 얼굴까지 확인한 후 전세계약을 체결하였으나 사기임이 밝혀져 큰 충격을 주었다.

주식 선물거래를 하면서 큰 손실을 본 A는 그 빚을 갚기 위하여 이와 같은 범행을 하게 되었다고 한다. A는 이 사건 오피스텔 상가 에서 오랫동안 중개업을 하며 집주인들과 두터운 신뢰관계를 쌓았 고, 이를 토대로 여러 사람들에게 이와 같이 사기칠 수 있었다.

이 사건의 **피해자들은 무엇을 잘못했을까?**

부동산 매매나 임대차계약체결 이후 잔금을 치를 때까지는 상 당한 기간이 걸리고, 중간에 권리관계의 변동이 생길 수 있다. 따 라서 다소 귀찮지만 계약금, 중도금, 잔금을 지급할 때 각각 등기사항전부증명서를 확인했어야 하는데 이를 하지 못한 잘못이 있다. 다만 **주택임대차**인 경우에는 '주택 **인도와 주민등록을 마친 다음 날**', **상가임대차**인 경우에는 '건물의 **인도와 사업자등록을 신청한 다음 날**'에도 등기부등본을 한번 더 확인해야 한다. 왜냐하면 주택임대차보호법 제3조 제1항에 "임대차는 그 등기(登記)가 없는 경우에도 임차인(賃借人)이 주택의 **인도**(引渡)**와 주민등록을 마친 때에는 그 다음 날부터** 제삼자에 대하여 효력이 생긴다.", 상가건물 임대차보호법 제3조 제1항에 "임대차는 그 등기가 없는 경우에도 임차인이 **건물의 인도와**「부가가치세법」제8조,「소득세법」제168조 또는「법인세법」제111조에 따른 **사업자등록을 신청하면 그 다음 날부터** 제3자에 대하여 효력이 생긴다."라고 각각 규정되어 있고, **근저당권**은 등기관이 등기를 마친 경우 그 **등기는 접수한 때부터 바로 효력이 생기므로**(부동산등기법 제6조 제2항), 임차권의 대항력이 생기기 전에 근저당권을 설정함으로써 후순위로 밀린 임차인이 피해를 당하는 사건이 가끔 발생하기 때문이다. 구체적인 피해사건은 다음의 (3)에서 소개하기로 한다. 일반적으로 공인중개사가 계약금과 잔금을 지급할 때 등기사항전부증명서를 임차인에게 보여준다. 그러나, 이 사건처럼 공인중개사가 등기부등본을 변조했을 때에는 속수무책이다.

　이러한 문제를 근본적으로 해결할 수 있는 방법이 있다. 그것은 다음과 같이 인터넷 검색창에 '**인터넷등기소**'라고 입력한 후 대법원 홈페이지에 접속하는 것이다.

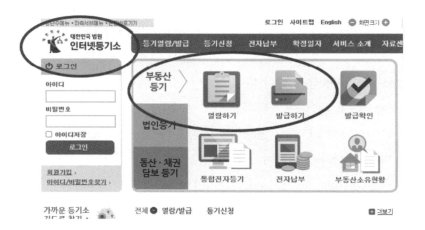

부동산의 권리자가 아니라도 누구나 인증서로 접속만 하면 등기부 열람(수수료 700원) 또는 발급(수수료 1,000원)이 가능하다. 참 편리한 세상이다. 위 사건에서 피해자들이 인터넷등기소에 접속하여 등기부를 한 번만 이라도 열람했더라면 등기사항전부증명서가 변조된 사실을 알게 되었을 것이다. 공인중개사를 믿은 탓도 있겠지만 사기예방 행위준칙인 '확인하라!'를 몰라 47명이나 되는 많은 피해자가 생겼다.

4) 위임범위 초과 계약

이것은 월세계약 또는 관리 권한만 위임받았음에도 불구하고 임차인과 전세계약을 체결한 후 보증금을 가로채는 유형이다. 실제로 창원시에서 공인중개사가 『집주인이라고 소개한 사람』과 전세계약을 체결했음에도 불구하고 피해자 150명이 합계 73억 원을 사기당한 사건이 발생했다는 언론보도[69]가 있었다. 그 내용을 요약하면 다음과 같다.

> 피고소인(공인중개사, A)은 전세를 얻으려는 사람(B)에게 제3자를
> 진짜 집주인이라고 속여 보증금이 5,000만 원인 전세계약을 체결하
> 였다.
> A는 월세를 놓아 달라는 진짜 집주인(C)에게 "세입자가 바빠서
> 계약하러 올 시간이 없기에 자신에게 위임을 하였다."고 속여서 보
> 증금 500만 원에 월세 45만 원인 임대차계약을 체결하였다.
> 그 과정에서 전세계약이 체결된 것으로 속은 B가 C에게 전세보증
> 금으로 5,000만 원을 보내자 A는 C에게 세입자가 잘못하여 5,000만
> 원을 보냈으니 자기에게 4,500만 원을 보내라고 전화를 하여 이를
> 돌려받은 후 한동안 월세를 내다가 도망가는 방법으로 다른 공범들
> (D)과 공모하여 창원시 소재 오피스텔 세입자와 주인을 상대로 피해
> 금액 73억 원의 사기를 쳤다.
> B를 포함한 피해자 150여 명은 A와 D를 사기죄 등으로 고소하였다.

이제 공인중개사도 믿을 수 없는 세상이 되었다. 이 사건에서
피해자들은 무엇을 잘못했을까? 피해자들은 공인중개사인 A의 말만
믿고 주인 신분증과 얼굴이 일치하는지를 확인하지 아니한 잘못이
있다. 150명이나 되는 많은 사람들이 신분증 대조를 하지 아니하
였다는 것이 놀랍기만 하다.

**임대차보증금이나 전세금을 사기당하지 않으려면 어떻게 해야 하는
지**에 대하여 항목별로 나누어 살펴보기로 한다.

가) 신분증의 진위 확인

부동산에 대한 전세나 임대차계약을 체결할 때 등기부상의 소

유자(임대인)를 직접 만나서 반드시 주민등록증이나 운전면허증을 제시받아 등기부상의 생년월일과 일치하는지를 확인해야 한다. 이것도 신분증을 위조하여 행사한다면 속수무책이다. 그러나 신분증이 위조되었는지의 여부를 확인할 수 있는 방법이 있다. 그 방법은 다음과 같다.

1. 주민등록증 위조 확인법
   ① 전화로 국번없이 1382번을 누르면 ARS 음성안내가 나오고, 안내하는 대로 주민등록번호와 발급일자를 누르면 간단히 확인할 수 있다.
   ② 인증서로 '정부24' 홈페이지에 로그인을 한 후 서비스 항목에 들어가 해당 항목을 순차적으로 입력하면 주민등록증의 진위 확인이 가능하다.

2. 운전면허증 위조 확인법
   인터넷 검색창에 '신분증 진위확인'이라고 입력 후 도로교통공단에 접속하면 진위 여부를 확인하는 방법이 설명되어 있다. 그 지시대로 하면 확인이 가능하다.

나) 대리인과 계약 체결시 본인에게 진의(眞意) 확인

부부사이라도 소유권이 남편 명의로 등기되어 있는 집을 처(妻)가 함부로 처분할 수 없다. 출장 등을 이유로 남편이 현장에 나오지 않고 처가 대신 나와 계약을 체결하려고 하는 경우에는 위임장과 인감증명서를 확인하고, 가급적 남편과 직접 통화하여 위임한 것이 맞는지를 확인하고, 그 통화내용을 녹음해 두면 좋다.

부부공동 명의인 부동산을 임차할 때에는 임대인란에 부부 모두의 서명날인을 받아야 한다.

다) 공적장부(등기부, 토지·건축물대장, 토지이용계획확인원) 확인

등기부는 부동산에 관한 권리관계와 사실적 사항(객관적·물리적 현황)을 기재하는 공적 장부이고, 그 종류는 토지등기부와 건물등기부가 있다(부동산등기법 제14조 제1항).

대장은 부동산 자체의 현황을 명확히 파악하기 위하여 시장·군수·구청장이 작성하는 장부이다. 조세의 부과징수를 위하여 작성되어 왔고, 그 종류는 토지대장과 임야대장 및 건축물대장(구. 가옥대장 내지 건축물관리대장)이 있다.

등기부와 대장이 불일치하는 경우 **권리관계는 등기부의 기재가, 권리관계 이외의 사항은 대장의 기재가 우선함이 원칙이다.**

① 등기부

등기부는 대법원의 인터넷등기소에 접속하면 열람을 할 수 있다. 등기(登記)가 없는 임차권의 대항력 발생시점이 근저당권보다 하루가 늦기 때문에 임차인이 보호받지 못하여 보증금 1억 원을 날릴 위기에 처한 세입자에 관한 보도[70]가 있어서 소개하기로 한다.

고소인(B)은 다가구주택을 계약하고 보증금 1억 원을 지급한 후 금요일에 입주했다. 그날 이사하느라 정신이 없어서 늦었고, 동사무소가 문을 닫는 바람에 토, 일요일을 넘기고 월요일에 전입신고를 했다.
2개월 후 B는 집주인이 바뀌었다는 소식을 들었지만, 어차피 주택이 매매가 되어도 임대차 계약이 승계되기 때문에 별 신경을 쓰지 않았다.

그러던 어느 날 새주인의 채권자들이 건물에 가압류를 했고, 급기야 건물이 경매로 넘어갔다.

B는 경매 직원한테 "근저당은 바로 효력이 있지만, 전입신고로 인한 대항력은 이튿날부터 생긴다. 당신의 보증금은 근저당보다 후순위가 되므로 집이 경매로 팔려도 보증금을 한 푼도 건질 수 없다."라는 뜻밖의 말을 들었다.

B가 전입신고를 하던 바로 그날 건물의 소유권이 새주인에게 넘어갔고, 동시에 새주인은 2억 8,000만 원의 은행대출을 받으면서 근저당을 설정한 것이다.

A는 옛 집주인(A)과 공인중개사(C)를 사기죄로 고소하였다.

이 사건은 A가 B를 속이려는 고의가 있었다고 단정할 수 없다는 이유로 검찰에서 혐의없음 처분이 되었다. 만일 A가 처음부터 보증금을 사기칠 의도였다면 보증금을 받은 금요일에 바로 소유권을 제3자에게 넘겼을 것임에도 그렇게 하지 않고 월요일에 넘긴 사실, B는 금요일에 전입신고와 확정일자를 받을 수 있었음에도 본인의 사정으로 이를 하지 아니한 사실(즉, 권리 위에 잠을 자고 있었던 점)에 비추어 보면 A가 고의로 사기를 쳤다고 단정하기 어렵기 때문에 혐의없음 처분된 것으로 보인다. 이 사건에서 만일 B가 이사한 당일인 금요일에 전입신고를 마쳤는데, 그날 새주인이 근저당권을 설정했다면 B의 임차권은 후순위로 밀려 보호를 받지 못하는 문제가 여전히 생긴다. 입법적으로 해결해야 할 것으로 보인다.

이 사건에서 B는 무엇을 잘못했을까?

Ⓐ 임대차 계약서의 **특약사항**에 "주택을 인도받은 임차인은 ○년 ○월 ○일까지 전입신고와 확정일자를 받기로 하고, 임대인은 ○년 ○월 ○일부터 저당권 등 담보권을 설정할 수 있다."라는 **문구71를 기재**하면 좋다. 위 사건에서 이 문구가 있었다면 A는 사기 혐의가 인정되었을 것으로 보인다. 그리고 이 문구 뒤에 "임대인 또는 임차목적물의 하자로 인한 전세보증보험 가입이 불가능한 경우, 이 계약은 무효이고, 계약금을 포함한 보증금 전액을 즉시 반환하기로 한다."라는 내용을 추가하면 더 좋다.

Ⓑ **잔금을 치른 당일 전입신고와 확정일자를 받아야** 한다. 전입신고는 정부24 홈페이지에 접속하여 인터넷으로 전입신고가 가능하므로 굳이 관할 주민센터에 가지 않아도 된다. 대법원의 인터넷등기소에 접속하면 인터넷으로 확정일자도 받을 수 있다.

등기부의 '갑구'에 나오는 최종소유자가 계약서상의 집주인이 맞는지를 확인해야 한다. '을구'에 근저당권 등이 설정되어 있는지도 확인하여 임차할 부동산의 시세에서 근저당권의 채권최고액을 뺀 금액이 나의 임대보증금보다 적다면 나중에 임대보증금을 다 받을 수 없는 문제가 생길 수 있으니 주의할 필요가 있다. **확정된 후 아직 압류등기가 안된 체납된 국세나 선순위 임차인들의 보증금 합계는 등기부에 기재되어 있지 아니하므로 주의할 필요가 있다.** 한편 을구의 등기목적란에 '주택임차권', 등기원인란에 '임차권등기명령'이 기재되어 있다면 기존 세입자가 전세보증금을 반환받지 못하고 나갔다는 것이니 조심할 필요가 있다.

② 토지 · 건축물대장

'정부24' 홈페이지에 들어가면 토지 · 건축물대장을 볼 수 있다. 토지대장이란 토지의 소재지, 지번, 지목, 면적, 토지의 소유자가 기록되어 있는 공적장부이다. 토지대장에 기재된 토지의 소재지와 지번이 임차하려는 목적물의 토지 소재지 및 지번과 일치하는지를 확인해야 한다.

건축물대장이란 건축물의 소유 · 이용 상태를 나타내어 건축물과 대지의 현황을 표시하고 있는 공적장부이다. 목적물의 지번과 실제의 지번이 일치하는지, 입주할 목적물이 건축물대장상에 위반건축물로 등재되어 있는 것이 아닌지를 확인해야 한다. 공장건물을 샀는데 그 부속건물인 창고가 위반건축물임에도 속았다거나 면적을 속였다며 매도인을 사기죄로 고소하는 경우가 있다. 이 경우 사전에 건축물대장을 열람했다면 이러한 분쟁을 피할 수 있었을 것이다. 건축물대장 하단에 위반일자, 위반내용, 시정명령내용이 기재된다. 위반건축물이면 주택담보대출이나 전세보증금 반환보증보험 가입이 불가능하다. 집주인에게 임대차계약을 체결하면서 계약금을 먼저 지급한 후 전세자금 대출을 신청했는데, 은행으로부터 건축물대장에 불법사항이 발견되어 대출이 반려된 경우 계약금을 돌려주지 않으려는 집주인도 있으니 주의가 필요하다. 계약서의 특약사항에 「**전세자금 대출이 불가능할 때 계약은 무효이고, 받은 계약금은 임차인에게 반환하기로 한다.**」는 문구를 넣으면 계약금을 돌려받을 수 있다.

다가구주택은 층수 산정할 때 1층의 경우에는, 필로티 구조로 주차장을 제외한 나머지 공간을 주택 이외의 용도로 사용하고 있으면 층수에서 제외한다. 따라서 이 부분의 용도가 주택이 아닌 근린생활시설(근생)로 등재되어 있다면 전세자금대출이 불가능하므로 건축물대장을 잘 살펴야 한다. 건물에 대한 용도를 속였기 때문이다. 겉보기에는 일반주택과 다를 게 없는 건물의 내부를 보고 임차하여 몇 년째 살고 있던 집에 대하여 원래의 용도가 소매점, 사무실 등 근생인데 주택으로 개조가 되었다며 불법으로 설치한 싱크대 등 취사시설이나 임시벽 등을 철거하라는 명령과 함께 이행강제금이 부과되는 경우도 있으니 건축물대장을 잘 살펴야 한다. 위반건축물이라 근린생활시설이 주택으로 용도변경이 안 된다. 빌라의 매매가격이 시세보다 낮다면 건축물대장에 용도가 주택이 아닌 근생인 학원용으로 등재되어 있음에도 주택으로 개조된 것은 아닌지를 살펴볼 필요가 있다.

③ 토지이용계획확인원

토지이용계획확인서에는 소재지·지번·지목뿐만 아니라 국토의 계획 및 이용에 관한 법률이나 기타 법률에 따른 지역·지구 등 지정 여부가 표시되므로 목적물이 도시계획도로 저촉 여부나 도시개발계획, 공원녹지계획 등 토지의 이용에 제한이 있는지를 확인하여야 한다. 이것을 확인하지 아니한 채 철거예정인 목적물을 임차하거나 매수하여 낭패를 당하는 경우도 있으니 각별한 주의가 필요하다. 인터넷 검색창에 'LURIS'라고 입력하면 토지이용계획을 확인할 수 있다.

라) 선순위 확정일자와 그 보증금 합계, 정확한 주소 기재 확인

다세대주택은 거주하는 세대수는 제한이 없으나 4층 이하 건물로서 다수의 '세대'가 거주할 수 있는 주거공간이며, 각 호실마다 구분하여 소유권을 등기할 수 있는 공동주택이다. 각 호실마다 등기가 되므로 매매가 가능하다. 전입하려는 호실의 등기부를 열람하여 근저당권 설정 여부를 확인하면 된다.

다가구주택은 원룸(one room)이 대표적인데, 거주세대수가 19세대 이하, 3층 이하 건물로서 주거공간이 나뉘어져 있더라도 단독주택이므로 구분등기가 불가능하고, 여러 임차인이 산다면 **선순위 권자 확정일자 현황과 보증금의 합계**와 근저당권의 채권최고액의 합계가 건물의 시세의 70%를 넘으면 위험한 건물로 보는 것이 보통이다.

최근 원룸이나 오피스텔, 다가구 주택 등에서의 '깡통전세'사기 피해의 근본 원인은 임차인이 계약을 체결할 때 선순위 보증금 정보, 임대인의 세금 체납 정보와 같이 추후 보증금 회수 가능성에 영향을 미치는 정보를 알 수 없기 때문이다. 이를 방지를 위하여 2023. 4. 18. 「주택임대차보호법」을 일부 개정·공포하고, 2023. 9. 19. 시행하였다.

주요 내용을 살펴보면 다음과 같다.

첫째, '임대차계약을 체결할 때' 임대인이 임차인에게 **선순위 임대차정보**(해당 주택의 선순위 확정일자 부여일, 차임 및 보증금 등 정보) 및 **납세증명서를 제시하도록 의무를 부과하였다**(동법 제3조의7[72]). 한편 임대인은 임대차계약을 체결하기 전, 위 각 정보의 열람에 동의를

해 주어 임차인이 각 정보를 확인토록 함으로써 위 제시의무를 대신할 수 있도록 하였다.

개정법의 실효성을 제고하기 위하여 법무부는 기존의 **주택임대차표준계약서도 개정**하였다. 즉, 특약사항에 "임대인이 사전에 고지하지 아니한 선순위 임대차 정보나 미납·체납한 국세·지방세가 있다는 사실이 확인되는 경우, 임차인은 **계약금 등**의 명목으로 임대인에게 교부한 금전 기타 물건을 **포기하지 않고** 임대차**계약을 해제할** 수 있다."라는 취지의 문구가 예시되어 있으니 계약체결할 때 이 문구를 그대로 사용하면 된다. 만일 임대인이 고의로 사실과 다르게 고지하여 임차인을 착오에 빠뜨려 보증금을 받았다면 사기죄로 처벌받을 수도 있다. 이와 관련하여 소위 '깡통전세'로 피해를 당한 대학생에 대한 안타까운 내용의 보도[73]가 있어서 간략히 소개한다.

> 대전 소재 원룸(다가구주택)의 주인(A)은 대학생인 고소인(B)에게 보증금 4,000만 원에 전세를 놓고 입주 한 달만에 파산신청하였다.
>
> 그 당시 이미 6억 원의 근저당이 설정돼 있었지만 중개업자의 괜찮다는 말을 믿고 B는 계약했으나 A는 6억 외에도 20억 원이 넘는 채무까지 있었다. 이 건물에 전세는 24가구로 돌려받아야 할 보증금이 9억 원을 넘는 것으로 소위 '깡통전세'로 확인되었다.
>
> 설상가상으로 이 건물에 설정된 근저당은 소액임차인 기준 보증금이 '3,500만 원 이하'이던 2002년에 설정된 것이라 보증금이 4,000만 원인 B는 주택임대차보호법상 '최우선 변제권'이 인정되지 않는다.
>
> B는 집주인(A)을 사기죄로 경찰에 고소하였다.

이 사건이 그후 어떻게 처리되었는지는 알 수 없다. 이 건물의 세입자들은 대부분 대학생이거나 취업 준비생인데, 대부분 '확정일자' 제도를 잘 몰라 미처 등록하지 않은 바람에 경매가 진행되더라도 보증금을 돌려받을 수 없는 경우가 많다고 하니 매우 안타까운 일이다.

우리는 이 사건을 통하여 계약을 체결하기 전에 **선순위 보증금 합계를 확인하는 것이 얼마나 중요한지**를 알 수 있다.

둘째, 개정법은 임차권 등기가 신속히 되도록 하였다(동법 제3조의3 제3항). 즉, 개정 전에는 임차권등기명령 결정문이 임대인에게 고지되어야 비로소 임차권등기를 할 수 있었으므로, 임대인의 주소 불명이나 송달회피 또는 임대인 사망 후 상속관계 미정리 등인 경우 임차권등기명령의 송달이 어려워 임차인이 이사를 가지 못한다는 문제점이 있었다. 개정법에서는 **임차권등기명령이 임대인에게 고지되기 전에도 임차권등기가 가능**하도록 하였다

한편 주택을 임차하면서 전입신고시 동·호수를 잘못 기재했을 때 다가구주택인 경우와 다세대주택인 경우에 그 법적인 효과가 다르므로 등기부를 보고 정확히 기재해야 한다. 판례는 ① 다가구주택은 단독주택이므로 임차인이 전입신고를 하는 경우 지번만 기재하는 것으로 충분하고, 나아가 위 건물의 호수까지 기재할 필요가 없고(대법원 1998. 1. 23. 선고 97다47828 판결), ② 다세대주택은 공동주택이므로 각 호실마다 구분하여 등기가 되므로 동·호수 표시 없이 그 부지 중 일부 지번으로만 주민등록을 한 경우, 주택임대차보호법상의 유효한 공시방법을 갖추었다고 볼 수 없다(대법원 1996. 2. 23. 선고 95다48421 판결)고 판시하였다. 즉 **다가구주택은 지**

번만 기재해도 되지만, 다세대주택은 지번 외에 동·호수까지 기재해야
한다.

마) 임대인의 조세체납 사실 유무 확인

주택 및 상가에 대한 공매처분시 조세채권 우선의 원칙상 조세
채권은 압류등기된 날짜가 아니라 **조세채권의 확정일자**(법정기일)를
기준으로 권리의 선후를 따지기 때문에 임차할 당시 조세체납에 따
른 **압류등기가 되어 있지 않더라도 조세가 이미 발생한 경우에는 그
조세가 우선**한다.

예컨대, 세입자가 압류나 근저당권이 설정되어 있지 않은 신축
된 빌라인 것을 확인한 후 보증금 2억 원에 임대차계약을 체결하
고, 2023년 8월 16일 이사하고, 그날 전입신고 및 확정일자를 받
았다. 그런데, 사업을 하던 임대인이 사업을 하면서 납부해야 할
부가가치세 3억 원이 2023년 7월 16일 발생(확정)했으나 압류등기
는 2023년 12월 24일에 되었다. 세입자는 임대인이 사업하다가 체
납한 세금이 있다는 소문을 듣고 빌라에 대한 등기부를 열람하니
소문대로 압류등기가 되어 있었다. 그러나, 압류등기일자가 확정일
자 이후라서 안심했다. 뭔가 찜찜하여 세입자는 전문가에게 물으
니, 조세채권은 압류등기가 되어 있지 않더라도 확정일자(법정기일)
를 기준으로 권리의 선후를 따진다고 한다. 부가가치세 발생시점이
2억 원의 보증금에 대한 확정일자보다 빠르기 때문에 평생 모은 2
억 원의 보증금을 다 날리게 되었다는 사실을 알게 된 세입자는 그
만 망연자실하고 말았다.

집주인의 세금 체납으로 인하여 임차인 900명이 떼인 5년간

(2016~2020년)의 전세금이 335억 원에 달했다는 언론보도**74**가 있었다.

　이와 같은 전세 피해를 방지하기 위해 2023. 6. 5.부터 주택·상가 임차인이 건물 임대인의 미납국세·지방세를 열람할 수 있도록 제도를 개선하였다(국세징수법 제109조 제1항, 지방세징수법 제6조 제1항). 즉, 임대차계약 전 또는 계약일부터 **임대차기간 시작일까지** 전국 **모든** 세무서에서 미납국세 열람만 가능(촬영 등은 불가능)하다. **보증금이 1,000만 원을 초과하는 경우 임대차계약 후에는 임대인의 동의 없이도** 열람이 가능하다. 임대인의 동의 없이 열람한 경우 세무서는 열람 사실을 임대인에게 통보하여야 한다.

미납국세·지방세 열람 신청 개선 내용

구분	현 행	개 선
신청시기	- 임대차 계약 전	- 임대차 계약 전 또는 - 임대차 계약일부터 임대차기간 시작일까지
신청장소	- 건물소재지 관할 세무서	- 전국 모든 세무서
임대인 동의	- 반드시 동의 필요	- 임대차 계약 전: 동의 필요 - 임대차 **계약 후**: 동의 **불필요**(단, 보증금 1,000만 원 초과 계약에 한함)
임대인 통보	-	- 임대인 동의 없이 열람한 경우 세무서에서 임차인의 열람사실을 임대인에게 통보

자료: 국세청

　당해세(當該稅)는 재산 자체를 대상으로 부과하는 조세로서 상속·증여세, 재산세, 종합부동산세 등이 있는데, 종전에는 법정기일에 상관없이 최우선변제권이 인정되는 채권 다음으로 우선순위가 인정되어 왔다. 그러나, 2022년 9월과 2023년 4월 **전세사기 피해 관련 방안을 발표**하면서, 경·공매 시 **임차인의 확정일자보다 법정기일이 늦은 당해세의 경우 임대차보증금이 우선적으로 배당되도록** 배분순위가 조정되었다.

한편 새로운 임대인의 국세 법정기일이 임차인의 확정일자보다 빠르거나 당해세라고 하더라도 **종전 임대인의 국세체납액 한도 내에서만 우선 징수**할 수 있도록 국세기본법 제35조가 2022년 12월 31일 개정(2023년 4월 1일 시행)됨에 따라, **향후에는 개정된 주택임대차보호법에 따라 종전 임대인의 체납세액 등만 확인**하면 임차인은 예상치 못한 피해에서 사실상 벗어날 수 있게 되었다.

바) 계약금 및 잔금은 집주인 통장에 직접 입금

계약을 대리하여 체결한 대리인이 자신의 계좌로 전세보증금 등을 입금하라는 경우가 있다.

내가 변호사로서 상담했던 사건 중에 이와 관련된 것이 있어서 소개한다. 상담의뢰인(B)은 서울 소재 어느 아파트를 세 얻어 살기 위하여 임대차계약을 체결하고, 임대인에게 계약금을 지급했다. 그후 부동산 중개인(A)은 보증금을 자신에게 주면 집주인(임대인)에게 전해 주겠다고 말했다. B는 보증금을 수표로 A에게 건네 주었다. 때마침 돈이 급히 필요했던 A는 그 돈을 집주인에게 전달하지 않고 다른 곳에 사용하였다. 결국 B는 해당 아파트에 입주하지 못했고, 돈도 돌려받지 못했다. A는 B의 고소로 횡령죄로 처벌을 받았지만 B는 끝내 그 집에 입주하지 못했다.

이와 같이 계약금이나 잔금은 계약 당사자인 **집주인 본인의 계 좌**로 입금하는 것이 안전하다는 것을 알 수 있다.

사) 전세보증금 반환보증보험에 가입하기

'전세보증금 반환보증보험'은 임대차계약이 종료되었음에도 임 대인이 정당한 사유 없이 임차인에게 보증금을 반환하지 않는 경 우 임차인에게 우선 보증금을 지급(대위변제)하고, 집주인에게는 추 후 구상권을 행사하는 보증상품이다. 매매가가 기존 전세가 이하로 떨어져 집을 팔아도 전세금 회수가 안 되는 집 또는 주택담보 대출 금＋전세금의 합이 매매가보다 높거나 같아서 전세금 회수가 안 되는 경우 보호를 받을 수 있다.[75]

5) 세입자 허위 전출신고 후 주택담보대출

이것은 신종 전세사기 유형 중 하나다. 그 범행 수법은 다음과 같다. 세입자(B)는 집주인(A)과 임대차계약을 체결한 후 전입신고 까지 마쳤다. 얼마 후 A는 B 몰래 B를 공범인 C의 집으로 전출 및 전입신고를 했다. 전입신고 시 '전입하려는 곳의 세대주(현 세대주)' 가 **전입 당사자의 서명이 없더라도 '이전 거주지의 세대주(전 세대주)'의 서명만으로 신고할 수 있다는 점을 악용**한 것이다. 그런 후 A씨는 자 신의 집을 이용해 은행으로부터 주택담보대출(주담대)을 받았다. B 는 자신도 모르는 C와 동거인이 되었고, A씨의 집은 주택담보대출 을 해 준 은행이 B보다 선순위가 됐다. 결론적으로 B는 대항력을 잃게 된 셈이다.

이러한 피해를 방지하기 위하여 2023년 11월 21일 아래와 같은 내용의 주민등록법 시행령이 개정 · 공포되었다(일부는 공포 후 1 개월, 일부는 공포 후 6개월 후 시행). ① **'전입 당사자의 서명'이 없는 경우 전입신고가 불가능**하도록 하고, ② 전입신고를 몰래 하는 행위를 막기 위하여 당사자에게 **주소변경 사실 통보 서비스**를 신설하였다.

6) 허위 보증 · 보험

이것은 주택보증 · 보증보험 등의 보증을 받을 수 없는 건축물임에도 불구하고 이를 속이고 임대차계약을 체결하는 유형이다. 고시원(2종근린생활시설)이나 이른바 근생 빌라의 임차인은 여전히 주거 목적으로 임차를 하더라도 그것은 주택이 아니라 상가이므로 전세보증금 반환보증보험에 가입할 수 없다.

7) 불법 중개 · 매개

공인중개사무소 개설 등록 없이 중개업을 하거나, 거래하는 쌍방을 모두 대리하는 유형(공인중개사법위반)이다. 이러한 경우 전세사기로 발전할 가능성이 매우 높다.

개업한 공인중개사가 자격등록 후 정상적으로 영업을 하는 것인지, 중개보조원이 공인중개사의 지시 · 감독을 받지 아니한 채 몰래 중개행위를 하는 것은 아닌지도 살펴볼 필요가 있다.

나. 기획부동산 사기

기획부동산 사기란 각종 개발 제한이 있어서 시세보다 현저히 싼 토지를 헐값에 매수한 후 그곳이 곧 개발될 것처럼 미공개 개발 정보를 가지고 있다고 속여 토지 지분을 쪼갠 후 터무니 없이 비싼 가격으로 다시 파는 사기 수법을 말한다. 예컨대, 소녀시대 태연도 기획부동산 사기에 걸려 들어 손해를 보았다는 언론보도[76]가 최근에 있었다. 비오톱(biotope, 특정 동·식물의 서식공간) 1등급 또는 개발제한구역 등 사실상 개발이 불가능한 땅을 '역세권 지역이라서 곧 개발된다'는 식으로 속여 3배 이상 되는 가격으로 팔았다.

기획부동산 업체는 해당 부동산의 소유자에게 계약금만 지급하고 소유권을 미리 넘겨받은 상태에서 피해자들에게 이를 지분으로 쪼개어 매매한 후 그 대금을 받아 잔금을 치른다. 심한 경우에는 계약금조차 주지 아니한 상태에서 미등기 전매를 하거나 투자자를 유치하는 경우도 있다.

그들은 특별한 자본금 없이 'ㅇㅇ컨설팅 그룹' 등의 이름으로 법인을 설립한다. 광고 등을 통하여 법인에 대한 좋은 이미지를 만들어 채용된 직원(텔레마케터)들로 하여금 "우리 회사는 정말 가치가 높은 땅을 고객들에게 판다."라는 자부심을 갖도록 한다. 내가 아는 지인은 친구 만나러 기획부동산에 갔다가 세뇌되어 직원으로 일하게 되었다. 그 지인은 기획부동산이 소개한 땅을 사고, 친척들도 사게 했다. 뒤늦게 사기를 당한 사실을 알고 고소했으나 그분이 기획부동산의 직원이라는 이유로 혐의없음 처분되자 분통을 터뜨렸다.

기획부동산 업자는 분할등기를 해 주겠다고 약속한 후 지분등기를 해주는 것이 보통이다. 이로 인하여 사기죄로 고소를 당한다.

기획부동산 사기 사건을 수사하면서 가장 어려웠던 점은 "피의자들은 과연 **개발가능성에 대하여 거짓말을 했느냐?**"이다. 왜냐하면, 장기적인 관점에서의 개발가능성에 대하여 특정 지역의 언론이 기

사로 다루었던 경우도 있기 때문이다. 경우에 따라서는 허위정보라
고 보기도 어려워 기소를 하지 못하는 경우도 있다. 이와 관련하여
아래에 참고가 되는 판례 3건을 소개한다.

> ① 『일반적으로 상품의 선전, 광고에 있어 다소의 과장, 허위가 수반
> 되는 것은 그것이 일반 상거래의 관행과 신의칙에 비추어 시인
> 될 수 있는 한 기망성이 결여된다 할 것이나 거래에 있어서 <u>중요
> 한 사항에 관하여</u> 구체적 사실을 거래상의 신의성실의 의무에
> 비추어 <u>비난받을 정도의</u> 방법으로 허위로 고지한 경우에는 과장,
> 허위광고의 한계를 넘어 사기죄의 기망행위에 해당한다[대법원
> 2002. 2. 5. 선고 2001도5789 판결 등 참조]』.
> ② 『부동산 관련 업체가 지방자치단체의 특정 <u>용역보고서만을 근거</u>
> 로 확정되지도 않은 개발계획이 마치 확정된 것처럼 허위 또는
> 과장된 정보를 제공하여 매수인들과 토지매매계약을 체결하면 사
> 기죄가 성립한다[대법원 2008. 10. 23. 선고 2008도6549 판결]』.
> ③ 『피고인은 임업용 보전산지로서 그 이용이 엄격하게 제한되어
> 있고 향후 개발이 이루어질 수 있을 것인지 자체가 매우 불확실
> 한 이 사건 임야를 매수한 후 피해자에게 이를 매수가격보다 약
> 2배의 가격으로 전매함에 있어서, 이 사건 임야 주변에 이미 개
> 발되어 있는 다른 토지들을 보여주고, 또 용인과 분당 사이에 도
> 로가 개설될 예정이므로 이 사건 임야의 투자가치가 높다고 말
> 하는 등으로 마치 피해자에게 <u>이 사건 임야가 금방 개발될 수
> 있을 것처럼 과장</u>하면서, 사실은 이 사건 220평의 매매목적물
> 중에는 35평 정도의 도로가 포함되어 있으며 이 사건 임야에 대
> 한 <u>장래의 개발가능성이 매우 불확실</u>하다는 사정을 <u>의도적으로
> 고지하지 아니하였는바</u>, 피고인의 이러한 행위는 거래에 있어 중

요한 사항에 관한 구체적 사실을 신의성실의 의무에 비추어 비난받을 정도의 방법으로 허위로 고지한 것으로서 사기죄의 기망행위에 해당한다고 할 것이다[서울중앙지방법원 2009. 6. 11. 선고 2009노204 판결]」.

기획부동산 업자들에게 사기를 당하지 않으려면 어떻게 해야 할까?

첫째, 계약금을 지급하기 전에 **미리 지번을 확인**한다. 토지를 매수하겠으니 지번을 알려 달라고 하면 아직은 밝힐 수 없고, 중요한 물건인 만큼 실제로 살 의사가 있는 고객에게만 알려준다고 하면서 계약금을 선입금할 것을 요구한다. 실제로 수사했거나 상담한 사건 중에는 땅을 직접 보지 못했거나 인근 땅만 본 피해자들도 많다.

둘째, 해당지번의 공적장부(**등기부, 토지이용계획확인원 등**)를 열람하여 권리관계나 각종 규제 상황(용도지역, 개발제한 등)을 확인한다.

셋째, 관할 **관청에 문의**하여, 기획부동산으로부터 고지받은 개발 호재 정보의 사실여부를 확인한다.

넷째, **현장을 답사**하거나 인터넷에 접속해 지도를 확인하여 해당 토지의 **현황**(맹지 여부, 경사도 등)을 **파악**하고, **시세**나 정보를 '확인'한다. 기획부동산 토지는 대부분 도로에 접해 있지 않다. 도로에 접하지 않은 토지는 건축행위가 불가능하다.

다섯째, 매수시 공유지분 등기를 피하고, **분할등기**를 해달라고 요구한다. 가분할은 도면상 분할 예정에 불과한 것으로 실제로 분할된 경우는 드물기 때문에 가분할이 된 토지는 조심해야 한다.

여섯째, 만일의 사태에 대비하여, 계약할 때 상담서류를 챙기고, 대화를 녹음하거나 촬영하여 **증거를 남기는 것**이 좋다.

다. 수익형호텔 분양사기

참고로 요즈음 은퇴한 분들이 안정적이면서 은행의 금리보다 고수익을 내는 투자처를 찾는다. 그러한 투자처로 수익형(분양형)호텔이 있다. '연 12%의 확정수익, 10년간 보장', '월 70만 원이 따박따박', '분양 즉시 수익발생', '업무제휴사 고정고객 확보', '5년 후 원금보장+α로 환매 가능' 등의 장밋빛 분양 광고를 믿고 가지고 있던 노후자금이나 대출금으로 '수익형 호텔'에 덜컥 투자했다가 피해를 본 사례가 많이 발생한다.

'수익형 호텔'은 아파트처럼 투자자들이 객실별로 소유권을 갖고, 호텔 위탁운영사가 이를 통합하여 운영해 수익을 배분하는 수익형 부동산이다. 호텔을 분양받은 수분양자(受分讓者)가 분양계약과 동시에 호텔운영사와 임대차계약을 체결하는 형식이다. 분양 당시에는 유명 브랜드의 호텔이 운영한다고 광고를 하지만 실상은 로열티를 주고 상호를 빌린 것에 불과하고, 운영사는 운영능력이 없는 경우가 많다. 확정수익의 보장을 약속하지만 경기가 나빠 호텔의 공실이 많거나, 방만한 운영으로 영업이익을 창출하지 못하는 문제가 자주 발생한다. 실제사건에서 심지어 경영난에 빠진 운영사가 전기세, 수도요금 등 공과금 7,000만 원을 납부하지 아니한 채 도주한 경우도 있었다. 그 부담은 객실의 소유자인 수분양자들에게 돌아간다. 연 12%의 수익이 나는 수익형 호텔 객실(감정가 1억 1,000만~1억 3,000만 원)이 경매로 나왔으나 1,000만 원에도 안 팔린다는 취지의 기사[77]가 2020년의 언론에 보도된 적이 있다. 대출금으로 분양받은 객실이 영업부진으로 수익이 발생하지 아니하여 경매신청 되었지만 분양가의 10분의 1의 가격에도 낙찰되지 아니한 것이다.

국민청원 게시판에 '전국 분양형 호텔, 그 책임은 정부에 있다.'는 제목의 청원글이 올라온 적도 있었다. 해당 글은, 전국에 있는 수익형 호텔 120곳이 넘는 곳에 투자한 수분양자들이 빚더미에 앉아 고통을 받고 있으니 피해 구제와 함께 더 이상의 피해자가 발생하지 않도록 법을 재정비해 달라는 내용이었다.

수익형 호텔은 「집합건물의 소유 및 관리에 관한 법률(약칭: 집합건물법)」의 적용을 받는데 구분소유가 가능하다. 수분양자의 전유부분(專有部分)인 객실을 제외한 공용부분(公用部分)은 구분소유자 전원의 공유에 속하고(동법 제10조), 공유자의 지분권은 그가 가지는 전유부분의 면적 비율에 따르도록 되어 있다(동법 제12조 제1항). 그러나 문제점은 수분양자들이 부실하게 운영하는 운영사를 교체하기 위하여 어렵게 합의를 하였으나 '로비라운지를 시행사의 소유로 한다.'는 조항이 명시되어 있어 운영사를 마음대로 교체하기가 어렵게 되어 있거나 그렇지 않은 경우 수분양자들의 갈등으로 한 호텔에 여러 개의 운영사가 생기는 바람에 프런트(접객대)도 운영사 수만큼 존재하여 수익률이 더욱 하락하는 경우도 있으니 허위·과장 광고에 속지 말고 분양계약을 체결할 때 이러한 사항을 충분히 고려해야 한다.

수익형 호텔의 문제점을 다음과 같이 정리해 보았다.

첫째, 수익금의 보장이다. 코로나 19 등으로 관광객이 급감하거나 경기가 좋지 않은 경우 호텔에 공실(空室)이 많이 생겨 운영 수익이 없는 경우에는 분양계약서에 아무리 '확정 수익금 보장'이라는 문구를 넣어도 운영사에 별다른 재산이 없다면 뾰족한 대책이 없다. 왜냐하면 호텔 건물의 수분양자는 시행사와 '분양계약'을 체결함과 동시에 시행사가 지정하는 운영사와 '위탁 관리 계약'을 체결하는데, 확정된 수익금을 보장한다고 약속한 주체는 운영사이므로 이를 이행하지 못했더라도 그와 별개인 시행사를 상대로 그 책임을 물을 수 없기 때문이다. 따라서 분양을 받을 때 이에 대한 보상은 어떻게 되는지를 명확히 따져 보아야 할 것이다.

둘째, 호텔의 관리를 위탁받은 운영사에 대한 문제이다.

우선, 시행사들이 수분양자들을 많이 모집하기 위하여 외국의 유명 호텔 브랜드를 빌려와 향후 그 호텔을 운영할 것처럼 광고하지만 나중에 보면 그 회사에서 호텔 운영이 미숙한 다른 회사로 변경되어 수익을 제대로 내지 못하는 경우가 있다. 이 경우 수분양자들이 집합건물법에 의하여 관리인을 선출하면 운영사와 호텔의 운영에 대하여 분쟁이 발생하는 경우가 종종 있다.

다음은, 투명한 호텔 운영이다. 위탁 운영사의 대표 등이 호텔의 비품이나 운영비를 과다 계상하는 방법으로 빼돌리는 수익금은 사실상 수분양자들에게 돌아갈 몫이다. 그런데 이러한 과다 계상으로 인하여 호텔 운영의 수익률이 떨어지는 경우가 있으니 각별한 주의가 필요하다.

이것과 비슷한 문제를 안고 있는 것으로 **레지던스(Residence) 호텔**이 있다. 레지던스란 숙박용 호텔과 주거형 오피스텔이 합쳐진 개념으로, 실내에서 취사와 세탁이 가능한 생활형 숙박시설로서 개별등기가 가능하다. 주거의 트랜드를 반영하기 위해 탄생한 오피스텔＋아파트＋호텔의 장점만을 갖춘 새로운 주거형태라고 할 수 있다. 이 경우에도 '분양형 호텔'과 같은 위험이 도사리고 있으니 신중한 검토가 필요하다.

라. 지역주택조합 사기

지역주택조합('지주택'이라고 부른다)은 지역에 거주하는 무주택자 또는 85㎡ 이하 주택 1채 소유자가 모여 주택법에 의하여 조합을 설립하고, 사업대상지의 토지를 확보하여 등록사업자와 협약을 맺고 공동으로 아파트 건설을 추진하는 사업이다. 비교적 저렴하고 간이한 절차[78]로 진행되는 장점이 있는 반면, **부동산개발업자**(추후 '업무대행사'로 역할)가 특정 지역을 사업구역으로 선정한 후 광고를 통해 조합원을 모집하게 되므로 사업구역 내에 있는 연고자들로 구성되는 통상의 재건축·재개발 사업에 비해 조합원들 사이에 유대감이나 결속력이 약하다. 이러한 이유로 업무대행사가 조합을 대신하여 조합 설립부터 토지매입, 인허가, 주택건축 등 사업 전반을 주도하여 사업진행과정이 불투명하고, 조합원 모집과정에 허위·과장 광고 사례가 빈발한다. **업무대행사**는 측근이며 허수아비에 불과한 **조합집행부**를 전면에 내세우거나 이들과 공모하여 사업과정에서 불법적인 사익을 추구하여 조합재산의 관리·감독이 부실할 수 있다는 단점이 있다. 검찰이 단속한 지역주택조합의 비리[79]를 보면 지역주택조합의 **업무대행사의 대표가 주범이다**. 시행사에 해당하는 지역주택조합은 시행사 비용을 아낄 수 있어서 인근 일반아파트 시세보다 평균 10~30% 정도 싸게 살 수 있는 장점이 있다. 일반 아파트 청약이 땅을 확보한 후 시작하는 것과 달리 지역주택조합은 땅이 전부 확보되지 아니한 상태에서 조합설립 인가를 받는다.

그러나 땅을 확보하기가 어려워 성공률이 매우 낮다. 전문가의 말에 따르면 지역주택조합은 80% 정도가 실패한다고 한다. '아파트를 지을 토지를 100% 확보했다.', '사업비가 증가해도 중간에 추가 분담금이 생기는 일은 절대 없어요(확정분양가 제시).', '여기는 불안 요소들이 하나도 없어요.'라는 분양업자들의 장밋빛 말에 현혹되어 조합에 가입했다가 낭패를 본 사람들이 많다. 지역주택조합은 가입은 쉽지만 중간에 탈퇴할 수 없고,**80** 환불도 거의 불가능하다. 조합원을 모집하면서 추가 분담금을 조합원에게 전가시키지 않겠다고 확약서를 써주더라도 경기가 나빠서 일반분양분에 대하여 할인 분양을 하거나 또는 토지를 예정보다 높은 가격으로 매수한다든지 수년간 지연되면서 공사비가 증액된 경우에는 필연적으로 조합원들에게 추가 분담금이 발생한다. 조합가입계약서나 정관을 확인하여 불합리한 조항이나 문제점 등이 있는지 가입하기 전에 반드시 확인할 필요가 있다.

마. 인테리어 공사 사기

'**실내건축(인테리어) 공사**'란 건축물의 내부를 용도와 기능에 맞게 건설하는 실내건축공사 및 실내공간의 마감을 위하여 구조체, 집기 등을 제작 또는 설치하는 공사를 말한다(건설산업기본법 제7조, 동법 시행령 별표1). 공사예정금액이 1,500만 원 미만의 경미한 공사인 경우는 건설업 등록이 필요 없고, 그 이상의 금액인 경우 무등록업체가 인테리어공사를 했다면 5년 이하 징역 또는 5,000만 원 이하의 벌금형에 처하게 된다(건설산업기본법 제95조의2 제1호, 제9조 제1항).

인테리어 공사계약은 민법상 도급계약이다. 도급계약은 당사자

일방이 어느 일을 완성할 것을 약정하고 상대방이 그 일의 결과에 대하여 보수를 지급할 것을 약정하는 계약(민법 제664조)이다. 그러므로, 이에 관하여 도급인이 사기치는 경우와 수급인(인테리어 업자)이 사기치는 경우로 나눌 수 있다. 공사대금을 지급할 의사나 능력 없이 일을 하게 하거나(도급인의 경우), 공사를 해 줄 의사나 능력 없이 공사대금을 미리 받아 챙기는 경우(인테리어 업자)가 그것이다. 인테리어 업자가 사기를 치는 경우가 많다.

검사로 수사했거나 변호사로 상담했던 사건을 살펴보면, 의뢰인이 계약체결 시 몇 가지만 제대로 챙겼더라도 피해를 막을 수 있었던 경우가 있었다.

그렇다면, 인테리어 공사를 업자에게 맡길 때 **주의할 점**이 무엇인지를 살펴보자,

첫째, **사업자등록증**이 있는지, **건설업등록**업자인지를 확인해야 한다.

사업등록상태는 국세청 홈택스(home tax)에서 조회가 가능하다. 건설업등록여부는 국토교통부의 KISCON에 접속하면 조회가 가능하다.

둘째, **사업장**을 직접 찾아가 제대로 된 인테리어 업자인지를 **확인해야** 한다. 사무실 없이 블로그나 인스타그램 등 온라인 형태로만 운영하는 업자가 연락이 안 될 경우 찾아가서 따질 곳이 없으므로 난감해진다.

셋째, **계약서는 반드시 작성해야 하고, 그 작성을 미루는 업체를 피해야 한다.** 계약서를 작성하기 전에 견적서를 꼼꼼히 검토하고, 그 **견적서**(앞으로 해야 할 공사내역서)를 반드시 계약서에 **첨부**하는 것이 좋다. 견적서를 주지 않고 구두로 계약하자는 업체도 상당히 많다.

견적서가 있어도 그 항목이 너무 간단하면 큰 의미가 없다. 예컨
대, 욕실공사 300만 원인 경우 어디까지가 욕실 공사인지? 세면대,
타일은 어느 제품을 쓰는지? 등이 전혀 표시되어 있지 아니한 경우
도 있으니 주의할 필요가 있다. 제대로 된 업체라면 분쟁을 없애기
위해서 자세히 써준다.

통상적으로 인테리어 공사는 ① 고객과 상담, ② 견적서 제출,
③ 공사계약서 작성, ④ 계약금 입금, ⑤ 중도금 지급, ⑥ 공사 완
료 후 잔금을 지급하는 순서로 진행된다.

악덕 업자는 계약 전에 몇 차례 의뢰인 집을 방문하여 신뢰를
쌓은 후 "저는 인테리어에 경험이 많아요, 싸게 잘 해 줄게요. 계
약서가 다가 아니어요."라며 현혹한다. 계약서를 작성하기 전에 미
리 와서 철거를 한 후 피해자로 하여금 얼떨결에 계약서를 작성하
게 한 후 공사대금을 거의 다 챙긴 후 공사를 하지 아니하는 방법
으로 사기 친 사건도 있었다.

계약서에 들어가야 할 사항은 대한상사중재원 홈페이지에 업로
드되어 있는 '**인테리어공사 표준계약서**' 양식과 해설을 활용하면 좋
다. 악덕 업자들은 공사를 시작할 때는 잘 해 준다. 그러나, 공사가
끝나는 날을 지키지 못해서 도급인이 입주하지 못하는 경우가 많
은데 이 경우 지체보상금을 어떻게 줄 것인지도 명확히 하는 것이
좋다. 하자보수(A/S)기간도 반드시 기재해야 한다. 계약서 작성은
나중에 분쟁이 생겼을 때 그것을 해결하는 중요한 역할을 한다.

넷째, 공사대금은 **계약 초기에 너무 많이 주지 말아야 한다.** 이것
은 사기를 예방할 수 있는 **가장 중요한 항목**이다. 대부분의 인테리어
사기는 계약 초기에 너무 많은 돈을 업자에게 건네주기 때문에 발생한

다. 심한 경우 초기에 60~70%의 공사대금이 지급된 경우도 있었
다. 그렇게 되면, 도급인은 공사업자에게 끌려다닐 수 밖에 없다.
이와 같이 계약금 또는 착수금을 과하게 요구하는 업체는 피하는
것이 좋다. 만일 계약금 외에 착수금을 달라는 업체는 계약금을 이
미 다른 곳에 사용했을 가능성이 높고, 이 경우 계약금으로 충분한
데 왜 착수금을 달라고 하는지를 따져야 한다. 아래는 실제로 사기
를 당한 분의 사례이다. 우리는 이것을 통하여 악덕 업자가 어떤
방식으로 사기를 치는지 알 수 있다.

　　업자는 공사를 착수하는 날 철거한다. 도급인은 공사를 실제로 한
다고 생각하고 착수금(30%)을 지급한다. 다음날부터 공사업자가 오
지 않는다. 며칠을 기다린 후 의뢰인이 업자에게 전화한다. 업자는
"공사를 한꺼번에 해야 되니 조금 기다려 달라."라고 말한다.
　　1차 중도금을 지급하기 하루 전날 전기공사를 한다. 도급인은 공
사하는 것으로 생각하고 1차 중도금을 지급한다. 이 시점에서 이미
공사대금의 70%가 지급되었다. 그동안 업자가 일한 날은 모두 3일
뿐이다.
　　2차 중도금을 지급하는 날도 공사를 하지 아니한 채 돈만 달라고
한다. 도급인은 더 이상 참을 수 없어서 공사대금을 주지 않았다. 그
러자 업자는 공사대금을 안 주었으니 사기쳤다고 오히려 뒤집어 씌
웠다.
　　도급인은 계약을 해제하기 전에는 2중 계약이 되기 때문에 다른
업자에게 공사를 맡길 수도 없다. 입주 시기가 늦어져 도급인은 호
텔 등에서 생활하면서 엄청난 스트레스에 잠을 설쳤다고 한다.

이 경우 악덕 업자에게 **사기죄가 인정될까?** 악덕 업자는 철거 등 공사를 일부 했기 때문에 사기죄로 인정하기는 어렵다. 그러나, 비슷한 유형으로 다수의 피해자가 발생한다면 사기죄가 인정될 수도 있다. 그렇지만, 피해자들을 전부 모으기는 쉬운 일이 아니다. 사기꾼은 이러한 점을 악용하여 계속적으로 인테리어 공사 사기를 치는 것이다.

다섯째, 공정표(공사진행 순서표)를 미리 받아서 **공정률에 맞춰서 공사대금을 지급**하고, 공정표를 통해서 공사 진행 상황을 체크하여야 한다.

여섯째, **여러 업체**를 알아보고 꼼꼼하게 비교하여 **너무 싼 업체는 피하는 것이** 좋다.

여러 업체를 확인하는 과정에서 공사를 보는 안목이 생긴다. 터무니 없이 저렴한 업체는 시공을 맡긴다고 하여도 품질을 보장받기 어려우니 주의할 필요가 있다.

악덕 업자와의 **계약 파기는 어떻게 해야할까?**

공사를 아직 시작하지 않았다면, 업체와 상의하여 계약금을 반환받아야 한다. 경우에 따라서는 견적서 뽑는 비용 등을 포기하고 계약금을 반환받으면 된다.

공사가 진행 중인 경우라면, 현재 진행된 공사까지의 자재비나 인건비를 정산해 달라고 해야 한다. 이때 공정표가 필요하다. 공정표를 통하여 현재 공사가 어디까지 진행되었는지를 알 수 있어서 계산이 가능하다.

바. 기타

1) 투자계약서에 투자금을 입금받을 계좌의 예금주가 제3자로
   기재되어 있음에도 이를 확인하지 아니한 채 60억 원을 지
   급하는 바람에 사기 당한 투자전문가

내가 지인을 통하여 만났던 투자 전문가(B)는 부하 직원을 통하
여 ○○증권(주)의 직원(A)을 소개받았다. A는 B에게 "저희 회사는
지금 블라인드 펀드 자금 60억 원이 급히 필요합니다. 투자해 주시
면 6개월 뒤에 수익금 10억 원을 포함하여 70억 원을 드리겠습니
다."라고 제안했다. B가 투자를 하겠다고 했고, A는 ○○증권(주)의
대표이사 사무실에서 투자계약서를 작성하자고 하면서 내일 그곳으
로 오라고 했다.

다음 날 B는 A가 알려준 ○○증권(주)의 대표이사(C) 사무실을 찾
아갔다. B는 그 부속실에서 A를 만났고, 여직원이 타준 커피를 마시
며 블라인드 펀드 투자계약서를 작성하였다. B는 투자계약서 초안의
투자자란에 자신의 법인 직인을 찍었다. 그러자, A는 대표이사의 결
재를 받아야 한다면서 그 투자계약서 초안, ○○증권(주)의 '블라인
드 펀드 투자약정에 따른 투자금 및 투자배당금 지급 확약서', ○○
증권(주)의 '인감증명서'를 결재판에 끼워 넣고 대표이사 방으로 혼
자 들어갔다. 잠시 후 A는 대표이사(C)의 직인이 찍힌 투자계약서를
2부(서로 간인까지 되어 있었음)와 위 문서들을 가지고 나와서 투자
계약서 등의 서류를 B에게 건네주었다.

그 직후 B는 약정서의 특약사항에 기재된 대로 '입금계좌: ○○은
행, 계좌번호: △-△-△, 예금주: □□자산관리대부(주)'에 60억 원

을 입금하였다.

6개월이 지났음에도 아무 소식이 없자 B는 A에게 전화했으나 받지 않았다. ○○증권(주)에 확인하니 그 일이 있은 직후 A는 퇴직했다고 한다.

당황한 B는 대표이사(C)에게 전화하여 투자계약서의 내용대로 돈을 달라고 했다. 그러자 C는 그와 같은 투자계약서를 작성하거나 투자금을 받은 사실이 없다고 했다.

그제서야 B는 투자약정서에 투자금 60억 원을 받을 예금주가 '○○증권(주)'이 아니라 '□□자산관리대부(주)'라고 기재되어 있는 것을 발견하고 아연실색을 하고 말았다.

A는 대표이사의 결재를 받는 것처럼 연기하면서 ○○증권(주)직인을 위조한 후 사기를 친 것이다.

사기전문 변호사인 나도 속을 정도로 치밀하게 계획된 수법이다.

대표이사 부속실에서 직원이 타 준 커피까지 마신 후 작성된 계약서가 위조될 것이라는 사실을 누가 상상할 수 있을까? 이 사건에서 **투자자(B)는 무엇을 잘못했을까?**

첫째, 계약서 작성을 위하여 대표이사 사무실까지 갔으면서도 **대표이사를 만나지 않은 잘못**이 있다. 더구나 A는 결재받기 위하여 대표이사 방으로 결재판을 들고 갔다. B는 증권회사를 도와주기 위하여 투자하는 우월적인 지위에 있었기 때문에 A에게 요구하여 그때 함께 들어가는 등 대표이사와 인사를 나누는 것이 상식에 맞다.

둘째, 투자금은 반드시 투자받는 주체(채무자)의 **계좌로** 돈을 입금하지 아니한 잘못이 있다. 투자를 받은 곳이 공신력이 있는 증권회

사이고, 6개월이라는 단기간 내에 10억 원을 벌 수 있다는 생각에 사로잡혀 B는 그만 계약서를 꼼꼼하게 읽지 못했다.

이것과 관련하여 살펴볼 것이 두 가지가 있다.

우선은, 간혹 돈을 빌리는 사람(채무자, A)이 돈을 빌려주는 사람(채권자, B)에게 "내가 당신한테 입금받아 다시 ○○(C)에게 보내는 것이 번거로우니 직접 C의 계좌로 입금해 달라."라고 부탁하고, 이에 따라 B가 C에게 입금하는 경우가 있다. 이와 같은 경우 차용증도 작성되지 않았다면 사기꾼(채무자)은 이 돈에 대하여 전혀 모르고, B가 C에게 직접 돈을 빌려준 것이라고 변명하는 경우가 실제로 있다. 돈을 빌려줄 때에는 가급적 차용증에 기재된 채무자의 계좌로 입금하는 것이 좋다. 아파트 분양을 받았을 때에도 분양대금은 반드시 **분양계약서에 기재된 계좌**(통상은 신탁회사 계좌)에 **입금해야** 법적인 보호를 받을 수 있다. 시행사 대표가 "아파트를 40% 할인하여 분양해 주겠으니 그 대금은 시행사 계좌로 일시불로 입금하되, 특별히 싸게 주는 것이니 비밀로 해 달라."라는 말을 믿은 13명의 피해자가 분양계약서에 지정된 계좌가 아닌 시행사 계좌에 분양대금을 넣었다. 그러나, 그것이 지정된 계좌로 입금된 것이 아니어서 분양대금 납부로 인정되지 아니하여 완공된 아파트에 입주하지 못한 피해자가 그 충격으로 극단적인 선택을 한 사건도 있었다. 그 사건의 시행사 대표는 그 돈을 시공사로 보내지 않고 챙긴 후 해외로 도피하였다.[81]

다음은, 우리가 **법인에게 돈을 빌려줄 때 차용증을 어떻게 작성해서 받아야 할까?** 실제 사건에서 많이 일어나는 문제다. 채무자를 법인으로만 표시하여 차용증을 작성한 경우에는 나중에 자본이 잠식

되어 그 법인이 갚을 돈이 없다면 빌려준 돈을 회수할 수 없다. 이 때 대표이사에게 청구하면 되는 것으로 생각하는 사람이 의외로 많다. 그러나, 차용증에 분명히 채무자가 법인으로만 되어 있기 때문에 대표이사 개인에게 대여금 반환을 청구할 수 없다.

이 문제에 대한 해결책은 『**법인을 차용인**으로 하고, **대표이사를 연대보증인으로 하여 차용증을 작성**하면 대표이사에게 반환청구가 가능하다.』 실제로 이런 사건이 많이 발생하니 명심할 필요가 있다. 아래는 이에 대한 양식이다.

차 용 증

채권자 □□□ 귀하

　　　생년월일(또는 주민등록번호)

금액: 　　　원정[₩ 　　　]

위 금액을 아래 조건으로 차용한다.

- 아 래 -

1. 이자는 연 _ % (월이자: _ 원)로 한다.
2. 변제기일은 _ 년 _월 _일까지로 하고, 채권자의 주소지에 서 변제하거나 계좌입금하기로 한다.
3. 이자의 지급을 _회 연체하면 차용인은 기한의 이익을 상실하고, 원리금 잔액을 이의없이 변제해야 한다.
4. 이에 관한 분쟁은 채권자의 주소지를 관할법원으로 한다.

　※ ① 차용금 용도(사용처):

　　② 변제자금 마련방법:

　　　작성일자: 20 _년 _월 _일

---

1. 차용인   ○○증권(주) [법인등록번호: ....]

　　　　　　　법인소재지:

　　　　　　　대표이사 ◇◇◇ [직인]**82**

2. 연대보증인   ◇◇◇ [인]

　　　　　　　주민등록번호:

　　　　　　　주소:

　　　　　　　연락처:

2) '유명한 가수 ○○○ 전국투어 콘서트' 계약서를 위조하고, 이
　　를 고소인(B)에게 보여주면서 1억 2,000만 원을 사기친 사건

　　공연기획사를 운영하던 피고소인(A)은 고소인(B)에게, "내가 ㈜△
△△ 방송국이 주최하는 '가수 ○○○ 전국투어 콘서트'를 주관하고
있다. 공연은 [일시], [장소]에서 하고, 내가 방송국에 공연료로 2억
원을 지급하기로 하는 내용의 계약을 체결하였는데 1억 2,000만 원
만 빌려주면 공연이 끝난 후 바로 갚겠다. 티켓가격은 VIP석: 15만
원, R석: 12만 원, S석: 10만 원, A석: 7만 원인데, 이에 대한 담보로
티켓판매 대금 채권을 당신에게 미리 양도하겠다."라고 말하면서 A
가 ㈜△△△ 방송국과 체결한 것처럼 미리 위조한 공연계약서를 보
여주고, 즉석에서 채권양도서를 작성하여 B에게 주었다.

　　B는 A에게 1억 2,000만 원을 빌려 주었고, 공연 날짜가 지났음에
도 A는 빌린 돈을 갚지 아니하였다.

　　B는 방송국에 찾아가 사실관계를 확인하고 하고 나서야 A한테 속
았다는 사실을 알고, A를 사기, 사문서위조 및 행사죄로 고소하였다.

다행히 A는 자신의 범행을 자백하였다.

이 사건에서 **B는 무엇을 잘못했을까?** B가 A에게 돈을 건네주기 **전에** △△△방송국 민원실에 **전화하여** '가수 ○○○ 콘서트'를 방송국이 주최하는 것이 사실인지를 확인만 하였더라도 이와 같은 사기를 당하지 아니하였을 것이다.

3) 담보로 제공할 빌라에 실제로 다른 임차인이 살고 있음에도 아무도 살고 있지 않는 것처럼 발급받은 전입세대 열람내역서와 근저당권 설정등기상의 채무자인 법인과 물품공급계약서상의 채무자인 법인의 상호가 비슷한 점을 악용하여 같은 법인인 것으로 속여 2억 원 상당의 물품을 납품받아 사기친 사건

피고소인(A)은 고소인(B)에게, ① 담보로 제공할 빌라에 실제로 임차인이 살고 있음에도 살지 않는 것처럼 발급된 전입세대 열람내역서를 보여주고, ② 상호가 비슷한 2개의 법인을 미리 설립한 후 근저당권 설정등기상의 채무자와 물품을 납품받는 채무자가 동일한 법인인 것처럼 속인 후 물품을 납품받아 가로채기로 마음먹었다.

A는 B에게 "세입자가 없어 담보가치가 충분한 빌라에 근저당권을 설정해 주겠으니 이를 믿고 컴퓨터 부품을 납품해 달라."라고 말했다. 한편 A는 담보로 제공할 빌라 'C동 2층 202호'에는 실제로 '김○○(세대주)'가 보증금 2억 5,000만 원에 임차하여 살고 있음(임대차계약서에 확정일자 있음)에도 세대주가 A로 잘못 발급된 전입세대 열람내역서와 등기사항전부증명서를 B에게 팩스로 보내주었다.

【※ 주의사항: 주택임대차보호법상 법정요건을 갖춘 임차인은 제

3자에게 대항력이 있으므로 근저당권을 설정할 때에는 그 건물에 전입세대가 있는지를 반드시 열람해야 한다.[83]

A는 위 빌라의 실제 주소인 'C동 2층 202호'를 '씨동 2층 202호'로 기재하여 전입세대 열람원을 신청하면 세대주가 A로 표시되어 발급된다는 사실을 우연히 알고 동호수를 영문자가 아닌 한글로 기재한 전입세대 열람내역서를 발급받아 B에게 보낸 것이다.

또한 A는 등기부상 법인 상호가 '이'와 '씨'자만 다를 뿐 법인의 대표이사, 본점 소재지 등 나머지 사항이 전부 같은 '㈜금강산이앤씨'와 '㈜금강산씨앤씨'를 설립하였다.

【※ 주의사항: 이 2개의 회사는 전혀 다른 법인이므로 B가 '㈜금강산이앤씨'에게 납품한 컴퓨터 부품 대금을 받기 위하여 등기부상 채무자인 '㈜금강산씨앤씨'에 대하여 근저당권을 실행할 수 없고, A가 B에게 등기사항전부증명서를 보낸 이유는 빌라에 대하여 선순위 권리자가 없어 빌라가 충분한 담보가치가 있다는 것을 보여주기 위함이다.】

이와 같은 사실을 전혀 모른 B는 A가 팩스로 보낸 전입세대 열람내역서와 등기사항전부증명서를 믿고 A가 대표이사인 ㈜금강산이앤씨에게 컴퓨터 부품을 공급하기로 하는 거래약정서와 ㈜금강산씨앤씨를 채무로 하고, 채권최고액이 2억 5,000만 원인 근저당권설정계약서를 함께 작성한 후 위 빌라에 근저당권설정등기를 하고, 수회에 걸쳐 ㈜금강산이앤씨에게 합계 2억 5,000만 원 상당의 컴퓨터 부품을 납품하였다.

B는 A가 납품대금을 주지 아니하자 위 빌라에 설정한 근저당권을 실행하려고 등기사항전부증명서를 살펴보던 중 채무자가 ㈜금강산이앤씨가 아니라 ㈜금강산씨앤씨로 되어 있어 ㈜금강산이앤씨에 대

한 물품대금 채권으로 근저당권을 실행할 수 없다는 사실을 그제서
야 알고 A를 사기죄로 고소하였다.

이 사건은 워낙 범행 수법이 치밀하여 사기를 당하지 않는 사
람이 오히려 이상할 정도이다.

이 사건에서 B는 무엇을 잘못했을까?

첫째, 빌라의 동(棟) 표시가 **전입세대 열람내역서**(씨동 2층 202호)
와 등기부(C동 2층 202호)**가 불일치**(한글과 영문으로 표시됨)함에도 이를
간과하였다.

전입세대 열람내역서는 소유자나 매매계약을 체결한 매수인,
임차인이 발급받을 수 있지만, B처럼 근저당권자가 되려는 자는
발급받을 수 없어 상대방인 A로부터 받은 것이다. 전입세대 열람
내역서를 신청할 때 **영문인 'C동'으로 입력할 때와 '씨동'으로 입력할
때에 세대주가 다르게 나올 수가 있고**, B는 이러한 사실을 몰랐다.
한편 전입세대 열람은 기본적으로 **구주소, 신주소**(도로명 주소)**를 모
두 확인해야** 한다. 도로명 주소로 전환 시 누락되거나 매칭이 잘못
되어 도로명 주소에 나타나지 않는 경우도 있기 때문이다. 나아가
B가 이 빌라에 방문하여 **실제로 임차인이 살고 있는지를 확인**하였더
라면 사기를 당하지 아니하였을 것으로도 보인다.

둘째, 본점 소재지나 대표이사가 같더라도 **법인의 상호가 한 글
자라도 다르면 별개의 법인이라는 사실**을 몰랐다. 계약을 체결할 때
이점을 꼼꼼히 살펴야 한다.

4) 돈을 빌려주면 보름 만에 ○○전자 주식을 현금화하여 3억
   원을 주겠다는 말의 내용을 확인하지 아니한 채 1억 원을 빌
   려주어 사기당한 사건

> 피고소인(A)은 고소인(B)에게 "죽은 남편이 소유했던 ○○전자 주
> 식 1만 주를 내가 상속을 받았으나 담보로 묶여 있어 이를 풀려면
> 급전이 필요하다. 1억 원을 빌려주면 보름 만에 위 주식을 현금화하
> 여 3억 원을 주겠다."라고 속여 1억 원을 받았다.
> B는 A가 위 돈을 갚지 아니하자 A를 사기죄로 고소하였다.

경찰에서 범행을 부인했던 A는 당시 내가 근무했던 ○○검찰
청에 출석하겠다고 말했던 약속을 두 번이나 어겼다. B는 전남 해
남에서 A와 대질조사를 받기 위해 두 번이나 서울까지 올라왔다가
그냥 갔다. A는 지명수배가 된 지 1개월 만에 대만으로 출국하기
위해 인천공항에 갔다가 체포되어 검사실로 왔다. 나는 A에게 "출
석하겠다는 약속을 두 번이나 어긴 이유가 뭐지요?, 피해 금액 1억
원이면 구속을 안 하는데 스스로 어려운 상황을 만든 겁니다."라고
말했다. 그러자 A는 "제가 교도소에서 오래 있다 보니 세상물정을
몰라서 그러니 너그럽게 용서해 주세요."라고 말했다. 갑자기 A는
보자기로 싼 흰색 골동품을 꺼내 책상 위에 얹으며 "검사님! 이게
뭔지 아세요. 100억 원짜리 도자기인데, 대만에 팔러 가던 중인데
인천공항에서 잡혀 왔어요. 이거 팔리게 되면 바로 1억 원을 갚을
게요."라고 말했다. 그때 옆에 있던 수사관이 "이 도자기 가짜지요?
여기가 어디인데 사기를 치려고 그래요?"라고 말했다.

A는 나에게 "○○ 전자 주식 1만 주를 상속받았으나 담보로 묶여 있습니다."라고 말했다. 그 말이 맞다면 A의 남편 명의의 주식거래 계좌가 있을 것이므로 이를 제출하라고 여러 번 요구하였다. 결국 나는 확인서를 제출하지 못한 A를 구속 기소하였다. A는 B외의 다른 피해자들이 고소한 사건도 기소되어 병합되는 바람에 결국 실형 4년을 선고받았다.

이 사건에서 **B는 무엇을 잘못했을까?** 당시 B가 A의 말(남편의 주식을 상속받았다는 사실)을 확인했더라면 사기를 당하지 아니하였을 것이다. 그 외에도 "1억 원을 빌려주면 보름 만에 3억 원을 준다."라는 말은 상식에 맞지 않는다. B가 '합리적인 의심(reasonable doubt)'을 갖고 다시 한번 더 생각했다면 사기를 당하지 아니하였을 것으로 보인다.

> 5) 이미 폐기되어 무효인 철거공사 수주계약서를 보관하고 있던
>   중 이를 고소인(B)에게 보여주면서 철거공사를 주겠다고 속
>   여 1억 3,000만 원을 사기친 사건

아파트 재건축 추진위원장(C)은 피고소인(A)에게 아파트 철거공사를 도급한 후 자신에게 권한이 없다는 사실을 알고 도급계약을 파기하였다.

A는 고소인(B)에게 파기된 위 계약서를 보여주면서 철거공사를 하도급 주겠다고 속인 후 활동비 명목으로 1억 3,000만 원을 받았다.

A가 철거공사를 주지 못하게 되자 B는 A를 사기죄로 고소하였다.

이 사건은 ① 추진위원장인 C가 A와 아파트 철거공사 계약을

체결한 후 그 권한이 조합장에게 있다는 사실을 알고 바로 A에게 계약파기를 요청하였다고 진술한 점, ② A는 철거권을 가져오기 위하여 B로부터 받은 위 활동비를 C에게 일부 송금하였다고 변명하지만 이에 대한 근거를 제시하지 못하고 있는 점에 비추어 A에 대한 사기 혐의가 인정된다.

이 사건에서 **B는 무엇을 잘못했을까?** B가 A에게 돈을 건네주기 **전에** A가 보여준 아파트 철거계약서에 나오는 추진위원장(도급인)인 C에게 도급계약이 유효한 것인지의 여부를 **확인하였더라면** 사기를 당하지 않았을 것이라는 아쉬움이 남는다.

6) 아파트에 전세를 얻으면서 등기부 미확인으로 보증금 1억 원을 사기당한 사건

> 피고소인(A)은 고소인(B)에게 "C(법인) 명의로 소유권 보존등기가 되어 있는 아파트(1채)에 대하여 C의 대표이사로부터 전세계약을 체결하라는 위임을 받았다."라고 말하면서 위임장을 보여주었다. 이를 믿은 B는 전세계약을 체결하고 1억 원을 전세보증금으로 A에게 주었다.
>
> 전세계약을 체결할 당시 부동산등기부에는 신탁회사(D)가 위 아파트의 소유권자로 등기되어 있었고, 또한 C회사는 파산선고가 되어 법인등기부에는 E가 C회사의 파산관재인으로 등재되어 있었다.
>
> 이러한 사실을 뒤늦게 안 B는 A를 사기죄로 고소하였다.

이 사건은 '신탁등기된 사실을 알면서도 전세계약을 체결하여 사기당한 사건'과 구조가 같다.

B는 당시 A의 말만 믿고 부동산 및 법인등기부를 전혀 열람하지 않았다고 진술하였다. 경찰은, 위 아파트가 신탁회사에 신탁된 사실을 당시 A로부터 들어서 알고 있었다는 B의 진술을 이유로 혐의없음 의견으로 송치하였지만, ① 등기부에는 이 아파트의 소유권자가 신탁회사(D)로 되어 있으므로 아무런 권리가 없는 C의 대표이사는 이를 전세를 놓을 권한을 A에게 위임을 할 수 없는 점, ② 더구나 C는 파선선고를 받았기 때문에 아파트에 대한 처분권은 파산관재인인 E에게 있고, C의 대표이사는 전세를 놓을 권한이 없는 점에 비추어 사기죄가 인정된다.

채무자 회생 및 파산에 관한 법률(약칭: 채무자회생법) 제311조, 제382조 제1항, 제384조에 의하면, **파산선고의 효력으로** C의 모든 재산은 파산재단으로 편입되며 이를 관리 및 처분하는 권한은 파산관재인 E에게 귀속되며, **대표이사 등은 그 지위를 상실**하고, 채권자는 개별적으로 채권을 행사할 수 없으며 파산절차에 따라 재산을 분배받게 되어 있다.

이 사건에서 **B는 무엇을 잘못하였을까?**

전세계약을 체결할 당시 E가 파산관재인으로 선임된 사실이 법인등기부에 등재가 되어 있었던 사실과 위 아파트에 대한 등기부를 확인하지 아니한 잘못이 있다. B가 상대방의 말을 『확인하라!』라는 원칙을 지켰더라면 사기를 당하지 않았을 것이다.

7) 분양대금 1억 5,000만 원을 납부하면 임대아파트에 설정된
근저당권을 말소하여 일반아파트로 분양전환을 해 주겠다는
말에 속아 8명의 피해자들이 12억 원을 사기당한 사건

아파트 임대사업을 하는 법인(C)의 대표이사인 피고소인(A)은 고
소인(B)에게 "분양대금 1억 5,000만 원을 납부하면 임대아파트에 설
정된 근저당권을 말소하여 일반아파트로 분양전환을 해 주겠다."라
고 거짓말을 하면서 분양대금 명목으로 1억 5,000만 원을 받은 것을
비롯하여 같은 방법으로 8명의 피해자들로부터 12억 원을 받았다.
B를 포함한 피해자들은 A를 사기죄로 고소하였다.

이 사건도 A가 받게 되는 분양대금으로 근저당권을 말소할지의
여부는 전적으로 A의 의사에 달려있다. 당시 A는 다른 임대사업장
에 문제가 생겨 자금압박을 받고 있었기 때문에 피해자들로부터
받은 돈으로 근저당권을 말소하지 않고 다른 사업장에 사용한 것
이다. 결국 A를 사기죄로 기소했지만 피해가 회복될 가능성은 없
어 보였다.

당시 **피해자들은 무엇을 잘못했을까?**

피해자들은 분양대금을 A에게 바로 줄 것이 아니라, 그 대금을
근저당권자에게 직접 주어 A의 채무를 변제하면서 그로부터 등기
권리증(근저당권)을 받아 근저당권을 말소함과 아울러 바로 A한테
등기권리증(소유권)을 받아 피해자들 앞으로 소유권이전등기를 할
수 있도록 조치를 취하지 아니한 잘못이 있다.

계약을 체결할 당시에 상대방이 위반했을 때의 대응책을 미리

마련해야 피해를 막을 수 있다. 이 사건에서도 피해자들은 A의 말만 믿고 자신들을 보호할 아무런 법적인 조치를 취하지 않았다. 이 사건도 『확인하라!』라는 원칙을 준수하지 못했다. 누구도 권리 위에서 잠자고 있는 사람을 보호하지 않는다.

II. 첫 만남의 나쁜 느낌을 믿어라!

이것은 사기범 쪽에서 나오는 특징이다. 인생은 만남의 연속이다. 누구를 언제, 어떻게 만나느냐에 따라서 나의 삶의 질이 달라진다. 살아가면서 좋은 사람만 만날 수 있다면 얼마나 좋을까! 마음대로 선택할 수 있는 문제가 아니다. 첫 느낌은 생각보다 정확할 때가 많다. 처음 만났을 때 왠지 나에게 피해를 줄 것 같은 느낌이 드는 사람은 다시 안 만나는 것이다. 어쩔 수 없이 만나더라도 경계의 끈을 놓지 말아야 한다. 경험을 통하여 체득한 직감은 상당히 정확할 때가 많기 때문이다. 이것은 우리가 시험칠 때 첫 느낌에 정답이라고 생각한 것을 고른 후 시간이 남아서 다른 답을 선택했는데, 나중에 보니 처음에 선택한 것이 정답인 경우가 많은 것과 같은 이치가 아닐까?

사기꾼은 목적 달성을 위하여 상대방의 기분을 잘 맞추어 준다. 희대의 바람둥이인 카사노바는 "내가 남들과 다른 한 가지가 있다면 상대가 무엇을 원하는지를 알기 위하여 나의 전부를 걸었다."라는 명언을 남겼다. 여자의 마음을 얻기 위하여 철저히 여자의 관점에서 행동하는 것이 사기꾼의 행동과 같다. 무신불립(無信不立)[84]이라는 공자(孔子)의 말씀이 있다. 백성의 믿음이 없으면 나라가 존립하기 어려우므로 신의를 지켜야 한다는 뜻이다. 그런데, 사기꾼은 이 말을 "상대방이 믿지 아니하면(無信), 사기가 이루어지지 않는다 (不立)." 즉, 상대방이 착오에 빠지지 아니하면 사기목적이 달성되지 않는다."라는 뜻으로 해석하고 있는 것이 아닐까?

사기 사건의 피해자들에게 "어떻게 이렇게 황당한 말을 믿게 되었습니까?"라고 물어보면, 대부분의 피해자들은 "글쎄 말입니다. 지금 생각해 보면 황당한데, 당시 뭔가에 홀린 듯했습니다."라고 대답을 하곤 한다. 피해자가 사기꾼의 말이나 태도에 속아 합리적인 판단을 하지 못한 것이다. 결국 나의 약점이 사기꾼의 공략대상이므로 가급적 약점을 보이지 않는 것이 좋다. 우리가 어떤 단계를 거쳐서 사기를 당하게 되는지에 대하여는 "제2부: 사기꾼의 실체 (3. 우리가 사기를 당하는 이유는 무엇일까?)"에서 '그루밍의 6단계'에 맞추어 이미 설명한 바가 있다.

어떤 분은 나에게 "검사님! 저는 첫 느낌이 좋은 사람에게 사기를 당한 적이 있어요. 그런 피해를 당하지 않으려면 어떻게 해야 하나요?"라는 질문을 했다. 이 책에 나오는 8가지(예방 5가지, 사후대책 3가지) 사기 방지 행위수칙을 잘 지킨다면 이런 피해도 막을 수 있을 것이다. 독감주사를 맞았다고 해서 독감에 전혀 걸리지 않는다고 보장을 할 수 없는 것처럼 사기꾼이 치밀한 계획을 세워 수년간 작업을 한다면 사기를 당할 수밖에 없다. 그러나 이 책을 통하여 사기 피해를 70~80% 정도 방지할 수 있다면 책을 출판한 목적이 달성되었다고 생각한다. 다음은 내가 첫 느낌이 나쁜 선배에 대한 경계의 끈을 놓는 바람에 사기당한 이야기와 자신의 약점 때문에 사기당한 분의 이야기를 하고자 한다.

1. 선배에게 두 번 사기당한 검사

　　20년도 훨씬 지난 일이다. 내가 서울의 어느 지청에서 평검사로 근무할 당시 학교 선배라는 분이 식사를 하자며 접근하였다. 당시 그분에 대한 나의 첫 느낌은 좋지 아니하였다. 이런저런 핑계를 대면서 그분과의 식사를 몇 번 거절하였다. 몇 달이 지난 후에 보니 그분은 나의 선배 검사와 친한 사이였다. 선배 검사가 이미 검증을 끝낸 사람으로 생각하여 경계의 벽을 허물고 그분과 선배 검사와 함께 식사나 술을 하는 등 약 10년 정도 친하게 지냈다. 나중에 보니 그분은 상당수의 검사나 판사들과도 친분이 있었다. 그 후 내가 서울의 어느 검찰청에서 부장검사로 근무할 때인데, 지금부터 10년 전에 다음과 같은 일이 발생했다.

　　어느 날 그분은 나에게 전화하여 "임부장! 내가 이번 달에 신용카드를 많이 사용하여 그 사용대금을 막지 못하면 신용불량자가 될 처지에 놓였어. 다음 달에 꼭 갚을테니 500만 원만 송금해 줘."라고 다급하게 말했고, 나는 그 말을 믿고 이리저리 400만 원을 만들어 송금했다.

　　그 다음 달에도 그분은 같은 말을 하면서 500만 원을 빌려 달라고 했고, 나는 어렵게 290만 원을 만들어 송금해 주었다.

　　그 후 나는 다른 지방으로 발령받아 근무했고, 몇 년의 세월이 흘렀다.

　　어떤 사기사건을 수사하던 중 나는 "내 사건도 해결하지 못하면서 어떻게 남의 사건을 해결하지?"라는 생각으로 그분에게 전화를 했다. 그분은 전화를 받지 않았고, 그 대신 그분의 휴대폰에서 컬러링으로 찬송가가 흘러 나왔다. "그분은 기독교 신자도 아닌데 왜 찬송가 소리가 나오지?"라는 생각과 함께 뭔가 일이 잘못되었다고 직감했다.

머칠 뒤 그분은 전화하여 자신이 10억 원을 사기당해서 연락못해 미안하다고 말했다. 그리고 나서 내가 몇 푼도 안 되는 돈을 달라고 한다며 섭섭해 하는 것 같았다.

또 몇 년 흘렀고, 우연히 그분의 카톡 프로필에 손자와 함께 행복해 하는 모습이 찍힌 사진이 올려져 있었다.

그분의 경제 형편이 나아진 듯하여 나는 "빌려간 돈이 얼마 되지 아니하니 할부금 내듯이 월 50만 원씩 갚아주시면 좋겠다."라는 문자와 함께 통장의 계좌번호도 함께 보냈으나 아무 응답이 없었다.

몇 년이 더 지났고, 어느 날 그분은 "임부장! 내 형편이 좀 나아졌으니 돈을 갚아줄게, 통장번호 알려줘."라는 문자를 보내 왔다.

그 순간 나는 "조금만 더 참을 걸." 하고 생각하면서 내 통장 계좌번호를 문자로 보냈다.

10년이 더 지났지만 지금까지 한 푼도 입금되지 않았다. 계좌번호를 받아 놓고도 돈을 보내지 아니한 이유에 대하여 아무 설명도 없었다.

빌린 돈을 갚겠다고 계좌번호를 물어놓고 아직까지 갚지 아니한 이유가 무엇인지 무척 궁금하다. 결국 두 번 사기를 당한 셈이다. 나는 오로지 그분을 위해 무이자로 돈을 빌려주었는데, 결국 사람 잃고, 돈 잃고, 얻은 것은 마음의 상처뿐이다.

나는 690만 원의 수업료를 내고 중요한 교훈을 얻었다. 앞으로 이와 같은 상황에 다시 처하게 된다면 다음과 같이 대처할 것이다. "저는 공무원이라 빌려드릴 돈이 없어요. 이 돈은 격려차 드리는 것이니 안 갚아도 되지만, 굳이 갚겠다면 형편이 나아졌을 때 갚으세요."라는 말과 함께 약간의 위로금을 준다. 또는 "돈을 관리하는

아내와 상의해서 결과를 알려드리겠습니다."라고 말한 후 다음 날
그분에게 "아내와 상의를 했는데 마이너스 통장을 쓰고 있어서 은
행대출금 갚기도 빠듯하여 빌려드릴 돈이 없습니다."라고 정중히
거절한다.

나의 사기예방 강연을 들은 지인이 다음과 같은 내용의 문자를
보냈다.

> 세상에 이런 일이!
> 검사님에게 사기를 쳤다니 상상이 안가요. 조심!
> 그리고 100만 원 주고 말 걸 이제야 저도 지혜가 생겼어요.
> 저는 1,500만 원을 빌려주었다가 계속적으로 물귀신 작전으로 15
> 억 원을 당하고 결국 후배 녀석 교도소에 보내고 아직까지 1원도 변
> 제를 못받고…
> 저도 바보입니다.

지인이 만일 나의 690만 원짜리 교훈을 미리 알았다면 후배에
게 100만 원의 격려금으로 끝을 보았을 것이다. 내가 강조한 사기
당한 후 조치 중의 하나에는 '받을 가능성이 없는 채권은 빨리 포
기하라!'가 있다. 위 지인이 1,500만 원을 빌려준 후 받을 가능성
이 없다고 판단되는 어느 시점에서 더 이상 돈을 빌려주지 않았다
면 후배에게 15억 원이나 되는 거액의 돈을 잃고, 후배도 잃지 않
았을 것이다. 물론 그와 같이 과감히 손절(損絶)을 하기는 여간 어
려운 일이 아닐 것이다.

나는 이 일을 겪으면서 사기 피해자들이 받는 고통을 조금이나
마 알 것 같았다. "그때 돈을 빌려 달라는 요구를 왜 과감히 거절

하지 못했을까? 나는 왜 좀 더 현명하지 못할까? 인생을 잘못 산 것은 아닐까?" 등등의 자괴감을 느끼지 않을 수 없었다.

사기 사건을 수사함에 있어서는 치밀함과 인내심이 필요하다. 내가 사기를 한 번 당하고 나서부터는 더 이상 수사가 귀찮거나 힘들지 않았고, 마치 내가 그 사기 사건의 피해자가 된 것처럼 자연스럽게 수사에 몰입되어 혐의를 밝힐 수 있는 중요한 증거를 찾아내기도 한다. 도둑을 한 번 당해 본 검·판사가 그런 피해를 당해 본 적이 없는 다른 동료보다 절도범에 대한 태도가 훨씬 더 엄격한 경향이 있다고 한다. 대도(大盜) 조세형이 "다른 절도범에게 피해를 주지 않기 위해 검·판사의 집에는 들어갔다가도 그냥 나온다."라는 자신만의 절도 원칙을 세운 것은 이 점을 잘 반영한 것이다.

대법원은 사기죄의 범죄의사(犯罪意思)에 대하여 「피고인(사기범)이 자백하지 않는 이상 범행 전후의 피고인의 재력, 환경, 범행의 내용, 거래의 이행과정 등과 같은 객관적 사정 등을 종합하여 판단할 수밖에 없다.」라고 판결하였다(대법원 2004. 12. 10. 선고 2004도3515 판결 등). 따라서, 사기의 고의가 있었다는 것을 추단할 수 있는 객관적인 사정을 일일이 조사하여 진실을 밝히려는 검사의 의지가 무엇보다도 중요하다.

사기죄만큼 검사의 수사 의지에 따라 유죄와 무죄 사이를 왔다 갔다 하는 범죄는 없을 것이다. 사기사건 수사는 실체적 진실을 발견하려고 노력하는 검사와 이를 감추려고 하는 사기꾼과의 머리싸움이고, 재미있는 게임이다. 그래서 사기사건 수사가 재미있다. 이제 세월도 많이 흘렀고, 그 선배 덕분에 사기사건을 보는 안목이 넓어졌으니 고맙다고 해야 할지도 모르겠다.

2. 얼굴이 못났다는 열등감(약점) 때문에 사기당한 고소인

오래전 어느 검찰청에서 근무할 때 있었던 일이다. 범인이 스스로 얼굴이 못났다는 열등감에 사로잡힌 고소인을 위로하며 신뢰를 얻은 후 사기를 친 사건이 있었다. 그 내용을 요약하면 다음과 같다.

어느 날 고소인(여, 레스토랑 경영, B)은 혼자 연극 공연을 보러 갔다가 우연히 옆 좌석에 앉은 피고소인(남, A)을 알게 되었다.

여러 가지 대화를 하던 중 A는 B가 미혼이며 나이가 50대 중반인 사실을 알고, 자신은 이혼하여 혼자 외롭게 살고 있다고 말하며 신뢰를 쌓았다. A, B는 만난 지 한 달 만에 동거를 시작했다.

어느 날 A는 B에게 "내가 중국에서 곧 식당을 개업할 예정인데 운영자금이 급히 필요하다. 어차피 결혼하기로 했으니 돈을 빌려 달라."라고 말하면서 수십 회에 걸쳐 돈을 빌렸다.

그 후 A는 B의 신용카드까지 빌려가 사용했고, 그동안 A가 가져간 돈과 사용한 신용카드 금액이 모두 1억 5,000만 원 정도가 되었다.

B는 A가 한 푼도 갚지 아니하자 결국 사기죄로 고소를 하였다.

대질조사를 마치고 나서 나는 A를 먼저 귀가하도록 하였다. 혼자 남게 된 B가 갑자기 나에게 "검사님! 저 참 못생겼죠?"라고 물었다. 남에게 자신이 못생긴지를 묻는 사람은 드물다. 더구나 여자가 그러한 질문을 한다는 것은 더욱 드물기 때문에 나는 깜짝 놀라 B의 얼굴을 한 번 더 쳐다보았다. 전혀 못생긴 얼굴이 아니었다. 조사과정에서 보인 B의 성격은 밝고 명랑하기까지 하였다. 생각해 보니 B는 정말로 자신의 얼굴이 못났다는 열등감을 갖고 있었던 것 같다. 얼굴이 못났다는 B의 말을 들은 A는 B가 전혀 못나지 않고, 학창시절 자신이 사모했던 선생님의 얼굴을 많이 닮았다거나 성격도 시원시원하여 자신이 그동안 찾던 이상형이라고 칭찬하며 최면을 걸었을 것이다. 그 순간부터 B는 판단력이 흐려져 합리적인 판단을 하지 못한 것으로 보인다. 특히 A는 잘 생긴 외모와 중저음의 목소리를 가지고 있어서 B의 호감을 사기에 충분했다.

대질조사를 받던 A는 B가 마지막에 준 돈 1,000만 원은 사업자금으로 빌린 돈이고, 그 외의 돈은 B가 자신을 좋아했기 때문에 그냥 준 돈이라고 주장했다. A는 빌린 1,000만 원도 사업의 실패로 갚지 못한 것이지 결코 사기친 것이 아니고, 이제 환갑을 바라보는 나이가 되어 성기능이 약해졌기 때문에 매일 밤 잠자리를 함께 하자는 B의 요구를 들어줄 수 없어 헤어지게 된 것이라고 변명했다.

B는 1억 5,000만 원 전부를 A에게 빌려준 것이라고 주장하였고, 맨 마지막으로 준 1,000만 원에 대해서만 차용증이 있었다.

A의 사기행각이 들통난 경위는 이렇다. 어느 날 B는 자신의 친구에게 A와 교제 중에 있다고 이야기했다. 그러자 그 친구는 나이가 들어서 남자를 사귈 때는 그 남자가 어떤 사람인지를 정확히 알아야 한다고 충고했다. B는 혹시나 싶어서 자신의 집에 있던 A의 여권을 살펴보았다. 그러자 그 뒷면에 비상연락처로 여자 이름과 휴대폰 번호가 적혀 있는 것을 보았고, 그때부터 B는 A를 의심하기 시작했다고 한다.

그때부터 6개월 뒤 A는 중국에서 식당을 열기 위하여 중국으로 간다는 말을 B에게 했다. 그 말을 들은 B가 A를 돕기 위하여 친구

동생(C)에게 "A가 운영하는 중국식당에서 매니저를 해 달라."라고 부탁했다. C는 중국비자를 발급받기 위하여 A에게 개업 예정인 중국 식당의 위치를 물었지만 알려주지 않았다. 그러자 C는 B에게 "A가 중국에서 사업을 하지 않는 것 같다."라는 말을 하였다. 청천벽력이었다. B는 그 말을 듣고 A의 벤츠 승용차 안에 있던 차량등록증을 확인했다. 승용차의 소유자는 다른 사람이었고, 압류가 수십 건 있었다. 그제서야 B는 그동안 A와의 사이에 있었던 일들을 곰곰이 생각했다. A의 최근의 행동들이 모두 의도된 것임을 알았다.

특히 최근에 B는 돈을 빌려달라는 A의 요구에 대하여 이제 더 이상 빌려줄 돈도 없다고 대답한 적이 있었다. 그리고 나서 며칠 후 갑자기 A가 B에게 골프를 배우라고 하면서 B를 골프연습장에 등록시키고 젊은 남자 레슨프로를 붙여주었다. 연습장에서의 A의 행동들이 B를 그 프로와 사귀도록 유도한 것이었음도 깨달았다. 헤어진 원인이 B의 부정행위로 몰고 가서 빌려 간 돈을 갚지 않으려는 의도였다는 것이 B의 주장이다.

안타까운 것은 B가 A의 말에 속아 그동안 열심히 일해서 저축한 돈 외에 자신의 아파트 전세보증금을 담보로 대출받은 5,000만 원까지 A에게 빌려주었다는 것이다. A가 B한테 받은 1억 5,000만 원 중에서 1억 원 정도만 사기 혐의를 밝힐 수 있었다.

이 사건에서 **B는 무엇을 잘못했을까?** 교제 중인 이성에게 돈을 빌려주면서 차용증을 받기란 결코 쉬운 일이 아니지만 빌려주는 것이라면 차용증을 받거나 적어도 상대방으로부터 차용 사실을 인정하는 문자를 받아 이를 캡처하지 아니한 잘못이 있다.

교제를 시작한 지가 얼마 지나지 아니하였음에도 돈을 빌려달

라고 한다면 그 사람은 처음부터 돈을 목적으로 접근했을 가능성
이 매우 높으니 그의 행동을 유심히 살펴볼 필요가 있다.

III. 세상에 공짜는 없다.

이것은 기망행위, 착오, 처분행위라는 사기의 진행단계에 있어
서 착오와 관련된 부분이다.

옛날에 어떤 왕이 신하에게 "백성들에게 가르칠 세상의 지혜를
연구해 오라."라고 지시했다. 그러자 신하가 온갖 머리를 다 짜내
어 책을 12권으로 만들어 보고했다. 왕은 "너무 길다. 한 권으로
만들어 오라."라고 했다. 그래서 한 권으로 만들어 보고했다. 왕은
다시 "그러지 말고 한 줄로 줄여 오라."라고 지시했다. 연구 끝에
신하는 바로 "이 세상에 공짜는 없다!"라고 한 줄로 줄여 보고했다
는 이야기가 있다.

세상에 없는 것이 세가지가 있다. 정답, 비밀, 공짜가 없다. 이
것을 줄여서 정.비.공.이라고도 한다. 헛된 욕심을 버리고 세상에
공짜가 없다고 생각하면 사기를 당할 위험이 그만큼 줄어든다. 나
의 사기예방 강의를 들으신 어느 분은 위 3가지 외에도 한 가지가
더 있다고 말했다. 그것이 무엇이냐고 물었더니 "세상에 믿을 놈이
없다."라는 것이 그것이라고 한다. 내가 아는 지인은 '세상에 공짜
는 없다.'는 것이 자신의 생활철학이라서 지금까지 사기를 당한 적
이 한 번도 없다고 한다. 그는 한때 사람들로부터 고수익이 난다는
투자처를 권유받았으나 거절했다. 나중에 사기임이 밝혀져 다른 사
람들은 피해를 당했을 때 자신은 전혀 피해를 입지 않았다고 한다.

사기범들은 상식에 어긋나는 말로 사람을 현혹한다. "한 번 속으면 속인 사람이 나쁜 ×이지만, 두 번 속으면 속은 사람이 바보다."라는 말이 있다. 공짜를 바라지 않으면 전혀 사기를 당하지 않고 살 수 있다. "세상에 공짜는 없다."는 사실을 염두에 두고 금전거래를 함에 있어서 항상 합리적인 의심(reasonable doubt)을 해야 한다. 이러한 사실을 망각하는 바람에 사회적으로 큰 문제가 된 암호화폐 사기, 다단계 금융 사기, 리딩 사기 사건 등이 발생한다. 이것을 차례로 살펴보자.

1. 암호화폐 사기

가. 코알코인(CoalCoin) 사건

2017년 논란이 되었던 가짜 암호화폐인 **코알코인**을 미끼로 투자를 권유해 **5,000명의 피해자들로부터 합계 212억 원**을 가로챈 회사 대표가 2021년 징역 4년의 형이 확정되어 현재 복역 중이다. 그는 사업설명회에서 "코알코인은 한국은행에서 인증받은 전자화폐이고, 현재 **1원인 코인이 조만간 200원이 된다.**"라고 속였다. 2017년(1~10월) 당시 한국은행의 기준금리가 연 1.25%인 점을 고려하면 이것은 200배라는 파격적인 고수익이다. 그들은 신규 투자자의 돈으로 기존 투자자에게 이자나 배당금으로 지급하는 소위 '돌려막기' 방식으로 다단계 금융사기를 하였다. 이를 '폰지사기(ponzi scheme)[85]'라고도 부른다. 이 사건 피해금액이 무려 212억 원임에도 가벼운 형인 징역 4년이 선고되었다. '단기간 내에 고수익을 얻겠다.'는 피해자의 탐욕도 사건발생의 원인 중의 하나라는 점이 반영된 것이다. 피해자만 억울한 것이다. 이러한 피해를 안 당하려면 상대방이 하는 말을 반드시 재고하고, 확인해야 한다.

나. 코인업(CoinUp) 사건

암호화폐인 코인업을 미끼로 투자를 권유해 **수천 명의 피해자들로부터 합계 4,500억 원**을 가로챈 혐의로 그 회사의 대표이사가 2019년 1심에서 징역 16년의 실형을 선고받았다. 그는 사업설명회에서 "코인업에 투자하면 **4~10주 내에 최대 200%의 수익금을 주겠다.**"라고 속였다. 범행기간인 2018년 8월부터 2019년 2월까지 한국은행 기준금리가 연 1.5~1.75%인 점을 고려하면 이것은 파격적인 수익이다. 심지어 그는 현직 대통령(문재인)과 나란히 선 합성사진이 담긴 가짜 잡지까지 사무실에 비치해 피해자들을 현혹시켰고, 소위 '돌려막기' 방식으로 회사를 운영하였다. 재판부는 단기간에 고수익을 바라며 무리하게 투자한 피해자들에게도 일부 책임이 있다고 판시하였다.

다. 브이 글로벌(V Global) 사건

암호화폐거래소인 브이 글로벌이라는 회사 대표이사를 비롯한 임직원 6명이 2020년 7월부터 2021년 4월까지 암호화폐 판매를 미끼로 **5만 2,000명의 피해자들로부터 2조 2,100억 원**을 가로챈 혐의로 2021년 7월에 구속기소되었다. 공소장에 의하면 그들은 "암호화폐거래소에 **600만 원짜리 계좌**를 최소 1개 이상 개설하면 단기간내에 투자금의 3배인 **1,800만 원을 준다.**"라고 하면서 투자자를 모았다. 이들은 "브이 글로벌이 국내 거래소 실적 4위이고, 한국은행에 블록체인 지갑을 개발 납품하고 SK텔레콤과 지갑 구축 사업을 진행했다."라며 피해자들을 속여 '돌려막기' 방식으로 다단계 금융사기를 하였다. 피해자들 중에는 노후자금이나 암치료비까지 투자한 사람도 있었다고 한다.

2. 다단계 금융 사기

아래 업체들은 사건이 터진 후에야 미인가업체였다는 사실이 밝혀져서 피해자들을 놀라게 했다. 사업설명회의 행사장에 유력 정치인들이 보내온 축하화환을 전시했고, 전직 고위관료들을 초청하여 특강하게 하여 사람들로 하여금 당연히 인가업체라고 믿게 했다. 피해자들은 "확인하라!"를 실천하지 못했다. 이러한 피해를 예방하려면 투자전에 인터넷으로 금융소비자 정보포털 '파인(FINE)' 또는 금융감독원의 '서민금융 1332' 홈에 접속하여 인가된 업체인지의 여부를 확인할 필요가 있다. 원금보장 또는 고수익을 약속하는 경우 사기일 가능성이 매우 높으니 의심해 볼 필요가 있다.

가. 아이디에스(IDS) 홀딩스 사건

아이디에스 홀딩스라는 회사의 대표이사가 2011년부터 4년 10개월 동안 다단계 금융 사기방식으로 **1만 2,178명의 피해자들로부터 총 1조 969억 원**을 가로챈 혐의로 2017년 12월 대법원에서 징역 15년의 실형이 선고되어 수감 중에 있다. 그는 **외환**(FX, Foreign Exchange)**마진거래[86]** 사업을 통해 원금은 물론 **월 1~10%까지 수익**

금을 보장한다고 투자자들을 속였다. 수익금으로 지급하는 소위 돌려막기를 하였는데, 대표는 징역 15년을 선고받아 수감 중에 있다. 당시 한국은행 기준금리가 연 2%도 안 되었으므로 이것은 파격적인 수익이다. 20년간 증권회사에 근무했던 사람도 13억 원을 당했고, 피해자들이 구성한 비대위의 집계에 의하면, 이 사건으로 극단적인 선택 등으로 죽은 사람이 50명에 달한다고 하니 놀랍다.

나. 벨류인베스트코리아(VIK) 사건

벨류인베스트코리아의 대표이사가 2011년부터 4년 동안 다단계 금융 사기방식으로 **3만여 명의 피해자들로부터 약 1조 원**을 가로챈 혐의로 모두 14년 6개월(2019년 12년 확정＋2021년 2년 6월 형 확정)의 실형을 선고받아 수감 중에 있다. 그는 피해자들에게 "**비상장주식에 투자**하는 벨류인베스트코리아에 투자하면 원금과 함께 **연 3~5%의 고수익을 보장**한다."라고 속이고, '돌려막기' 방식으로 다단계 금융사기를 하였다.

다. 아쉬세븐(Ashe7) 사건

최근 언론보도[87]에 의하면, 아쉬세븐 대표이사 등 임원 4명이 2015년부터 최근까지 7,000여 명의 피해자들을 상대로 1조 원대의 사기 및 유사수신 행위를 한 혐의로 구속기소되어 재판을 받고 있다. 그들은 피해자들에게 "**4개월간 투자금의 5%의 이자를 주고 다섯째 달에는 투자원금을 돌려준다.**"라고 속였다고 한다. 이 사건에서도 알 수 있듯이 파격적인 고수익을 보장해 주겠다고 한다면 합리적인 의심을 해 볼 필요가 있다.

3. 리딩 사기

리딩(leading) 사기란 투자전문가를 사칭해서 대화방을 만든 후 고수익을 미끼로 주식, 펀드, 암호화폐 등에 투자를 유도한 뒤 돈을 받아 잠적하는 범죄이다. 진화된 형태의 보이스피싱인 **리딩 사기에 이용된 계좌는 통신사기피해환급법에 의한 사기이용계좌 지급정지 등 피해구제를 신청할 수 없다.** 투자 정보 제공이나 투자 대행은 용역 제공이고, **용역 제공 등을 가장한 행위**에 대하여 통신사기피해환급법이 적용되지 않기 때문이다. 아래는 암호화폐 투자금 명목으로 3,000만 원과 투자수익금 인출수수료 명목으로 6,400만 원(합계 9,400만 원)을 리딩 사기를 당한 사건이다.

> 피해자(B)는 오픈 채팅방에서 알게 된 투자전문가라는 사람(A)으로부터 암호화폐 투자를 권유받아 20만 원을 입금하고, A가 알려준 사이트에 들어가 보니 투자금이 2배로 불어나 있었다.
>
> B가 3,000만 원을 입금한 후 바로 1억 6,000만 원이 되어 있었고, B가 인출을 요구하자 수수료 명목으로 40%를 요구했다.
>
> B는 40%인 6,400만 원을 입금했고, B는 A가 잠적한 후에야 사기를 당한 사실을 알게 되었다.

최근에는 카톡의 오픈 채팅방이나 IP 추적이 어려운 텔레그램에서 리딩 사기 사건이 많이 발생하므로 각별한 주의가 필요하다. 암호화폐 리딩방에서는 주식처럼 작전세력이 있어서 업체가 미리 저가에 매입해 놓은 특정 암호화폐를 추천해 수익을 올리는 행위도 빈번히 일어난다. 멀쩡한 투자업체의 홈페이지를 베끼거나 사업자등록증 또는 유명한 투자전문가의 이름을 도용하여 고수익 보장을 약속하는 수법으로 범행을 하는 경우도 있는데, 해외 계정을 사용하는 경우가 많아 추적도 어렵다.

2020년 6월 어떤 주부는 인터넷 카페에서 '고수익, 원금보장'을 해 주겠다며 투자전문가를 사칭하는 사람의 말에 속아서 친정아버지의 소를 판 돈에 전세금을 합한 1억 원을 금(金) 선물 사이트에 투자했다가 사기를 당했다. 경찰에 신고했으나 범인을 검거하거나 돈을 찾기 어렵다는 말을 듣고 극단적인 선택을 했다는 안타까운 보도가 있었다. 파격적인 고수익을 쫓으면 이와 같은 피해를 당하게 된다. 최근 『○○ 공모주를 많이 주겠다며 외국인 투자자인 척 기망하여 100억대 리딩 사기가 발생했다.』 라는 언론보도[88]가 있었다. 점점 수법이 치밀해지고 있음을 알 수 있다.

4. 기타 실제 사례

가. 미분양된 아파트 150세대의 분양사업을 동업하자고 속여 14억 원을 사기친 사건

> 피고소인(A)은 고소인(B)에게 "대통령 비선조직이 미분양된 ○○ 아파트를 구조조정 물건으로 관리하고 있는데, 분양가의 50%의 가격으로 인수하면 350억 원 정도의 수익이 난다. 나는 그중 40억 원만 가져가고, 당신은 나머지 310억 원을 가져가도록 하는 내용으로 동업하자."라고 제안했다.
>
> 이에 속은 B는 A에게 투자금으로 14억 원을 주었다.

> 사실은 미분양된 아파트 150세대가 구조조정 물건이 아니고 대통령 비선조직이 관리하지도 않았다.
> B는 A가 약속을 이행하지 아니하자 A를 사기죄로 고소하였다.

수사를 하다 보면, 아직도 청와대나 국정원, 검찰 등 고위층이나 권력기관을 빙자하여 사기치는 경우가 있다. 대통령의 비선조직이 개인의 재산을 관리할 이유가 없으므로 이를 빙자하는 말은 모두 거짓말이다. 위 사건에서 A가 제안한 말이 전부 사실이라면 위 사업은 파격적으로 수익이 난다. 사기꾼의 말에 속은 B는 위 사업이 과연 실체가 있는지도 전혀 확인하지 아니하여 이와 같은 피해를 입었다. 결국 A를 사기죄로 기소하였다.

과거에는 구권화폐(정치적 비자금)[89]를 빙자하여 사기치는 경우도 많았다.

나. 관광호텔 건축 시행을 위한 예치금 명목으로 3억 2,000만 원을 사기친 사건

> 피고소인(A)은 소개인을 통하여 알게된 고소인(B)에게 "관광호텔 건축 시행을 위해서 1,200억 원의 자금이 드는데 그 예치금으로 3억 2,000만 원을 빌려주면 입금한 날로부터 40일 이내에 그 원금 외에 10억 원을 지급하겠다."라고 말하면서 그러한 취지의 확약서를 써주었다.
> A는 이와 같이 기망하여 B로부터 차용금 명목으로 3억 2,000만 원을 받았으나 약속을 이행하지 아니하였다.
> B는 A를 사기죄로 고소하였다.

　　A는 3억 2,000만 원을 빌려주면 13억 2,000만 원을 그것도 단기간(40일 이내)에 준다고 했다. 과연 그것이 가능할까?

　　이 사건에서 B는 무엇을 잘못했을까? 돈을 빌려줄 당시 B는 A를 직접 만난 사실도 없다. 중간에 소개한 사람의 말만 믿고 확약서를 받고 돈을 빌려준 것이다. A를 직접 만나 사업설명을 듣고 몇 가지 질문을 했다면 어떻게 40일 이내에 원금 3억 2,000만 원 외에 10억 원을 줄 수 있는지, 위 대여금에 대한 담보제공을 어떻게 할 것인지 등에 대하여 좀 더 구체적으로 알 수 있었을 것임에도 B는 이를 하지 않았다. 안타까운 일이다.

　　A는 호텔공사가 계획대로 진행되지 아니하여 돈을 주지 못했을 뿐이라고 변명했지만 A에 대하여 사기죄가 인정된다.

　　위 사건처럼 사기꾼의 상식에 맞지 않는 말만 믿고 아무런 담보를 설정하지 아니한 채 돈을 빌려줘 사기를 당한 사건도 있다. 그 사건의 요지는 다음과 같다.

> 　　피고소인(A)은 고소인(B)에게 "내가 3개월에 약 10% 정도의 수익을 보는 투자처에 10년간 투자 중인데 투자에 모두 성공을 했다. 그러니 돈을 빌려주면 그 곳에 투자를 하여 3개월 이내에 원금과 월 3.3% 상당의 이자를 지급해 주겠다."라고 거짓말을 하고, 이에 속은 B는 차용금 명목으로 3억 7,000만 원을 주었다.
> 　　B는 A가 약속을 이행하지 아니하자 사기죄로 고소하였다.

　　A가 제시한 3억 7,000만 원에 대한 월 3.3% 상당의 이자는 월 1,220만 원이다. 이 사건 당시인 2020년 3월의 한국은행의 기준금리는 0.75%이므로 은행에 1억 원을 예금하면 연간 75만 원(매월 6

만 2,500원)의 이자를 받는다. 그러므로 A가 제시한 조건은 파격적
인 이자이다. 여기에 함정이 있는 것이다.

이 사건에서 **B는 무엇을 잘못했을까?** B가 위 돈을 빌려주기 전
에 A가 10년간 투자를 하여 수익을 남긴 내역과 이에 대한 증거를
제출받아 확인하고, 담보 없이는 돈을 빌려 줄 수 없다고 강력히 주
장했다면 당시 A에게 변제 능력이 없다는 사실이 밝혀져 사기피해
를 막을 수 있을 것이다. 고소 이후 A는 사건 당시 10억 원 상당의
채무가 있었던 사실이 밝혀졌고, 결국 A를 사기죄로 기소하였다.

다. 남대문 시장 내 상가분양 명목으로 15억 원을 사기친 사건

피고소인(A)은 아무런 자금 없이 서울 남대문 시장 내에 있던 기
존 건물을 리모델링을 한 후 이를 분양하기로 했다.

A는 분양되는 상가에 대하여 파격적인 고수익을 보장하겠다는 취
지로 허위광고를 하였고, 그 광고에 속은 고소인(B)을 포함한 30명
의 피해자들은 모두 15억 원의 분양대금을 냈다.

A는 약속과 달리 상가를 분양하지 못했고, B를 포함한 피해자 30
명은 A를 사기죄로 고소하였다.

이 사건은 내가 2001년 서울지검의 형사부에서 조사부[90]로 근
무 부서를 옮기면서 전임자로부터 물려받은 사건이었다. 조사부로
옮긴 지 얼마 되지 아니하여 피해자들의 대표라고 하는 60대 중반
인 허름한 옷차림의 아주머니(B)가 찾아와 나에게 "검사님! 저는
교회의 권사입니다. 어제 밤 꿈속에 하늘에서 굵은 동아줄이 내려

왔고, 내가 그 줄을 잡고 하늘로 올라가는 꿈을 꾸었습니다. 꿈이
하도 이상하여 검찰청에 확인하니 저희 고소사건의 담당 검사님이
바뀌었다고 해서 인사하러 왔습니다. 제가 상가를 분양받으려고 친
척한테 빌리거나 신용카드깡을 해서 5,000만 원을 만들어 분양대
금으로 냈는데 그것이 사기였습니다. 이 돈을 돌려받지 못하면 저
는 앞으로 살길이 막막합니다. 검사님의 인상을 보니 저희 사건을
잘 해결해 주실 분으로 보입니다."라고 말했다. 그 말을 듣고 기록
을 살펴보니 분양광고 전단지가 없는 등 조사가 미진한 상태여서
원점에서부터 수사를 시작하기로 했다. 분양광고 전단지 등을 제출
받아 허위광고 여부를 조사하고, 이와 유사한 사례와 처리결과는
어떠한지 등을 검토한 후 A를 소환하였다. A는 자신이 분양에 전
혀 관여한 바가 없고, 분양광고 전단지는 분양대행사 직원들이 알
아서 만든 것이며, 이 사업에는 자신보다 더 많은 돈을 투자한 동
업자(C)가 한 명 더 있다고 하였다. C는 참고인에 불과하다며 소환
에 응하지 아니하여 C를 A의 공범으로 입건한 후 조사했다. 이 사
건의 핵심은 A가 과연 분양 광고의 내용이 허위라는 사실을 알면
서도 이를 묵인하였느냐의 여부다. A의 사무실이 분양 사무실 바
로 옆에 있었고, A는 출퇴근을 하면서 출입문 벽에도 붙어있던 광
고전단지를 본 것이 사실이라는 A의 진술도 받아내어 A와 C를 사
기의 공범으로 구속기소했다. 이 사건은 결국 B가 꿈꾼 대로 성취
되었다.

이 사건을 기소한 후 얼마 지나지 않아 B가 검사실에 찾아와서
"검사님! 너무 감사합니다. 이 은혜를 평생 잊지 않겠습니다. 앞으
로 검사님이 잘 되도록 평생 기도하겠습니다."라고 말하였다. B가

항상 기도하는 덕분에 내가 지금까지 30년이 넘도록 검사로 재직하고 있는 것이 아닐까? 나는 B에게 "분양광고의 내용도 제대로 확인하지 않고 분양대금을 낸 이유가 뭔가요?"라고 물었다. 그러자 B는 "그 사람들이 말하는 분양조건이 하도 파격적이라 그 말에 혹해서 내용을 제대로 따져 볼 생각을 못했습니다."라고 대답하였다. 이 사건은 재판과정에서 피해가 일부 회복된 것으로 안다.

이 사건에서 **B는 무엇을 잘못했을까?** B의 잘못은 파격적인 고수익을 보장한다는 허위광고에 속아서 합리적인 의심을 가지고 사실관계를 따져 보지 않았다는 것이다.

라. 물류창고를 지어 팔면 파격적으로 고수익이 난다는 말에 속아 사기당할 뻔한 지인

대구에서 사는 지인(학원 원장)이 2021년 6월 초순경 나에게 카톡으로 다음과 같은 경우 어떻게 해야 하는지를 물었다.

> 검사님! 어제 물류창고를 지어서 팔면 1년 안에 10배 수익이 난다는 아이템이 있어서 경산시 자인 소재 물류창고 부지를 보고 왔습니다.
>
> 상대방이 제안한 내용은 "현금 20억 원을 투자하고, 800억 원을 대출받아 창고를 지은 후, 물류회사인 쿠팡이나 CJ대한통운이 1,000억 원에 매입하겠다는 MOU(양해각서)가 확정되면 사업에 착수한다. 20억 원을 4명이 나누어 5억 원씩 투자하면 1년 안에 50억 원이 되니 투자하라."라는 것입니다.
>
> 어찌해야 하는지요?

이에 대하여 나는 다음과 같은 답장을 하였다.

> 원장님!, MOU(Memorandum of Understanding, 양해각서)란 정식
> 계약을 체결하기 전에 당사자 간의 합의한 내용을 기록한 문서입니
> 다. 말 그대로 서로 간에 양해하는 것에 불과하여 원칙적으로 법적
> 인 구속력이 없습니다.
>
> 원장님이 '완공될 창고를 향후 수 년간 사용하겠다.'는 물류회사의
> MOU를 믿고 거금을 유치하여 대규모의 물류창고를 완공했다고 가
> 정합시다. MOU는 법적인 구속력이 없기 때문에 그 후 물류회사가
> 이 창고를 사지 않겠다고 돌변하게 될 가능성이 높습니다. 그렇게
> 되면 창고를 짓기 위하여 대출받은 이자는 매월 눈덩이처럼 늘어나
> 지만 창고 수입이 턱없이 부족하여 결국 창고가 경매에 나오게 될
> 것이고, 그때 물류회사는 그 창고를 헐값에 매수하겠다고 제의하는
> 수순으로 갈 겁니다.
>
> 시험삼아 위 물류회사에 법적 구속력이 있는 MOU를 작성해 달라
> 고 요구해 보세요. 아마 해 주지 아니할 걸요?
>
> 요즘 코로나로 인하여 온라인주문이 폭발적으로 증가하자 대도시
> 인터체인지 부근의 땅을 대량으로 매입하여 물류창고를 지으면 거
> 액의 수익을 남길 수 있다고 하면서 투자를 빙자하며 브로커들이
> 사기를 치는 경우가 빈발한다고 하니 각별한 주의가 필요합니다.

며칠 후 다음과 같은 답장이 왔다. "검사님 덕분에 대형사기를
모면했습니다. 검사님의 유튜브 사기예방 동영상 강의를 안 봤으면
또 속아 넘어갈 뻔 했습니다. 감사합니다." 세상에는 공짜가 없다.
초저금리시대에 투자금의 10배나 되는 파격적인 수익이 나는 사업
은 거의 없다. 그와 같은 말을 한다면 사기일 가능성이 매우 높다.

파격적인 수익이 난다면 본인들이 투자하여 그 수익을 가져가면
되지 굳이 생면부지의 나에게 연락을 할 이유가 없다는 합리적 의
심을 한다면 사기를 예방할 수 있다.

Ⅳ. 담아라(문서 등 증거 남기기)!

'담아라(Keep)!'는 피해자가 처분행위를 함에 있어 그 원인이
되는 상대방(사기꾼)의 기망행위의 내용을 담아서 보관하는 것이다.
이것은 문서 작성 등 증거를 남기는 것으로 표현되는데, 그 시점은
상대방에게 돈이나 재물을 주기 전까지이다. 왜냐하면 바라던 목적
을 달성한 사기꾼은 더 이상 피해자의 증거확보에 협조해 주지 않
기 때문이다. 사기꾼이 했던 말 등을 담아 놓으면 사기 혐의를 밝
히는 데 결정적인 역할을 한다. 이것이 내가 수많은 사기 사건을
수사하면서 절실히 느낀 점이다.

만장회도(慢藏誨盜)[91]라는 사자성어가 있다. 그 의미는 '곳간 문
을 잘 단속하지 아니하는 것은 도둑에게 도둑질을 가르치는 것과
같다.'는 것이다. 나는 이 단어를 보고 만증회사(慢證誨詐)라는 신조
어를 만들었다. 그 의미는 '증거를 잘 확보하지 아니하는 것은 사
기꾼에게 사기를 치라고 가르치는 것과 같다.'는 의미이다.

행동과학(Behavioral Science)이 밝혀낸 바에 의하면 사람의 기억
은 선택적이고, 기억의 저장과 재생과정에서도 반드시 과장이나 변
형이 일어난다고 한다. 양심적인 사람들도 어쩔 수 없다고 한다.
시간이 지남에 따라 기억의 과장이나 변형이 필연적으로 일어난다
는 점에서도 거래의 중요한 부분은 반드시 문서나 증거를 남길 필

요가 있다.

　기망(속임)은 사기죄의 특징이다. 그렇다면 사기죄는 절도죄와 무엇이 다를까? 사기죄는 남을 속여 착오에 빠지게 하고, 착오에 빠진 그 사람이 스스로 주는 재산(재물과 재산상 이익)을 받는 것이고, 절도죄는 남의 재물을 동의 없이 절도범이 스스로 가져오는 것이다. 사기꾼은 스스로를 머리로 살아가는 화이트칼라(white collar)로 생각하며 자부심을 갖고, 절도범을 가리켜 '머리를 쓰지 않고 남의 주머니에서 자기 주머니로 돈의 위치만 이동시키는 블루칼라(blue collar)'라고 칭하며 업신여긴다. 사기꾼은 목적 달성을 위하여 치밀한 계획을 세운 후 성공할 때까지 몇 년간 공을 들이는 경우도 있다. 사기꾼은 남의 돈을 사기쳐서 가져갔음에도 사기친 것이 아니라 남들이 감히 못하는 어려운 프로젝트(project) 하나를 완성하여 그 대가를 받은 것이라고 자기 합리화를 한다.

　사기꾼은 고소인(피해자)에게 항상 긍정적이고 희망적인 말을 하고, 고소인은 그 말을 너무 믿었기 때문에 증거를 남길 필요성을 느끼지 못한다. 어떤 사기꾼은 고소인이 차용증이나 계약서를 작성해 달라고 요구하면 잘 지내 온 인간관계를 들먹이면서 서운한 감정을 드러내어 피해자로 하여금 증거를 남길 의욕을 꺾어 버린다. 이것을 극복할 수 있는 방법이 하나 있다. "내가 당신을 믿지 못해서가 아니라 내가 전에 돈을 떼인 적이 있는데 그때부터 돈을 빌려주고 차용증을 받지 않으면 잠을 자지 못하는 강박증이 생겼다. 그러니, 나를 위해 차용증 한 장 써 달라."라고 말하는 것이다. 즉, 나에게 문제가 있으니 차용증을 써 달라는 것이다. 사기꾼과 연락이 두절된 후 비로소 사기당한 사실을 알게 되면 아무런 증거를 확보하지 못한 자신을 자책할 뿐이다.

피해자가 계약서나 차용증의 작성을 요구한다면 사기꾼은 자신이 써준 문서로 인하여 처벌될지도 모른다는 생각에 범행을 그만둘 수도 있다는 점에서 사기가 예방된다.

1. 사기꾼, 문서로 확실히 잡는 비법이 있다.

가. 우리는 주고받는 문서에 속고 있다!

우리가 상대방을 사기죄로 고소하면서 종전에 받았던 차용증이나 계약서를 증거로 제출하지만 고소 사건의 20%만 혐의가 인정되어 기소되고, 나머지 80%는 불기소 처분된다는 것이 대검찰청 통계이다. 심하게 말하면 **우리가 믿고 있는 문서에 속고 있다**는 것이다.

이와 같은 문제가 일어나는 이유는 무엇일까? 처음부터 민사사건이거나 증거가 부족한 상태에서 고소하기 때문이다. 피해자는 상대방(사기꾼)으로부터 차용증 등 문서를 받으면 안심한다. 그러나, 사기꾼은 사기친 재산을 차명으로 은닉해 놓기 때문에 받은 문서를 근거로 승소판결을 받아도 강제집행할 재산이 없기 때문에 그 판결문은 무용지물이다.

우리가 받는 차용증에는 일반적으로 '원금, 이자, 변제날짜'가 기재되고, 추가로 '기한의 이익상실, 관할합의'가 기재된다. 그러나, 그것은 상대방(사기꾼)에게 돈(재산)을 주었다는 증거(처분증거)일 뿐이고, 그 돈을 주게 된 원인(기망증거)은 기재되어 있지 않다. 즉, 기존의 차용증은 민사소송에만 초점이 맞추어져 있는 100점 만점에

50점짜리 문서에 불과하다.

상대방이 '거짓말을 했다는 사실(**적극적 사실**)'은 고소인이 증명해야 하지만 이를 입증할 증거가 없다. 운이 좋게도 목격자가 있어도 그의 진술은 이해관계에 따라 변할 수 있기 때문에 이를 전적으로 믿기도 어렵다.

나. 민·형사통합 문서('임채원표 문서')가 해결책이다.

가장 이상적인 방법은 거래할 때마다 상대방의 말을 전부 녹음하면 된다. 그러나, 상대방 몰래 녹음하는 것은 **음성권 침해**를 이유로 민사상 손해배상 청구를 당할 수 있을 뿐만 아니라 **상대방을 의심**하고 있다는 인상을 주므로 부적절하다. 이 문제에 대한 해답은 형법의 사기죄 개념에서 찾을 수 있다. 즉, 형법 제347조(사기죄) 제1항에는 "사람을 기망하여 재물의 교부를 받거나 재산상 이익을 취득한 자는 10년 이하의 징역 또는 2,000만 원 이하의 벌금에 처한다."라고 규정되어 있다. 이것을 분석하면 사기죄는 "(사기꾼의) **기망행위**(欺罔: 속임)와 (피해자의) **처분행위**"로 구성되어 있다. 따라서, 차용증에 사기꾼이 기망했다는 증거(**기망증거**)와 이에 따른 피해자의 처분행위가 있었다는 증거(**처분증거**)를 담으면 된다. 나는 이 문서를 '민·형사통합 문서'(줄이면, '임채원표 문서')라고 이름을 지었다.

이해의 편의를 위하여 다음과 같이 X좌표(**처분증거**), Y좌표(**기망증거**)로 설명해 보자.

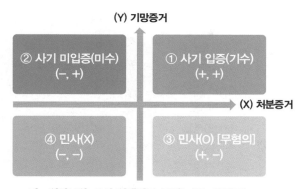

민 · 형사통합 문서(임채원표 문서) [X, Y좌표]

위 X, Y좌표의 **우측상단(①)**에는 '기망증거'와 '처분증거'가 모두 있다. 따라서, 사기죄 요건이 전부 증명되었기 때문에 사기죄의 완성, 즉 기수(旣遂)가 된다. **좌측상단(②)**에는 '기망증거'만 있고, '처분증거'가 없기 때문에 사기죄의 미완성, 즉 미수(未遂)에 그쳐 사기 미수죄로 처벌된다. **우측하단(③)**은 '기망증거'가 없기 때문에 사기죄는 혐의 없고, '처분증거'는 있기 때문에 민사소송을 제기하면 승소가 가능하다. **좌측하단(④)**은 예컨대, 예금통장에서 현금 1,000만 원을 인출하여 사기꾼에게 빌려주면서 차용증을 받지 아니하였고, 이를 고소하면서 인출내역이 기재된 통장사본을 증거로 제출한 경우가 이에 해당한다. 이 경우는 '기망증거'와 '처분증거'(현금을 인출한 증거는 있으나 그 돈이 사기꾼에게 전달되었다는 증거)가 모두 없기 때문에 민사소송을 제기해도 패소한다.

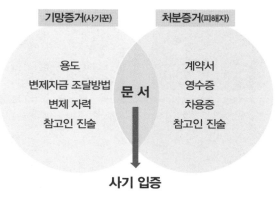

민·형사통합 문서(임채원표 문서) [벤 다이어그램]

이번에는 이것을 위와 같이 벤 다이어그램으로 표시해 보았다. '기망증거'에는 (차용금의) 용도, 변제자금 조달방법, 변제자력에 대하여 속이는 행위 또는 이에 부합하는 참고인의 진술이 이에 해당하고, '처분증거'에는 계약서, 영수증, 입금증 또는 이에 부합하는 참고인의 진술이 이에 해당한다. 위 2개의 원이 겹치는 부분이 바로 '민·형사통합 문서'인 것이다.

다. "2가지를 묻고, 1가지를 실천"하라!

'기망증거'를 어떻게 문서에 담을 것인가? 수사나 상담을 하면서 많이 접하는 사건이 차용사기이다. 가급적 돈을 빌려주지 않는 것이 상책이겠으나, 어쩔 수 없이 돈을 빌려주게 되는 경우에도 반드시 **2가지를 묻고, 1가지를 실천해야** 한다. 그 내용은 다음과 같다.

첫째, 『'어디에 쓸 건데?'를 물어라.』 즉, 빌리는 돈의 용도(사용처)를 물어 차용증에 기재하는 것이다. 돈을 빌릴 당시에 갚을 생각이나 능력은 있었지만, 단지 빌리는 돈의 용도를 속였을 뿐인 경우 사기죄가 인정될까? 이 질문은 돈의 용도를 속이는 행위, 즉 **용도사기**에 관한 것이다. 형법 제347조 제1항에 사기죄란 「사람을 **기망하여** 재물의 교부를 받거나 재산상의 이익을 취득하는 행위」라고 되어 있을 뿐이고, '변제할 의사나 능력[92] 없이'라고 되어 있지 않다. 그러므로 (사기꾼의) 기망행위로 인한 (피해자의) 처분행위'가 있으면 사기죄가 인정된다. 창원지방법원[93]이 『피고인이 실체가 없는 물류사업에 '투자하면 5~10%가 넘는 이자를 주겠다.'고 **피해자를 속여 86억 7,000만 원을 받은 사건에 대하여,** 피고인의 "돌려줄 의사, 능력이 있었고 실제로 원금을 초과한 변제가 이루어졌기 때문에 피해자를 속여 돈을 가로채려는 의도가 없었다."라는 주장을 배척하고 **피해자를 속여 위 돈을 받은 그 자체로 피해자의 재산침해가 되어 사기죄가 성립하고** 그 후 피해자에게 받은 돈보다 더 많은 **113억 원**(원금과 이자)**을 변제한 것은 사기죄가 성립한 후 사정에 불과하다**는 이유로 피고인에게 징역 3년의 판결을 선고한 것은 이러한 법리를 잘 반영한 것이다.

이처럼 피해자가 '**원래의 용도를 알았다면 돈을 주지 아니하였을 것이라는 관계**'만 인정되면 사기죄가 인정되고, **비록 그 당시에 변제할 의사나 능력이 있었더라도 사기죄가 인정된다.**[94] 대법원 판례[95]도 같은 입장을 취하고 있다.

실제로 사기 사건을 수사하다가 보면, 고소인은 "피고소인이 돈을 빌려갈 때 용도를 속였고, 만일 그러한 사실을 사전에 알았더라면 돈을 빌려주지 않았을 것이다."라고 주장하고, 이에 대하여 피고소인(사기꾼)은 "고소인이 주장하는 용도에 사용하겠다고 말한 적이 없고, 돈을 빌릴 당시에는 갚을 의사나 능력이 있었으나 사업의 실패로 경제 사정이 나빠져서 빌린 돈을 못 갚았을 뿐이다."라고 변명하는 경우가 많다.

용도사기에 관한 좀 더 구체적인 검토는 이 장의 "4. 차용증에는 빌려 가는 '돈의 용도'를 반드시 기재해 달라고 요구하라."에서 하기로 한다.

둘째, 『'어떻게 갚을 건데?'를 물어라.』 즉, **변제자금 마련방법**을 물어서 상대방이 대답하는 말을 차용증에 기재하는 것이다.

판례에 의하면, 변제자금 마련방법을 속이는 것도 기망행위가 된다(대법원 2005. 9. 15. 선고 2003도5382 판결). 아래는 차용금의 "**용도와 변제자금 마련방법**"을 속인 사례이다.

> 도박에 돈을 다 잃은 피고소인(A)은 친한 친구인 고소인(B)을 찾아가 "내가 서울 생활에 지쳐서 용인시에 전원주택을 지어서 살 예정이다. 사려고 하는 땅의 계약금 중 1억 원이 부족하다. ① 빌려주는 1억 원은 땅 계약금에 사용하겠고, ② 한 달 뒤 ○○은행에서 나오는 대출금으로 갚겠다."라고 말했고, 그 말을 믿은 B는 A에게 1억 원을 빌려주었다.
>
> A는 도박으로 1억 원을 다 날렸고, 약속을 지키지 못했다. 위 돈을 빌릴 당시 A는 3억 원 상당의 빌라 한 채가 있었으나 B로부터 돈을 빌린 후 위 집을 담보로 급전을 빌린 돈을 전부 도박에 탕진하여 남은 재산이 없고, 신용불량자가 되었다.
>
> 뒤늦게 그 사실을 안 B는 A를 사기죄로 고소하였다.

이 사건에서 B는 A가 "① 1억 원은 땅 계약금으로 사용하고(용도에 대한 기망), ② 한 달 뒤에 나오는 대출금으로 갚겠다(변제자금 마련방법에 대한 기망)"는 말에 속아서 1억 원을 빌려주었다고 주장하면서, '**원금, 변제날짜, 이자**'가 기재된 **차용증**을 증거로 제출하였다.

그러나, A는 그 당시 B에게 아무 말도 하지 아니한 채 그냥 빌렸을 뿐이라고 변명했다.

B는 위와 같이 '원금, 변제날짜, 이자'가 기재된 차용증이 있었기에 A에 대한 민사소송에서 승소판결을 받았지만 가진 돈이 없었기 때문에 피해금을 회수할 수 없었다.

위 차용증에는 A가 말했던 ① 차용금의 용도, ② 변제자금 마련방법이 기재되어 있지 아니하였고, 달리 기망했다는 증거가 없어 혐의없음 처분을 할 수밖에 없었다. 우리는 여기서 차용증에 속인 사실에 대한 증거를 담는다는 것이 얼마나 중요한지 알 수 있다.

셋째, 『**돈에 꼬리표를 달아라!**를 실천하라.』 어떻게 하면 돈에 꼬리표를 달 수 있을까? 계좌로 돈을 입금하는 것이 돈에 꼬리표를 다는 것이다. 왜냐하면, 계좌추적을 통해서 돈의 사용처를 알 수 있으니 돈에 꼬리표를 다는 것이라고 할 수 있다.

내가 수사했던 사건 중에는 『**'기존 채무변제'에 사용할 의도**임에도 '마스크 제작 기계 구입'에 사용하겠다고 용도를 속여 1억 원을 빌려 가 사기죄로 고소된 사건』이 있었는데, 차용증에 그 **용도를 기재**하고, **계좌로 입금**(돈에 꼬리표 달기)하는 바람에 사기죄를 쉽게 입증했던 적이 있었다. 그 내용을 소개하면 다음과 같다.

> 피고소인(A)은 사채업자들(C, D)로부터 급전을 빌려 코인투자를 하였고, 갚지 못하여 빚 독촉에 시달리며 신변의 위험을 느껴 왔다. 어느 날 A는 고소인(B)에게 "1억 원을 빌려주면 그 돈으로 마스크

를 만드는 기계를 사서 마스크를 생산 후 중국에 수출하여 6개월 뒤에 원금과 함께 수익금의 절반을 주겠다."라고 거짓말을 하여 B로부터 1억 원을 받았다.

A는 약속한 돈을 전혀 갚지 않았다.

1년 뒤 B는 A를 사기죄로 고소를 하였다.

　A는 사업자금으로 1억 원을 빌렸고, 빌릴 당시에는 집이 한 채 있었는데, 그 후 사기를 당하는 바람에 현재는 재산이 없을 뿐이라며 편취 범의를 부인했다.

　B는 당시 A가 1억 원을 빌려주면 마스크 만드는 기계를 사겠다는 말을 믿고 돈을 빌려주었다고 주장했다. 아울러 B는 A가 작성한 "기계를 구입하는 용도로 1억 원을 사용한다."라고 기재된 차용증을 증거로 제출하였다.

　한편 B는 1억 원을 A의 예금계좌에 입금하였다. A의 계좌를 추적하여 입금된 1억 원의 흐름을 보니, 3,000만 원은 C에게, 4,000만 원은 D에게 각각 입금되었다. C, D를 조사했더니 그들은 A에게 빌려준 돈을 변제받았을 뿐이라고 진술하였다. 결국 A는 처음부터 자신의 빚을 갚는 데 돈을 사용할 의도였던 것이다. B는 A가 빚을 갚는 데 사용할 줄 알았으면 1억 원을 빌려주지 않았을 것이라고 진술하였다.

　조사를 마치고 나서 그분에게 "차용증에 용도를 기재하는 분이 드문데요, 선생님은 어떻게 차용증에 용도를 기재할 생각을 하셨나요?"라고 물었다. 그러자 그분은 "검사님! 제가 여러 번 사기를 당했어요. 그때마다 고소했고, 용도를 속인 게 맞는데, 담당 검사는 사기꾼의 말만 믿고 무혐의 처분을 했어요. 그렇게 여러 번을 당한 후 결국 차용증에 용도를 기재할 생각을 하게 되었어요."라는 대답 했다. 이와 같이 차용증에 용도를 기재하고, 계좌로 입금하는 것이 얼마나 중요한지 알 수 있다.

이와 같이 '민·형사통합 차용증(임채원표 차용증)'을 만들고, 계좌로 입금해야 한다고 주장을 한 법조인은 내가 처음일 것이다. 1990년 초 임검사 시절부터 검사로서 퇴임할 때까지 약 33년간 '자나 깨나 사기 생각, 앉으나 서나 사기 생각'을 해 오던 나는 2022년 10월(검사 퇴직 2개월 전) 어느 날 밤 11시경 문득 이 '통합 차용증'을 생각해 내고 너무 기쁜 나머지 흥분이 되어 새벽 3시까지 한숨도 못 잤다. 알고 나면 너무나 당연하지만, 이 생각은 마치 콜럼버스가 달걀을 세운 것과 같은 발상의 전환일 것이다. 비행기는 양쪽 날개가 있어야 하늘을 날 수 있듯이 문서에 **처분증거** 외에 **기망증거가 있어야 사기 입증이 쉬워진다.** 사기 범죄 피해액 중에 회수되는 돈은 3%에 불과하다. 예컨대, 사기 범죄 피해액이 1억 원이면 300만 원 정도 회수된다. 그러나, 차용증에 **"기망(증거)을 담으면** (내 손을 떠난 돈이 돌아올) **희망이 보인다."** 사기꾼은 자신이 했던 거짓말이 문서에 담겨져 있다는 사실을 알면 처벌이 두려워 임채원표 차용증을 작성한 상대방에게는 사기를 치지 못할 것이다. 세상에는 치밀하지 못한 사람이 많은데 굳이 꼼꼼한 사람의 돈을 사기쳐서 교도소에 갈 이유가 없기 때문이다. 사기꾼은 칼만 안 든 살인범이다. 최근 내가 상담했던 43억 원을 사기당한 피해자가 극단적인 선택을 했다는 안타까운 소식을 들었다. 사기예방 교육이야말로 사람의 목숨을 구하는 일이다. 참고로 '민·형사통합 차용증(임채원표 차용증)' 양식을 만들어 보았다.

차 용 증

채권자(빌려주는 사람)   귀하 (주민등록번호:)

금액: 원정(₩   )

위 금액을 아래 조건으로 차용한다.

- 아 래 -

1. **이자는** 연 _ % (월이자: _ 원)로 한다.

2. **변제기일은** _ 년 _월 _일까지로 하고, 채권자의 주소지에서 변제하거나 계좌입금하기로 한다.

3. 이자의 지급을 _회 **연체**하면 차용인은 **기한의 이익을** 상실하고, 원리금 잔액을 이의없이 변제해야 한다.

4. 이에 관한 분쟁은 채권자의 주소지를 **관할법원**으로 한다.

※ *차용인의 약속*
   ① *차용금 용도(사용처):*
   ② *변제자금 마련방법:*

작성일자: 20 _년 _월 _일

차용인   (인)

주민등록번호:

주소:

연락처:

민·형사통합 차용증(임채원표 차용증) [양식]

계약서(투자, 물품공급 등)에도 처분증거 외에 기망증거를 담아야 사기 입증이 쉬워진다. 투자계약서나 물품공급계약서 등을 작성할 때 투자나 물품공급 등 처분행위에 관한 것을 기재하는 것이 일반적이다. 실제로 문제된 사건에서의 계약서를 보면, 그와 같은 처분행위의 **원인(또는 이유)이 되는 결정적인 상대방의 말이나 약속**이 기재되어 있지 아니한 경우가 다반사이다. 그 이유는 기존의 차용증처럼 계약서가 민사에 초점이 맞추어져 있기 때문이다. 대부분의 거래는 정상적으로 끝나고, 이때는 기망증거가 필요없다. 기망증거를 계약서에 기재하는 일은 다소 귀찮고, 상대방에게 자신이 까다로운 사람으로 비추어질지 모른다는 생각에 이를 기재하지 않는 것 같다. 그러나, 10건의 거래 중에서 1건의 사기 거래로 인하여 피해를 입으면 사업이 망할 수도 있다. 그러므로, 유비무환의 관점에서 번거롭더라도 계약서에도 기망증거를 남기는 것이 좋다.

이와 관련하여 재미있는 에피소드를 소개하기로 한다. 내가 변호사 개업을 한 지 몇 개월이 지나지 아니한 때인 2023년 2월경, 패션디자이너인 나의 지인이 자신이 운영하는 유튜브 채널에 패션모델로 출연해 달라는 제의를 했다. 나는 이 핑계 저 핑계를 대면서 출연을 거절하다가, 그분의 **"변호사는 옷도 세련되게 입어야 의뢰인이 신뢰합니다."**라는 결정적인 한마디에 초보 변호사인 나는 그만 마음이 움직이고 말았다. 덕분에 유쾌하고 색다른 경험을 하였지만, 한편으로는 그렇게 거절하다가 마음이 바뀐 내 자신을 돌아보면서 '앉으나 서나 사기 생각'만 하는 나는 이 상황을 사기 사건과 비교해 보게 되었다. '처음에는 한사코 거절을 하다가도 마음을 사로잡는 결정적인 말이 있으면 이렇게 마음이 변할 수도 있구나.' 위 에피소드를 사기에 비교하는 것은 다소 무리가 있어 보이기는 하지만 마음이 변하는 것은 똑같다는 생각이 들었다. 그러므로 우리는 거래행위 시 처분행위(금전대여 또는 투자 등)를 하기로 결심하게 된 결정적인 상대방의 말을 계약서의 특약사항에 담아서 그것이 향후 분쟁시 해결의 중요한 역할을 하도록 해야 한다.

2. '말' 보다는 '문서'를 남기자.

내가 취급한 많은 사건의 피해자들이 "검사님! 그 내용은 구두로 합의를 하였는데, 당시 분위기가 좋아서 특별히 문서로 남기지 아니하였습니다."라고 말하는 경우가 종종 있다. 답답한 노릇이다. 고소가 되면 사기꾼과 피해자가 수사기관에 와서 서로 상반된 주장을 한다. 철저히 조사하여도 누구의 말이 사실인지를 알 수 없는 경우도 많다. 구두로 합의할 당시에 현장에 같이 있었던 사람을 조사해 보지만, 이해관계에 따라 사람의 진술도 수시로 변하기 때문에 현장에 있었던 그 사람의 말에만 의존해 결론을 내릴 수도 없다. 거짓말탐지기 검사까지 해 보지만 여전히 한계가 있다. 검사로서는 여간 곤혹스러운 일이 아닐 수 없다. 그래서 나는 지인들을 만나면 법률행위를 할 때에는 반드시 그 내용을 문서로 남기도록 조언을 하지만 이를 실천하기란 그리 쉬운 일이 아니다. 그렇지만 다음과 같은 방법으로 미리 문서 등 증거를 남기면 향후 분쟁이 발생했을 때 자신을 방어할 수 있고, 상대방도 합의된 내용이 문서로 남아 있다는 사실을 알고 다른 주장을 할 생각을 포기한다는 점에서 사기예방의 효과가 있다.

가. '문서'를 남겨라.

다음은 투자약정서를 작성하지 아니한 바람에 사기의 혐의를 밝히는 데 많은 어려움을 겪은 사건이므로 소개하기로 한다.

> 피고소인(A)은 자본금 5,000만 원으로 애견 용품을 제조, 판매하는
> 회사를 설립하였으나 판매실적이 저조하여 경영난에 처하자 고소인
> (B)에게, "내 회사의 영업 실적이 좋아서 모(某) 회사(C)가 4억 원에
> 인수하겠다는 제의를 한 적이 있었으므로 내 회사의 가치는 4억 원
> 이 넘는다. 8,000만 원을 투자하면 20%의 주식과 20%의 수익금을
> 주고, 이사로 등기해 주겠다."라고 말하면서 B에게 20%의 주식을 주
> 고, 이사로 등기해 준 후 B로부터 투자금으로 8,000만 원을 받았다.
> 위 회사는 당시 자본이 잠식된 상태에 있었고, 영업실적이 전혀
> 없었으며, C회사는 전혀 존재하는 회사가 아니었고, 결국 A는 투자
> 받은 지 6개월 후 위 회사의 문을 닫고 영업을 포기하였다.
> B는 A를 사기죄로 고소하였다.

A는 C회사를 언급하며 자신의 회사 가치가 4억 원이 된다는
말을 한 적이 없고, B가 회사의 실적을 전부 검토한 후 스스로 판
단하여 투자를 했으며, 주식을 넘겨주고, B를 이사로 등기해 주었
는데, 그 후 사업이 잘 되지 아니하여 영업을 포기했을 뿐이지 결
코 사기를 치지 않았다고 변명했다.

B는 A가 C회사로부터 4억 원의 인수제의를 받았다고 하여 회
사 가치가 4억 원으로 알고 투자했다고 주장했다.

경찰은 A가 C회사를 말하며 자신의 회사 가치가 4억 원이 된
다는 말을 했다는 증거가 없고, B가 20%의 주식을 받고 이사로 등
기되었다는 이유로 혐의없음 처분 의견으로 송치하였다.

그러나 추가 수사를 통하여, ① 회사(C)는 존재하지 아니하였
고, ② A가 당시 B에게 보여준 자료는 사업자등록증, 영업신고증

등 허가사항과 관련한 자료일 뿐, 재무제표 등 회사의 재무상태에 관한 자료가 아니었으며, ③ A의 회사는 수년간 적자가 누적되었고, ④ 투자금의 대부분을 A의 개인채무 변제에 사용한 사실을 밝혀내어 A를 사기죄로 기소했다.

이 사건에서 B는 무엇을 잘못했나?

B는 투자약정서를 작성하지 않았다. A가 당시 C회사를 들먹이며 **회사의 가치가 4억 원이 된다고 한 말을 투자약정서에 담아 두었더라면** 사기 혐의를 좀 더 신속히 입증할 수 있었을 것이라는 아쉬움이 든다.

나. 문서는 가급적 '자필(自筆)'을 받아라.

문서는 가급적 자필로 작성해 달라고 상대방에게 요구하는 것이 좋다. 전부 자필로 작성하기가 번거롭거나 어려우면 중요한 부분은 공란으로 남겨둔 채 나머지 부분을 미리 컴퓨터로 작성하여 출력한 후 그 중요한 부분과 작성일자, 상대방의 이름, 생년월일, 주소, 전화번호 등을 자필로 작성받는 것이 좋다. 자필로 쓴 분량이 너무 적으면 필적감정을 해도 누구의 필적인지에 대하여 판단불능에 빠질 수 있으니 주의가 필요하다. 필적 감정을 통하여 진실이 밝혀질 수 있기 때문에 자필을 남긴 상대방은 그러한 문서를 작성한 사실이 없다는 말을 하지 못하게 되므로 사기 예방의 효과가 있다.

최근 전관출신 변호사가 불구속 수사를 조건으로 의뢰인한테 성공보수금으로 12억 원을 미리 받았지만 의뢰인이 구속되었음에도 이를 반환하지 아니하여 **성공보수금 '먹튀'** 논란이 있다는 보도[96]가 있었다. 사건의 개요는 다음과 같다.

한 기업 임원인 의뢰인(B)은, 변호사(A)에게 착수금과 불구속 수사를 조건으로 14억 원을 지급하였으나 이듬해 구속되었다.

B는 A에게 성공보수금 12억 원의 반환을 요구했으나 A는 "2019년 12월까지 불구속 수사를 받는 경우 성공보수금을 지급한다."라는 특약이 적힌 위임계약서를 제시하면서 그 반환을 거부했다.

B는 A가 계약서를 임의로 작성한 것이기 때문에 무효라고 주장하며 서울변협에 진정서를 접수하고, 성공보수금 12억 원을 반환하라는 민사소송을 제기하였다.

이 사건에서 A의 주장이 사실이라면, **A는 무엇을 잘못했을까?** A는 소송위임계약서를 작성할 당시 B로 하여금 **"2019년 12월까지 불구속 수사를 받는 경우 성공보수금을 지급한다."**라는 문구를 자필로 기재하도록 하였다면 이와 같은 분쟁은 애초부터 발생하지 않았을 것이다.

여유가 있다면 상대방과 함께 공증사무실에 방문하여 이 문서를 공증하면 더욱 좋다. 공증(公證)이라 함은 특정한 사실 또는 법률관계의 존재 여부나 내용을 공적으로 증명하는 행정행위이다. 공증된 것은 공적인 증명력이 있으나 그것으로써 법률관계가 발생, 변경, 소멸되지 아니하므로 반증(反證)으로 번복할 수 있는 것이 원칙이다.

더 나아가 공증비용은 더 들겠지만 상대방으로부터 차용증을 받을 때에는 공정증서로 받는다면 상대방이 그 이행을 지체하는 경우 별도의 소송절차 없이 상대방의 재산에 강제집행을 할 수 있다. 이 공정증서의 정확한 명칭은 '금전소비대차공정증서'인데 차용증에 '채무자는 이 계약에 의한 금전채무를 이행하지 아니할 때에

는 즉시 강제집행을 당하여도 이의가 없음을 인낙하였다.'는 취지
로 된 '강제집행의 인낙(認諾)'이라는 문구가 추가된다.

다. '도장 찍기'보다 '무인(拇印)'이나 '서명'을 받아라.

요즈음 컴퓨터로 도장을 새기는 기술이 고도로 발달되어 있다.
컴퓨터로 문서를 작성하여 출력한 후 도장을 찍었음에도 그 문서
에 자신의 필적이나 무인(拇印)이 없는 점을 악용하여 그 문서가
위조되었다고 주장하는 사건이 간혹 있다. 이 경우 고소인이나 검
사가 위조되었다는 사실을 증명하여야 하지만 쉬운 일이 아니다.

그러므로 문서를 작성할 때 작성자의 이름 옆에 '도장'이나 법
인의 직인을 찍는 것보다 가급적 '무인(拇印)'을 찍거나 '서명(署名,
signature)'을 하도록 요구하는 것이 좋다. 무인은 무인감정이 가능
할 정도로 인주를 충분히 묻혀서 선명하게 찍도록 해야 한다. 다음
은 분쟁의 결정적 증거인 계약서에 피고소인의 자필이나 무인이
없었기 때문에 그 계약서가 사건 해결에 아무런 도움이 되지 못한
사례이다.

> 고소인(B)은, "B소유의 주식 1만 주를 5,000만 원에 A에게 양도함
> 과 동시에 현금 5,000만 원을 받기로 한다."라는 내용의 주식양도
> 계약을 피고소인(A)과 체결하였다.
> B는 주식 1만 주를 먼저 양도했지만 A는 대금 5,000만 원을 주지
> 아니하였다.
> B는 주식양도 계약서를 제출하면서 A를 사기죄로 고소하였다.

나는 A에게 주식양도 계약서를 보여주면서 "이 계약서의 양수

인란에 당신의 이름이 기재되어 있고, 그 옆에 당신의 도장이 찍혀 있으니 B의 주장이 사실이 아닐까요?"라고 물었다.

그러자 A는 "검사님! 이 계약서를 제가 작성했다는 증거를 대십시요!"라고 하면서 계약서를 작성한 사실 자체를 부인하였다. A의 말대로 그 계약서는 컴퓨터로 작성되어 출력된 후 법인의 직인이 찍혀 있었을 뿐 A의 자필이나 무인이 없어서 과연 이 문서를 A가 작성했는지 알 수 없었다. 이어서 A는 "전에 아는 사람(C)이 법인을 설립하겠다면서 인감도장과 신분증을 달라고 하여 인감도장을 건네준 적이 있고, B로부터 주식을 받은 이유는 B가 5,000만 원 정도의 가치가 있는 주식을 주겠다며 연료절감 기술을 전수해 달라고 하여 주식을 양수한 후 확인해 보니 아무런 가치가 없어 화가 나서 기술을 전수해 주지 않았을 뿐입니다."라고 덧붙여 말했다.

이에 대하여 B는 A가 거짓말을 한다고 주장했다. 결국 C를 상대로 A의 진술이 사실인지를 확인하여야 함에도 C는 행방을 알 수 없어 더 이상 수사를 진행할 수 없었다.

이 사건에서 B는 무엇을 잘못하였을까?

당시 B가 계약서를 작성할 때 **중요한 부분에 A의 자필이나 무인을 받지 못한 잘못**이 있다. A가 계약서에 자필을 남겼거나 무인을 찍었다면 계약서를 작성한 사실이 없다는 말을 할 수 없었을 것이다. 그리고 B는 주식과 대금을 동시에 서로 주고받기로 했음에도 주식을 먼저 넘겨준 잘못도 있다. **문서에 지장(指章, 무인)을 받으면 문서내용을 입증하는 데 지장(支障)이 없다!**

라. 계약서 초안을 미리 받아 법률전문가의 자문을 구하라.

사기꾼들은 계약 내용을 가급적 문서로 남기지 않으려고 한다. 문서를 작성하더라도 중요한 사항을 일부러 빼거나 모호하게 작성하여 향후 고소를 당했을 때 처벌을 회피하려고 한다. 그러므로 계약을 체결할 때에는 초안을 만들거나 상대방으로부터 초안을 받아 미리 법률전문가의 자문을 받는 것이 좋다. 나아가 상대방과 계약을 체결할 때 변호사와 함께 가는 것도 좋은 방법이다. 변호사와 함께 가는 것 자체가 상대방으로 하여금 사실과 다른 주장을 하지 못하도록 하는 효과도 있을 것이다.

구두로 계약을 체결한 후 상황이 어려워지면 상대방은 그 내용과 다른 주장을 하며 계약을 파기하고 싶은 욕망에 빠질 수 있다. 그러나 계약서의 문구가 명확하다면 상대방은 자신에게 유리한 의미로 해석하며 다른 주장을 할 엄두를 낼 수 없다. 그런 점에서 분쟁을 예방하는 효과가 있다. 다음은 합의서의 내용을 명확히 작성하지 못하여 어려움을 겪던 지인의 사건이다.

1) 'A목사' 영입 관련하여 모호한 내용의 합의서를 작성한 사건

어느 날 나는 지인으로부터 "검사님의 사기예방 강의 덕분에 합의서를 작성하면서 돈 받을 날짜를 명시하게 되어 고맙습니다."라는 전화를 받았다. 그때로부터 약 4개월 후 그분은 다시 나에게 전화했다. 다소 의기소침한 목소리로 교회창립 관련하여 문제가 생겼으니 조언을 해 달라고 했다. 그분의 사연은 다음과 같다.

어느 날 모[某] 교회에 소속된 사람 12명이 새로운 교회를 세우기 위하여 1억 원씩 출연하고, 절차를 진행하던 중 'A목사' 영입 건에 대하여 서로 대립하다가 결국 다음과 같이 합의하였다.

합의서에는 "'A목사' 영입을 반대하는 6명은 합의서를 작성한 때로부터 2개월 뒤에 1억 원씩 반환받아 원래 교회로 되돌아간다. 'A목사'의 영입을 반대하지 않는다."라고 되어 있다.

합의서를 작성한 때로부터 2개월이 지났지만 1억 원씩을 반환받지 못한 채 'A목사'는 그 교회에 영입되어 목회 활동을 하고 있었다.

위 사건에 대하여 그분은 나에게 다음과 같이 두 가지 질문을 했다.

첫째, 사기죄가 인정되는가(형사적인 문제)?

사기죄는 '남을 속여 재물의 교부를 받거나 재산상 이익을 얻는 죄'이다. 그러나 이 사건에서 상대방이 얻은 것은 'A목사의 영입'이고, 재물이나 재산상 이익을 얻은 것이 아니므로 사기죄가 인정되지 아니한다.

둘째, A목사의 직무를 집행정지할 수 있는가(민사적 문제)?

이 합의서에는 'A목사'의 영입을 반대하지 않는다고만 되어 있다. 만일 약속한 대로 돈을 주지 아니할 경우 A목사의 목회활동을 중지시킬 수 있을지에 대한 언급은 없다. 그러므로 돈을 주기로 약속한 날짜가 지났지만 그것을 이유로 A목사의 직무집행을 정지하기는 어려워 보였다.

상담을 마치면서 나는 그분에게 "합의서에 도장을 찍기 전에 합의서 문구를 어떻게 작성해야 될지를 저에게 미리 물어보지 그러셨어요?"라고 했다. 그러자 그분은 "검사님은 워낙 바쁘신 분이라 미안해서 묻지 못했어요."라고 했다.

이 경우 합의서를 어떻게 작성했어야 했나? 합의서 끝부분에 "A목사의 영입을 **반대하지 않는다**."라고 되어 있는 것을 "A목사는 6명이 6억 원을 **전부 받는 시점부터** 창립교회의 목사가 된다."라고 기재했어야 했다. 즉, 6억 원의 반환을 조건으로 A가 목사로 영입되도록 했다면 상대방은 어쩔 수 없이 약속을 이행했을 것이고, 위반시 법원에 A에 대한 직무집행정지 신청도 가능했을 것이다.

몇 년이 지난 후 지인으로부터 "늦었지만 다행히 돈은 다 돌려받았습니다."라는 말을 들었다.

2) 건물 소유자가 '미납된 관리비' 문제를 '인도각서'에 기재하지 아니한 채 건물과 '인도각서'를 상대방(건물 경락인)에게 넘겨준 후 그를 사기죄로 고소한 사건

> 피고소인(A)은 고소인(B) 소유의 상가건물을 경매로 취득한 후 경매기간 동안 B가 납부해야 할 1억 원의 건물관리비를 상가관리단에 대신 납부한 후, B를 상대로 1억 원의 구상금 청구소송을 제기했다.
>
> B는 자신을 대리한 법무사(C)가 『위 상가건물과 그 안에 있는 기계 등 유체동산을 A에게 인도함에 있어 추후 이에 대한 권리를 포기함과 아울러 민·형사상의 문제를 제기하지 아니할 것을 각서한다.』라는 취지로 컴퓨터로 출력한 '인도각서' 초안을 보여주자 이에 도장을 찍어 주었다.
>
> A는 B를 만난 적이 없지만 C를 통하여 위 '인도각서'를 전달받은 후 그 대가로 B에게 1,000만 원을 송금했다.

A는 그 후에도 B를 상대로 한 위 구상금 청구소송을 계속 진행시켜 승소판결을 받았다.

B는 "B는 C를 통하여 'A가 B에 대하여 제기한 1억 원 청구권을 포기하겠다'는 말을 전해 듣고 상가건물 등을 인도한다는 취지의 '인도각서'를 C에게 써주었고, A는 C로부터 그 인도각서를 전달받았기 때문에 구상금 청구권을 포기했음에도 불구하고 그 소송을 취하하지 아니한 채 진행시켜 승소판결을 받는 방법으로 B에게 사기를 쳤다."라고 주장하며 A를 사기죄로 고소하였다.

A는 B를 대리한 C로부터 '인도각서'를 받은 것은 사실이나 그 당시 소송 중인 관리비 1억 원에 대한 언급이 없었고, '인도각서'를 받는 대가로 1,000만 원을 B에게 보낸 것이며, 만일 그 당시 관리비 1억 원에 관한 소송을 포기해 달라는 요구를 B로부터 받았다면 '인도각서'를 받지 아니하였을 뿐만 아니라 1,000만 원도 보내지 아니하였을 것이라고 진술하였다.

B는 A로부터 1,000만 원을 받은 것은 사실이나, 위 '인도각서'의 끝부분에 "상가건물과 그 안에 있는 동산에 대하여 B는 소유권을 주장하지 아니하고, 민·형사상의 문제를 제기하지 아니할 것을 각서한다."라는 취지로 되어 있는 것이 A가 관리비 1억 원을 포기한 증거라고 주장한다.

C는 B로부터 위 1억 원에 대한 소송을 포기해 달라는 요청을 받았지만 위 '인도각서'를 작성할 당시에 A에게 그와 같은 말을 전달하지 않았다고 진술하고 있는 점과 위 '인도각서'에 관리비 1억 원 소송에 대한 언급이 없을 뿐만 아니라 B는 A가 1억 원 청구소

송을 포기한 증거로 '인도각서'상의 '민·형사상의 문제를 제기하지 아니할 것을 각서한다.'는 문구가 기재되어 있는 점을 언급하고 있지만 문제를 제기하지 않겠다는 각서를 작성한 주체는 A가 아니라 B인 점에 비추어 보면 A의 주장이 타당하여 혐의없음 처분을 하였다.

이 사건의 문제는 C사가 1억 원을 포기받아 달라는 B의 요청을 A에게 전달하지 아니하였기 때문에 시작된 것이다. C가 A에게 그 말을 전달하였다면 사건은 달리 진행되었을 것이다.

이 사건에서 **B의 주장이 사실이라면 B는 무엇을 잘못하였을까?** B는 C가 작성해 온 '인도각서' 초안을 보았다. 그렇다면 그 내용을 읽어보고 중요한 문구인 관리비 1억 원 포기문제가 **빠졌다는** 것을 지적하여 즉시 이 문구를 넣었다면 이와 같은 분쟁은 발생하지 아니하였을 것이라는 아쉬움이 남는다.

마. 서명날인을 할 때에는 반드시 문서 내용을 읽어 보라.

계약서나 차용증 등에 서명날인을 할 때에는 반드시 그 내용을 잘 읽어 보아야 한다. 사기꾼은 문서를 읽을 시간을 주지 않으려고 갑자기 급한 상황을 만든 후 미리 만들어 온 문서에 서명날인을 해 달라고 요구하는 경우가 종종 있다. 이러한 경우에는 "지금은 시간이 없어 읽어 볼 수 없으니 나중에 찬찬히 읽어 보고 하겠다."라고 반드시 말해야 한다. 이렇게 말하면 사기꾼은 자신을 믿지 못하느냐고 하면서 불쾌한 표정을 짓거나, 상대방으로 하여금 미안한 생각이 들게 하는 분위기를 연출하여 서명날인을 강요하니 각별한 주의가 필요하다.

상담을 해 보면 가끔 경찰이나 검찰에서 조사를 받은 후에 조서의 내용을 제대로 읽어 보지 못했다고 말하는 사람들이 가끔 있다. 수사기관은 피의자에 대하여는 신문조서나 참고인에 대하여는 진술조서를 작성한다. 조사를 마친 후에는 작성된 조서의 내용을 꼼꼼히 읽어 보고 본인이 진술한 대로 기재되지 아니하였거나 사실과 다른 부분이 있으면 이의를 제기하여 수정하도록 하여야 한다. 경찰이나 검찰에서 작성한 본인에 대한 조서는 정보공개 청구를 통하여 열람이나 등사를 할 수 있다. 다음은 문서 내용을 읽지 않고 서명날인을 하여 피해를 본 사례이다.

1) 내용을 가린 채 내민 문서에 서명·날인하는 바람에 2억 5,000만 원의 보증채무자가 되어서 월급까지 압류당하고, 무고죄로 처벌받을 위기에 처한 교수

내가 아는 대학교수(B)는 자신이 아는 선배(A)가 자동차를 할부로 구입하려고 하는데 보증을 서 달라고 하면서 내용을 가린 채 내민 문서의 하단에 서명날인을 해 주었다.

그런데 어느 날 B는 어떤 사람(C)으로부터 'C가 A에게 2억 5,000만 원을 빌려줄 때 B가 보증인으로 서명·날인을 하였고, A가 빌린 돈을 갚지 못했으니 대신 갚으라.'는 통지를 받았다. 깜짝 놀란 B는 사실관계를 확인해 보니, 자신이 서명·날인한 문서는 A가 C로부터 2억 5,000만 원을 빌리면서 B를 속여 보증인이 되게 한 것이었다.

B는 하도 황당하여 선배 A를 사문서위조, 행사죄로 고소를 하였지만 A는 검찰에서 무혐의 처분을 받았다.

C는 B를 상대로 민사소송을 제기하여 승소판결을 받아 B의 월급

> 을 압류하였다. B는 자신이 보증인으로 된 사실을 몰랐음에도 불구
> 하고 A를 대신하여 2억 5,000만 원을 갚아야 할 처지가 되었다.
>
> 그 후 B는 "주채무자인 A는 갚을 의사나 능력이 없이 B로 하여금
> 2억 5,000만 원의 보증채무를 부담케 한 것은 B에 대한 사기다."라
> 고 주장하면서 A를 사기죄로 고소를 하였다.

B는 어느 날 밤 나에게 전화하여 의기소침한 목소리로 "검사
님! 제가 지난 번에 A를 사문서위조죄로 고소했으나 무혐의 처분
되었습니다. 그래서 이번에는 **A가 문서를 위조한 것이 아니라** 나를
속여 보증인이 되게 했으니 사기죄로 처벌해 달라고 고소했습니다.
그러자 이 사건을 담당한 검사는 전에 문서위조죄로 고소했던 것
이 허위라면서 저를 무고죄로 처벌하려고 조사 중에 있습니다. 화
장실에 가겠다고 하면서 잠시 복도에 나왔는데, 어찌하면 좋을까
요?"라고 물었다. 나는 B가 고소했던 사건의 기록을 보지 못했기
때문에 명확한 답변을 할 수 없었다. 수년간 B를 봐 오면서 느낀
점은 그는 정직하고 순수한 사람으로 결코 허위로 고소할 사람이
아니라는 것이다.

이 사건에서 **B가 잘못한 점**은 다음과 같다.

첫째, B가 문서 내용을 읽어보지 않고 서명·날인을 했다.

둘째, B가 사문서위조 및 행사죄로 먼저 고소하여 혐의없음 처
분이 되자 그 후 사기죄로 다시 고소한 잘못이 있다. 이렇게 2회에
걸쳐 나누어 고소하면 수사하는 데 시간이 더 많이 걸릴 뿐만 아니
라 고소 사실이 서로 모순될 경우 이와 같이 무고죄로 처벌될 수
있기 때문이다. 이 사건에서 만일 B가 하나의 고소장에 "A에 대한

사문서위조, 행사죄를 주된 고소사실(주위적 고소사실)로 하고, 그 범죄사실이 인정되지 아니할 경우에 사기죄(B를 속여 B로 하여금 보증채무를 부담하게 한 사실)로 조사하여 처벌해 달라는 취지(예비적 고소사실)로 작성하여 고소했다면 이와 같이 무고죄로 처벌받을 위기에 처하지 않았을 것이다.

2) 내용을 읽어 보지 아니한 채 투자약정서에 서명·날인한 후 암호화폐 투자금 명목으로 1억 원을 사기당한 지인

지인이 어느 날 암호화폐와 관련하여 사기를 당한 것 같은데 어떻게 대처를 해야 할지 조언을 해 달라고 했다. 그 요지는 다음과 같다.

> 지인은 "암호화폐에 투자하면 큰 수익금을 주겠다."라는 모집책의 말을 믿고 1억 원을 투자했는데, 그 암호화폐를 운영하던 업체의 대표이사는 최근에 사기죄로 구속되었고, 지인 외에도 피해자가 수십 명이 된다고 한다.
>
> 지인이 나에게 보여준 투자 당시 받았다는 3페이지 정도의 투자약정서에는 깨알 같은 글씨로 "암호화폐의 기반사업은 의료기기를 판매하는 것으로서 1억 원을 투자받고, 투자자는 이에 상응하는 상품권을 받는다. 투자자가 수익금을 받기로 약정한 날짜 이전에 상품권을 처분하면 2배의 손해배상금을 물어야 한다."라는 것을 비롯하여 대부분 투자자에게 불리한 내용이 기재되어 있었다.

나는 지인에게 "투자약정서를 작성할 당시에 이 약정서의 내용을 전부 읽어 보셨나요?"라고 물었다. 그분은 "작은 글씨로 되어

있고, 분량이 많아서 읽어 보지 않고 그냥 서명날인을 하였지요. 고수익을 보장해 준다는 말만 믿었어요."라고 대답했다. 나는 다시 "중간에 소개한 모집책이 투자받은 1억 원 중 상당한 금액은 소개비조로 가져갔을 것이므로 우선 그 사람을 만나 사건의 경위를 들어 본 후 고소를 하는 것이 좋을 것 같다."라는 조언을 해 주었다.

이 사건에서 **지인은 무엇을 잘못했을까?** 1억 원이나 되는 거금을 투자하는 약정서를 작성하면서 그 내용을 읽어 보지 아니한 잘못이 있다. 투자약정서에 기재된 암호화폐의 기반사업은 의료기기를 판매하는 것으로 되어 있으므로 그 실적을 확인하여 전망이 있는 것인지를 검토했어야 했다. 투자약정서에는 '투자자는 상품권을 수익금을 받기로 약정된 날짜 이전에 처분하면 2배의 손해배상금을 물어야 한다.'고 되어 있다. 투자자가 받은 상품권을 처분하는 것은 투자자가 바뀌는 것에 불과하여 투자받은 사람에게 아무런 불이익이 없다. 그럼에도 불구하고 상품권을 약정된 날짜 이전에 처분하면 2배의 손해배상금을 물어야 한다는 것은 지극히 투자자에게 불리하며 황당한 규정이다. 투자약정서를 꼼꼼히 읽어 보고 그 내용을 따져 보았더라면 피해를 당하지 않았을 것으로 보인다.

바. 백지에 서명 · 날인은 절대로 하지 말라.

상대방(피고소인)의 말만 믿고 백지에 서명 · 날인을 해 주자 상대방이 그 백지에 사실이 아닌 내용을 함부로 기재하는 방법으로 문서를 위조한 뒤 그 문서가 진정하게 작성된 것처럼 백지에 서명 · 날인을 한 사람(고소인)을 상대로 고소나 민사청구를 하는 경우가 가끔 있다. 이 경우 진실이 밝혀진다면 다행이겠지만 그렇지 못한 경우도 있다.

2018년 1월 초순경 부산지역에 사는 내 친구는 자신의 고향 후배(고소인, B)가 백지에 서명·날인을 몇 번 해 주었다가 전 재산을 다 날릴 위기에 처해 있으니 조언을 해 달라고 하면서 함께 서울에 올라왔다. B는 나에게 "검사님! 저는 평생 살면서 단돈 십 원도 사기를 당한 적이 없습니다. 백지 몇 장에 서명·날인을 해 준 바람에 평생 일구어 놓은 전 재산을 한꺼번에 잃을 수도 있다고 생각하니 밤에 잠을 설칩니다." 나는 B에게 "검사인 나도 적은 금액이지만 선배에게 사기를 당한 적이 있습니다. 평소에 사기예방 주사를 맞아 놓아야 큰 사기를 안 당하지요."라고 대답했다. 이 사건의 내용은 다음과 같다.

고소인(B)은 부인(C)과 함께 부산지역에서 식품 관련 프랜차이즈 사업을 하고 있었다.

피고소인(A)은 다음과 같이 주장하며 2017. 4. 11. 서울중앙지방법원에 B를 상대로 80억 원의, C를 상대로 25억 원의, 투자금 및 투자배당금 청구의 소를 제기하였다.

A가 위 소장에서 주장한 내용은, 『A는 B에게 2012년 5월 2일에 5억 원(자기앞수표 1억 원 + 현금 4억 원), 2012년 7월 30일 5억 원(자기앞수표 2억 원 + 현금 3억 원)을 각각 투자하였다. 그리고 이와 관련하여, ① A는 B, C와 사이에, 2012년 7월 30일자로 "투자원금 10억 원 및 29~31개월의 배당·성과·공로금 15억 원 합계금 25억 원을 2014년 2월 1일 일시불로 지급한다."라는 취지의 투자배당금 확인서를 작성하고, A는 B와 사이에, ② 2014년 11월 30일자로 "위 25억 원 및 14개월의 추가 배당금 7억 원 합계액 32억 원을 2016년 2월 1일

일시불로 지급한다."라는 변제기 연장 취지의 확인서를, ③ 이어 2016년 2월경 합계 40억 원[= 투자원금 10억 원 + 배당금 30억 원]의 지급에 관한 합의서를, ④ 다시 2016년 2월 17일자로 "위 40억 원을 2017년 5월 1일 미변제 시 무조건 배액[80억 원]을 지급한다."라는 투자배당금 지급각서를 각각 작성하였다. 따라서 B, C는 A에게 위 약정에 따라 80억 원을 지급할 의무가 있다.』라는 것이다.

B, C는 이에 응소함과 동시에 다음과 같이 주장하며 A를 사문서위조, 위조사문서행사, 특정경제범죄가중처벌등에관한법률위반[사기]죄로 고소하였다.

B, C의 주장내용은, 『B는 2012년 5월 2일 A로부터 수표를 현금으로 교환해 달라는 부탁과 함께 액면금 1억 원인 자기앞수표 1장을 받은 후 그 무렵 같은 금액의 현금을, 이어 2012년 7월 30일 같은 부탁과 함께 5,000만 원의 자기앞수표 4장을 받은 후 그 무렵 같은 금액의 현금을 각각 지급한 사실이 있을 뿐, A로부터 10억 원의 투자금을 받은 사실이 없고, 나아가 10억 원에 대한 투자약정도 체결한 사실도 없다. 이 사건 투자 관련 문서들은 모두 A가 B의 인감을 소지하였음을 기화로 위조하였거나 다른 용도에 사용하겠다며 B로부터 백지에 서명날인 등을 받은 후 부당하게 내용을 보충한 것이다.』라는 것이다.

나아가 A는, ① 자신의 주장을 더욱 강조하기 위하여 B, C가 제기한 위 고소가 허위라며 B, C를 무고죄로 고소하고, ② 이 사건과 관련된 민사재판에서 증인[E]이 "내가 B와 함께 있을 때 A로부터 1억 원의 수표를 현금으로 교환해 달라는 부탁을 받은 사실이 있다."라고 한 증언이 위증이라며 E를 위증죄로 고소하였다.

B의 주장은 다음과 같다.

B는 자신이 소유하던 부산 해운대구 소재 상가 2층의 임차인이
었던 A가 상가관리단의 총무로서 관리단 업무와 관련한 소송에 필
요하다고 하면서 B에게 "형님! 소송수행에 사실확인서를 작성해야
하는데, 시간이 없으니 백지에 서명날인만 해 주세요."라며 백지를
내밀었다. B는 평소 자신을 살갑게 대하던 A의 말을 그대로 믿고
응해 주었다. 그 후에도 B는 A의 요구대로 백지에 서명날인을 해
주거나 인감증명서를 발급받아 건네준 적이 몇 번 있었으며, B는
A한테 **10억 원을 투자받은 사실이 없고, 3억 원의 수표를** A에게 교
환해 주었을 뿐이다. 이에 대한 증거로, ① A4 용지 절반에 기재된
2012년 5월 2일자 1억 원 현금 수령 확인서, ② 나머지 절반에 기
재된 2012년 7월 30일자 2억 원 현금 수령 확인서, ③ B가 **2014**
년 10월 29일자 은행에 수표조회를 한 내용(수표 이미지, 교환일자,
제시지점명 등)이 기재되어 있는 문서 뒷면에 기재된 2012년 5월 2
일자 1억 원 현금 수령 확인서(전부 A의 명의로 작성됨)를 제출하였
다. 한편 위 확인서들의 작성경위에 대하여 B는, 본래 수표교환 당
시에는 이 사건 현금 수령 확인서들을 작성받지 아니하였다. 그런
데 **2014년 10월경** A가 갑자기 수표조회를 부탁하여 2014년 10월
29일 수표조회서를 은행으로부터 받아 A를 만났는데, 그 자리에서
A가 사실은 현금 4억 원을 교환받아 갔다고 주장하며 갑자기 현금
4억 원에 대한 확인서를 요구하기에 일단 현금 4억 원의 교환 확
인서를 작성해 주고, 실제보다 1억 원을 더 기재해 준 것이 찜찜하
여 수표 교환에 대한 이 사건 현금 수령 확인서들의 작성을 요구한
것이다. 2014년 10월 29일자 수표조회서 뒷면에 추가로 1억 원 현

금 수령 확인서를 받은 이유는 마침 용지가 더 없었기 때문이다.

이에 대한 A의 변명은 다음과 같다.

A는 10억 원의 투자한 것은 사실이고, 위 ①, ②의 2012년 5월 2일자 및 2012년 7월 30일자 확인서(합계 3억 원)는 자신이 작성한 것이 맞으며, 위 ③의 **수표조회서 뒷면에 기재된** 2012년 5월 2일자 **확인서(1억 원)는 자신이 작성해 준 사실이 없다.** 한편 위 ①, ②의 확인서를 작성해 준 이유는 B가 처(C) 몰래 내연녀에게 3억 원을 주어야 하니 A가 받은 것처럼 허위의 현금 수령 확인서를 작성해 달라고 했기 때문이다. 그래서 2012년 7월 30일에 작성된 위 투자배당금 확인서에 위 ①, ②의 확인서가 무효라고 명시하였다.

이에 대하여 1심 형사법원은 2021년 7월 30일 위 사건을 전부 병합하여 "A가 10억 원을 투자한 사실이 없고, 10억 원의 투자약정을 전제로 한 이 사건 투자 관련 문서들은 위조된 것"이라고 판단하여 A에 대하여 징역 5년의 실형을 선고하면서 법정구속을 하였다.

이 사건에서 **B는 무엇을 잘못하였을까?**

첫째, B가 백지에 서명·날인을 해 주어서 A가 문서를 위조할 수 있는 빌미를 제공하였다.

둘째, B는 두 번이나 수표를 현금으로 교환해 주면서 **확인서(영수증)를 즉시 받지 아니하였다.** 나는 B에게 "A의 통장에 돈을 입금했다면 이런 문제가 생기지 않았을 것인데, 현금으로 건네준 이유가 무엇인가요?"라고 물었다. 그러자 B는 "A가 신용불량자라고 하면서 통장거래를 할 수 없으니 현금으로 달라고 했기 때문입니다."라고 대답했다.

한편 A가 B, C를 상대로 제기했던 **민사재판**의 진행 경과는 다음과 같다.

> 제1심 법원은 2018년 5월 25일 "위 2012년 7월 30일자 투자배당금 확인서, 2014년 11월 30일자 확인서, 2016년 2월자 확인서의 진정성립이 모두 인정되고, B가 백지에 서명날인을 하였다고 볼 증거가 없다."라는 이유로 A의 청구 전부를 인용하였다. 즉, B는 A에게 80억 원을 지급하라고 판결을 선고하였다.
>
> 이에 대하여 B, C가 항소하였고, 항소심 법원은 2019년 2월 13일 B에 대하여 "2016년 2월자 확인서의 진정성립이 인정되고, B의 주장과 같이 B의 서명날인이 된 백지에 부당보충하였다고 볼 만한 증거가 없다. 다만 2016년 2월자 확인서상 투자대상 사업이 불명확하고, 배당금이 매월 일정액으로 책정되어 있어 실질적으로 대여금의 이자에 해당하므로 이자제한법을 초과할 수 없어 위약벌 조항 중 대여원금 10억 원의 10%인 1억 원을 초과하는 부분은 무효로서 청구할 수 없다."라는 이유로 B는 A에게 25억 원을 지급하라는 판결을 선고하였다. 한편 C에 대하여는 "C의 도장이 날인되어 있는 2012년 7월 30일자 투자배당금 확인서는 사본만 제출되었고, 그 사본에 상응하는 원본의 존재가 증명된 바가 없어 증거로 사용할 수 없다."라는 이유로 A의 청구를 기각하였다.
>
> 이에 대하여 B는 상고하였으나, 2019년 7월 15일 심리불속행으로 기각되어 항소심 판결이 확정되었다.

이 사건은 A가 처음부터 사기를 치려고 5년간 치밀한 계획을 세웠다. A는 약 1년간의 수사를 통하여 결국 불구속으로 기소되었고, 그때부터 약 3년 만에 징역 5년이 선고되어 항소심에서 징역 7년이 선고된 후, 2022년 7월 상고기각으로 확정되었다.

B의 말에 의하면, 민사 1심에서 승소한 A가 B의 재산에 대하여 가압류를 하였고, 그러한 사실을 알게 된 은행이 대출이자를 갑자기 높이는 바람에 프랜차이즈 사업을 하기가 너무 힘들었다고 한다. A가 처음부터 요구한 금액이 그다지 크지 않았다면 적당한 선에서 합의를 하려고도 생각했다고 한다. 나아가 민사판결이 확정되자 B는 A가 승소한 25억 원 중에서 10억 원에 대해서만 강제집행을 당했고, 피해회복은 전혀 받지 못했다고 한다. 만일 A가 집행해 간 10억 원을 전부 소비하였거나 차명으로 은닉한 채 끝까지 피해변제를 하지 아니하면 그 피해는 고스란히 B의 몫이다. A에 대한 형사판결이 확정될 경우 재심사유의 하나인 **'판결의 증거가 된 문서, 그 밖의 물건이 위조되거나 변조된 것인 때**(민사소송법 제451조 제6호)'에 해당하므로 B는 재심의 소를 제기하여 확정된 민사판결을 바로잡을 수 있다.

B는 1심 판결이 선고되면서 A가 법정구속이 되자마자 "검사님! 4년간 민·형사 소송을 하면서 들어간 변호사 비용 등 물질적, 정신적 고통이 너무 큽니다. 어처구니 없이 당한 이러한 내용을 널리 사람들에게 알려서 나와 같은 피해자가 다시 생기지 않도록 해주세요."라는 부탁과 함께 무려 130쪽에 달하는 판결문을 나에게 보내주었다. B는 2023년 2월 22일 나의 변호사 개업 축하를 위하여 사무실을 방문했다. 나는 B에게 "전에 그 사기 사건의 피해금은 얼마나 회수되었나요?"라고 물었다. 그러자 B는 "아직까지 회수된 돈은 없고, 그 사건으로 너무 스트레스를 받아 암에 걸려 현재 항암치료 중에 있습니다."라고 말했다. 백지에 서명날인을 한 대가가 이렇게 가혹하다는 사실을 새삼 느꼈다. 백지에 인감도장을 찍어

주거나 서명날인을 하는 행위는 나의 재산을 전부 사기꾼에게 주는 것과 같다.

3. 돈을 빌려줄 때에는 '차용증'이나 '영수증'을 받고, 갚을 때에는 전에 써준 '차용증'을 회수하거나 '갚았 다는 취지의 문서'를 새로 받아라.

상대방에게 돈을 빌려주면서 계좌로 돈을 송금하는 경우가 많다. 수사를 하다 보면 이 경우 은행이 발행한 입금증이 있거나 통장에 거래내역이 찍히기 때문에 굳이 별도로 차용증을 받을 필요가 없다고 생각하는 사람이 의외로 많다. 그러나 입금증이나 통장거래내역서로는 어느 은행계좌로 얼마의 돈이 입금되었는지를 알 수 있지만 입금된 이유는 알 수 없다. 물론 비고란에 입금하는 이유나 명목이 기재되어 있으면 입금이유를 알 수 있다. 그러나 비고란은 입금자가 일방적으로 기재하는 것이므로 의도적으로 다른 이유를 기재(예컨대 실제는 투자금이지만 대여금으로 기재)할 수도 있기 때문에 비고란만을 그대로 믿기는 어렵다.

고액의 돈을 은행계좌로 입금받으면 간단함에도 불구하고 "나는 신용불량자라서 은행거래가 되지 아니하니 현금으로 달라."라고 하든지, "공무원에게 뇌물을 주려고 하니 반드시 현금이 필요하다."라는 등의 요구를 받을 경우에는 나쁜 의도가 숨어 있는 경우가 많으니 긴장의 끈을 놓지 말고 반드시 상대방으로부터 돈의 성격이 기재된 영수증을 받아 놓아야 할 것이다. 다음은 이러한 사항을 준수하지 아니하여 발생한 사건을 소개하기로 한다.

가. 여러 번에 걸쳐 현금, 무통장입금 또는 수표로 지급하
는 방법으로 합계 3억 원을 빌려주었으나 차용증을
받지 아니하고, 수표번호도 몰라서 사기 혐의를 입증
하지 못한 사건

고소인(B)은 2013년경 등산 동호회에서 만난 피고소인(A)이 "내가
좋은 투자처를 알고 있는데 나에게 돈을 맡기면 재산을 증식해 주
겠다."라고 하는 말에 속아 여러 번에 걸쳐 3억 원을 빌려 주었지만
원금이나 이익금을 주지 아니하는 방법으로 사기를 쳤다고 2017년
에 고소하였다. 이 과정에서 B가 A한테 차용증을 받은 사실은 없다.

B는 위 3억 원에는 B가 전세집(보증금 2억 원)을 월세집(보증금
5,000만 원)으로 이사하면서 집주인한테 수표와 현금으로 반환받은
2억 원 중 1억 5,000만 원을 A에게 준 것이 포함되어 있다고 주장하
고, 이에 대하여 A는 그날 현금으로 5,000만 원을 받았을 뿐이라고
진술한다.

B는 전세보증금 2억 원을 자신에게 반환한 집주인이 그날 은행에
서 인출한 수표의 번호와 금액을 당시 전세계약을 중개한 중개업자
를 통하여 알아보려고 하였으나 집주인과 사이가 나빠서 서로 연락
하지 않기 때문에 협조를 해줄 수 없다는 연락을 받았다고 한다(B는
보증금 2억 원을 반환받은 시점에서 5년이 지나서야 고소하였다).

B는 A에게 준 3억 원에 대한 일부인 5,000만 원에 대한 증거로 A
의 통장에 입금된 통장거래내역서도 제출하였다.

A는 자신의 통장으로 입금받은 5,000만 원과 현금 5,000만 원을
받은 사실만 인정하였다.

이 사건에서 A가 받았다고 자백한 1억 원에 대해서만 사기죄로 기소하고, 보강증거가 없는 2억 원은 혐의없음 처분을 하였다.

이 사건에서 **B는 무엇을 잘못했을까?**

여러 번에 걸쳐 A한테 돈을 빌려주면서도 한 번도 **차용증을 받지 않았다**는 것이다. B가 집주인한테 전세보증금 2억 원을 현금과 수표로 반환받으면서 발행은행과 **수표번호를 수첩에 메모하거나 수표를 촬영**하여 별도로 보관을 해 두었더라면 수표추적이 가능하여 이 부분도 혐의를 밝힐 수 있었을 것이라는 아쉬움이 남는다.

나. 1,000만 원을 빌려 달라는 부탁과 함께 계좌번호까지 기재한 카톡 문자를 받고, 1,000만 원을 현금으로 건네주면서 차용증을 받지 아니한 사건

어느 날 피고소인(A)은 지인인 고소인(B)에게 "급히 쓸데가 있으니 1,000만 원을 빌려주면 1개월 내에 이자를 쳐서 갚겠다."라는 내용과 함께 자신의 계좌번호까지 기재해서 카톡 문자로 보냈다.

B는 보이스피싱으로 생각하고 아무런 답을 하지 않았다. 그러자 A는 B에게 전화하여 다급하게 1,000만 원을 현금으로 찾아서 빌려 달라고 했다.

B는 은행에 가서 1,000만 원을 현금으로 찾았다. A는 그곳까지 따라와 다급하게 굴었기 때문에 B는 A한테 영수증을 받을 수 없었다.

한 달이 지난 후 B는 A에게 빌려간 돈을 갚으라고 요구했고, A는 빌린 사실이 없으니 법대로 하라고 했다.

3년이 지난 후 B는 A를 사기죄로 고소하였다.

이 경우 계좌번호가 기재된 카톡 문자와 B가 1,000만 원을 현금으로 인출한 계좌거래내역서로 B가 A에게 1,000만 원을 빌려주었다는 사실이 인정될까?

결론적으로 빌린 사실을 인정할 수 없다.

이 사건에서 **B는 무엇을 잘못했을까?** 현금거래를 할 때에는 반드시 영수증을 받거나, 카톡 문자, 녹음 또는 동영상을 촬영하여 별도로 보관했어야 하는데 A가 하도 다급하게 구는 바람에 이를 하지 못한 잘못이 있다. 적어도 B가 돈을 인출한 시점에 A도 은행에 함께 있었던 장면이 찍힌 CCTV가 있거나 또는 B가 돈을 인출한 시점에 A가 지하철 등 대중교통을 이용하여 그 은행 근처에 왔었다는 사실을 증명할 수 있는 교통카드 결제 내역 등과 같은 정황증거라도 있어야 빌려준 사실을 인정할 수 있다. 왜냐하면 이 사건에서 B가 돈을 인출하여 A에게 주지 않았음에도 불구하고 돈을 빌려주었다고 주장할 가능성도 전혀 배제할 수 없기 때문이다.

다. 1억 원을 반환하면서 종전에 써준 현금보관증을 회수하지 못한 것이 빌미가 되어 다시 갚으라는 요구에 스트레스를 받아 원형탈모증에 걸린 사건

어느 날 지인의 소개로 어떤 분(B)을 만났다. 그분의 머리에 500원 짜리 동전크기의 원형 탈모가 두 군데나 있었다. 그는 하도 황당한 사건을 당해 엄청난 스트레스를 받았기 때문에 그렇게 되었다고 한다. 사건을 다음과 같다.

그(B)는 2년 전 만난 사람(A)과 골프를 치며 친하게 되었다. 1년쯤 지난 어느 날 A는 B한테 "어떤 사람들의 거래를 중개한 대가로 현금으로 1억 원을 받았는데 떳떳하지 못한 돈이라서 통장에 넣거나 집에 두기가 곤란하니 한 달만 보관해 달라."라고 부탁했다.

B는 몇 차례 거절했으나 A가 하도 간곡하게 부탁하기에 할 수 없이 5만 원짜리 현금 1억 원이 들어있는 큰 봉투를 받았다. A는 돈을 건네주면서 "로스쿨에 다니는 내 딸이 현금보관증을 써주기에 가져왔는데 수령인 란에 서명해 달라."라고 요구했고, B는 현금보관증에 빌리는 돈의 이자가 기재되어 있어서 조금은 꺼림직했지만 그냥 서명을 해 주었다.

B는 바빠서 은행에 가서 그 돈을 입금하기가 번거로웠고, A가 반드시 현금으로 돌려 달라고 했기 때문에 받은 1억 원을 자신의 자동차 트렁크에 넣고 한 달 정도 다녔다.

한 달쯤 지나 A는 B에게 1억 원을 돌려 달라고 했다. B는 어느 식당에서 A를 만나 1억 원이 들어 있는 봉투를 그대로 반환하면서 전에 자신이 서명해 준 현금보관증을 돌려 달라고 했다. A는 "현금보관증을 깜빡 잊고 집에 두고 왔는데, 나중에 찢어 버리겠다."라고 말했다. 마침 식당주인도 동석하여 바로 옆에서 보고 있었기 때문에 A가 나중에 딴 소리를 할 경우 그 주인을 증인으로 세우면 될 것으로 생각하고 돈을 건네주었다.

열흘쯤 지나자 우려했던 일이 터졌다. A는 B에게 1억 원을 돌려달라고 전화했다. B는 식당주인이 보는 앞에서 돈을 받지 않았느냐고 A에게 따졌지만, A는 1억 원을 받은 사실이 없으니 당장 그 돈을 내놓으라며 욕을 했다.

B는 황급히 식당주인에게 전화하여 "내가 열흘쯤 전에 식당에서 1억 원을 주는 것을 본 사실이 있지요?"라고 물었다. 그 식당주인은

"기억이 나지 않는데요?"라고 대답했다.

A가 1억 원을 더 받아내기 위하여 평소 친하게 지낸 식당주인에게 "보지 못했다."고 대답해 줄 것을 이미 부탁해 놓은 것 같다고 B는 말한다. 그래도 식당주인은 양심이 있었던지 "보지 못했다."가 아니라 "기억이 없다."라고 대답한 것으로 보인다.

오랫동안 고민한 끝에 B는 부랴부랴 A에게 "이미 1억 원을 주었기 때문에 또 1억 원을 줄 수 없으니 차라리 소송을 제기하라. 나는 돈을 주었다는 증거가 있으니 당신을 소송사기죄로 고소하겠다."라는 취지의 내용증명을 보냈다고 한다.

그때로부터 8개월이 지났지만 아직 A로부터 아무런 소식이 없었다. B는 자신의 기억이 희미할 때 쯤 A가 소송을 걸어 올지도 모른다는 불안과 배신감에서 오는 극도의 고통으로 인하여 원형탈모증이 생겼다고 한다.

나는 사기예방 강의를 할 때 이 사건을 소개하면서 "1억 원을 반환하기 위하여 A를 만났는데 **A가 현금보관증을 깜빡 잊고 안 가져왔다고 말했을 때 여러분이 B라면 1억 원을 반환하겠습니까?**"라고 묻곤 한다.

1억 원을 반환하지 말아야 한다는 의견이 대부분이다. 그렇게 하는 것이 과연 옳은 것일까? 사람들은 자신이 써준 현금보관증을 반드시 회수해야 한다는 고정관념에 사로 잡혀 있다. 나는 청중들에게 "좀 더 유연한 생각을 해보세요. **A로부터 영수증을 새로 받으면 되지 않을까요?** 나의 사기예방 강의의 핵심은 바로 이런 점에 있습니다."라고 말한다. 평소에 유연한 생각을 하지 않는다면 결코 이와 같은 순발력을 발휘할 수 없다. A한테 새로 받는 영수증에는 "A는 (일시), (장소)에서 1억 원을 B로부터 반환받았다. 현금보관증을 반환하지 못하여 이 영수증을 새로 작성한다."라는 취지로 작성하면 될 것이다. 돈을 반환할 때 현장에 종이나 필기구가 없어 영수증을 작성할 수 없다면 A로 하여금 휴대폰으로 위 영수증과 같은 취지로 문자를 작성하여 카톡으로 보내게 하거나, A가 돈을 받았다는 취지의 내용을 말하게 하고 휴대폰으로 녹음 또는 영상을 촬영하면 된다.

나는 B에게 "저는 대표님(B)이 당한 사건처럼 빌려준 1,000만 원을 회수하면서 현금보관증을 반환하지 아니한 채 가지고 있음을 기화로 상대방(채무자)이 1,000만 원을 사기쳤다고 고소하면서 그 현금보관증을 증거로 제출한 사건을 처리한 적이 있습니다."라고 말했다. 그러자 B는 검사님을 1년 전에만 만났더라도 이러한 억울한 일은 당하지 않았을 것이라고 한다. 이 말을 들으니 사기예방교육이 정말로 필요하다는 생각이 들었다. 그 후 B를 만난 적이 없어 이 사건이 어떻게 되었는지는 알 수 없다.

라. '감세를 위한 청탁에 사용하겠다.'는 말에 속아 현금 9,000만 원을 건네주었지만 영수증을 받지 아니한 사건

사업장에 대하여 세무조사를 받던 고소인(B)은 세금이 많이 부과될 것을 고민하다가 지인을 통하여 피고소인(A)을 소개받았다.

A는 B에게 "나에게 현금으로 9,000만 원을 주면 국세청 직원에게 청탁하여 세금을 덜 부과되게 해 주겠다."라고 말하여 9,000만 원을

> 건네받았다.
>   그 후 세금이 과다하게 부과되자 B는 더 이상 사업을 못하고 폐
> 업하였다.
>   9년이 지난 후 B는 A가 세금감면을 청탁하지 아니하였다는 사실
> 을 우연히 알게 되었다.
>   B는 A를 사기죄로 경찰에 고소를 하면서 현금 9,000만 원의 인출
> 내역이 찍힌 통장거래내역서를 증거로 첨부하였다.

　당시 B는 9,000만 원이 뇌물로 사용될 돈이라서 영수증을 써
줄 수 없다는 A의 말에 속아 영수증을 받지 못했다. B가 제출한
통장거래내역서는 그 당시 현금 9,000만 원을 인출했다는 증거이
지 A에게 그 돈이 전달되었다는 증거는 아니다. A가 위 돈을 받은
사실 자체를 극구 부인하자 경찰은 혐의없음 의견으로 검찰에 송
치하였다.

　남에게 돈을 주지 아니하였음에도 불구하고 9년이나 지난 시점
에서 그를 사기죄로 고소한다는 것은 극히 이례적인 일이므로 고
소인의 주장이 진실일 가능성이 매우 높아 보였다. 기록을 검토한
결과 A가 B로부터 돈을 받은 사실을 어떻게 증명할 것인지가 문제
였다. 나는 대질조사를 위하여 A와 B를 동시에 소환하였고, 그들
은 조사에 응하겠다고 하였다. 그러나 출석하기로 한 날짜에 B는
출석하지 않았고, B가 써서 준 고소취소장을 가지고 A만 혼자 출
석했다. 나는 B에게 전화를 했지만 받지 않았다. A는 고소취소장
을 제출하면 그대로 혐의없음으로 끝난다고 생각한 것 같다. 나는
대뜸 A에게 "경찰에서 진술한 내용을 그대로 유지하는 거죠?"라고

물었다. 그러자 갑자기 A는 머뭇거리며 바로 대답하지 못하고 당황해 했다. 만일 A가 돈을 받지 않았다면 "검사님! 저는 돈을 받지 않았습니다. 거짓말탐지기 검사라도 해서 나의 결백함을 밝혀 주십시요."라고 말했을 것이다. 나는 다시 "고소인의 돈을 받지 않았다면 고소취소장을 받을 것이 아니라 고소인을 무고죄로 처벌해달라고 검사에게 요구하여야 하는 것이 정상이 아닌가요?, 당신(피고소인)이 돈을 받았기 때문에 돈의 일부를 반환했고, 그 대가로 고소취소장을 받으면서 고소인이 검사실에 출석하지 않기로 합의한 것 아닌가요?"라고 엄히 추궁하였다. 그러자 A는 갑자기 B로부터 9,000만 원을 청탁의 명목으로 받았다는 사실을 자백하면서 받은 돈 중에서 6,000만 원을 지인에게 주면서 감세를 청탁한 것은 사실이지만 그분의 인적사항은 밝힐 수 없다고 말했다.

　이 사건에서 실제 청탁할 의사나 능력 없이 9,000만 원을 교부받은 점은 사기죄, 공무원이 취급하는 사건에 관하여 청탁한다는 명목으로 돈을 받은 점은 변호사법위반죄[97]가 동시에 인정된다. 같은 취지의 대법원 판례[98]가 있다. 그러나 변호사법위반죄는 공소시효(7년)가 지났기 때문에 공소권이 없었고, 공소시효(10년)가 남아 있는 사기죄만 기소를 하였다.

　이 사건에서 **B는 무엇을 잘못했을까?** 부정한 목적을 위해 현금을 주고받아서는 안 되겠지만, 그 목적으로 현금이 거래되는 경우에도 어렵겠지만 영수증이나 카톡 문자 등으로 돈을 주었다는 증거를 남겨 두지 아니한 잘못이 있다.

마. 2억 5,000만 원을 변제받으면서 반환하지 아니한 채 가지고 있던 차용증을 근거로 그 돈을 또 갚으라고 민사소송을 제기한 사건

고소인(B)은 자신의 처가 피고소인(A)에게 갚아야 할 2억 5,000만 원의 빚을 대신 갚겠다며 차용증을 써주면서 1억 원을 A의 통장에 입금하여 갚았다.

그 후 A는 사업에 실패한 B가 회생절차를 신청하여 법원으로부터 회생절차 개시결정을 받게되자 B에 대한 채권이 1억 5,000만 원이라고 법원에 신고했다.

B는 법원으로부터 회생계획 인가결정을 받고 몇 개월 뒤에 1억 1,500만 원과 3,500만을 A의 통장에 각각 입금하여 빚을 전부 갚았다.

B는 A의 통장에 돈을 입금했기 때문에 나중에 문제가 되더라도 갚았다는 사실을 충분히 증명할 수 있을 것이라고 생각하고 A에게 써주었던 차용증을 회수하지 아니하였다.

그때로부터 2년 뒤 A는 B가 써 주었던 위 차용증을 우연히 발견하게 된다.

당시 사업자금이 필요했던 A는 그 차용증을 근거로 2억 5,000만 원을 더 받기 위하여 B를 상대로 대여금 반환소송을 제기하였다. 수년간의 재판 끝에 A는 위 돈을 전부 변제받았다는 사실이 증명되어 1심과 항소심에서 패소하고 말았다.

B는 A를 사기죄로 고소를 하였다.

고소를 당하게 되자 A는 B로부터 받은 2억 5,000만 원이 빌려준 돈의 변제 명목이 아니라 거래대금으로 받은 것이라고 변명하

다가 법을 잘 몰라서 소송한 것이라고 진술을 변경했다. 나는 A를 사기죄로 기소하였다.

이 사건에서 **B는 무엇을 잘못하였을까?**

B는 2억 5,000만 원을 전부 갚으면서 전에 A에게 써주었던 차용증을 회수하지 않았다. 만일 A가 차용증을 집에 두고 안 가져왔다고 한다면 2억 5,000만 원을 전부 갚는 시점에라도 A한테 차용금을 전부 회수했다는 확인서를 새로 받았더라면 이와 같은 황당한 소송을 당하는 일은 없었을 것이다.

4. 차용증에는 '돈의 용도'를 반드시 기재해 달라고 요구하라.

용도를 속이는 사기 사건이 실생활에서 많이 발생한다. 용도사기로 고소한 사건의 수사한 결과는 다음과 같이 분류할 수 있다. 첫째, 차용증에 용도가 기재된 경우, 둘째, 차용증에 용도의 기재는 없지만 다른 증거로 용도사기가 밝혀진 경우, 셋째, 차용증에 용도가 기재되어 있지 아니하고, 다른 증거도 없어서 용도 사기가 인정되지 아니한 경우이다. 차례로 살펴보기로 한다.

가. 용도사기가 인정된 경우

1) 차용증에 용도가 기재된 사건

가) '기존 채무변제'에 사용할 의도임에도 '도시형 연립주택(40세대) 건축'을 하는 데 사용한다고 용도를 속여 3억 원을 빌려가 사기친 사건

이 사건은 사기당한 후 사후조치 중의 하나인 **"받을 가능성이**

없으면 빨리 포기하라!"에도 해당한다.

> 　　어느 고등학교에서 30년간 교직생활을 하던 교사인 고소인(B)은 그의 친한 친구(C)의 소개로 건축업자인 피고소인(A)을 소개받는다.
>
> 　　A는 B에게 "나는 현재 연립주택 40세대를 건축하여 분양하는 사업을 하는데 자금이 부족하니 돈을 빌려 달라."라고 부탁한다.
>
> 　　B는 썩 내키지 않았지만 평소 C가 거짓말을 하는 사람이 아니었기 때문에 그를 믿고 노후자금으로 모아 둔 3억 원을 A에게 빌려주었다.
>
> 　　B는 6개월간 무이자로 빌려주면서 A로부터 차용증을 받았고, 이를 공증하였지만 담보를 제공받지 않았다.
>
> 　　A는 연립주택 40세대를 완공하였으나 경기불황으로 차용금을 갚지 못하자 B는 변제일자를 1년 뒤로 연기해 주었다.
>
> 　　어느 날 A는 B에게 "연립주택 2채의 분양가가 3억 원인데 당신이 2억 원에 분양받아 가라. 그렇지 아니하면 빌린 돈을 갚을 수 없다."라고 강매하므로 할 수 없이 B는 추가로 2억 원을 주고 연립주택 2채를 분양받았다.
>
> 　　그 후에도 여전히 추가 분양이 안 되어 연립주택에 입주한 사람이 한 명도 없었고, 결국 B는 A를 사기죄로 고소하였다.

　A는 경찰에서, "3억 원을 빌린 것이 아니라 B가 연립주택 분양사업에 **투자한 것이지만,** 편의상 차용증과 공정증서를 작성하였을 뿐이다. 연립주택 40채를 완공하였으나 분양이 전혀 되지 아니하여 투자금을 갚지 못했을 뿐이다."라고 진술하며 분양만 되면 투자금을 전부 반환할 수 있다고 변명하였다. 투자가 맞다면 A는 투자약정서를 작성해야지 차용증을 작성할 이유가 없어 그의 변명은 거짓이다.

실제 사건에서도 A처럼 돈을 빌렸음에도 투자받았고, 그 돈을 목적대로 사용했으나 실패하여 남은 돈이 없으며, 갚을 의무가 없기 때문에 사기가 아니라고 주장하는 사람들이 의외로 많다.

위 사건에서 40세대의 연립주택이 계획대로 전부 분양이 된다면 3억 원을 전부 갚을 수 있는 상황이므로 A에게 3억 원을 빌릴 당시 갚을 능력은 있었다고 보이므로 여기까지는 사기죄가 인정되지 않는다.

그러나, 반전이 있었다. 아래와 같이 당시 B가 A로부터 받은 차용증서에 돈의 용도를 **'연립주택의 사업자금'**으로 특정했다.

차 용 증 서

일금: 3억 원(300,000,000원)

상기 금액을 ○○ 소재 '연립주택의 사업자금으로' 2022. 7. 20.자에 차용합니다.

최종 2023. 1. 20.까지 상기 금액을 지급할 것을 약속합니다.

약속불이행시 민·형사상 어떠한 처벌도 감수하며 사업권 또한 포기합니다.

작성일자: 2022. 7. 20.

채무자: A (날인)

채권자: B (날인)

A는 B로부터 **3억 원을 받자마자 자신의 개인채무를 갚는 데 이를 사용**하였다. 대법원은 돈의 용도에 대하여 사실대로 말하였다면 피해자가 응하지 않았을 경우에 그 용도에 관하여 진실에 반(反)하는

사실을 고지하여 금전을 교부받은 경우에 사기죄가 인정된다고 판
시하였다. B는 A가 3억 원을 채무변제에 사용한다는 사실을 처음
부터 알았다면 이 돈을 빌려주지 아니하였을 것이라고 진술하였으
므로 A에게 차용금을 갚을 능력이나 의사가 있었다고 하더라도 **사
기죄가 인정된다.**

그 후 어느 날 A는 B에게 "현재 분양이 잘 되지 아니하여 어려
워요. 연립주택 2세대의 분양가격이 3억 원인데 2억 원으로 제발
분양받아 주세요. 그렇지 아니하면 주택사업이 망해서 빌린 돈을
못 줄 수도 있어요."라고 말했다. B는 빌려준 돈을 받을 생각으로
연립주택 2세대에 대한 분양대금으로 2억 원을 주었다. 그 이후 분
양된 연립주택은 없었다.

이 사건에서 **B는 무엇을 잘못했을까?**

당시 B가 A의 재산상태 등에 관한 자료를 제출받아 2억 원을
추가로 지급하면 종전의 대여금 3억 원을 변제받을 수 있는지를
잘 따져 본 후 가능성이 없을 경우 3억 원을 포기했다면 추가로 2
억 원을 손해보지 않았을 것이다. 즉, 사기당한 후의 행위수칙인
"받을 가능성이 없으면 빨리 포기하라!"를 실천하지 못했다. A가
위와 같은 요구를 했을 때 B는 A에게 "완공된 연립주택의 소유권
을 기존채무 3억 원에 대한 대물(代物)로 넘겨 달라."라고 요구하여
연립주택 몇 채라도 넘겨받아 싸게 처분했다면 피해금의 일부라도
회복할 수 있었을 것이다.

B가 생면부지의 사람인 A에게 3억 원을 무이자로 빌려주면
서도 담보제공을 요구하지 아니한 것은 도저히 이해할 수 없다. 그래
도 다행인 것은 차용증서에 "연립주택의 사업자금으로"라고 용도

를 특정하는 바람에 용도사기임을 쉽게 밝힐 수 있었다. 이와 같이 차용증에 용도를 기재하는 것은 사기 혐의를 밝히는 데 결정적인 역할을 한다는 사실을 알 수 있다.

나) '변호사 비용'에 사용할 의도임에도 '사업자금'에 사용한다고
　　용도를 속여 2억 원을 빌려 가 사기친 사건

> 피고소인(A)은 회사의 공금을 횡령한 범죄 사실로 수년간 불구속으로 재판받고 있었다.
> 변호사 선임비가 없던 A는 고소인(B)에게 "2억 원을 빌려주면 그 돈을 사업자금에 사용하며 매월 200만 원의 이자를 주겠고, 원금은 한 달 전에만 말하면 바로 갚겠다."라고 거짓말을 했고, 이에 속은 B로부터 2억 원을 입금받았다.
> A는 그 돈을 자신의 형사사건에 대한 변호사 선임비에 사용했고, 원금을 반환하지 못하자, B는 A를 사기죄로 고소하였다.

A는 빌린 돈을 사업자금에 사용했고, 매월 200만 원의 이자를 약정한 대로 꼬박꼬박 13회에 걸쳐주던 중 A가 갑자기 다른 사건으로 구속되는 바람에 갚지 못했을 뿐이므로 사기가 아니라고 변명했다.

경찰은 2억 원이 입금된 계좌의 지출내역을 살펴보니 시설비와 법인설립을 위해 빌렸던 돈을 갚는 데 사용된 것이 확인된다는 이유로 혐의없음 의견으로 검찰에 송치하였다.

다행히 이 사건은 기록에 차용증이 편철되어 있었다. 나는 차용증에 '차용금의 용도'가 기재되어 있는지를 먼저 살펴보았다. 차용

증 제1조에 "갑(A)의 **사업자금을 위하여** '을(B)'이 2억 원을 해 준다."라고 기재되어 있었다. 그렇다면, 위 2억 원을 사업과 관련이 없는 곳에 사용될 예정이었고, B가 그러한 사실을 처음부터 알았다면 돈을 빌려주지 아니하였을 것이라는 사실만 밝혀지면 사기죄가 인정된다.

당시 A는 법인계좌에서 3억 원을 횡령한 죄로 유죄선고를 받았고, 마침 B는 위 법인계좌에 2억 원을 입금하였으므로 그 입금된 돈의 사용처와 판결문의 횡령 내역을 비교하여 보았다. B가 2억 원을 입금한 당일 A는 그중 6,000만 원을 A의 형사사건의 변호사 비용으로 사용하는 등 사업과는 무관한 개인적인 용도로 약 1억 원을 사용한 사실을 발견하고, 그 점을 추궁하자 A는 그제서야 B에게 차용금의 용도를 속였다고 자백하였다. B는 처음부터 대여금이 다른 용도로 사용될 줄 알았으면 빌려주지 아니하였을 것이라고 진술하고 있어 A를 사기죄로 기소하였다.

만일 이 사건에서 차용증에 '차용금의 용도'가 기재되어 있지 아니하였다면 A는 위 차용금을 변호사 비용에 사용했더라도 용도사기를 인정하기 어렵다. 이 경우 차용사기 수사의 일반 원칙으로 돌아가 2억 원을 빌릴 당시 원금과 이자를 갚을 의사나 능력이 있었는지를 조사해야 한다. 이 사건처럼 A는 13회에 걸쳐 꼬박꼬박 이자를 주다가 갑자기 구속되었기 때문에 갚을 의사나 능력이 없었다고 보기 어려워 사기죄로 처벌할 수 없었을 것이다. 우리는 이 사건에서도 차용증에 '차용금(대여금)의 용도'를 기재한다는 것이 얼마나 중요한 것인지를 다시 한번 알 수 있다.

다) '회사운영비'에 사용할 의도임에도 '설계비'에 사용한다고 용
　도를 속여 1억 원을 빌려 가 사기친 사건

피고소인(A)이 운영하는 회사는 상가건물을 건축하고 있었으나
운영비가 부족했다.

　사실은 회사 운영비로 사용할 의도임에도 A는 이를 숨긴 채 고소
인(B)에게 "앞으로 건축할 상가건물의 분양 대행권을 당신에게 주겠
으며, 빌리는 돈을 건축허가를 받기 위한 설계비에 사용하겠으니 1
억 원을 빌려 달라. 1개월 뒤에 꼭 갚겠다."라고 거짓말을 하였고, B
는 그 말에 속아 A에게 1억 원을 빌려주었다.

　A는 1억 원을 설계비가 아닌 회사 운영비에 사용한 후 갚지 못
했다.

　B는 A를 사기죄로 고소를 하였다.

　A는 B한테 1억 원을 빌려 회사운영비로 사용하였으나 건축심
의를 통과하지 못하는 바람에 이를 갚지 못했을 뿐이지 사기친 것
이 아니라고 변명했다.

　B는 A가 1억 원을 빌려주면 그 돈을 설계비에 사용하고, 상가
가 완공되면 분양대행권을 주겠다고 하여 그 말을 믿고 1억 원을
빌려주었고, 다른 용도로 사용할 것을 미리 알았다면 돈을 빌려주
지 않았을 것이라고 주장했다.

　다행히도 당시 A, B 간에 작성된 상가분양 대행계약서에는 "본
계약의 체결과 동시에 '을(B)'은 **설계비 지급목적으로 1억 원을 대여**
한다. '갑(A)'은 일체의 조건 없이 대여일로부터 30일 이내에 '을'에

게 변제키로 한다."라고 되어 있었다.

A는 설계비에 사용하기로 하고 빌린 돈을 다른 용도에 사용했고, 한편 B는 다른 용도로 돈이 사용된다는 사실을 미리 알았다면 빌려주지 아니하였을 것이라는 진술을 하고 있어 A를 사기죄로 기소했다.

2) 차용증에 용도가 기재되어 있지 않거나, 차용증은 미작성이지만 다른 증거로 용도를 속여 사기친 사실이 밝혀진 사건

가) 차용증은 미작성이지만, '사업자금'이 아니라 '준공자금에 사용한다.'는 용도로 6억 6,000만 원을 빌리며 사기친 사실을 참고인(C) 조사로 밝힌 사건

> 피고소인(A)은 누나(C)의 소개로 알게된 고소인(B)에게, "내 회사가 시공 중인 30세대 타운하우스가 2개월이면 준공된다. 준공자금이 모자라니 나에게 7억 원을 빌려주면 준공하는 데 사용하고, 1개월 뒤에 은행에서 준공자금 15억 원이 대출되니 그 돈으로 이를 갚겠다."라고 말했다.
> B는 그 말을 믿고 선이자로 4,000만 원을 공제한 6억 6,000만 원을 A의 계좌로 입금하였다.
> A가 위 돈을 갚지 아니하자 B는 A를 사기죄로 고소하였다.

A는 타운하우스 준공자금에 쓰기 위해 위 돈을 빌린 것이 아니라 사업자금에 사용하겠다는 말을 B에게 하고 빌린 것이며, 빌린 돈을 타운하우스 건축하던 과정에서 생긴 빚을 갚은 것이므로 결

코 용도를 속인 것이 아니라고 변명한다.

B는 A가 준공자금에 사용한다고 하여 위 돈을 빌려준 것이고, 개인 빚을 갚는 데 사용할 줄 알았다면 돈을 빌려주지 않았을 것이라고 주장한다.

이 사건에서 B는 무엇을 잘못했을까?

B는 A의 계좌로 입금된 은행의 입금증만 믿고 별도로 A한테 차용증을 받지 아니한 잘못이 있다. 만일 당시 B가 A로부터 "빌리는 돈은 타운하우스 준공검사에 사용하기로 한다."라는 문구가 기재된 차용증을 받았다면 A는 돈의 용도에 대하여 다른 주장을 하지 못했을 것이고, 신속히 진실이 밝혀졌을 것이다.

다행히 C(A의 누나)가 B의 진술에 부합하는 진술을 했다. A는 B한테 빌린 돈 중에서 5억 2,000만 원을 개인 빚을 갚는 데 사용했다. 은행에서 14억 원이 대출되었지만 A는 B한테 빌린 돈을 갚지 않았다. A는 위 돈을 빌릴 당시 다른 사람들한테도 4억 원을 빌리려고 했고, 당시 A의 명의로 된 재산은 없었으며, A의 회사는 100억 원 상당의 채무가 있었던 점에 비추어 사기 혐의가 인정되므로 A를 기소하였다.

> 나) 영수증은 미작성이지만, '다른 공사현장'에 사용할 의도임에도 '마감공사'에 사용하겠다고 용도를 속여 1억 2,000만 원을 사기친 사실을 다른 증거를 통하여 밝힌 사건

고소인(B)은 아들(C)과 함께 소유하던 대지에 원룸 건물(6층)을 건축하여 여유 있게 노후생활을 보내려고, 건축업자인 피고소인(A)

에게 12억 원에 원룸을 짓기로 하는 내용의 공사도급 계약을 체결하
였다. 계약내용은 도급인인 B가 계약금 6,000만 원, 착공금 3억
4,000만 원, 중간공사비 6억 원을 지급하고, 나머지 공사비는 수급
인인 A가 다른 곳에서 자금을 조달받아 건물을 완공한 후에 B로부
터 반환받기로 하였다.

B는 공사비로 10억 원을 대출받아 A에게 주었으나 자금부족으로
마감공사를 남겨 두고 공사가 중단되어 준공예정일을 1년 정도 넘기
면서 대출이자만 매월 600만 원을 납부해야 하는 상황에 처했다.

A는 B에게 "엘리베이터 설치, 외부단열재, 미장방수 등 마감공사
를 해야 준공검사를 받을 수 있으니 1억 5,000만 원을 주면 2개월
내에 공사를 마무리하여 준공필증을 받을 수 있도록 해 주겠다."라
고 말하여 1억 2,000만 원을 받았다.

A는 받은 1억 2,000만 원 중 5,000만 원을 다른 공사현장에 필요
한 자금으로 사용하면서 이 사건 공사를 완공하지 못했다.

B는 A가 가져간 1억 2,000만 원을 반환하고 공사에서 손을 떼라
고 하였고, A는 회사 사정이 어려워 반환할 수 없으니 남은 공사비
를 다 주면 공사를 마무리 하겠다고 버텼다.

결국 B는 A가 1억 2,000만 원을 사기쳤다고 고소하였다.

경찰은, ① A가 받은 돈의 41%인 5,000만 원을 용도 외에
사용했다고 하더라도 사기죄에까지 이르렀다고 보기가 어렵고,
② 받은 돈은 전체 공사대금의 일부이며, ③ 돈을 받은 즉시 그
소유권은 A에게 있으므로 다른 용도에 사용하였다고 하여 차
용사기라고 보기 어렵고, ④ 받은 위 돈으로 공사를 일부 한 것
은 사실이라는 이유로 혐의없음 의견으로 검찰에 송치했다.

나는 A가 다른 공사현장에 사용한 돈이 5,000만 원이 아니라 7,000만 원인 점을 추가조사를 통하여 밝혀냈고, 이것은 A가 받은 돈의 58%에 해당한다. B는 이와 같은 사실을 미리 알았다면 돈을 빌려주지 않았을 것이라고 진술하고 있어 사기죄가 인정되어 A를 사기죄로 기소하였다.

이 사건에서 **B는 무엇을 잘못했을까?**

B는 A에게 1억 2,000만 원을 지급하면서 **영수증도 받지 아니한 잘못**이 있다. B가 A에게 1억 2,000만 원을 주면서 영수증을 받을 경우 그 영수증에는 "**1억 2,000만 원**은 엘리베이터 설치, 외부단열재, 미장방수 등 **마감공사에 사용하기로 한다.**"라는 취지로 돈의 용도도 기재했어야 했다. 더 나아가 A에게 직접 1억 2,000만 원을 줄 것이 아니라 A한테 마감공사에 대한 견적서를 받아서 각각의 마감공사가 완료되었을 때 B가 그 업자에게 직접 공사대금을 지급하는 방식으로 감독을 철저히 하였더라면 이와 같은 사기를 당하지 않았을 것이라는 생각이 든다.

나. 용도사기가 인정되지 아니한 경우

1) '개인적인 용도'에 사용할 의도임에도 '회사운영 자금'에 사용하겠다고 속여 3억 원을 빌려 가 사기쳤다고 고소한 사건(차용증 미작성)

고소인(B)은 피고소인(A)의 요구로 A에게 3억 원을 송금하였다.

B는 A가 개인적인 용도에 사용할 의도를 숨긴 채 회사의 운영자

금으로 한 달간만 사용하겠다는 말에 속아 위 돈을 송금했다고 주장한다.

A는 자신(A)의 회사가 발행한 비상장주식의 거래소 상장이 지연되자 그 주식의 구매자들이 환불을 요구하였고, 이에 따라 위 회사의 최대주주(C)가 구매자들에게 비상장주식 환불대금 명목으로 3억 원을 B에게 보내자 B가 이를 구매자(D)에게 다시 송금한 것으로 결코 용도를 속인 사실이 없다고 변명한다.

B는 A를 사기로 고소하였다.

이 사건의 C를 포함한 참고인들을 조사한 결과, 위 3억 원의 용도는 **비상장주식 환불대금**이라는 사실이 밝혀져 A를 혐의없음 처분하였다.

만일 B의 주장이 사실이라면, 그 당시 B는 무엇을 잘못했을까?

B는 회사 운영자금 명목으로 3억 원을 빌려주었다고 주장하면서도 그 용도가 기재된 차용증을 A로부터 받지 못한 잘못이 있다. 만일 차용증을 받을 수 없는 상황이었다면 돈을 송금하기 직전이나 직후에 3억 원을 A가 말한 용도대로 사용될 것이라고 믿고 빌려준다는 취지의 카톡이나 문자메시지로 보내 그 용도를 인정하는 A의 답글을 받아서 캡처하여 별도로 보관해 두었어야 했다. 이러한 차용증에 돈의 용도를 기재하는 것이 얼마나 큰 위력을 발휘하는지를 이 사건에서도 쉽게 알 수 있다.

2) '개인적인 채무변제'에 사용할 의도임에도 '화장품 원료 구입'
에 사용하겠다고 용도를 속여 4년간 8억 원을 빌려 가 사기
쳤다고 고소한 사건(차용증 미작성, 계속적으로 빌린 차용금의
60%를 갚은 경우)

> 피고소인(A)은 고소인(B)으로부터 4년간 모두 300회에 걸쳐 합계
> 8억 원을 빌리면서 4억 8,000만 원(원금의 60%)을 갚고 나머지를
> 갚지 아니하였다.
> B는 A를 사기죄로 고소하였다.

B는 A가 빌린 돈으로 원료를 사서 화장품을 제조하여 중국에
수출한다고 하여 그 말을 믿고 돈을 빌려주었다. 나중에 확인하니
A는 그 돈으로 화장품 원료를 산 것이 아니라 개인적인 채무를 갚
는 데 사용했기 때문에 사기를 친 것이라고 주장한다. 즉, 용도를
속였다는 것이다.

이에 대하여 A는 돈의 사용처를 특정하지 아니한 단순 차용이
고, 그동안 빌린 돈의 60%를 갚았으나, 고리의 사채이자를 받아
오던 무등록 대부업자였던 B가 심야에도 빚을 갚으라는 독촉 전화
를 자주 하므로 화가 나서 변호사를 선임하여 '채권의 공정한 추심
에 관한 법률(약칭: 채권추심법)'[99]을 근거로 사생활침해를 금지해 달
라는 취지의 소송을 제기한 것으로 결코 용도를 속인 사실이 없다
고 변명한다.

이 사건을 검토한 바, B는 **돈의 용도가 기재된 차용증을 받지 아
니한 채** A의 은행계좌에 송금하였기 때문에 B의 주장만으로 A가

차용금의 용도를 속였다고 단정할 수 없다.

　용도사기가 인정되지 아니하므로 그 다음 단계로, 차용사기 수사의 일반 원칙(갚을 의사나 능력 유무)으로 돌아간다. B는 A에게 빌려준 돈을 4년간 변제를 받으면서 그 돈이 원금인지 이자인지를 구별하지 않았을 뿐만 아니라 빌린 돈의 60%를 변제받았으며, 당시 A가 정상적으로 사업을 하고 있었기 때문에 차용 당시 갚을 의사나 능력이 있었다고 판단되어 혐의없음 처분을 하였다.

　만일 B의 주장이 사실이라면, **그 당시 B는 무엇을 잘못했을까?**

　B가 돈을 빌려줄 때 '빌리는 돈으로 원료를 사서 화장품을 제조하는데 사용하기로 한다.'는 취지, 즉 용도가 기재된 차용증을 A로부터 받지 아니한 잘못이 있다. 용도가 기재된 차용증을 받았다면 쉽게 A를 기소할 수 있었을 것이다.

　3) '주식투자'에 사용할 의도임에도 '식당 인수자금'에 사용하겠다고 용도를 속여 1억 원을 빌려 가 사기쳤다고 고소한 사건 (차용증 미작성)

　　피고소인(A, 이혼녀)은 지인의 소개로 고소인(B, 이혼남)을 만났다.

　　한 달쯤 후 A는 B에게, "내가 식당을 운영하기 위하여 점포를 임차하려고 하는데 1억 원이 필요합니다. 그 돈을 빌려주면 곧 갚겠습니다."라고 말하여 1억 원을 빌렸다.

　　그러나 A는 B한테 1억 원을 빌려 주식투자에 사용했고, 나중에 전부 갚았다.

　　A는 그 후에도 B로부터 수차례에 걸쳐 모두 6,000만 원을 빌렸으

나 갚지를 못해 싸우다가 결국 헤어졌다.

B는 A를, ① 1억 원에 대하여는 용도를 속였고, ② 6,000만 원에 대하여는 갚을 능력 없이 돈을 빌려가 사기쳤다고 고소하였다.

우선 1억 원에 대하여 살펴보면, 비록 1억 원을 전부 갚았더라도 A가 차용 당시 돈의 용도에 대하여 거짓말을 했고, B가 그 말에 속아서 돈을 빌려준 것이면 사기죄가 인정된다.

B는 A가 점포를 임차하여 식당을 운영한다고 해서 돈을 빌려 주었다고 주장함에 대하여, A는 B에게 주식투자를 하려고 하는데 돈을 빌려 달라고 말했고, 주식투자 명목으로 위 돈을 빌린 것이라고 변명하였다.

검토한 바, B는 1억 원을 입금하기 전에 2회에 걸쳐 A와 통화를 하였고, 이를 녹취하여 증거로 제출되었다. 그 녹취록에는 당시 A가 점포를 임차하려고 한 정황과 A가 주식거래를 하고 있었다는 사실을 B가 알고 있었다고 할 수 있는 내용이 들어 있었다. 결국 위 1억 원의 용도가 점포 임차를 위한 것인지 아니면 주식투자를 위한 것인지의 여부가 모호하여 혐의없음 처분을 하였다.

이 사건에서 B는 무엇을 잘못했을까?

B는 차용증을 작성하지 아니한 잘못이 있다. 그 차용증에는 반드시 빌리는 돈의 용도(사용처)를 기재해야 한다.

추가로 빌려 간 6,000만 원에 대하여는, 사기죄가 인정되어 기소하였다.

5. 투자금인지 아니면 대여금인지를 명확히 하고, 투자인 경우에는 투자약정서에 '원금보장'이라는 문구를 넣어 달라고 하라.

투자(投資)는 이익을 얻기 위하여 어떤 일이나 사업에 자본을 대거나 시간이나 정성을 쏟는 것으로 이에 따른 이익과 손실을 함께 나누는 것이므로 만일 투자된 사업이 실패한 경우 투자한 원금을 돌려받을 수 없다.

대여(貸與)는 물건이나 돈을 나중에 도로 돌려받는 것을 전제로 빌려주는 것이다. 투자와 대여의 차이점은 **원금을 반환받을 가능성 여부**에 있다.

실제로 투자사기 사건이 많이 발생하는데, 투자사기를 당하지 않으려면 어떻게 해야 할까? 투자약정서를 작성하되 '원금보장'이라는 문구를 넣는 것이 좋다. 아래에서 보는 바와 같이, 대법원은 **투자자가 원금반환 약정을 전적으로 믿고 투자를 한 경우에는 사기죄가 성립한다고 판시하였다.**

『투자금의 편취에 의한 사기죄의 성립 여부에 있어 투자약정 당시 투자받은 사람이 투자자로부터 투자금을 지급받아 투자자에게 설명한 투자사업에 사용하더라도 일정 기간 내에 원금을 반환할 의사나 능력이 없음에도 마치 일정 기간 내에 투자자에게 원금을 반환할 것처럼 거짓말을 한 경우에는 투자를 받는 사람과 투자자의 관계, 거래의 상황, 투자자의 경험, 지식, 성격, 직업 등 행위 당시의 구체적인 사정에 비추어 투자자가 원금반환 약정을 전적으로 믿고 투자를 한 경우라면 사기죄의 요건으로서 기망행위에 해당한다[대법원 2013. 9. 26. 선고 2013도3631 판결]」.

그러나 '원금보장'을 해 주는 투자는 거의 없다. '원금보장'을 하는 투자는 사실상 투자가 아니라 대여이기 때문이다. 그러나 투자약정서에 '원금보장'이라는 문구를 넣어 달라고 요구를 해 보라. 투자를 받는 사람은 엄청난 부담을 느낄 것이다. 그 문구를 기재해 줌으로써 나중에 사기죄로 처벌받을 수도 있기 때문이다. 그런 관점에서 보면 투자가 위축될 가능성이 있지만 투자를 받는 사람이 사기칠 의도가 없다면 원금의 100%가 아니더라도 협상을 통하여 원금의 일부라도 보장해 줄 수 있을 것이다. 그런 관점에서 보면 이 문구를 넣는다고 해서 반드시 투자가 위축된다고 할 수 없다.

투자사기를 치려던 사기꾼이 '원금보장'이라는 문구를 넣어 달라는 요구를 받았을 때 어떤 반응을 보일까? 사기꾼은 의심받는 것이 기분 나쁘다며 화를 낼 것이다. 그러한 연기에 압도되어 '원금보장'이라는 문구를 넣지 못한다면 사기꾼의 목적은 달성된다. 그러한 연기에 흔들리지 않고 완강하게 버틴다면 투자계약은 성사가 되지 아니하겠지만 사기는 예방된다. '원금보장'이라는 문구가 들어간 투자약정서 덕분에 사기의 고의를 쉽게 밝혀내 기소한 사건이 가끔 있다. 그동안 나는 사기예방 강의를 듣던 사람들에게 이러한 사실을 알고 있는지를 물었으나, 이를 알고 있는 사람은 드물었다.

그러면 이 경우 원금보장은 유사수신행위에서의 원금보장과 어떤 차이가 있을까? 유사수신행위법 제2조 제2호에, "유사수신행위란 ① 법령에 따른 인·허가나 등록·신고 없이, ② **불특정 다수인**으로부터 자금을 조달하는 것을 업(業)으로 하며, ③ 장래에 수신한 **출자액 등의 전액 또는 초과 금액 지급을 약정**하는 행위"라고 정의하였고, 같은 법 제6조 제1항에, "유사수신행위를 한 자는 5년 이하의 징역 또는 5,000만 원 이하의 벌금에 처한다."라고 규정하였다. 유사수신행위는 불특정 다수인으로부터 자금조달을 받으므로 다수 피해자가 발생하고, 피해금도 거액으로 심각한 사회문제를 야기할 수 있으므로 법으로 엄격히 규제한 것이다. **내가 말하는 원금보장은 특정인이 투자자**이므로 적법하고, **유사수신행위는 불특정 다수인이 투자자**이므로 불법이다. 다음은 원금보장이라는 문구를 기재하는 바람에 사기 혐의를 입증한 사례들이다.

가. '원금보장'이라는 문구를 투자약정서에 기재하는 바람에 투자금 1억 5,000만 원에 대한 사기 혐의가 입증되어 기소한 사건

피고소인(A)은 유치원에 다니는 딸의 학부모 모임에서 고소인(B)을 알게 되었다.

A는 평소 외제차를 타고 다니고, 고급아파트 내부 사진을 학부모 모임밴드에 올려 자신의 재력을 과시하였다.

그러던 중 어느 날 A는 B에게, "좋은 투자처가 있는데 투자하면 딸 교육비 마련에도 도움이 되니 여유 자금이 있으면 투자하라. 내가 고급빌라 건축 등 부동산에 투자할 예정인데, 투자하면 1년 뒤에 원금보장과 함께 연 15%에 해당하는 수익금을 주겠다."라고 하면서 지급보증서를 작성해 주었다.

B는 그 말에 속아 6개월 동안 3회에 걸쳐 합계 1억 5,000만 원을 투자했으나, 약속대로 투자금을 반환하지 아니하자 A를 사기죄로 고소하였다.

B는 A에게 투자처와 투자계획에 대하여 구체적으로 물어본 사실이 없지만 원금을 보장해 주고, 연 15%의 수익금도 주겠다는 말만 믿고 투자했다고 주장한다.

A는 B에게 원금보장과 함께 연 15%의 수익금을 주겠다고 약정하고 투자금을 받고, 실제로 그 목적대로 투자하였으나 경기불황으로 실패를 하였을 뿐이지 결코 사기를 친 바가 없다고 변명했다.

A는 B로부터 투자받은 돈의 상당 부분을 자신의 채무변제에 사용한 사실이 밝혀졌다. 이 사건을 조사받는 과정에서 합의가 되었으나 사기 혐의가 인정된다.

이 사건처럼 자녀를 매개로 하는 경우에는 쉽게 친밀감과 공감대가 형성되기 때문에 사기를 치기가 더욱 수월하다. 다행히 이 사건은 투자약정서에 기재된 '원금보장'이라는 문구 때문에 기소할 수 있었다. 이왕이면 예컨대 'S호텔사업에 투자'와 같이 더 구체적인 투자처를 약정서에 기재했다면 사기 혐의를 더 쉽게 밝힐 수 있었을 것이다.

나. 투자약정서에 '원금보장'이라는 문구가 없어 투자금 17억 원을 못받게 될 상황에 처한 지인의 친구 사건

어느 날 지인이 나에게 "검사님! 내가 아는 분이 20년 근무한 회사를 퇴직하면서 받은 퇴직금 5억 원을 의료기기 관련 사업에 투자를 했습니다. 투자받은 사람이 1년 정도 수익금을 잘 주므로 그는 친인척의 돈까지 모아서 지금까지 약 17억 원 정도를 투자했습니다. 그 후 얼마 지나지 않아 투자받은 사람은 투자 수익금을 잘 주지 아니하다가 급기야 의료사업을 접었습니다. 그래서 투자하신 분이 상대방을 사기죄로 고소하였습니다."라고 말했다.

그는 다시 나에게 "그런데, 고소장을 경찰에 접수한 지 6개월이 훨씬 지났음에도 아직 수사가 진척이 없습니다. 이 사건이 빨리 진행되도록 하려면 검사 출신 변호사를 선임하는 것이 좋을까요?, 아니면 판사 출신 변호사를 선임하는 것이 좋을까요?"라고 물었다.

나는 "그분이 투자약정서를 작성했다면 '원금보장'이라는 문구가 들어 있는지가 중요하므로 그것을 먼저 하세요. 검사나 판사 출신이라는 전관이 중요한 것이 아니랍니다."라고 대답했다.

그 후 나는 지인을 만나지 못하여 그 사건이 어떻게 처리되었는지는 알 수 없다. 추측컨대 이 사건의 범인은 "투자받은 돈을 전부 의료기기 사업에 사용했으나 경기 불황으로 적자를 보아 이제 자본금이 마이너스 상태이다. 투자받은 돈이므로 반환할 의무가 없다."라고 변명할 것으로 예상된다.

이 사건의 **피해자는 무엇을 잘못했을까?**

사건이 오랫동안 처리가 지연된 점에 비추어 피해자는 투자약
정서에 '원금보장'이라는 문구를 기재하지 아니한 잘못이 있는 것
으로 생각된다.

6. 문자메시지를 남기거나, 녹음 또는 동영상 촬영을 하라.

가. 문자메시지를 남겨라.

시간적 또는 장소적인 제약으로 계약서를 작성할 수 없다면 상
대방의 동의를 얻어 대화를 휴대폰으로 녹음을 하거나 동영상을
찍는 것이 좋다. 상대방이 사기의 고의가 없었다면 흔쾌히 동의를
할 것이다. 그러나 처음부터 사기칠 계획이었다면 그럴듯한 변명을
대며 거부할 것이다. 이러한 경우에는 거래를 계속 진행해야 하는
지를 재고해야 한다.

**상대방이 나보다 우월적 지위에 있어서 계약서 등 문서 작성을 요
구할 처지가 아닌 경우에는 어떻게 해야 할까?**

구두로 계약체결을 하고 난 직후 카톡이나 문자메시지로 예컨
대, "사장님(甲)! 저에게 ○○공사를 싼 가격인 ○원에 주셔서 감
사합니다. 약속대로 완공하겠습니다."라는 등 계약의 핵심내용이
담긴 감사의 문자를 보내면 상대방은 이에 대한 답장을 보낼 것이
다. 이때 이를 캡처하여 별도로 보관하면 된다. 만일 그 상대방이
답장을 보내지 않는 경우에도 내가 보낸 문자를 상대방이 보았는
지를 알 수 있으니 이것이라도 캡처하여 보관하면 좋다. 이와 같은
문자 보내기는 계약 등 거래가 있은 직후에 하는 것이 좋다. 그 시

점에서는 상대방의 마음이 아직 변하지 않았기 때문이다. 그러나 시일이 많이 경과된 후 상대방과 분쟁이 생겼는데 별다른 물적 증거가 없는 경우 상대방이 응답하지 않을 가능성이 높지만 위와 같이 문자 남기기를 시도해 볼 필요가 있다. 보내는 메시지의 내용은 상대방이 불쾌감을 느끼지 않을 정도로 완곡하게 표현해야 한다. 왜냐하면 상대방이 불쾌감을 느끼면 계약해지를 요구할 수도 있기 때문이다.

다음은 피해자가 상대방과 주고받은 카톡 문자를 증거로 제출하는 바람에 사기 혐의가 밝혀진 사건이다.

> 피고소인(A)은 식품을 제조하여 중국에 수출하는 사업을 하는 사람으로서 고소인(B)한테 2억 3,000만 원을 빌렸다.
> 차용조건은 무이자로 3개월 뒤에 원금을 갚고, 그 대신에 B가 생산한 의류도 함께 중국에 수출해 주는 조건이었다.
> B는 A의 통장에 위 돈을 송금했고, 은행의 입금증이 있으므로 별도로 A한테 차용증을 받지 않았다.
> 그 후 A는 B의 의류를 중국에 수출해 주지 아니하였고, 3개월도 지났지만 원금도 갚지 아니하였다.
> B는 A를 사기죄로 경찰에 고소하였다.

A는 위 돈을 빌린 것이 아니라 식품 수출에 투자를 받았는데, B로부터 받은 돈을 전부 그 사업에 사용하였으나 사업이 실패하였기 때문에 갚을 돈이 없고, 갚을 의무도 없다고 변명했다.

이에 대하여 B는 2억 3,000만 원은 투자금이 아니라 대여금이므로 갚아야 한다고 주장하면서 다음과 같이 A가 전에 보냈던 카카오톡 문자를 증거로 제출하였다.

> 피고소인(A): 대표님(B를 지칭함), 방금 (중국에서) 도착했습니다.
>   시간되실 때 문자주시면 바로 전화를 드리겠습니다.
> 고소인(B): 네, 대표님 식품 수출 사업은 잘 되지요?
>   그쪽 자금부터 서둘러 봅니다.
>   무이자로 빌려 드린지 너무 오래되었지요?
> 피고소인(A): 네, 맞습니다. 회수보고 올리겠습니다.

나는 이 카톡 문자를 A에게 보여주면서 '2억 3,000만 원을 무이자로 빌린 것이 맞다.'고 인정하지 않았느냐고 추궁하였다. A는 B로부터 협박을 받아 이와 같은 문자를 보냈다고 대답했다. 위 카톡 문자를 중국에서 입국한 A가 먼저 B에게 보내면서 대화가 시작되었고, 그 당시 제출된 카톡 대화 내용의 전부를 살펴보았지만 협박한 내용이 전혀 없습니다. A의 변명은 거짓으로 판단되어 A를 사기죄로 기소했다.

이 사건에서 B는 A에게 송금하면서 받은 **은행의 입금증만 믿고 별도로 차용증을 받지 않았다.** 차용증을 받았다면 A는 B한테 받은 돈이 투자금이라고 주장하지 못했을 것이다. 하기야 어떤 사기꾼은 돈을 빌리면서 차용증을 써 주었음에도 불구하고 고소를 당하게 되면 실제로는 투자를 받은 것이지만 형식상 차용증을 써준 것이고, 그 돈을 투자받은 목적대로 사용했으나 투자사업이 망하였기 때문에 돈을 갚아야 할 이유가 없다고 주장하기도 한다.

다행히 이 사건에서 A는 중국에서 귀국을 하자마자 스스로 B에게 카톡 문자를 보냈기 때문에 혐의를 밝힐 수 있었다. 이처럼 카톡 문자는 사건 해결에 중요한 증거이다.

　　다음은 **카톡 문자와 함께 비밀녹음을** 증거로 제출하는 바람에 진실을 쉽게 밝혀서 기소한 사건을 소개하기로 한다.

　　피고소인(A)은 자신이 운영하는 회사에 3억 원의 투자를 유치해 달라고 하면서 자신의 친구(C)에게 그 수수료 명목으로 1,200만 원을 선지급하였다.

　　C는 자신이 단골로 다니던 카페에 찾아 가서 여주인(고소인, B)에게 "내 친구(A)가 엔진오일 첨가제를 생산하여 중국에 수출하는 사업을 하는데 특허도 있고, 대박이 났습니다. 신용장 개설비용으로 1억 원이 급히 필요한데 빌려주면 10일 뒤에 갚겠다고 하니 빌려주세요."라고 말했다.

　　B는 A가 단골 손님인지라 마지못해 승낙했다. 그 자리에서 B는 자신의 휴대폰으로 A와 통화했고, A는 B에게 "내가 양재동에서 엔진오일 첨가제 사업을 하는데 특허를 받았고, 그 제품이 중국에서 대박이 났다. 그 수출사업을 위해 350억 원을 세팅해 둔 상태이고, 상하이에 가면 3일 이내에 신용장(L/C)을 받을 수 있는데 그 비용이 필요하다. 1억 원을 빌려주면 10일 안에 신용장을 개설하여 ○○은행으로부터 신용장을 담보로 10억 원을 대출받아 바로 갚겠다."라고 말했다.

　　B는 그 말을 믿고 A를 만나 보지도 아니한 채 A의 계좌로 8,000만 원을 송금하였다.

　　몇 개월이 지나도 A는 약속을 지키지 않았고, 결국 B는 A를 사기죄로 경찰에 고소했다.

　　B는 A를 모르지만 C의 부탁으로 신용장을 개설하는 데 10일만

사용한다고 하여 A에게 무이자로 돈을 빌려주었는데 현재까지 갚지 아니한 것으로 보아 사기쳤다고 주장한다.

A는 신용장 개설에 문제가 생겨 B한테 빌린 8,000만 원을 갚지 못한 것이라고 진술했다가 B한테 투자받은 것으로 그 사업이 실패하여 갚을 이유가 없다고 진술을 번복하였다.

B는 A에게 8,000만 원을 입금하기 직전에 A와 통화한 내용을 몰래 녹음한 후 다음과 같은 **녹취록**을 증거로 제출하였다.

> 고소인(B): 돈을 언제까지 상환할 수 있는 거예요?
> 피고소인(A): 저희가 다음 주를 맥시멈으로 보고 있고요. 형수님(B를
> 지칭함).

이 사건에서 B는 이것으로도 부족하다고 느껴서 돈을 입금하기 직전에 추가로 다음과 같은 내용의 **카톡 문자**를 A에게 보냈다.

> 고소인(B): 무이자로 빌려주는 것이니 약속대로 갚아야 해요.
> 피고소인(A): 형수님. 어려운 결정을 해 주셔서 감사합니다.
>   … (중간 생략) …
>   돈은 6월 19일 날까지 L/C 오픈하고 꼭 돌려 드릴 것을
>   약속드립니다.

친구인 C도 자신이 주선하여 A가 B로부터 위 돈을 빌린 것이 맞다고 진술하였으며, 녹취록이나 카톡 문자에 의하면 A가 신용장 개설을 위하여 8,000만 원을 빌린 사실이 인정된다. 한편 A의 은행계좌를 살펴보니 입금된 8,000만 원 중에서 5,000만 원을 A의

개인채무를 갚는 데 사용하였다.

　한편 이 사건에서 A가 거짓말을 하였다는 결정적인 증거가 있었다. 과연 그것이 무엇일까? A는 B에게 오일첨가제를 중국에 수출하기 위하여 신용장(L/C, Letter of Credit)을 개설해야 하고, 그 비용으로 1억 원이 필요하다고 말했다. 그러나 **신용장**은 특정 은행이 **수입업자를 대신하여** 물품대금을 대신 지급할 것을 보증하는 문서이다. A와 같은 수출업자는 신용장 개설이 필요하지 않다. B가 무역에 대한 지식이 조금이라도 있었다면 A에게 사기를 당하지 않았을 것이다.

　나는 B에게 "어떻게 이중으로 증거를 남길 생각을 다 하셨나요?"라며 호기심이 어린 표정으로 물었다. 그러자 B는 "사기를 몇 번 당하다 보니 이런 지혜가 생기네요."라고 대답했다. 내가 사기예방 강의를 하는 이유는 이분처럼 몇 번 사기를 당하지 않고도 사기를 예방할 수 있는 지혜를 알려주기 위함이다.

나. 녹음하라.

　대화를 몰래 녹음하면 처벌될까? 결론적으로 말하면 제3자 간의 대화를 몰래 녹음하거나 청취하면 처벌되지만 대화에 참여한 사람은 몰래 그와 같은 행동을 하여도 처벌되지 않는다.

> 【통신비밀보호법】
> 제3조(통신 및 대화비밀의 보호) ① 누구든지 이 법과 형사소송법 또는 군사법원법의 규정에 의하지 아니하고는 우편물의 검열 · 전기통신의 감청 또는 통신사실확인자료의 제공을 하거나 공개되지 아

니한 타인간의 대화를 녹음 또는 청취하지 못한다.

제16조(벌칙) ① 다음 각 호의 어느 하나에 해당하는 자는 1년 이상 10년 이하의 징역과 5년 이하의 자격정지에 처한다. <개정 2014. 1. 14., 2018. 3. 20.>

1. 제3조의 규정에 위반하여 우편물의 검열 또는 전기통신의 감청을 하거나 공개되지 아니한 타인 간의 대화를 녹음 또는 청취한 자

2.: (생략)

몰래 녹음하는 것은 상당히 중대한 범죄이기 때문에 **벌금형이 없다**. "남편의 불륜에 대한 증거를 잡으려고 남편의 승용차 조수석 아래에 몰래 둔 휴대폰으로 남편과 낯선 여성과의 대화를 녹음한 여성"과 "아내의 불륜에 대한 증거를 잡으려고 집에 몰래 숨겨 둔 휴대폰으로 아내와 낯선 남자와의 대화를 녹음한 남성"에 대하여 각각 징역형을 선고한 하급심 판결이 있다.

한편 대법원은 「통신비밀보호법 제3조 제1항이 "공개되지 아니한 타인간의 대화를 녹음 또는 청취하지 못한다."라고 정한 것은, 대화에 원래부터 참여하지 않는 제3자가 그 대화를 하는 타인들 간의 발언을 녹음해서는 아니 된다는 취지이다. 3인 간의 대화에 있어서 그중 한 사람이 그 대화를 녹음하는 경우에 다른 두 사람의 발언은 그 녹음자에 대한 관계에서 '타인 간의 대화'라고 할 수 없으므로, 이와 같은 녹음행위가 통신비밀보호법 제3조 제1항에 위배된다고 볼 수는 없다.」라고 판시하였다(대법원 2006. 10. 12. 선고 2006도4981 판결 참조).

대화 당사자가 한 녹음은 형사·민사재판에 있어서 결정적인

증거가 되는 경우가 있다. 그러므로 상대방과 법적 분쟁이 발생하자 전화로 대화를 유도한 후 이를 녹음하여 증거로 제출하는 경우가 가끔 있다. 분쟁이 발생한 이후에는 상대방이 눈치채고 전화를 받지 아니하는 경우가 많으므로 가급적 분쟁이 발생하기 전에 녹음하는 것이 좋다.

대화에 참여한 사람이 몰래 녹음한 경우는 형사처벌을 할 수 없다. 그러나, 정당한 목적을 가지고 필요한 범위 안에서 상당한 방법으로 이루어져 사회상규에 위배되지 않는 경우에는 문제가 없겠으나 이를 벗어난 경우에는 **음성권 침해**가 되어 민사상 책임을 져야 하는 경우가 있다.

이와 관련하여 대법원은 "원고와 피고는 같은 중학교에서 교사로 일하는 선후배 사이였는데 2017년 7월 갈등을 빚었다. 후배 교사인 피고는 학생 문제로 동료 교사 C씨와 상의하기 위해 교무실을 찾아가 C씨와 이야기를 나누던 중 원고가 피고에게 '나가라'는 등 소리를 쳤다. 이에 피고는 휴대폰으로 원고의 음성을 녹음했다. 이를 본 원고는 피고의 휴대폰을 빼앗았고, 이후 피고를 상대로 '음성권 침해에 해당한다.'며 제기한 손해배상 청구 사건"에 대하여 이 경우는 비밀녹음이 사회상규에 위배되지 않는다는 이유로 손해배상책임을 인정하지 않았다(대법원 2019. 10. 31. 선고 2019다256037 판결 참조).**100** 그러나, 최근 하급심 판결 중에는 『여성가족부 공무원이 공익신고 조력자인 대화 상대방의 동의없이 대화를 몰래 녹취하여 행정소송에서 서증으로 제출한 것은 명백한 불법행위에 해당한다는 이유로 **위자료 300만 원**을 지급하라.』라고 판시하여 손해배상책임을 인정한 경우도 있다(서울중앙지방법원 2022. 9. 2. 선고 2021가

단5160620 판결). 음성권 침해를 이유로 법원이 인정한 위자료를 보면 500만 원 이하이다.[101]

다음은 녹음으로 사건의 실체가 밝혀진 사건들이다.

1) 녹음파일의 제출로 3억 원이 매매대금임이 밝혀진 사건

> 토지 매도인인 피고소인(A)은 자신의 토지를 매수인인 고소인(B)에게 3억 원에 팔기로 했다. B는 바빠서 그 토지를 매수하는 업무를 대리인(C)에게 위임하였다.
>
> C는 B한테 매매대금을 받아 A에게 전달했으나 매매계약서를 작성하지 않았다.
>
> A는 3억 원을 받은 후 "3억 원은 토지의 매매대금이 아니라 기존에 B에 대하여 받을 채권이 있었는데, 이에 대한 변제 명목으로 받은 것이다."라고 주장하면서 토지에 대한 소유권을 넘겨주지 않았다.
>
> 그 후 A는 위 토지를 자신의 딸에게 가등기와 지상권을 각각 설정해 주었다.
>
> B는 A를 배임죄로 고소하였다.

수사과정에서 B는 토지매매와 관련하여 A와의 통화를 녹음한 파일 10개를 증거로 제출하였다. 그 파일에는 토지 매매가 사실이라는 취지의 대화내용이 있었다. 조사를 마친 후 나는 B에게 "왜 A와의 통화를 모두 녹음하였나요?"라고 물었다. B는 "검사님! 저는 그동안 A한테 여러 번 금전적 피해를 당했습니다. 이번에는 매매계약서도 작성하지 못했기 때문에 나중에 A가 분명히 다른 소리를 할 것 같아서 녹음했습니다."라고 대답했다. 녹음한 파일이 있었기에 이 사건은 쉽게 해결되었다. 나는 A를 배임죄로 기소하였다. 이 사건을 통하여 우리는 녹음이 얼마나 중요한지 알 수 있다.

2) 녹음파일의 제출로 대여금의 용도가 밝혀진 사건

아래는 빌리는 돈의 용도를 명확히 하는 것이 얼마나 중요한지와 함께 녹음의 중요성도 다시 한번 느끼게 하는 사건이다.

> 피고소인(A)은 고소인(B)에게 "나는 현재 내가 판촉물을 납품하고 있는 K그룹 계열회사(C)에 투자도 하고 있는데, 투자금액 만큼 물건을 납품한 것처럼 세금계산서를 발행하여 C회사에 건네주면, C회사로부터 투자금의 5%를 수수료로 받을 수 있다. 그 수수료의 2%를 이자로 주겠고, 당신이 빌려주는 돈은 C에 투자하는 데 사용하겠다. C는 K그룹의 계열회사이므로 원금을 돌려받은 것은 걱정할 필요가 없다."라고 말했다.
>
> B는 그 말에 속아 A에게 2016년 1월부터 2020년 12월까지 30회에 걸쳐 대여금 명목으로 합계 15억 원을 빌려주고, 이자 명목으로 8억 원을 받았다.
>
> 그러나, 사실은 A는 별다른 재산이 없었을 뿐만 아니라 B로부터 빌린 돈으로 대출금, 카드대금, 생활비, B한테 빌린 돈의 이자 등에 사용하였다.
>
> 그 후 B는 빌려준 원금 15원의 반환을 요구하였으나 A는 반환하지 못했다.
>
> 결국 B는 A를 사기죄로 고소를 하였다.

A는 위 돈을 빌리면서 회사 운영경비로 사용하겠다고 말했을 뿐이지 결코 K그룹 계열회사(C)에 투자하는 데 사용하겠다고 말한 사실이 없고, 당시 B는 A가 운영하는 회사의 자금사정을 잘 알고 돈을 빌려준 것이며, 판촉물의 납품물량이 줄어들면서 B한테 빌린 돈을 갚지 못한 것이므로 결코 사기친 것이 아니라고 변명한다.

B는 A가 C에 투자하겠으며, C는 K그룹의 계열사이므로 결코 원금을 떼일 염려가 없다고 하는 말을 듣고 수년간에 걸쳐 15억 원을 빌려주었고, 이자만 8억 원을 받았으나 원금은 한 푼도 못받았다고 주장한다.

아무튼 A는 빌려간 돈 15억 원의 53%인 8억 원을 갚았으므로 빌릴 당시에 갚을 능력이 없었다고 단정할 수 없다. 그러나 돈을 빌릴 당시 A는 B에게 "빌려주는 돈은 K그룹 계열회사(C)에 투자하는 데 사용하겠다."라고 말했고(즉, 차용금의 용도를 속였고), A가 빌리는 돈의 용도(사용처)에 대하여 사실대로 B에게 알렸다면 B가 응하지 않았을 경우에는 사기죄가 인정된다.

A의 통장거래내역을 살펴보니, B로부터 받은 돈은 원래 약속했던 용도와 달리 은행대출금, 카드사용대금, 생활비, B한테 빌린 돈에 대한 이자로 인출된 사실이 확인되었다. 그런데 이 사건에서 B가 돈을 빌려줄 때에 A로부터 "빌리는 돈을 K그룹 계열회사(C)에 투자하는 용도에 사용한다."라는 취지로 용도가 기재된 차용증을 받았다면 바로 사기죄로 기소할 수 있었을 것이다. 그러나 B는 이러한 차용증을 받은 사실이 없다.

다행히도 B는 고소하기 6개월 전에 A에게 전화로 "너 C회사에 돈 넣은 것 진짜냐? 너의 엄마를 걸고 맹세할 수 있어?"라고 물었고, 이에 대하여 A는 진짜라고 대답했다. B는 A를 고소하면서 이러한 대화를 몰래 녹음한 파일을 증거로 제출하였다. 녹음파일에서 A는 C회사에 돈을 넣기로 약속하고 B의 돈을 받은 것이 사실이라는 전제하에서 대화가 진행된 것이었다. 그렇다면, '회사 운영경비로 사용하기 위하여 돈을 빌렸고, C에 투자하겠다고 말한 적이 없다.'는 A의 주장은 거짓이었다.

고소한 후에 B는 다시 A에게 전화하여 빌려간 돈의 사용처를 묻자 A는 "도박으로 날렸다."라고 대답했다. B는 이 통화내용도 몰래 녹음을 하여 증거로 제출하였다.

위 녹음파일을 A에게 들려주자 A는 당시 B를 달래기 위하여 거짓말을 한 것이라고 변명했다. 그러나, 그 변명은 믿기가 어려웠고, 나는 A를 특정경제범죄가중처벌등에관한법률위반(사기)죄로 기소하였다. 이 사건에서 알 수 있듯이 비밀녹음은 사건을 해결하는 중요한 열쇠이다.

다. 동영상을 촬영하라.

치매환자의 예금이나 부동산이 간병인에게 넘어간 경우가 있다. 그러한 경우 환자의 후견인이나 상속인 등 이해관계인들은 당시 치매환자가 사물을 변별하거나 의사를 결정할 능력이 없었다면서 간병인을 횡령이나 절도죄 등으로 고소한다. 이와 같은 경우 동영상을 촬영하였더라면 진상을 충분히 밝힐 수 있었던 것으로 보이는 사건들을 간략히 소개하기로 한다.

1) 동거남이 식물인간이 되기 전에 자신에게 5억 원을 증여했다
고 주장한 사건

> 피고소인(여, 80세, A)은 20년간 동거를 해 오던 중 고소인(남, 92
> 세, B)이 2015년 11월경 급성뇌경색 진단을 받고 치료를 받던 중 A가
> 관리하던 B명의의 예금통장에 들어 있던 5억 원을 인출하여 갔다.
>   뒤늦게 이와 같은 사실을 알게 된 B의 아들 C는 B를 대리하여 A
> 를 횡령 및 사기죄로 고소하였다.
>   A는 B가 "20년 동안 동거하면서 고생했다."라고 하면서 위 돈을
> 전부 가지라고 하여 그 말에 따라 이를 인출하였을 뿐이라고 범행
> 을 부인하였다.
>   고소한 직후 B는 병세가 더욱 악화되어 이제는 아예 사람도 알아
> 보지 못하는 식물인간의 상태였다.
>   고소하기 전에 아들 C는 A를 만나 약 1시간에 걸쳐서 나누었던
> 대화 내용을 녹취하여 증거로 제출하였다.

A는 B가 돈을 전부 가져가라고 해서 돈을 인출해 갔다고 변명한다.

A의 변명이 사실이라면, **A는 무엇을 잘못했을까?** A가 인출한
돈이 5억 원이나 되는 거금이므로 B가 사망했을 경우 유족들이 이
의를 제기할 것이 충분히 예상된다. A는 추후 문제가 되었을 때 자
신의 결백을 입증하기 위해서라도 당시 B가 A에게 "돈을 가져가
라."라고 말하는 장면을 **상세히 동영상으로 촬영하여 놓았더라면** 좋
았을 것이라는 생각이 든다.

촬영을 할 때의 유의할 점은 나중에 제3자가 그 동영상을 보았
을 때 그 당시 B가 정상적인 의사결정 능력을 가지고 있었고, 강요

받지 않고 자유로운 상태에서 A에게 5억 원을 주었다고 판단이 될 수 있을 정도로 충분한 분량을 촬영하고, 한편 B의 처분행위에 관한 사항 외에 B의 주변 상황에 대하여도 질문을 하고, 대답하는 것을 촬영해 두어야 추후 환자가 정상적인 상태에서 처분행위가 이루어졌다고 판단할 수 있다.

이 사건은 수년 전 내가 다른 검찰청으로 전출하면서 미제사건으로 남겨두었기 때문에 아쉽게도 그 처리결과는 알 수 없다.

2) 동생(피고소인, A)이 뇌경색으로 치료를 받던 누나(고소인, B)를 데리고 다니면서 누나의 예금 10억 원을 인출하자, 그후 그 사실을 알게 된 누나와 과거에 사실혼 관계에 있던 동거남이 데려온 딸(C)이 'B가 C을 양녀로 입양한다.'는 취지의 입양신고서를 관할관청에 신고하고, C가 B의 성년후견인으로 선임된 후 B의 대리인 자격으로 A를 준사기죄로 고소한 사건

피고소인(남, 74세, A)은 독신으로 살던 누나인 고소인(여, 80세, B)의 친동생이다. A는 2015년 11월경 뇌경색 등으로 쓰러져 개인병원에서 치료받던 B를 더 큰 병원으로 이송하던 중 B가 개설한 여러 군데의 은행에 B를 데리고 다니면서 합계 10억 원이나 되는 예금과 적금을 인출하여 갔다.

그 후 과거에 B와 사실혼 관계에 있었던 남자가 데려온 딸인 C(고소대리인)가 이러한 사실을 알고 갑자기 나타나 2016년 2월경 'B가 C를 양녀로 입양한다.'는 취지의 입양신고서를 관할관청에 제출하였다.

C의 논리대로라면, 2015년 당시 뇌경색으로 의사를 결정할 능력

이 전혀 없었던 B가 과연 다음 해(2016년)에 'C를 양녀로 입양한다
는 의사표시'를 할 수 있었다고 볼 아무런 증거(B가 의사결정 능력
을 회복했다는 아무런 증거)가 없으므로 입양신고서가 위조되었을
가능성이 매우 높다.

　그 후 C는 자신을 B의 성년후견인으로 선임해 줄 것을 법원에 청
구하여 2016년 7월경 성년후견인이 되었고, C는 2017년 2월경 B의
대리인 자격으로 A를 준사기[準詐欺]**102**죄로 고소를 하였다.

　수사과정에서 A는 누나인 B가 쓰러지기 전부터 자신에게 재산
을 전부 물려주겠다고 여러 번 말했고, 사건 당일 은행에 들르게
된 것도 B가 "나(B)에게는 피붙이가 너(A) 하나밖에 없으니 내가
큰 돈을 주마."라는 말을 먼저 꺼내기에 이와 같이 인출한 것이라
고 변명하였다.

　C(고소대리인)는 B가 적금을 중도 해지할 당시 뇌경색으로 의사
결정을 할 능력이 전혀 없는 사람이라는 사실을 증명할 목적으로,
적금을 중도 해지한 2개의 은행의 직원들이 구급차에 누워 있던 B
에게 "예금을 중도에 해지하는 것이 맞는지, 그 돈을 A에게 주는
것이 맞는지"를 묻는 장면을 촬영한 동영상을 제출하였다. 그런데,
그 **동영상은 분량이 너무 적고, B가 대답을 못하면 옆에 있던 A가 대
답할 말을 불러주고 있어** 과연 B가 질문의 의미를 정확히 이해하고
답변하였다고 보기에는 다소 무리가 있었다.

　이 사건의 처리결과에 대하여는 정확히 기억이 나지 않는다.

7. 휴대폰에 저장된 파일(문자 메시지, 녹음 등)은 별도로 보관하라.

일상생활을 함에 있어서 휴대폰 없이도 불편함을 느끼지 않고 살 수 있는 사람은 아마도 드물 것이다. 그만큼 휴대폰은 이제 생필품이 되었다. 거래를 하면서 비록 문서를 작성하지 않았다고 하더라도 주고받은 문자(MMS 또는 카톡)나 녹음 등이 휴대폰에 저장되어 남아 있다면 분쟁 해결에 중요한 증거로 사용할 수 있다. 그러나, 저장되어 있을 것으로 믿었던 중요한 문자나 녹음 등이 하루아침에 휴대폰에서 사라진다면 그것은 상상만 해도 끔찍한 일이다. 이것과 관련하여 재미있는 언론보도[103]가 생각난다. 소개하면 다음과 같다.

> 미국의 어떤 남자가 10년 전에 비트코인 관련 영상을 제작해 주고 그 대가로 비트코인 7,002개(그 당시 1비트코인은 2~6달러, 한화로 약 2,194~6,582원이었다고 함)의 비트코인을 받았다.
>
> 그는 전자지갑에 비트코인을 넣어둔 채 까맣게 잊고 있다가 비트코인의 가치가 급등하자(2023년 12월 2일 기준 1비트코인은 5,017만 원이므로 현재 가치는 3,513억 원에 달함) 이를 현금화하기 위해 전자지갑을 찾았지만 비밀번호를 적어 둔 종이를 분실했다.
>
> 비트코인 전자지갑은 10회 입력 오류가 발생하면 내장된 하드디스크 드라이브가 완전히 잠기는데, 그는 자신이 주로 사용했던 비번을 조합해 8번 시도했으나 실패했다고 한다.
>
> 요즘 그는 그냥 침대에 누워서 비밀번호가 무엇이었는지만 생각한다고 한다.

모(某) 암호화폐 데이터 회사에 의하면, 발행된 비트코인의 20% (약 153조 원) 정도가 분실되거나 전자지갑 안에 잠겨있다고 한다.

이와 같이 비밀번호를 적은 종이를 분실하거나, 휴대폰에 저장된 문자나 음성 파일이 사라진다는 것이 얼마나 큰 피해를 주는 지를 지인들의 아래 사연을 통해서 생각해 보자.

가. 카톡 문자가 날아가 대여금이라는 사실을 입증하지 못해 무혐의 처분된 사건

평소 친하게 지내던 지인(B)이 6,000만 원을 가지고 있다는 사실을 안 사기꾼(A)은 B에게 "내가 사업자금으로 6,000만 원이 급히 필요한데 빌려주면 3개월 뒤에 틀림없이 갚겠다."라고 했다.

그 말을 들은 B는 A에게 "6,000만 원은 3개월 뒤에 세입자에게 반환할 돈으로 무이자로 빌려주겠으니 3개월 뒤에는 꼭 갚아 달라."라고 말하면서 그 돈을 A의 계좌에 무통장입금을 하였다. 그런데, B는 차용증을 받지 않았다.

2개월쯤 되었을 때 약간의 불안을 느낀 B는 A에게 "다음 달에는 세입자에게 돌려줘야 하니 꼭 약속을 지켜 달라."라는 취지의 카톡 문자를 여러 번 보냈다. 그때마다 A는 꼭 약속을 지킬 것이니 아무 걱정하지 말라는 회답 문자를 보냈다.

약속한 3개월이 지나도 갚지 않던 A는 1년쯤 지나자 갑자기 B에게 "6,000만 원은 당신이 나에게 빌려준 것이 아니라 투자한 돈이다. 그 돈으로 사업을 하다가 망했으니 갚을 이유도 없다."라며 돌변했다.

극도의 배신감을 느낀 B는 A를 상대로 고소장을 작성했고, 입증 자료로 첨부할 A와 주고받았던 카톡 문자도 찾아보았다. 그런데, A가 '약속한 날짜에 꼭 갚겠으니 걱정하지 말라.'고 여러 번 보내온 문자뿐만 아니라 그동안 A와 주고받은 문자들이 전부 사라지고 없었다.

B는 무통장 입금증만 증거로 첨부하여 고소장을 경찰서에 접수하였다.

이 사건에서 무통장 입금증은 B가 A에게 6,000만 원을 송급했다는 증거일 뿐이다. 그 돈이 대여금, 투자금, 매매대금 등 어떤 명목으로 보낸 것인지에 대한 증거는 아니다. 물론 적요란에 B가 대여금이라고 기재할 수 있지만 그것은 B가 일방적으로 기재하는 것이므로 그것만으로 대여금이라고 인정할 수는 없다. 한편 A는 자신이 투자받은 것이라는 그럴듯한 소명자료를 제출했다.

지인(B)은 위 돈의 명목이 대여금이라는 사실을 입증하지 못했고, 결국 이 사건은 혐의없음으로 처분되고 말았다. 이 같은 결과를 통보받은 B는 저에게 전화로 "검사님! 저는 너무 억울해요. 이렇게 나쁜 사기꾼의 말만 믿고 사건을 처리하면 어떻게 하나요?"라며 억울해 했다. **카톡 문자를 캡처하여 보관하지 못한 대가가** 이렇게 클 줄은 예전엔 미처 몰랐다. A가 '꼭 갚겠다'고 보냈던 문자만 있었더라도 B는 이러한 고통을 받지 않았을 것이다.

나. 카톡 대화를 캡처했으나 휴대폰을 분실하는 바람에 고소조차 하지 못한 사건

지인(B)은 어느 모임에게 가상화폐 전문가라고 자칭하는 사람(A)을 만났다. B는 그가 말하는 대로 약 2억 원 정도를 가상화폐에 투자했다.

B는 투자약정서를 작성한 바는 없지만, 투자금을 입금하기 전에 항상 A와 카톡 문자를 주고받거나 통화를 하였는데, B는 그 문자는 휴대폰에 캡처해 두었고, 통화 내용도 일부 녹음을 하였다.

상당한 시일이 지나면서 A는 B를 멀리했다. 그러자, B는 A를 처음 만난 이후부터 있었던 일들을 되돌아보던 중 그동안 A가 수익이 났다며 보내주었던 자료들이 전부 허위라는 사실을 알게 되었다.

B는 휴대폰에 저장된 자료를 정리하여 다음 주 월요일 쯤 A에 대한 고소장을 작성하기로 했다.

그런데, 공교롭게도 B는 그 전날 도봉산에 등산을 가서 맑은 물에 손을 씻으려고 근처에 있는 바위 위에 휴대폰을 올려놓고 그냥 오고 말았다. 휴대폰을 분실한 것이다.

지인(B)은 휴대폰을 분실하는 바람에 아직 A를 고소하지 못하고 있다고 말하면서 당시 검사였던 나에게 해결책을 물었다.

B의 이야기를 들어보니 휴대폰에 저장된 자료와 입금내역서가 없다면 사기를 입증하기가 어렵다고 대답했다. 문자를 캡처하거나 녹음했다고 방심하면 안 된다.

이 사건을 통하여 우리는 휴대폰 분실에 대비하여 휴대폰에 저장된 **문자나 녹음 파일을 클라우드**(cloud)에 올리거나 USB 등에 보관

하여야 한다는 지혜를 얻을 수 있다.

　　최근에는 **'톡 서랍 플러스'**라는 앱(유료)이 개발되어 카톡으로 주고받은 모든 대화와 사진, 파일들을 자동으로 저장할 수 있게 되었다. 그러나, 저장된 내용이 앱에 그대로 보관됨으로 인하여 경우에 따라서는 나에게 불리한 사실에 대한 증거로 사용될 수 있는 양면성이 있으니 주의할 필요가 있다.

Ⅴ. '형식적으로 써주는 것'이라는 취지의 반대문서를 받아라!

　　이것은 피해자의 처분행위와 관련되는 것으로 워낙 중요한 것이어서 별도의 항목으로 하였다. 실제로 돈을 빌리거나 계약이 체결된 바가 없음에도 불구하고 '남에게 보여주기만 하겠다.'고 하면서 허위내용의 차용증이나 다운계약서를 써 달라는 제의를 받는다면 거절하는 것이 좋다. 그러나 어쩔 수 없이 작성하게 되는 경우에도 반드시 그 **"문서의 내용이 사실이 아니라는 취지의 문서**(편의상 이를 '반대문서'라고 표기하기로 함)"를 상대방으로부터 받아 두어야 한다. 왜냐하면 허위문서를 진정한 문서라고 주장하면서 그 작성자를 고소하거나 민사소송을 제기해 오는 경우 그 문서가 과연 허위인지의 여부를 알 수 없는 경우가 많기 때문이다. 아래는 반대문서를 받는 것이 얼마나 중요한지를 알 수 있는 사건들이다.

1. 매도인(고소인)이 토지를 100억 원에 매도했으나 매매계약서를 작성하지 아니한 채 세금(양도소득세)을 포탈할 목적으로 30억 원이 감액된 매매계약서(소위 '다운계약서')만 매수인(피고소인)에게 작성해 주는 바람에 30억 원을 받지 못하게 되자 매수인을 사기죄로 고소한 사건

피고소인(A)은 대리인(C)을 통하여 토지 소유권자인 고소인(B) 소유의 토지 10필지(1만 평)를 100억 원에 매수하기로 하는 내용의 구두계약을 체결하고, 계약금으로 5억 원을 B에게 주었다.

A는 C를 통하여 B에게 "소유권이전등기에 필요한 서류를 먼저 넘겨주면 그 토지를 금융기관에 담보로 잡히고 당일 나머지 95억 원을 지급하겠다. 당신이 양도소득세를 덜 낼 수 있도록 매매대금이 70억 원인 계약서를 써주겠다."라는 솔깃한 제안을 하였다.

B는 세금을 덜 내려고 매매대금이 70억 원인 매매계약서(다운계약서)만 작성하고, 소유권 이전등기에 필요한 서류를 바로 A에게 넘겨주었다.

A는 위 서류를 넘겨받아 자신 앞으로 소유권을 이전등기를 하면서 바로 금융기관에 담보로 제공하여 110억 원을 대출받아 잔금으로 65억 원만 지급하였다.

B는 잔금 30억 원을 덜 받았으니 이를 달라고 주장하고, A는 계약서에 나와 있는 것처럼 매매대금이 70억 원이고, 이를 전부 주었기 때문에 더 줄 이유가 없다고 버텼다.

결국 B는 A를 사기죄로 고소를 하였다. 과연 실제의 매매대금이 얼마였을까?

A는 은행으로부터 110억 원을 대출받아서 100억 원이든 70억 원이든 매매대금을 지급하고도 돈이 남았다.

다행히 나중에 B의 대리인들(C)과 A와의 통화를 녹음한 녹취록이 증거로 제출되었고, 녹취록에는 다운계약서가 있음을 전제로 대화가 진행되었으며 A는 처음부터 30억 원을 줄 의사가 전혀 없었다는 사실을 밝혀내고, 사기죄로 기소하였다.

이 사건에서 **B가 잘못한 것은 무엇일까?**

이 사건의 경우 세금포탈을 목적으로 사실과는 다른 다운계약서를 작성하였고, 이 경우에도 그것이 다운계약서라는 취지의 반대문서를 받지 못한 잘못이 있다.

2. 허위로 써준 차용증을 근거로 상대방을 사기죄로 고소한 사건

어떤 사람(B)이 사기꾼(A)에게 2,000만 원을 빌려 달라고 했다.

그러자 A는 "내가 신용상태가 좋다는 것을 보여주어야 그 사람한테 2,000만 원을 빌려 당신에게 줄 수가 있다. 그러니 내가 당신한테 1억 원의 채권이 있다는 것을 알 수 있는 외형을 만들어야 한다. 우선 당신이 다른 사람한테 몇 백만 원의 돈을 빌려 나에게 현금으로 주면 이를 바로 당신의 통장에 입금하는 방식으로 1억 원 정도 거래실적을 만들자."라고 제안했다.

B는 A가 시키는 대로 현금을 빌려와 A에게 주었고, A는 이를 B의 통장에 입금하는 방식으로 수개월에 걸쳐 A가 B에게 실제로 1억 원의 채권이 있는 것처럼 만들었다.

그 후 A는 다시 B에게 "당신이 나한테 1억 원을 빌렸다는 차용증을 형식상 한 장을 써 달라. 그 차용증은 2,000만 원을 빌릴 사람에게 보여주는 데만 사용하겠다."라고 하였다. 그 말을 들은 피해자가 차용증을 써주었고, A는 약속을 어겼다.

몇 개월 후 A는 B가 1억 원을 빌려 간 후 갚지 않는다고 주장하면서 B를 사기죄로 고소하였고, 그 증거로 B가 써준 위 차용증과 A가 B에게 돈을 송금한 입금증을 증거로 제출하였다.

지금부터 약 20년 전에 내가 처리했던 황당한 사건이다. 너무 오래되어 처분결과는 기억나지 않는다. 다만 지금도 기억이 생생한 것은 처음 이 사건을 접했을 때 누구의 말이 진실인지를 판단하기가 어려웠다는 것이다.

이 사건에서 **B는 무엇을 잘못했을까?**

피해자(B)가 차용증을 써줄 때 "실제로 1억 원을 빌린 것은 아니고, 이 차용증을 2,000만 원을 빌려줄 사람에게 잠시 보여주는 용도로만 사용하기로 한다."라는 내용의 반대문서를 받지 아니한 잘못이 있다.

3. 허위문서를 작성해 주면서 반대문서를 상대방한테 받은 사건

고소인(B)은 피고소인(A)의 아파트 공사 현장에 7억 원 상당의 철근을 납품하였으나 대금을 한 푼도 받지 못했다.

어느 날 A는 B에게, "공사현장에 대한 유치권포기각서와 철근대금을 다 받았다는 영수증을 작성해 주면 이를 은행에 제출하여 PF대출을 일으켜 틀림없이 철근대금을 갚겠다."라고 사정을 하였다.

B는 그 말을 믿고 실제로 철근대금을 받지 못했지만 A가 요구하는 문서를 작성해 주었다. 동시에 '이 문서가 대출편의를 위하여 허위로 작성된 것으로서 대출받은 즉시 철근대금을 지급하겠다.'는 취지의 반대문서를 A한테 받았다.

그후 A는 B가 써준 문서를 근거로 은행으로부터 PF대출을 받았지만 철근대금을 한 푼도 갚지 아니하자 급기야 B는 A를 사기죄로 고소를 하였다.

수년 전에 내가 취급했던 사건이다.

A는 자신이 B로부터 받은 문서가 허위라는 취지의 반대문서를 B에게 써주었기 때문에 철근대금을 전부 변제했다는 허위 주장을 하지 못했다. **반대문서 덕분에 불리해진 A는** B에게 철근대금 대신 앞으로 완공될 아파트 3채를 주기로 하는 내용의 분양계약서를 B한테 써주고 경찰에서 합의를 하였다. 이 사건은 A가 철근을 납품받을 당시 그 대금을 지급할 능력이 있었는지, 과연 아파트를 대물로 B에게 넘겨줄 권한이 A에게 있었는지 등에 대하여 추가 조사를 했었어야 했지만 인사이동으로 이 사건을 처리하지 못했다.

B는 반대문서를 받았기 때문에 철근대금 대신 장래에 완공될 아파트 3채를 받기로 하는 내용의 분양계약서를 A한테 받을 수 있었다. 그러나 B가 유치권포기각서와 철근대금을 다 받았다는 영수증을 작성해 줄 당시 A가 은행으로부터 PF대출을 받을 돈에서 자

재대금을 우선적으로 변제받을 수 있는 방법을 강구했었더라면 더욱 좋았을 것이라는 아쉬움이 남는다.

4. 채무자(피고소인, A)로부터 '변제받지 않았음에도 받았다는 동영상을 찍어 달라.'는 요구를 받고 동영상을 찍어준 채권자(고소인, B)가 A를 사기죄로 고소하자, A는 빌린 돈을 다 갚았다고 주장하며 이에 대한 증거로 허위로 찍은 위 동영상을 증거로 제출한 사건

> 피고소인(A)은 친구인 고소인(B)한테 7,000만 원을 빌려 갔지만 갚지 않았다.
>
> 어느 날 A는 B를 찾아와 자신의 아버지가 의심이 많은 사람인데 "B가 돈봉투를 들고서 3,000만 원을 잘 받았으니 A의 아버지에게 고맙다."라고 말하는 내용으로 동영상을 찍자고 사정을 하므로 B는 A가 시키는 대로 하였다.
>
> 그 후 B는 A가 빌린 돈을 갚지 아니하자 A를 사기죄로 고소하였다.

A는 자신의 아버지가 **3회에 걸쳐 대출받은 7,000만 원을 현금으**로 찾아 B에게 전부 갚았고, 마지막에 3,000만 원을 갚을 때에는 B가 그 현금이 들어있는 봉투를 들고 A의 아버지에게 3,000만 원을 잘 받았으니 고맙다고 말하는 장면이 찍힌 동영상을 증거로 제출하였다.

B는 실제로 빌려준 돈을 한 푼도 못 받은 상태에서 어느 날 친구인 A가 찾아와 위와 같은 내용의 동영상을 찍어 달라고 사정하

기에 응했는데, B가 봉투를 다시 가져간 사실이 있을 뿐이고 한 푼도 변제를 받지 못했다고 주장한다.

이 사건은 다음과 같은 관점에서 살펴볼 필요가 있다.

가. B의 주장이 사실인 경우(동영상 내용이 허위인 경우)

B는 무엇을 잘못했을까? 촬영하게 되는 동영상은 A의 편의를 위하여 찍는 것이고, 실제로 채무를 변제받은 것이 아니라는 취지의 **반대문서를 받거나 반대녹음 등을 하지 아니한 잘못이** 있다. 이를 했더라면 A는 동영상의 내용이 사실이라는 주장을 하지 못했을 것이다.

나. A의 변명이 사실인 경우(동영상 내용이 사실인 경우)

A는 무엇을 잘못했을까? A는 B에게 3회에 걸쳐 현금으로 7,000만 원을 갚은 것이므로 그때마다 B로부터 **영수증을 받지 아니한 잘못이** 있다.

이 사건은 A의 아버지가 7,000만 원을 대출받은 통장거래내역서를 제출받아 과연 현금으로 인출된 것이 사실인지 확인하고, 동영상 촬영할 때 A가 B에게 3,000만 원을 준 사실이 있는지에 대하여 A, B를 상대로 심리생리검사(거짓말탐지기)를 실시하는 등 추가수사가 필요했다. 그러나 나는 다른 검찰청으로 인사이동이 되었기 때문에 위 사건의 결론은 알 수 없다.

제4부

사기당한 후
사후조치(3가지)

Ⅰ. 받을 가능성이 없으면 빨리 포기하라!
Ⅱ. 사기가 확실하면 빨리 고소하라!
Ⅲ. 외상합의는 절대로 하지 말라!

지금까지는 사기피해 예방을 위한 사전조치에 대하여 설명하였다. 우리가 사기를 당한 후에는 어떻게 해야 피해를 최소화할 수 있을까?

다음과 같은 3가지가 방법이 있다.

첫째, 「받을 가능성이 없으면 빨리 포기하라!」,

둘째, 「사기가 확실하면 빨리 고소하라!」,

셋째, 「외상합의는 절대로 하지 말라!」이다.

1.　**받을 가능성이 없으면 빨리 포기하라!**

2.　**사기가 확실하면 빨리 고소하라!**

3.　**외상합의는 절대로 하지 말라!**

사기 피해 후 사후조치

Ⅰ. 받을 가능성이 없으면 빨리 포기하라!

받을 가능성이 없는 채권이라도 막상 포기하려고 하면 아까운 것이 인지상정이다. 그렇지만 이를 포기하는 것이 좋다. 사기범은 이러한 사람의 심리를 이용하여 추가로 사기를 친다.

1. 전에 빌려준 10억 원을 받으려다 추가로 4억 원을 사기당한 사건

피고소인(A)은 고소인(B)에게 아파트 시행사업을 한다는 명목으로 10억 원을 빌렸다. B는 계속 변제를 독촉했으나 A는 차일피일 미루면서 갚지 않았다.

10년이 지난 어느 날 B는 더 이상 참지 못하고 A를 사기죄로 고소하려고 알아보니 공소시효(10년)가 이미 끝났다는 사실을 알고 분통을 터뜨렸다. 그리고, 앞으로는 절대로 남에게 돈을 빌려주지 않겠다는 다짐도 했다.

그때부터 3년이 지난 뒤에 A가 다시 나타났다. A는 B에게 "내가 ○○에 건축 예정인 아파트의 시행사업을 하는데 이번에는 확실하다. 4억 원을 빌려주면 전에 빌려갔던 10억 원과 함께 14억 원을 주겠다."라고 말했다.

B는 공소시효가 끝나서 받을 수 없는 10억 원도 함께 주겠다는 말에 현혹되어 며칠을 고민하다가 결국 4억 원을 A에게 빌려주었다.

A는 이번에도 갚기로 약속했던 날짜로부터 몇 년이 지났지만 한 푼도 갚지 아니하자 B는 A를 사기죄로 고소하였다.

이 사건을 경찰로부터 송치받아 검토해 보니 일부 미흡한 부분이 있어 나는 A, B를 소환하여 대질조사를 하였다. 그 과정에서 A는 나에게 "검사님! 저 억울합니다."라고 말했다. 남의 돈을 14억 원이나 떼어먹은 사람이 무엇이 억울하다는 것일까? 적반하장이다. 결국 나는 죄질이 불량하고, 도주우려도 있다고 판단하고 A에 대하여 구속영장을 청구했다. 그러자 A는 도주하였다.

이 사건에서, B는 무엇을 잘못한 것일까?

공소시효가 끝나서 받을 수 없던 10억 원을 깨끗이 포기하지 못한 잘못이 있다. 그 돈을 포기했다면 B는 추가로 4억 원을 사기당하지 않았을 것이다. 물론 포기했던 10억 원을 갚겠다는데 현혹되지 않을 사람이 과연 몇 명이나 있을지 모르겠다. 사기꾼은 이와 같이 사람들의 '**아까워하는 심리**'를 교묘하게 악용한다. 나아가 당시 A가 추진하겠다던 시행사업의 내용을 좀 더 구체적으로 검토하고, 확인하였다면 A의 말에 쉽게 속아 넘어가진 않았을 것이다.

2. 전에 빌려준 1,000만 원을 받으려다 추가로 4,000만 원을 사기당한 사건

내 동생(B)은 군대에서 제대하고 난 직후인 1994년경 군대동기(A)에게 50만 원을 빌려주었다. A는 6개월 정도는 원금과 이자를 잘 갚았다.

A는 그런 방식으로 빌리는 돈의 액수를 조금씩 늘려가더니 1,000만 원이 되자 본색을 드러냈다.

A는 1,500만 원을 빌려주면 다음 달에 전에 빌린 1,000만 원까지 함께 갚겠다고 해서 B는 1,500만 원을 빌려주었다. 그런 방식으로 A가 빌려간 돈이 어느덧 4,000만 원이 되었다. A는 더 이상 갚지 않았다.

결국 B는 A를 사기죄로 경찰에 고소했다.

다행스럽게도 A는 외동아들이었다. 이와 같은 사실을 알게 된

A의 아버지가 아들의 빚을 대신 갚아 주었다.

　이 당시에는 이와 같이 A의 부친에게 아들의 빚을 대신 갚으라고 밤에 전화를 하여도 아무런 법적인 문제가 없다. 그러나, 악덕 사채업자가 불법적인 방법으로 채권추심을 하는 것을 방지하기 위하여 제정된 '채권의 공정한 추심에 관한 법률(약칭: 채권추심법, 2014. 11. 21. 시행)'에 의하면, B가 A의 아버지에게 4,000만 원을 대신하여 변제할 것을 **요구하여** 아버지가 공포심, 불안감을 느꼈거나(채권추심법 제9조 제6호), B가 위 돈을 받기 위하여 정당한 사유 없이 반복적으로 또는 야간(오후 9시 이후부터 다음 날 오전 8시까지를 말한다)에 A나 그의 아버지의 집을 **방문함으로써** 공포심이나 불안감을 유발하여 사생활 또는 업무의 평온을 심하게 해쳤다면(같은 법 제9조 제2호) B는 3년 이하 징역 또는 3,000만 원 이하의 벌금[104]에 처하게 된다. 격세지감이 든다.

　이 사건에서, **B는 무엇을 잘못한 것일까?** 받을 가능성이 전혀 없다고 판단되는 시점에서 채권을 빨리 포기하고 더 이상 A에게 돈을 빌려주지 않았다면 추가로 사기를 당하지 않았을 것이다.

3. 전에 빌려준 2억 원을 받으려다 추가로 1억 원을 사기당한 사건

　　피고소인(A)은 고소인(B)한테 2억 원을 빌린 사실이 있다. A는 그 돈을 갚기로 약속한 때로부터 3년이 지났지만 아직 갚지 못했다. 어느 날 A는 B에게 "1억 원을 더 빌려주면 6개월 뒤에 전에 빌린

2억 원을 포함하여 3억 원을 갚겠다."라고 말했다. B는 그 말을 믿
고 1억 원을 더 빌려주었다.

A는 그때로부터 6개월이 지났지만 약속했던 3억 원을 갚지 않
았다.

B는 A가 추가로 빌려간 1억 원에 대하여 사기죄, 전에 빌려간 2억
원에 대하여는 6개월간의 이자지급을 연기받았기 때문에 6개월치
이자에 해당하는 이익을 취득하는 방법으로 사기쳤다고 A를 고소를
하였다.

우선 『추가로 1억 원을 빌려간 것이 사기죄가 되는가?』를 살펴보
자. A는 추가로 빌린 1억 원에 대하여는 여러 차례로 나누어 4,600
만 원을 갚았으며, 돈을 빌릴 당시에 부동산에 근저당권도 설정해
주었기 때문에 사기친 것이 아니라고 변명한다.

조사해 보니, A는 추가로 1억 원을 빌린 후 4,600만 원을 갚았
고, 당시 상당한 가치가 있는 근저당권을 설정해 준 것이 사실이므
로 1억 원에 대하여는 사기의 고의를 인정하기가 어려워 혐의없음
처분을 하였다.

그러면, 『피고소인이 전에 빌려간 2억 원에 대하여 6개월 동안에
이자 지급을 연기받은 것이 사기죄가 되는가?』를 살펴보자. 이와 관
련하여 대법원 판례는, 「채무이행을 연기받는 것도 사기죄에 있어
서 재산상의 이익이 되므로 채무자가 채권자에 대하여 소정기일까
지 지급할 의사나 능력이 없음에도 종전 채무의 변제기(辨濟期)를
늦출 목적에서 어음을 발행, 교부한 경우에는 사기죄가 성립한다.」
라고 판시하였다(대법원 2007. 3. 30. 선고 2005도5972 판결). 또 다른

대법원의 3건의 판례[105]를 살펴보면 변제기한을 연기받기 위하여 **어음을 발행한 경우에만** 사기죄를 인정하였다. 왜냐하면 어음이나 수표는 유가증권으로서 이를 발행하게 된 원인관계와 분리되어[106] 독립적으로 제3자에게 유통되기 때문이다. 따라서 어음을 발행하면 어음의 만기일까지 어음발행의 원인이 된 채권을 행사하지 못하게 되므로 그 기간 동안의 이자에 해당하는 금액 만큼의 이익을 취득한 것이다.

그러나, 채무이행을 연기받을 목적으로 **지불각서를 새로 작성한 경우**에 사기죄를 인정한 판례는 없다. 지불각서는 채무자가 장래에 지정된 날짜까지 빚을 갚겠다는 의사표시를 한 것에 불과하다. 채권자가 그 지정된 날까지 채권을 행사하지 않겠다는 확정적인 의사표시를 했다면 몰라도 채권자는 그 변제일 이전에도 채권행사가 가능하다.

이 사건에서 **B가 잘못한 것은 무엇일까?** B가 A로부터 어음을 받은 것이 아니라 차용증을 받았기 때문에 사기 혐의를 인정할 수 없다. 실제의 사건에서 이와 같은 법리를 모르는 사람들이 의외로 많다. 따라서 채무자에게 변제기한을 연기해 줄 경우에는 **반드시 약속어음을 받아 두어야** 할 것이다.

위 사건에서 B는 나에게 "지금도 돌이켜 보면 **비록 2억 원의 손실이 발생하더라도 신속히 포기했다면** 추가로 1억 원의 손해가 생기지 않았을 것이라는 생각에 밤잠을 못 이룹니다."라는 후회의 편지를 보내왔다. B는 받을 가능성이 없는 2억 원을 빨리 포기하지 못해 추가 피해를 입었다. 엄밀히 따지면 B는 4,600만 원을 받았으니 A의 말에 속아서 추가로 손해는 본 금액은 5,400만 원이다.

II. 사기가 확실하면 빨리 고소하라!

1. 친고죄와 관련된 문제

형법상 강도죄와 손괴죄를 제외한 재산범죄 예컨대, 사기나 횡령죄 등에 대하여 일정한 친족관계에 있는 경우 형을 면제하거나 고소가 있어야 논할 수 있도록 규정하였다. 이를 친족상도례(親族相盜例)라고 한다. 과거에는 친족이 공동체가 되어 재물의 관리나 소비가 이루어지기 때문에 가급적 국가의 형벌권이 그 안에 들어가지 않도록 하기 위함이다. "법률은 가정에 들어가지 아니한다."라는 법언(法諺)이 있다. 급격한 산업화와 도시화로 가족의 형태가 크게 달라지고 있으므로 이 제도는 개선되어야 한다는 목소리가 커지고 있다. 이에 관한 규정을 살펴보자.

【형법】
제354조[친족간의 범행, 동력] 제328조[친족간의 범행과 고소]와 제346조[동력]의 규정은 본장[사기와 공갈]의 죄에 준용한다.
제328조[친족간의 범행과 고소] ① 직계혈족, 배우자, 동거친족, 동거가족 또는 그 배우자간의 제323조[권리행사방해죄]의 죄는 그 형을 면제한다.
② 제1항 이외의 친족간에 제323조의 죄를 범한 때에는 고소가 있어야 공소를 제기할 수 있다.

【형사소송법】
제230조[고소기간] ① 친고죄에 대하여는 범인을 알게 된 날로부터 6월을 경과하면 고소하지 못한다. 단, 고소할 수 없는 불가항력의 사유가 있는 때에는 그 사유가 없어진 날로부터 기산한다.

형법 제328조 제1항에 의하면 자식이 부모를, 남편이 부인을 상대로 각각 사기죄를 범한 경우 그 형을 면제한다. 여기서 '형을 면제한다.'는 것은 범죄는 성립하지만 형벌을 과하지 않는 경우이므로 공소권이 없다.

제2항(친고죄)에 의하면 동거하지 않는 동생이 형을, 조카가 삼촌을 상대로 각각 사기죄를 범한 경우에 고소가 있어야 공소를 제기할 수 있다. 친고죄[107]란 범죄의 피해자 기타 법률이 정한 자의 고소가 있어야 공소를 제기할 수 있는 범죄를 말한다. 그런데, 형사소송법 제230조 제1항은 친고죄의 고소기간을 6개월로 제한하였다. 실무적인 관점에서 볼 때, 피해자가 상대방에게 사기의 고의가 있었음을 알게 된 시점(범인을 알게 된 날)을 명확히 특정하기가 쉽지 않다. 그러나, 횡령의 경우에는 상대적으로 그 시점을 특정하기가 쉽다.

가. 상속재산 10억 원을 처분한 사실을 알았으나 6개월 후에 고소한 사건

사건의 개요는 다음과 같다.

자수성가한 어느 분이 유산으로 10억 원의 부동산을 남기고 사망했다. 유족으로는 그의 처, 아들 2명, 딸 2명이 있었다. 유족들은 재산 분배를 위하여 필요한 서류를 만들어 장남에게 처분을 위임하였다.

그 후 장남(피고소인)은 위 부동산을 처분했고, 당시 사업자금이 급히 필요했던 그는 며칠만 돌려쓸 요량으로 거래처에 위 부동산을 판 돈을 전부 송금하였다.

　얼마 지나지 않아 위 부동산이 처분된 사실을 알게 된 다른 유족들은 분배를 요구했고, 장남은 그동안 있었던 사실을 실토했다. 그러면서 처분된 돈이 곧 회수될 것이니 걱정하지 말고 조금만 기다려 달라고 사정했다.

　하는 수 없이 다른 유족들은 그 말을 믿고 기다렸다. 곧 회수된다는 돈이 1년이 지났지만 회수될 기미가 보이지 않았다. 화가 난 둘째 아들이 사실관계를 확인해 보니 그 돈을 회수할 가능성이 없다는 것을 알게 되었다. 장남이 제3자에게 사기를 당한 것이었다.

　실망에 빠진 유족들은 장남을 고소할 것인지에 대하여 대책회의를 거듭하던 중 결국 장남을 특정경제범죄가중처벌등에관한법률위반(횡령)죄로 고소하였다.

　이 사건은 20년 전 내가 서울중앙지검 내에서 다른 부서로 옮겼을 때 전임자가 처리하지 않고 두고 간 사건이다. 친절하게도 그 검사는 "피고소인(장남)의 죄질이 불량하고, 피해금액이 크므로 수사 후 혐의가 인정되면 구속영장을 청구하는 것이 좋겠다."라는 취지의 메모를 남겼다.

　우리는 친고죄라고 하면 성범죄를 떠올릴 것이다. 일정한 범위 내의 친족간에 발생하는 재산범죄도 친고죄이므로 고소기간이 있다는 사실을 법률전문가가 아니면 알기 어렵다. 그 검사도 이를 간과한 것으로 보인다.

　나는 유족들이 장남의 횡령사실을 언제 알았는지를 조사했다. 이미 살펴본 바와 같이 고소하기 1년 전에 장남의 횡령사실을 알았다. 결국 어머니는 장남의 직계혈족이므로 형면제 사유에 해당하고, 차남과 2명의 여동생의 고소는 친고죄의 고소기간(6개월)이 경과한 뒤에 접수된 부적법한 고소이다. 나는 이 사건을 **공소권이 없음 처분**을 하였다.

나. 공동으로 상속받은 토지를 누나(피고소인)가 처분한 때로부터 6년이 지난 시점에서 동생(고소인)이 누나가 그 매매대금 1억 5,000만 원을 횡령하였다고 고소한 사건

친족상도례는 일상 생활에서 종종 발생한다. 이 사건을 소개하면 다음과 같다.

> 어떤 분이 병원에서 치료를 받다가 사망하면서 유산으로 1억 5,000만 원 상당의 토지를 남겼다. 상속인으로 아들 1명과 딸 4명이 있었다.
> 상속인 중 아들(B)은 "큰누나(A)가 상속받은 토지를 처분하여 받게 되는 매매대금을 상속인 5명에게 균등하게 분배하기로 합의하였음에도 불구하고 그 매매대금 1억 5,000만 원을 전부 횡령하였다."라고 주장하며 A를 고소하였다.

A는 당시 돌아가신 부친의 간병비, 부친이 대출받은 은행채무 등에 사용하고 남는 것이 있으면 분배하기로 하였는데, 부친의 간병비 등에 사용하고 남은 돈이 없었기 때문에 상속재산을 분배하지 못한 것일 뿐이지 결코 횡령한 사실이 없다고 변명하였다.

경찰은 나머지 상속인들을 상대로 그 당시 합의된 내용과 돈의 사용내역을 확인한 결과가 A의 변명에 부합한다는 이유로 **혐의없**

음 의견으로 검찰에 송치[108]하였다.

그런데, '혐의없음'은 범죄를 수사한 후에 사건의 실체에 대한 판단이다. 그 판단은 해당 사건에 대하여 검사의 공소권이 있다는 것을 전제로 한다. 따라서, 만일 처음부터 공소권이 없다면 공소권 없음으로 사건을 종결해야 하고, 사건의 실체인 혐의 유무를 판단해서는 안 된다. 이것이 검찰 실무관행이다. 이 횡령 사건은 남매 간의 범행으로 친족상도례가 적용되는 친고죄이다.

등기사항전부증명서에 의하면, 부친이 사망한 후 5개월 뒤에 이 사건 토지가 매매대금 1억 5,000만 원에 처분되면서 제3자에게 소유권이전등기가 되었다. 나는 이러한 점에 착안하여 누나가 위 토지를 처분했다는 사실을 B가 언제 알았는지를 조사하였다. B는 제3자에게 소유권이전등기가 된 시점에 A가 매매대금을 받은 사실을 알았다고 한다.

이 사건 고소장은 이전등기가 된 때로서부터 6년이 지난 후에 접수된 것이다. 결국 적법한 고소기간(범인을 안 때로부터 6월)이 경과된 후에 접수된 고소이므로 **공소권없음 처분**을 하였다.

다. 삼촌(고소인)이 조카(피고소인)를 상대로 집안 소유의 재산을 함부로 처분하여 횡령하였다고 고소한 사건

조카(피고소인, A)는 그의 아버지(사망, C)의 소유로 되어 있던 토지를 2016년경 상속 후 제3자에게 처분하면서 소유권을 넘겨주었다.

위 토지는 원래 C가 2010년경 C의 아버지(A의 할아버지)로부터 매매를 원인으로 하여 소유권이전등기를 넘겨받은 토지였다.

삼촌(고소인, B)은 위 토지가 대대로 물려오던 집안 소유의 토지임에도 형인 C가 매매를 원인으로 집안 몰래 단독명의로 소유권이 전등기를 한 것인데, A가 상속받은 후 이를 함부로 처분한 것이라고 주장하며, 2019년 A를 횡령죄로 고소하였다.

B의 주장이 사실인 경우 이 사건 횡령행위의 주체는 C(B의 형)이다. B는 C가 단독명의로 등기했을 당시인 2010년경에 이의를 제기했어야 함에도 이를 하지 않았다. A는 상속을 받았기 때문에 소유권이전등기를 했을 뿐이다.

이 사건에 있어서 조카인 A와 삼촌 B는 친족상도례가 적용되는 친고죄이다. B는 2016년 한식날 위 토지가 A앞으로 소유권이 전등기가 된 사실을 알았고, 제3자에게 처분된 사실을 2019년경 토지대장을 떼어 보고서야 그 사실을 알고 고소하였다고 주장했다. 이 사건 고소는 고소기간이 경과된 후에 제기된 것이므로 공소권 없음 처분을 하였다.

최근 언론에 개그맨 박○○ 씨의 친형이 소속사를 만들어 동생의 연예활동을 매니지먼트하면서 받은 출연료 등 100억 원 정도를 관리하면서 횡령한 사실이 밝혀져 고소를 당했다는 보도가 났다. 그 개그맨은 자신의 SNS에 "30년의 세월을 보낸 어느 날, 내 노력으로 일궈 온 많은 것들이 내 것이 아닌 것을 알게 되었다. 이에 큰 충격을 받고 바로 잡기 위해 대화를 시도했지만, 현재까지 오랜 기간 답변을 받지 못한 상황이다. **그 소속사는 형과 형수의 명의로 운영되어 온 것 또한 사실**"이라는 취지로 글을 올렸다. 이 사건에서 동생의 출연료 등을 관리하던 소속사가 법인이 아니라 형과 형수가 개인의 명의로 되어 있다면 친고죄가 적용된다. 친고죄가 적용될 경우 그 개그맨이 형의 횡령사실을 안 시점이 고소한 날짜를 기준으로 6개월이 넘는다면 공소권이 없어 형을 처벌할 수 없다.

가수 장○○ 씨는 2004년 데뷔한 이후 10년간 번 돈을 관리하던 어머니와 남동생이 모두 그 돈을 탕진했고, 오히려 빚만 10억 원 정도 져서 동생을 상대로 대여금청구 소송 중이라고 말한 적이 있다. 그 가수의 어머니는 직계존속이므로 형면제 사유에 해당하여 공소권이 없다. 한편 형사소송법 제224조(고소의 제한)에 의하면 "자기 또는 배우자의 직계존속을 고소하지 못한다."라고 규정되어 있어 장○○ 씨는 어머니를 고소할 수 없다. 만일 고소를 한다면 부적법한 고소이므로 공소권이 없다. 또한 남동생은 친고죄에 해당하는 친족관계에 있으므로 횡령사실을 안 때로부터 6개월 안에 고소하여야 기소가 가능하다.

가수 김○○ 씨는 2019년 2월 TV조선 '인생다큐 마이웨이'에 출연해 "일본인 남편과 이혼하면서 그동안 일본에서 가수 활동하면서 받은 출연료 등 1,000억 원대의 자산을 잃었다."라고 고백한 바 있다. 나아가 그녀는 "당시 전남편이 다 알아서 돈 관리를 해 주겠으니 노래만 하라고 했다. 이혼재판을 하는 과정에서 남편은 돈이 하나도 없다며 위자료나 재산분할을 해 주지 않았다."라고 밝혔다. 여기서 남편은 이 가수의 재산을 횡령하거나 사기를 친 것이다. 그러나, 부부간에서 횡령이나 사기죄는 형면제 사유에 해당하여 공소권이 없으므로 남편을 처벌할 수 없다.

여기서 우리가 배울 점은 부부와 같이 가까운 사이인 경우에도 그 **관계를 잃지 않으려면 수시로 금전 관계 등을 확인해야 한다는 것**

이다. 가끔 무료 법률상담을 하다 보면, 어떤 사람은 직원을 믿기 때문에 그가 작성한 회계장부를 한번도 확인한 적이 없다고 자랑한다. 바보같은 짓이다. 특히 직원이 하는 업무를 수시로 확인하지 아니하자 직원이 회사의 공금을 횡령한 사건이 종종 있다.

2. 공소시효와 관련된 문제

사건을 처리하다 보면 공소시효가 한 달도 채 남지 않은 상태에서 사기죄로 고소를 하는 경우가 가끔 있다. 사기꾼은 돈을 갚을 날짜를 조금 연기해 주면 반드시 갚겠다고 약속한다. 피해자는 그 말을 믿고 계속 연기해 주다가 공소시효가 끝날 때가 다 되어서야 부랴부랴 고소하기 때문이다. 아주 심한 경우는 경찰의 송치 사건을 배당받은 당일 밤 12시에 공소시효가 끝나는 사건도 있었다. 이 경우 추가 수사는 불가능하고, 기록 자체만으로 혐의 유무를 판단하여 결정문을 작성하기에도 시간이 촉박했다. 만일 검사가 공소시효를 확인하지 아니한 채 이를 넘겼다면 그것은 전적으로 검사의 책임이다.

최근 언론[109]에, 경찰로부터 기소의견으로 송치되어 2020년 9월 배당받은 사기 사건(피해금액 200만 원)을 담당한 검사가 3개월 동안 이를 방치하다가 2020년 12월 공소시효를 넘기게 되자 공소권 없음 처분을 했고, 뒤늦게 그 사실을 안 고소인은 그 검사를 직무유기죄로 고위공직자범죄수사처에 고발했다는 보도가 있었다. 직무유기죄가 인정되려면 고의로 공소시효를 넘겼다는 사실이 입증되어야 한다. 피해금액이 200만 원으로 소액이고, 담당 검사가 검사 경력 2년차인 점에 비추어 보면 업무미숙으로 보인다. 검사라면 누구나 공소시효 문제로 한두 번은 마음 고생을 한 적이 있을 것이다. 그래서 검사는 아무리 바빠도 사건을 배당받은 **당일 공소시효가 얼마 남았는지, 관할권이 있는지**를 반드시 확인한다.

관할권은 특정한 형사사건을 특정한 법원이 현실적으로 재판을 할 수 있도록 정해 놓은 것이다. 특정 사건에 대하여 관할권이 있는 법원을 관할법원이라고 한다. 그 법원에 대응하는 검찰청을 관할검찰청이라고 한다. 형사소송법 제4조 제1항에 관할권에 관한 규정이 있다. 검사는 사건을 기소할 경우에는 관할법원에 해야 한다. 관할권의 존재는 소송조건이므로 관할의 유무는 법원의 직권조사사항이다. 토지관할은 피고인의 이익보호에 주된 목적이 있으므로 관할이 없는 법원에 기소한 경우 피고인의 신청이 있는 경우에만 법원은 관할위반 선고를 할 수 있다(형사소송법 제320조 제1항).

【형사소송법】
제1조(관할의 직권조사) 법원은 직권으로 관할을 조사하여야 한다.
제4조(토지관할) ① 토지관할은 범죄지, 피고인의 주소, 거소 또는 현재지로 한다.
제319조(관할위반의 판결) 피고사건이 법원의 관할에 속하지 아니한 때에는 판결로써 관할위반의 선고를 하여야 한다.
제320조(토지관할 위반) ① 법원은 피고인의 신청이 없으면 토지관할에 관하여 관할 위반의 선고를 하지 못한다.

다음과 같은 사례를 통하여 관할의 개념을 설명하기로 한다.

> 　서울중앙지검 검사가 사기 사건을 수개월간 조사하던 중 참고인 한 명만 더 조사하면 기소가 가능할 정도가 되었다.
> 　그런데 어느 날 주소가 서울 강남구인 피고소인은 갑자기 인천으로 이사한 후 주민등록초본을 첨부하여 인천지검으로 사건을 이송해 달라는 취지의 신청서를 검사실에 접수했다.
> 　이 사건의 범죄지는 부산 수영구 소재 모 커피숍이었다.

　관할권은 공소제기 시를 기준으로 하여 판단한다. 피고소인의 주소는 인천으로 변경되었고, 범죄지는 부산 수영구이므로 서울중앙지검에 관할권이 없어 이 사건을 인천지검으로 이송해야 한다.

　사건을 수개월간 수사하여 어렵게 혐의를 밝혀내어 기소를 하려고 공소장을 작성하던 중 위와 같이 피고소인이 다른 지역으로 이사를 감으로써 관할권이 없어진 사실을 발견하고 허탈감에 빠지는 경우가 간혹 있다. 쓸데없이 고생을 했기 때문이다.

　공소시효는 확정판결 전에 일정한 시간의 경과에 의하여 형벌권이 소멸되는 제도이다. 시간의 경과로 인하여 범죄의 사회적 영향이 미약해졌다는 것과 시간의 경과로 증거가 없어져 공정한 재판을 받기 어렵다는 것이 이 제도의 존재이유이다. 공소시효에 관하여 형사소송법 제249조에 규정되어 있으나, 사람을 살해한 범죄(종범은 제외한다)로 사형에 해당하는 범죄는 공소시효 적용이 배제되고(형사소송법 제253조의2), 미성년자에 대한 성폭력범죄는 해당 성폭력범죄로 피해를 당한 미성년자가 성년에 달한 날부터 진행하도록 규정되어 있다(성폭력범죄의 처벌 등에 관한 특례법 제21조).

【형사소송법】
제249조〔공소시효의 기간〕 ① 공소시효는 다음 기간의 경과로 완성한다.
1. 사형에 해당하는 범죄에는 25년
2. 무기징역 또는 무기금고에 해당하는 범죄에는 15년
3. 장기 10년 이상의 징역 또는 금고에 해당하는 범죄에는 10년
4. 장기 10년 미만의 징역 또는 금고에 해당하는 범죄에는 7년
5. 장기 5년 미만의 징역 또는 금고, 장기10년 이상의 자격정지 또는 벌금에 해당하는 범죄에는 5년
6.~7. 〔생략〕

사기죄는 **10년 이하의 징역**(형법 제347조 제1항)에 처하도록 되어 있으므로 **공소시효가 10년**이다. 다만 "피해금액이 **50억 원 이상일 때**"에는 특정경제범죄 가중처벌 등에 관한 법률 제3조 제1항 제1호에 의하여 "**무기 또는 5년 이상의 유기징역**"에 처하도록 되어 있어 **공소시효가 15년**이다.

2007년 12월 21일 형사소송법의 개정으로 이와 같이 공소시효가 7년은 10년으로, 10년은 15년으로 각각 늘어났다.

나름대로 사정은 있겠지만 공소시효가 임박해서 고소하는 것은 좋지 않다. 공소시효가 얼마 남지 않았다는 사실을 알고 있는 피고소인은 수사기관에서 걸려 온 전화를 고의적으로 받지 않거나 출석을 회피한다. 공소시효만 넘기면 형사처벌을 면할 수 있기 때문이다. 설사 수사를 받더라도 비협조적으로 나온다. 시간에 쫓기게 되면 충분한 조사를 할 수 없고, 무죄추정의 원칙에 따라 피고소인

에게 유리한 판단을 할 수밖에 없다. 그러므로, 사기를 당한 것이라는 생각이 들면 주저하지 말고 신속히 고소하는 것이 좋다.

가. 사기 범행 당시 가치가 30억 원이던 건물이 10년이 지나자 60억 원이 되었고, 범행 후 12년이 되자 고소한 경우 처벌이 가능할까?

이것은 사기범행으로 인하여 취득한 **이득액 산정의 기준시기**에 관한 문제이다.

사기로 취득한 이득액이 5억 원 이상인 경우에는 일반 사기죄보다 **형이 가중되고**, 이득액이 50억 원 이상인 경우에는 **공소시효가 10년에서 15년으로** 늘어난다는 사실은 이미 살펴본 바와 같다. 이득액 산정의 기준시기를 어느 시점으로 잡느냐에 따라서 공소권의 유무가 달라진다.

공갈죄에 대하여 대법원은 「공갈폭행으로 인하여 취득한 **이득액은 공갈범행으로 인하여 취득하기로 약정된 즉 불법영득의 대상**이 된 재물이나 재산상의 이익의 가액이 기준이 되어야 하고, **범죄의 기수시기[110]를 기준으로 하여 산정**할 것이며 그 후의 사정변경을 고려할 것이 아니고 그와 같은 사정변경의 가능성이 공갈 행위시 예견 가능한 것이라고 하여도 마찬가지이다.」라고 판시하였다(대법원 1990. 10. 16. 선고 90도1815 판결 참조).

사기죄에 대하여는 판례가 없다. 그러나, 「책임 없으면, 형벌 없다.」라는 근대 형법의 책임주의(責任主義)의 원칙상 이득액을 범죄의 기수시기를 기준으로 산정하는 것은 당연하다. 사기죄가 완성된 이후 사기범이 책임질 수 없는 사정변경으로 인하여 처벌의 정도나 유무가 달라지는 것은 책임주의에 어긋나기 때문일 것이다.

결론적으로 말하면 이 사건은 사기범행 당시 건물의 가격이 50억 원이 되지 아니하므로 공소시효가 10년이고, 공소시효가 완성된 때로부터 2년이 경과한 후에 고소하였<u>으므로</u> **공소권이 없어 처벌이 불가능하다.**

> 나. 한 명의 피해자에게 각각 다른 수법으로 사기를 쳤는데, 그 다른 수법을 개별적으로 계산하면 피해금액이 50억 원을 넘지 아니하지만 합산하면 50억 원을 넘고, 사기당한 후 12년이 되어서야 고소한 경우 처벌이 가능할까?

이것은 **사기의 죄수(罪數) 또는 경합범(競合犯)**에 관한 문제이다. 형법 제37조에 「판결이 확정되지 아니한 수개의 죄 또는 금고 이상의 형에 처한 판결이 확정된 죄와 그 판결확정전에 범한 죄를 경합범으로 본다.」라고 되어 있고, 이에 대하여 제38조에서 가중처벌을 하도록 하였다. 이것은 행위별로 피해액이 5억 원을 넘지 아니하지만 합산하면 5억 원이 넘을 경우 형법과 형이 더 무거운 특정경제범죄 가중처벌 등에 관한 법률 중 어느 것을 적용해야 하는지의 문제이다.

사기를 당한 피해자가 10년이 지난 후에 고소하는 경우가 가끔 있다. 이 경우 피해액의 산정방법에 따라 공소권 유무가 달라진다. 피해액이 합산된 금액인 50억 원 이상인 경우에는 공소시효가 15년이므로 사기당한 후 12년이 되어 고소해도 처벌이 가능하다.

대법원은 「사기죄에 있어서 **동일한 피해자**에 대하여 수회에 걸처 기망행위를 하여 금원을 편취한 경우, 범죄의사가 단일하고 범행 방법이 동일하다면 사기죄의 포괄일죄**111**만이 성립하고, **범의의 단일성과 계속성이 인정되지 아니하거나 범행 방법이 동일하지 아니하다면** 각 범행은 **실체적 경합범**에 해당한다.」라고 판시하였다(대법원 2000. 2. 11. 99도4862 판결; 대법원 1997. 6. 27. 선고 97도508 판결). 따라서, 실체적 경합범으로 취급될 경우에는 피해액은 합산할 수 없고 각각 산정해야 한다.

한편 대법원은 피해자가 여러 명인 경우에 대하여, 「사기죄에서 **수인의 피해자**에 대하여 각 피해자별로 기망행위를 하여 각각 재물을 편취한 경우에 그 범의가 단일하고 범행방법이 동일하다고 하더라도 포괄일죄가 성립하는 것이 아니라 **피해자별로 독립하여 1개씩의 죄가 성립**하는 것으로 보아야 한다. 다만 피해자들이 하나의 동업체를 구성하는 등으로 피해 법익**112**이 동일하다고 볼 수 있는 사정이 있는 경우에는 피해자가 복수이더라도 이들에 대한 사기죄를 포괄하여 일죄로 볼 수도 있다.」라고 판시하였다(대법원 2011. 4. 14. 선고 2011도769 판결 등 다수).

결론적으로 이 경우 범행 방법이 동일하지 아니하므로 피해액은 개별적으로 계산하여 50억 원이 되지 아니하므로 공소시효가 10년이고, 공소시효가 완성된 때로부터 2년이 경과한 후에 고소된 것이므로 **공소권이 없어 처벌이 불가능하다.**

다. 사기로 취득한 부동산의 가격이 50억 원이고, 그 당
　시 그 부동산에 채권최고액이 10억 원인 근저당권이
　설정되어 있었는데, 사기범행 후 12년이 되자 고소한
　경우 처벌이 가능할까?

　이것은 사기범행으로 인하여 담보가 설정된 부동산을 취득한
경우 이득액을 산정할 때, **부동산 시세가격에서 근저당권 등에 의한
부담 금액을 공제해야 하는지**의 여부에 관한 문제이다.

　대법원 전원합의체는 사기죄에 대하여, 「**부동산에 근저당권설정
등기가 경료되어 있거나 압류 또는 가압류 등이 이루어져 있는 때에는
특별한 사정이 없는 한 아무런 부담이 없는 상태에서의 그 부동산의 시
가 상당액에서 근저당권의 채권최고액 범위 내에서의 피담보채권액, 압
류에 걸린 집행채권액, 가압류에 걸린 청구금액 범위 내에서의 피보전
채권액 등을 뺀 실제의 교환가치를 그 부동산의 가액으로 보아야 할 것
이다.**」라고 판시하였다(대법원 2007. 4. 19. 선고 2005도7288 전원합의체
판결).

　결론적으로 이 경우 부동산 시가 상당액 50억 원에서 근저당권
등으로 부담한 금액 10억 원을 공제하면 **피해액은 40억 원이므로**
공소시효가 10년인데, 그때로부터 2년이 더 지난 후에 고소하였으
므로 **공소권이 없어 처벌이 불가능하다.**

라. 피해액이 10억 원인 사기죄 공범 1명은 범죄 후 바로
    기소되어 1년 6개월만에 유죄 판결이 확정되었고, 도
    주한 나머지 공범 1명은 사기를 친 날로부터 11년 만
    에 검거되었는바, 그 검거된 공범에 대하여 처벌이 가
    능할까?

이것은 **공범과 공소시효의 정지**에 관한 문제이다. 이 사건 사기
피해액이 10억 원이므로 공소시효가 10년인데, 11년 만에 검거된
공범을 과연 처벌할 수 있을까?

이에 관하여 우리 형사소송법은 다음과 같이 규정하였다.

> **【형사소송법】**
>
> 제253조(시효의 정지와 효력) ① 시효는 공소의 제기로 진행이 정지
> 되고 공소기각 또는 관할위반의 재판이 확정된 때로부터 진행한다.
> ② 공범의 1인에 대한 전항의 시효정지는 다른 공범자에게 대하여
> 효력이 미치고 당해 사건의 재판이 확정된 때로부터 진행한다.
> ③ 범인이 형사처분을 면할 목적으로 국외에 있는 경우 그 기간 동
> 안 공소시효는 정지된다.

따라서, 이 사건의 경우 공범 1인이 기소되어 재판이 확정된 기
간인 1년 6개월 동안 공소시효가 정지된다. 그러므로, 도주한 공범
에 대하여는 정지된 기간(1년 6월)를 추가하여 공소시효는 11년 6
개월이 되고, 11년 만에 검거되었으므로 **처벌이 가능하다.**

다음은 공소시효가 끝난 것으로 잘못 계산하여 검찰에 지명수
배 해제를 신청했던 사기범이 쇠고랑을 찼다는 재미있는 보도[113]를

요약한 것이다.

> 피고소인(A)은 공범(C)과 함께 1995년 1월 강원도 평창에 스키장을 만들 것이라며 투자자(고소인, B)를 속이고 12억 원을 받아 잠적했다.
>
> 공범인 C는 1998년 12월 사기죄로 구속기소되어, 1999년 12월에 징역 2년을 선고받아 확정되었다.
>
> A는 범행일자로부터 7년 4개월이 지난 시점(당시 사기죄의 공소시효는 7년이었음)인 2002년 5월 23일경 "사업차 해외에 나가야 되는데 억울하게 사기 누명을 써서 출국하지 못했다. 이제 공소시효도 끝났으니 지명수배를 풀어 달라."라며 서울지검에 자진 출두하였다.
>
> A는 검찰에 자진 출석하기 직전에 경찰서의 지명수배 담당자에게 공소시효 기간이 지났다는 사실까지 확인하는 치밀함도 보였다.

A는 공범인 C가 재판받은 1년 동안은 공소시효가 정지되어 그 기간만큼 시효가 길어진다는 사실을 몰랐다. 공소시효 정지제도를 몰라 공소시효가 끝난 줄 알고 자신의 범행을 자랑하다가 신고되어 처벌되는 사건이 간혹 있다.

국외 도피범에 대하여 살펴보자. 사기를 당한 피해자는 망하거나 고통에 못이겨 극단적인 선택까지 했는데, 외국으로 도망간 사기범이 공소시효가 완성될 때까지 살다가 공소시효가 완성되자 사기친 돈을 가지고 다시 국내에 입국한 후 그 돈으로 잘 사는 것은 정의와 국민의 법감정에 어긋난다는 여론에 따라 1995년 12월 29일에 제3항이 신설되었다. 가끔 사건을 처리하다 보면, 이 법이 신설된 후 사기를 치고 남미로 도망가 20년 이상 살던 중 치안이 불

안한 그곳에서 살해될 수도 있다는 공포감에 차라리 처벌받고 새
로운 삶을 살겠다고 귀국 후 자수하러 오는 사람들이 간혹 있다.
한때 모(某) 가수의 부모가 1998년경 제천지역에서 목장을 하면서
마을 사람들을 보증세워 정부대여금 2억 원을 빌렸으나 IMF의 한
파로 사료비 상승에 따른 부채해결이 어려워지자 젖소 80여 마리
와 트렉터를 처분하고 뉴질랜드로 야반도주를 하였다. 그들의 아들
인 가수가 방송에서 인기를 얻자 고소를 당해 지명수배 중에 있던
그들은 그곳에서 풍족한 생활을 하던 중 2018년 12월 ○○방송에
출연하여 그들의 25억 원 상당의 주택이 공개되기도 하였다. 이를
본 피해자들의 신고로 지명수배된 사실이 밝혀졌고, 여론에 못이겨
그들은 결국 국내로 들어와 구속기소된 후 1심에서 실형선고가 된
바가 있다. 이른바 '빚투 논란'으로 세간을 떠들썩하게 한 사건이
다. 이 사기 사건은 위에서 본 바와 같이 국외 도피범에 대한 처벌
규정이 신설된 이후에 있었던 범행이다. 한편 사기죄의 공소시효가
10년으로 된 것은 2007년 12월 21일이고, 부칙 제3조에 「이 법 시
행 전에 범한 죄에 대하여는 종전의 규정을 적용한다.」라고 규정하
고 있어서, 종전규정을 적용하여 공소시효가 7년이다. 그러나, 그들
은 출국한 때로부터 공소시효가 정지되었으므로 처벌이 가능하였다.

III. 외상합의는 절대로 하지 말라!

'외상합의'란 피해 변제를 전혀 받지 아니하거나 일부만 받으면
서 나중에 나머지를 받기로 하는 내용의 합의를 말한다. 변제받지
못한 부분은 말 그대로 '외상'인 것이다. 피해자와의 합의 여부는

피고소인을 구속하거나 피고인에 대하여 법원이 실형을 선고할 때 중요한 자료가 된다. 사전 구속영장이 청구된 피고소인은 법원으로부터 구속전심문(즉, 실질심사)[114] 기일을 연기받은 후 피해자를 찾아가 온갖 감언이설로 돈 한 푼 안 들이고 합의서나 고소취소장을 받아내 법원에 제출한다. 법원은 실제로 피해가 변제되었는지의 여부를 묻지 아니한 채 합의서나 고소취소장이 제출되었다는 이유로 검사가 청구한 구속영장을 기각한다. 구속영장이 발부될 때까지 조금만 참으면 피고소인이 다른 곳에 은닉한 돈을 가져와 합의하자고 할 것이다. 한 푼도 안 받고 외상으로 합의를 해 준다는 것은 결국 피해자가 두 번 사기를 당하는 셈이다. "외상합의는 절대로 하지 말라!"라는 나의 강의를 들은 지인이 다음과 같은 사연의 문자를 보내왔다.

> 부장검사님!
> 저한테 7억 5,000만 원을 사기쳐 구속된 놈을 외상합의를 하여 꺼내 주니 변제하겠다고 약속한 날짜가 도래하기 1개월 전에 파산신청을 하여 법망을 빠져나간 후 '배 째시오!' 하는데 분통이 터집니다.

절대로 외상 합의를 해서는 안 된다. 아래 사건은 피해자들이 한 푼도 변제받지 아니한 채 외상합의를 하는 바람에 구속영장이 2건이나 기각된 사례이다.

1. 키즈체험관[115] 창업을 빙자하여 4억 원을 사기친 사건

> 피고소인(A)은 고소인(B)에게 "내가 어린이 관련 콘텐츠를 많이 가지고 있다. 당신으로 하여금 키즈체험관을 창업하도록 해 주겠으니 이에 필요한 자금을 달라."라고 거짓말을 하여 B한테 그 비용으로 4억 원을 받았다.
>
> A는 이에 대한 콘텐츠가 없었고, 받은 돈을 자신의 개인적인 채무 변제에 사용하였다.
>
> B는 A를 사기죄로 고소하였다.

나는 경찰이 혐의없음 의견으로 송치한 사건을 보완수사한 후 구속영장을 신청하도록 경찰에 지휘하였고[116], 보완수사를 한 후 신청한 구속영장을 법원에 청구하였으나 어찌된 영문인지 기각되었다.

나중에 확인하니 피고소인은 법원에서 실질심사기일 이전에 피해자 명의의 합의서와 고소취소장을 법원에 제출하였던 것이다.

법원으로부터 기록을 반환받은 후 대질조사를 하기 위하여 고소인과 피고소인을 동시에 소환하였다. 피고소인은 도주하여 출석하지 않았고, 고소인만 출석하였다. 나는 조심스럽게 고소인에게 "실례지만, 사기당한 돈은 전부 돌려받고 합의한 것이겠지요?"라고 물었다. 그러자 고소인은 "아니요, 한 푼도 못 받았어요. 이번 달 말에는 4,000만 원을, 나머지는 매달 일부씩 갚아 준다는 피의자의 약속을 굳게 믿고 합의를 해 주었지요."라고 대답했다. 나는 그 말을 듣는 순간 허탈감을 감출 수가 없었다. 열심히 기록을 검토하여

혐의없음으로 송치된 사건을 구속영장까지 청구했건만 아무런 피
해변제를 받지 않고 외상합의를 했기 때문에 구속영장이 기각된
것이다. 나는 다음과 같이 말했다. "구속영장이 발부될 때까지 조
금만 참으시지 그러셨어요. 피고소인은 이제는 도망가서 출석하지
도 않아요. 구속되면 피해금의 일부라도 받을 수 있었을 텐데." 그
리고, 이런 말도 덧붙였다. "외상합의는 수사방해 행위입니다. 앞으
로 다시 사기를 당하지 말아야 하겠지만 구속영장이 청구된 경우
에는 발부될 때까지 꾹 참으세요."

결국 나는 피고소인에 대하여 체포영장을 발부받아 지명수배를
하면서 사건을 기소중지 처분하였다.

2. 휴대폰 매장개설 투자금을 빙자하여 2억 5,000만 원 을 사기친 사건

피고소인(A)은 고소인(B)에게 "내가 휴대폰 매장을 개설하려고 하
는데, 투자하면 수익금의 80%를 주겠다."라고 거짓말을 하여 5개월
에 걸쳐 모두 2억 5,000만 원을 받았다.

수익금의 80%를 준다는 것은 파격적인 조건이므로 거짓일 가능
성이 높다. B는 어떻게 그와 같은 수익금을 줄 수 있을지에 대하여
전혀 의심하지 않았다.

확인한 결과 A는 처음부터 그 돈을 다른 곳에 사용할 의도였으며
실제로 다른 곳에 사용하였다.

B는 A를 사기죄로 고소하였다.

A는 범행을 부인하고 있었기 때문에 B와 대질조사를 한 후 죄질이 좋지 아니하고, 도주 우려가 있어서 구속영장을 청구하였다. 이 사건도 어찌된 영문인지 구속영장이 기각되었다.

법원으로부터 기록을 넘겨받아 확인을 하였더니 피고소인이 구속영장의 실질심사 기일을 연기받아 그 기간 중에 합의하였고 고소취소장이 제출되었다. 판사의 구속영장 기각이유에 "고소가 취소된 점 참작"이라고 기재되어 있었다.

기록을 넘겨받은 후 나는 고소인에게 피해금을 얼마나 받고 고소취소를 해 주었는지를 물었다. 고소인은 "다음 달에 반드시 받은 돈을 갚겠다고 사정을 하면서 공증을 해 주므로 이를 믿고 고소취소를 했습니다."라고 대답했다. 고소인은 공증에 대하여 큰 의미를 둔 것 같다. 아무리 공증을 했더라도 갚을 재산이 없으면 아무 소용이 없다. 정말 딱한 노릇이다. 구속영장이 발부될 때까지 조금만 참았더라면 피고소인이 처벌을 가볍게 받기 위해서라도 일부 합의금이라도 가져왔을 것이다. 나는 피고소인을 불구속으로 기소했다.

제 5 부

사기예방 강의
성공사례

1. 후배에게 2억 원을 사기당할 뻔한 지인
2. 1억 원을 사기당할 뻔한 퇴직공무원
3. 검사님의 사기예방 강연 동영상을 3번 보고 정신차렸죠.
4. 검사님 아니었으면 보이스피싱당할 뻔 했어요!

지금까지는 사기예방 강의를 44회 했다. 강의 덕분에 사기를 당할 뻔했는데 피하게 되어서 고맙다는 카톡 문자나 전화를 여러 번 받았다. 그중 기억에 남는 사건들을 간략히 소개하기로 한다.

1. 후배에게 2억 원을 사기당할 뻔한 지인

어느 날 지인이 다음과 같은 카톡 문자를 나에게 보내왔다.

> "검사님! 죄송하지만, 가구사업을 하는 후배가 돈을 보내 달라고 합니다. 그 후배가 빌려 달라고 하는지 투자하라고 하는 것인지에 대하여 다소 애매하지만 아무튼 2억 원을 주려고 합니다.
>
> 아는 사이라서 이자는 없고, 원금은 반드시 보장하되 그 돈으로 고급가구를 수입해서 남는 것을 나누자는 제안이거든요. 기간은 3~4개월 정도로 하려는데 서류를 어떻게 작성해야 할까요?
>
> 전에 검사님 강의내용이 생각이 나서 이렇게 문자를 보냅니다."

나는 그분에게 다음과 같은 답글을 보냈다.

> "추측컨대 후배에게 일단 돈을 건네주면 그 돈을 돌려받지 못할 것이 거의 확실합니다. 후배는 지금 금전적으로 상당히 어려울 겁니다.
>
> 대표님은 가구 분야를 모르시니 후배가 설사 그 돈으로 가구사업을 하여 이익을 남기더라도 그럴듯한 이유를 대면서 이익이 안 남았다고 할 것으로 보입니다.
>
> 대표님은 체면상 그걸 일일이 확인하지 못할 것이고, 마음 고생만 하다가 결국 후배와 돈을 전부 잃을 것으로 예상됩니다. 그래도 꼭 돈을 주겠다면 받지 못할 것을 각오하되, 다음과 같은 증거를 남기

시기 바랍니다.

우선 돈의 성격이 대여금인지 투자금인지를 명확히 하십시오.

대여금인 경우에는 '빌리는 돈은 가구수입을 위해 사용한다.'는 문구를 차용증에 기재(용도사기에 대한 증거)하고,

투자금인 경우에는 '투자한 원금은 반드시 보장해 준다.'는 문구를 투자약정서에 기재해 달라고 요구해 보십시오.

그리고 이와 같이 중요한 문구는 반드시 후배가 자필로 기재하도록 하고, 상황을 봐서 후배에게 담보도 제공해 달라고 요구하십시오."

그 후 그분으로부터 다음과 같은 장문의 문자가 왔다.

"검사님이 시키는 대로 했더니 후배가 대답을 제대로 하지 못하네요. 약정서도 쓰지 않으려고 합니다. 담보제공 부분에 대해서도 말끝을 흐리는 등 문제가 많다는 사실을 알게 되어 돈을 빌려주지 않기로 하였습니다.

후배가 하도 달콤하게 말을 잘해서 솔깃했었는데 검사님 덕분에 사기를 안 당하게 되어 너무 고맙습니다.

그동안 돈을 빌려 가는 사람들이 현금보관증이나 차용증을 써주었지만 갚지 않고 연락도 끊어 버리니 방법이 없더군요.

몇 년간 속을 태우고 마음 고생만 하다가 결국 저의 정신적, 육체적 건강을 위하여 잊어버리려고 애쓰고, 또 살다가 문득 생각이 다시 떠오르면 속이 탑니다."

언젠가 그분은 나에게 이런 말한 적이 있었다. "검사님! 나는 남의 부탁을 거절하지 못하는 성격이라서 그동안 여러 번 사기를

당했습니다. 하나님을 믿는 제가 남을 고소한다는 것은 하나님의 뜻에 어긋나는 것이므로 한 번도 고소한 적이 없습니다. 그동안의 피해 금액을 전부 합하면 서울 강남에 있는 좋은 아파트 한 채를 살 정도입니다." 그분은 사기를 당해도 종교적인 이유로 고소하지 않는다는 말을 다른 사람들에게 자주 하곤 했다. 그것은 "나는 사기를 당해도 절대 고소를 하지 않으니 마음대로 내 돈을 가져가세요."라고 광고하는 것과 같다. 그분이 다른 사람들보다 사기를 더 많이 당한 이유가 바로 이것이다. 그 말을 들은 사기꾼은 "이분은 종교상의 이유로 고소하지 않기 때문에 안심하고 사기쳐도 뒤탈이 없겠구나."라고 생각한다. 우리가 약점을 보일 때 사기꾼은 그것을 이용한다는 점을 명심할 필요가 있다.

2. 1억 원을 사기당할 뻔한 퇴직공무원

나의 지인 중에는 오래전에 공직을 그만두고 연금으로 사시는 분이 있다. 어느 날 그분은 나에게 다음과 같은 내용의 전화를 했다.

> "검사님! 사채업을 하는 지인이 나에게 1억 원만 가져오면 그 돈으로 사채놀이를 하여 얻는 이자로 수익금을 주겠다고 했어요.
> 나는 신용이 좋아서 은행에서 바로 1억 원을 대출받을 수 있어요.
> 그런데 검사님이 전에 강의할 때 강조했던 말이 생각나서 전화를 했어요. 차용증을 어떻게 써야 되지요?"

그 말을 듣고 나는 "회장님! 잘 되면 좋겠으나, 그 돈은 받지 못할 가능성이 매우 높습니다. 그래도 돈을 건네주고 싶으면 받지 못한다는 각오를 하셔야 되고요. 또 차용증이나 담보도 잘 받으셔야 합니다. 만일 회장님의 돈을 가져간 분이 사채놀이를 하다가 그 돈을 떼이고, 적당히 증거를 만들어 놓으면 회장님은 피해구제를 받기가 어렵습니다. 이제 80세가 다 되셨는데, 욕심을 버리는 것이 좋겠습니다." 그러자 그분은 "아! 그렇다면 빌려주지 말아야 하겠네. 조언을 해 줘서 고마워요."라고 대답했다.

3. 검사님의 사기예방 강연 동영상을 3번 보고 정신차렸죠.

어느 날 지인이 나의 사기예방 강연 동영상 덕분에 사기를 당하지 않게 되었다며 고맙다는 카톡 문자를 보내왔다. 사연은 다음과 같다. 지인은 남의 요구를 거절하지 못하는 성격이라서 과거에 사기를 크게 당하여 재기불능의 상태에 빠졌다. 상당히 오랫동안 고생한 끝에 이제 겨우 재기하여 사업을 잘 하고 있는데 어느 날 친한 친구가 찾아와 지인에게 사무실을 얻어주겠으니 사람을 모아달라는 제안을 했다. 그분은 그날 3번 들었던 나의 사기예방 강의 내용이 갑자기 생각나서 용기를 내어 친구의 제안을 거절했고 덕분에 사기를 당할 위기에서 벗어날 수 있었다고 한다. 그분은 아래 카톡 문자 내용과 같이 친구의 제안을 거절했다고 한다.

제 오래전 친구가 돈 많이 벌었다고 인천에서 찾아왔어요. 예쁜 친구고 너무 좋아하니깐 당장 만났죠. 식사하면서 뭔가 설명을 하는데 임채원 검사님 얼굴이 제 뇌리를 꽉 스쳤어요. 정신차렸죠.
많이 주는 이자 난 필요 없고, 세상에 공짜는 없더라. 수업료 톡

톡하게 여러 번 치루었다. 여기까지 오는 동안 고난이었지만. 지금은 합법적인 회사와 제품 잘 만나 살 만하니 걍 친구만 하자. 그날 검사님 동영상 시청 3번 한 날이었거든요. 그리곤 잘 다독여서 보냈네요.

지금 웃고 있어요. 작은 정, 바보 이젠 인간관계 쉽게 안 얽힙니다. 임 검사님의 예방주사 덕이죠. 그 친구가 우선 1,000만 원 계좌이체하면 5부이자를 준다고 해요. 네, 그렇게 해요. 그런데 사무실도 얻어주고 사람 모으라 했어요.

사.예.검. 검사님? 검사는 무섭다? 죄 만들어 벌주는 게 검사다. NO~ NO~ 검사는 편한 친구처럼 다가와 사탕발림에 잠시 멍때릴 땐 화아악 나타나셔서 예방주사 큰 걸로 꽉 준다. 그래서 난 행복하다.

죄 만들어서 근엄하게 폼을 재고 벌을 주는 게 검사님이다. 아니올시다. 검사는 훌륭하다. 난 든든하다.

카톡 문자에 나오는 '사.예.검.'은 내가 사기예방 강의를 많이 한다고 사람들이 '사기예방검사'의 첫 글자를 따서 지어준 별명이다. 위 문자를 보니 지인의 친구는 다단계사업을 제안한 것 같다. 이 문자를 보고 나의 사기예방 강의가 선한 영향력을 미쳤다고 생각하니 기분이 좋았다. 내가 만났던 사람들의 요구로 우연히 시작했던 사기예방 강의가 이제 어떤 분의 인생에 중요한 의미를 부여하였다고 생각하니 흐뭇하다.

4. 검사님 아니었으면 보이스피싱당할 뻔 했어요!

보이스피싱과 관련하여 사기 피해를 예방한 2개의 에피소드가 있어서 소개한다.

첫 번째는, 사기예방 강연 보름 뒤에 일어난 메신저 피싱("아빠 나 휴대폰 액정이 깨졌어! 지금 바빠?") 사례이다. 나는 2021년 4월 서울 강남 소재 모(某) 복지관에서 사기예방 강연을 했다. 약 보름 뒤에 그 복지관의 관장은 나에게 전화로 "검사님! 제가 얼마 전 검사님이 강의했던 내용과 같은 형태의 메신저 피싱을 지금 당하고 있는 중입니다. 만일 그날 강의를 듣지 않았다면 저는 영락없이 당했을 겁니다. 너무 감사해요. 제가 속고 있는 것처럼 범인을 속여서 그와 문자를 주고받고 있습니다. 범인을 놀려 먹는 재미가 쏠쏠하네요. 대화가 다 끝나면 문자를 전부 캡처해서 보낼게요. 나중에 강의하실 때 교재로 쓰세요."라고 말했다. 나도 기분이 좋아서 "범인에게 욕을 하거나 약을 너무 올리면 집으로 짜장면 수십 그릇이 배달되는 등 보복을 당할 수도 있으니 적당한 선에서 멈추세요."라고 했다. 그분은 6시간 20분 동안 범인과 주고받은 문자를 보내주었다.

두 번째는, 지인이 2022년 8월경 내가 근무하고 있던 서울동부지방검찰청에 방문한 적이 있다. 상담을 다 마치고 나의 저서인 '사기예방 솔루션'을 선물했다. 한 달 뒤 그분한테서 다음과 같은 내용의 전화가 왔다. "신기하게도 책을 받은 지 일주일이 지났을 때쯤 서울중앙지검 검사라고 하는 어떤 여자가 저에게 전화를 하여 대뜸 『ㅇㅇ씨죠? 당신 계좌가 보이스피싱 범죄에 이용되었으니 조사해야 합니다...(이하 생략)...』라는 말을 했어요. 근데 걸려온 전화는 '02-'가 아닌 '010-'으로 시작되는 번호였고, 그 순간 검사님 책에서 읽었던 『검사 등 수사기관은 절대로 개인휴대폰번호(010-)로

전화하지 않고, 유선번호로 전화한다.』라는 부분이 생각났어요. 그래서, 용기를 내어 '이런 장난 하지 마세요!'라고 소리를 크게 질렀더니 상대방이 전화를 얼른 끊더군요. 저는 남의 말을 잘 믿기 때문에 검사님 책이 아니었다면 꼼짝없이 보이스피싱을 당할 수 밖에 없었을 겁니다. 검사님! 감사합니다." 이 말을 듣고 나니 이 책을 쓴 보람이 느껴졌다.

제 6 부

검사와 에피소드

그동안 너무 딱딱한 이야기만 한 것 같다. 사람들은 검사들의 사생활에 관심이 많다. 그래서 33년째 검사생활을 하면서 경험한 재미있는 일화들을 소개하기로 한다.

1. "검사님! 몸으로 때울게요."

나는 1990년에 성남지청에서 검사생활을 시작했다. 부임한 지 얼마 안 되어서 선배검사가 자신이 겪었던 일화를 다음과 같이 소개했다. 어떤 업주(여, 40대)가 여성 접대부를 고용하여 불법으로 유흥접객행위를 하다가 단속되었는데, 그 사건이 검찰에 송치되었다. 그 사건을 배당받은 선배는 기소하기 전에 벌금 액수를 정하여 업주에게 미리 납부**117**할 것을 통지하였다.

그 당시만 하더라도 벌금을 납부하라고 통지하면 피의자들은 검사실에 직접 찾아오거나 경제 사정이 나쁘다면서 벌금을 깎아 달라고 전화로 사정하는 경우가 많았다. 기록에는 없지만 정상에 참작할 만한 사유가 있는 경우에는 벌금을 깎아 주기도 했다.

어느 날 오전 그 선배가 근무하던 검사실로 허름한 옷차림을 한 업주가 찾아왔다. 그녀는 무허가로 술집을 운영한 기간이 짧고, 술집의 규모를 고려할 때 벌금 액수가 너무 많으니 깎아 달라고 했다. 그 순간 선배는 그녀가 무허가 유흥주점 영업을 하다가 처벌받은 전력이 몇 번 더 있기 때문에 절대로 벌금을 깎아 줄 수 없다고 단호하게 말했다. 그러자 그녀는 "벌금을 못내면 나중에 어떻게 되나요?"라고 갑자기 물었다. 선배는 "벌금을 못내면 나중에 몸으로 때워야죠."라고 대답했다. 그 말의 의미는 벌금을 못낼 경우 벌금

액수에 상응하는 기간 동안 노역장(勞役場)에 유치된다는 것이다. 그 당시에는 벌금 5,000원을 1일로 환산을 했고, 지금은 그때보다 20배가 오른 벌금 10만 원을 1일로 환산한다. 저녁이 되어 그 선배가 퇴근하려고 검찰청 출입문을 막 나가고 있었다. 예쁘게 화장을 한 채 문 앞에서 기다리고 있던 어떤 여인이 갑자기 선배 앞에 불쑥 나타났다. "검사님! 저 왔어요." 낯선 여자를 본 선배가 놀라면서 물었다. "누구시죠?" 그러자, 그녀가 말했다. "오늘 오전 검사님 방에 갔던 ○○주점 주인입니다. 검사님이 몸으로 때우라고 해서... 미리 때우려고요." 그녀는 얼굴을 붉히며 말끝을 흐렸다고 한다. 이 이야기는 그 선배가 실제로 경험한 것인지 아니면 지어낸 것인지 모른다. 평소 그 선배의 행동으로 보면 지어낸 이야기는 아닌 듯하다.

다음은 초임검사 시절 내가 겪었던 일이다. 검사실에 들어오면 바로 정면에 검사, 오른쪽에 수사관, 왼쪽에 실무관이 앉아서 일을 한다. 당시 벌금을 미리 납부하는 절차는 우선 민원인(피의자)이 검사실에 들어와 자신의 이름과 통지받은 벌금 액수를 말하면, 실무관은 사건번호, 이름, 죄명, 벌금 액수를 쪽지에 적어준다. 민원인은 그 쪽지를 가지고 민원실에 가서 벌금을 납부하면 된다. 어느 날 어떤 피의자가 검사실에 들어와 실무관 앞으로 가지 않고 내 앞으로 온 뒤 책상 옆으로 돌아서 나에게 다가와 아주 작은 목소리로 "검사님! 벌금 가져왔어요!"라고 속삭였다. 그의 입에는 술 냄새가 났다. 그 사람은 자신이 납부하는 벌금을 전부 검사가 수입금으로 가져가는 것으로 생각하여 직원들이 들으면 곤란하다고 느꼈기 때문인 것으로 보인다. 그때만 하더라도 이와 같은 순진한 사람도 있었기 때문에 선배의 이야기는 허구가 아닌 것으로 보인다.

선배가 이 이야기를 통해서 초임검사인 나에게 하고 싶은 말은 아마도 **'검사는 말을 신중하게 해야 한다.'**는 것이 아닐까? 사건을 수사하면서 가해자와 피해자를 동시에 소환하여 대질조사를 하는 경우가 많다. 한쪽 당사자만 일방적으로 야단을 치면 검사가 편파수사를 했다고 바로 진정을 당할 수 있다. 조사하면서 툭 내뱉은 별 의미가 없는 나의 말 한 마디 때문에 밤새 잠을 제대로 못 잤다고 말하는 사건의 당사자도 간혹 있다.

2. 호의일까? 아니면 유혹일까?

내가 1997년경 ○○검찰청에서 근무할 때의 일이다. 당사자는 경찰이 송치한 교통사고 사건의 피해자였다. 그분은 30대 초반의 미혼녀로 피아노 학원을 운영하고 있었다. 피해자에 대한 조서를 작성한 후 서명날인까지 마쳤다. 이 사건의 조사를 마친 후 나는 피해자에게 안타깝지만 상대방을 처벌하기는 어렵다고 설명했다. 피해자는 수긍했다. 조사를 마치고 나가던 피해자가 "검사님! 경찰에서 조사받을 때에는 제대로 말을 못했는데, 저의 말을 끝까지 들어주셔서 감사합니다. 너무 고마워서 언제 한 번 꼭 저녁을 모시고 싶습니다."라고 말하면서 연락처를 적은 쪽지를 건네주었다. 그동안 검사로서 많은 사람을 조사해 왔다. 가끔 사건 당사자들로부터 진술을 끝까지 들어줘서 고맙다는 말을 들은 적은 있지만 연락처를 받기는 처음이었다. 물론 전화는 하지 않았다.

수사를 담당하는 사람은 사건 **당사자를 사무실 밖에서 만나서는**

절대 안 된다는 것이 불문율이다. 당사자들은 사건을 자신들에게 유리한 쪽으로 끌고 가기 위하여 접대하거나 미인계를 써서 이를 빌미로 검사나 수사관을 협박하는 경우도 있기 때문이다. 이미 나는 그분에게 기소는 어렵다고 설명했고, 당시 그분의 태도를 보면 사건의 결과와 상관없이 선의로 저녁식사를 대접하겠다고 한 것으로 보인다.

3. "검사님! 저희가 '나이트클럽'으로 한 번 모실게요."

이것도 내가 1997년경 ○○검찰청에서 근무할 때에 있었던 사건이다. 하도 특이한 사건이라서 지금도 기억이 생생하다. 어느 날 점심 식사를 마치고 사무실에 돌아와 보니 사기와 혼인빙자간음죄**118**로 구속된 사건이 배당되어 있었다. 사건의 내용은 다음과 같다. 피의자는 외소한 체구에 초라한 외모를 가진 40대 중반의 노총각이었다. 그는 자신의 여행사 홍보용 브로슈어(brochure) 제작에 필요한 여성 모델을 구한다고 벼룩시장에 광고했다. 그 광고를 보고 미모의 20대 피해자가 지원했다. 그들은 프랑스 파리에 가서 브로슈어를 찍기로 했다. 사진작가가 보이지 아니하자 그녀는 김포공항에서 피의자에게 "브로슈어를 촬영할 사진작가는 언제 오나요?"라고 물었다. 그는 "사진작가는 파리공항에 미리 가서 기다리고 있을 것이다."라고 했다. 파리공항에 도착했으나 사진작가는 보이지 않았다. 그는 그녀에게 "사진작가가 사정이 있어 오지 못한다는 연락을 늦게 받았다."라고 말했다. 그날 밤 숙소로 갔다. 당연히 두 개의 호텔방이 예약되었어야 했지만 한 개만 예약되어 있었다. 그녀가 항의했지만 피의자가 설득하여 같은 방에서 함께 잠을 잤다. 파리를 갔다 온 이후부터 둘은 연인관계로 발전했다. 그녀는 하루에 한 번꼴로 피의자의 자취방에 들렀다. 그 과정에서 그는 그녀한테 수 회에 걸쳐 1억 원이나 되는 돈을 빌렸지만 갚지 않았다. 그러던 중 그의 행동이 이상하다고 느낀 그녀는 혹시 그가 다른 여자를 사귀고 있을지도 모른다고 의심했다. 그녀는 자취방 입구 근처에 숨어서 그의 행동을 관찰하기 시작했다. 어느 날 그는 자취방에서 어떤 여자와 함께 나온 후 승용차를 타고 막 출발하려고 했다. 그녀는 그곳으로 뛰어가 멱살을 잡고 그의 주머니를 뒤져서 수첩을 찾아냈다. 수첩에 적혀 있는 여자 이름의 사람들에게 일일이 전화하여 혹시 그와 사귀는지를 물었다. 두 명의 여자가 그와 교제 중인 사실을 확인했고, 그녀들도 그를 혼인빙자간음죄로 고소하였다. 한 명은 모 항공사 스튜어디스였고, 또 한 명은 직장을 다니고 있었는데 모두 모델처럼 키가 크고 미녀였다. 오전에 그의 자취방에서 첫 번째 여자가 가져온 김치를 먹고 놀다가 보내고, 오후가 되면 다른 여자를 불러 그곳에서 놀면서 그 김치를 함께 먹는 방식으로 그는 동시에 세 명의 여자와 사귀고 있었다.

피의자는 혼인을 빙자하여 간음한 것이 아니라 세 명의 여자의 동의하에 성을 즐겼을 뿐이고, 1억 원은 빌린 것이 아니라 피해자가 자기를 사랑하기 때문에 대가 없이 그냥 준 것이라고 주장하며 혐의를 부인하였다.

피해자들은 결혼하자는 그의 말에 속아 사귀며 깊은 관계까지 간 것이라고 주장했다.

서로의 주장이 달라서 결국 구속기간을 열흘 더 연장했다. 나는 늦은 밤까지 피의자와 세 명의 여자를 대질 조사하였다. 구속된 피의자를 보내고 나자 피해자들의 대표인 그녀가 나에게 "검사님! 저희들 때문에 밤늦게 고생이 많으세요. 저희가 상의를 했는데요, 검사님과 수사계장님을 나이트클럽으로 한 번 모실게요."라고 말했다. 이와 같은 말을 듣는 순간 나는 깜짝 놀랐다. 왜냐하면 일반적으로 혼인빙자간음 사건의 피해자들은 큰 절망에 빠져 거의 정신이 나간 상태에 있지만 이 사건의 피해자들은 그렇지 않았기 때문이다. 나는 피해자들에게 다음과 같이 물었다. "피의자는 남자로서 별 매력이 없어 보이는데, 무엇 때문에 장래를 약속하면서 그와 깊은 관계까지 갔나요?" 세 명의 피해자들은 이구동성으로 그가 "당신을 진심으로 사랑해요. 나와 결혼하면 평생 손에 물을 묻히지 않게 해 주겠어요."라고 말했고, 그 말이 거짓말인 줄 알지만 듣는 순간 너무 행복했다고 한다. 피의자가 세 번째 여자에게는 "당신의 생일이 앞으로 한 달 보름 정도 남았다. 당신에 대한 사랑을 증명하기 위해서 이제부터 색소폰을 배워 당신 생일에 케니 지(Kenny G.)의 송버드(Songbird)를 연주해 주겠어."라고 말했다. 그리고 나서 종로 낙원상가에 있는 악기점에서 색소폰을 빌려와 추운 한겨울에 그녀와 함께 한강 시민공원에 가서 연습하다가 그녀가 감기에 걸리기까지 했다. 조사를 마치고 밤늦게 퇴근하던 수사관이 나에게 "검사님! 이 사건의 피의자를 생각하니 허탈합니다. 우리는 인생을 재미없게 살고 있는 것 같아요."라고 웃으며 말했다.

만일 피의자가 동시에 세명의 여자들을 사귀고 있다는 사실을 피해자들이 알았다면 그와 깊은 관계까지 가지 아니하였을 것이라는 점에서 혼인빙자간음죄와 사기죄가 된다고 판단하여 그를 구속

기소하였다. 결국 재판과정에서 피해자들과 합의가 되었다.

카사노바는 "내가 남들과 다른 한 가지가 있다면 상대가 무엇을 원하는지를 알기 위하여 나의 전부를 걸었다는 것이다."라는 명언을 남긴 것처럼 피의자는 여자들을 농락하기 위하여 최선을 다한 것으로 보인다.

4. 사귄 지 얼마 안 되어서 금전을 요구하면 과감히 손절하라!

남녀 간에 돈거래를 하다가 잘못되어 상대방을 고소하는 사건이 가끔 있다. 이 경우 서로 상반된 주장을 하는 경우가 많다. 돈을 받은 쪽은 "상대방이 나를 사랑해서 생활비에 쓰라고 그냥 주었다."라고 변명한다. 돈을 준 쪽(피해자)은 "그냥 준 것이 아니라 빌려준 것이므로 갚아야 한다."라고 주장하다. 빌려준 것으로 보이기는 하지만 이를 입증할 마땅한 증거가 없는 경우가 많다.

돈거래를 했던 연인이 헤어지면서 상대방을 고소한 사건을 분석해 보면 돈거래는 다음과 같이 3가지 단계로 발전한다는 사실을 알 수 있다.

첫째, 피해자가 **자발적으로 용돈을 준 경우**이다.

사기의 경험이 풍부한 사기꾼은 상대방 이성(피해자)의 신뢰를 확실히 얻었다고 판단되면 그동안 자신이 살아온 허구로 만든 파란만장한 인생이야기와 함께 현재 자신이 경제적으로 매우 어려운 상황에 처해 있음을 이야기한다. 이를 들은 피해자로서는 사기꾼이 돈을 요구하지 않았음에도 불구하고 모성애나 동정심이 생겨서

"정말 착한 사람이다. 왜 이런 사람을 그동안 못 만났지? 지금이라도 만났으니 천만다행이야!"라고 생각하면서 기분 좋게 용돈을 주게 된다. 이 경우는 사기꾼이 돈을 요구하지 아니하였으므로 사기죄가 인정되지 아니한다. 그런데, 허구의 상황을 더 이상 만들 수 없으니 이 방법은 한 번밖에 쓸 수 없어 다음 단계에 돌입한다.

둘째, 사기꾼의 요구로 **생활비를 준 경우**이다. 이 경우에는 피해자가 돌려받을 생각 없이 그냥 준 것이므로 사기죄가 인정되지 아니한다. 사기꾼은 단기간 내에 신뢰를 쌓고 상대방이 자신을 믿는다고 확신이 들면 돈을 요구한다. 특히 사귄 지 얼마 지나지 아니하였는데 생활비를 요구한다면 사기일 가능성이 매우 높다. 상대방의 말을 좀 더 세심히 살펴보고, 그 돈의 용도에 대하여 물었을 때 짜증을 내면서 대답을 회피하거나 애매한 대답을 하는 경우에는 교제를 그만 두는 것이 좋다.

셋째, 사기꾼의 요구로 **돈을 빌려준 경우**이다.

교제기간이 좀 더 길어지면 이제는 생활비가 아니라 돈을 빌려달라고 한다. 서로 호감을 갖고 있기 때문에 차용증 없이 돈을 빌려주는 경우가 많다. 고소를 당하면 사기꾼은 생활비로 받았기 때문에 갚을 이유가 없다고 변명하고, 피해자는 빌려준 돈이라고 주장한다. 차용증이나 돈을 빌려주었음을 증명할 수 있는 카톡 문자 등을 남겨둘 필요가 있다는 것은 이미 설명하였다. 실제 사건에서는 몇 번에 걸쳐 돈을 빌려준 후 관계가 나빠질 때쯤 가서 차용증을 받는 경우가 많다.

결론적으로 말하면 **사귄 지 얼마 되지 아니한 시점에서 명목 여하를 불문하고 돈 요구를 하면 바로 관계를 끊는 것이 상책이다.** 사기꾼은 처음부터 당신의 돈을 노리고 접근한 것이지 당신을 진심으로 사랑한 것이 아니기 때문이다. 다음은 몇 년 전에 상담했던 사건이다. 어떤 사기꾼(남자)은 피해자를 만난 지 석 달 만에 혼인신고를 했고, 그 후 피해자를 속여서 수회에 걸쳐 사업자금 명목으로 1억 원을 빌려 갔으나 갚지 않았다. 돈을 더 빌려 달라는 사기꾼의 요구를 거절하자 피해자를 때렸고, 이를 참지 못한 피해자는 이혼소송을 제기하면서 그를 사기죄로 고소했다. 부부간에는 사기를 쳐도 형법상 공소권이 없으므로 처벌할 수 없다. 사기꾼은 처음부터 이러한 법의 맹점을 악용했다.

5. "법원에 가서 다시 부인할거죠? 그러면 난 내일 놀아야 하는데!", "검사님은 잘 웃으시네요, 제 사건을 제대로 수사할 수 있겠어요?"

이 사건도 1997년경 ○○검찰청에서 근무할 때의 일이다. 그 당시 나는 강간치상죄로 경찰에서 불구속으로 송치된 사건을 배당받았다. 기록을 검토하니 피의자가 경찰에서 혐의를 부인하였다. 피의자를 조사하면서 변명을 열심히 들어주고, 따뜻하게 대해 주었더니 갑자기 자백하였다. 약간 당황스러웠다. 나는 피의자에게 "경찰에서 혐의를 부인하다가 자백하는 이유가 뭐죠? 지금은 자백하지만 법원에 가서 다시 부인할 거죠?"라고 물었다. 피의자는 "검사님! 지금 제가 하는 말이 진실입니다. 검사님이 워낙 따뜻하게 대해 주셔서 사실대로 진술하려고 합니다."라고 말했다. 다시 나는 "혐의를 부인할 것에 대비하여 내일 중요한 참고인을 소환해 놓어요. 자백했으니 그러면 난 내일 놀아야 하는데. 좋아요! 지금 내 앞에서 하는 말이 진실이라는 것을 증명하세요."라고 말했다. 판결이 확정될 때까지 무죄가 추정되므로 유죄에 대한 증명은 검사가 해야 하지만, 피의자는 그동안 경찰에서 진술하지 아니했던 세세한 부분을 진술하였다. 나는 그 말을 조서에 기재한 후 참고인을 추가로 조사하지 아니한 채 불구속으로 기소하였다. 기소되자 피의자는 변호인을 선임한 뒤 예상대로 혐의를 전면 부인하였다. 결국 무죄가 선고되었다. 무죄 이유는 검사가 작성한 피의자신문조서에 피의자가 경찰에서 부인하다가 검찰에서 자백한 이유가 기재되어 있지 아니하므로 검찰에서 임의로 자백한 것이 아니라는 의심이 든다는 것이었다. 분명히 피의자를 조사할 때 부인하다가 자백하는 이유를 물었으나 안타깝게도 다른 세세한 부분을 조서에 담느라 빠뜨린 것이었다. 지금도 후배검사를 지도할 때에는 경찰에서 부인하다가 검찰에서 자백하는 경우에는 반드시 자백하는 이유를 조서에 기재하라고 강조한다. 아무튼 피의자는 내가 따뜻하게 대해 주는 바람에 자백하였다. 조사할 때 분위기가 편해야 조사받는 사람이 하고 싶은 말을 다 하게 된다. 그래야 진실을 밝히기가 쉽다. 조사받는 사람을 인격적으로 대해 준다고 해서 진실을 밝힐 수 없는 것은 아니다.

뇌물사건은 다른 사건에 비하여 당사자들의 진술에 의존하는 경우가 많다. 뇌물죄에 있어서 지능적인 피의자는 뇌물을 준 사실을 의도적으로 순순히 자백한다. 그 대신 뇌물을 준 날짜를 자신이 해외에 출장 중인 날을 특정하여 그날 국내에서 뇌물을 건네주었다거나, 지방에 출장 중인 시간을 특정하여 그 시간에 서울에 있는 어느 장소에서 뇌물을 주었다고 진술한다. 일단 자백을 하면 검사는 긴장이 풀려 증거수집을 소홀히 한다. 피의자가 그 점을 노리는 것이다. 자백한 경우 피의자에 대한 출입국조회를 하여 자백한 날짜에 국내에 거주했는지, 신용카드 사용내역서를 제출받아 뇌물을 건네준 시각에 서울이 아닌 지방에서 신용카드를 사용한 사실이 있는지 반드시 확인하는 등 그 자백의 신빙성을 담보할 수 있는 보강증거를 수집해야 한다. 실제 사건에서 자백만 믿고 기소한 경우 피고인은 그 시간에 뇌물을 주었다고 공소장에 기재된 장소에 없었다는 사실, 즉 알리바이(alibi)를 입증하여 무죄가 선고되는 경우가 간혹 있다. 피고소인이 자백하는 경우에는 그 자백이 상식에 부합하는지를 반드시 검토할 필요가 있다.

지금도 생생하게 기억나는 사건이 하나 더 있다. 2001년 서울지검 조사부[119]에서 근무할 때의 일이다. 어느 날 나는 사기 사건의 고소인(여성)을 소환하여 조사했다. 조사를 다 마치고 조서에 서명날인까지 한 고소인이 갑자기 나에게 "검사님! 한 가지 여쭈어보아도 될까요?"라고 조심스럽게 물었다. 나는 약간 긴장이 되었지만 좋다고 하였다. 그러자 그녀는 "검사님은 조사하면서 잘 웃으시던데, 그렇게 해서 사기꾼의 혐의를 제대로 밝힐 수 있겠어요?"라고 당돌하게 말했다. 나는 "웃어야 조사받는 사람의 마음이 편해져서 사실대로 진술하는 것이 아닐까요? 너무 걱정하지 마세요."라고 했다. 그녀는 "검사님이 웃으며 저에게 편하게 대해 주는 것처럼 사기꾼에게도 너무 편하게 대해 주실 것 같아서 불안해서요."라고 말했다. 그 후 나는 피고소인을 조사한 후 사기 혐의를 밝혀내어 그를 구속기소하였다.

6. "검사는 모질면 안 돼!", "검사님! 덕분에 많이 배웠습니다."

검사생활 2년차 때인 1991년 어느 가을 행락철에 성남 시내에서 자가용 버스를 이용하여 돈을 받고 손님들을 설악산으로 실어나르는 영업을 하던 사람이 여객자동차운수사업법위반죄로 구속된 사건을 배당받았다. 그 당시 행락철에 노후화된 자가용 버스가 고갯길을 오르다가 브레이크 파열로 전복사고가 나곤 하여 사회문제가 되었다. 노후화된 자가용 버스는 사고의 위험이 높을 뿐만 아니라 불법영업 행위이므로 교통사고가 나도 보험처리가 안 된다. 대부분의 사람들은 자가용 버스의 이러한 문제점을 모를 뿐만 아니라 영업용 전세버스보다 훨씬 저렴한 비용으로 이용할 수 있어서 선호했다.

구속된 그는 나에게 "성남 시내에 이런 영업을 하는 업소가 더 있는데 왜 나만 단속합니까?"라고 말했다. 그 사람을 통하여 업소를 더 확인한 후 수사관 1명과 검찰청 운전기사 1명을 보내어 모두 4명을 차례로 검거했다.

수사관은 나에게 "이 사람은 체포되어 오는 도중 양말 속에 있던 현금 70만 원을 꺼내 건네주면서 풀어 달라고 했습니다."라고 말하면서 여객자동차운수사업법위반죄로 3회 벌금 전과가 있던 사람을 가리켰다. 수사관은 뇌물을 거부했으므로 이 사람의 행위는 뇌물을 주겠다는 의사표시를 한 것 자체를 처벌하는 형법 제133조 제1항의 뇌물공여의사표시죄에 해당한다.

나는 다음 날 새벽까지 4명을 조사했다. 이분에 대해서는 위 70

만 원을 압수하면서 여객자동차운수사업법위반죄 외에 뇌물공여의
사표시죄도 추가로 인지하였다. 4명에 대한 구속영장을 결재받으
러 아침에 지청장실에 들어갔다. 사건의 개요를 설명하면서 구속영
장 청구서도 지청장님께 보여드렸다. 그 당시 지청장님께서는 온화
한 미소와 함께 나에게 이러한 충고의 말씀을 하셨다. "임검사! 너
무 심했다. 이 사람은 뇌물죄를 추가하지 않아도 구속영장이 발부
될거야. 검사는 마음이 따뜻해야지!" 그리고 이런 말씀도 덧붙이셨
다. "뇌물죄를 추가하지 않았다면 그는 그 돈으로 변호사를 선임할
것 아닌가? 검사는 모질면 안 돼! 법에도 눈물이 있어." 그제서야
나는 법대로만 하는 것이 능사가 아니고, 인간미도 발휘해야 한다
는 사실을 깨달았다. 30년이 더 지났지만 사건을 처리할 때에는 항
상 그분의 말씀이 떠오른다.

　다행히도 구속영장은 전부 발부되었다. 마무리 보완수사를 하
던 중 구속적부심사청구가 들어왔다. 그 순간 갑자기 나는 석방결
정이 될 것 같은 불길한 느낌이 들었다. 왜냐하면 피의자들은 성남
지원에서 판사로 근무하다가 갓 개업한 변호사를 변호인으로 선임
했을 뿐만 아니라 이틀 뒤에는 추석 명절이 기다리고 있었기 때문
이었다. 그동안의 경험을 통해서 나는 명절 즈음에 구속적부심이나
보석청구가 들어오면 평소보다 석방되는 경우가 많다는 사실을 알
고 있었다. 예상대로 그들은 전부 석방되었고, 그 다음 날 전부 검
사실에 찾아왔다. 요즈음은 검찰청 출입구에서 통제하고 있어서 함
부로 검사실에 들어올 수 없지만 그 당시만 해도 그러한 통제가 없
었다. 그들은 한결같이 "검사님! 너무 인간적으로 저희를 대해 주
셔서 나가면 꼭 찾아뵙고 싶었습니다."라고 말했다. 그들은 전부

○○식용유 한 개씩을 들고 와서 선물이라며 내밀었다. 그분들의 눈빛을 보니 진심이 가득 담겨 있어서 이를 받지 아니하면 민망해 할 것 같았고, 싼 가격의 선물이라서 받았다. 지금은 '부정청탁 및 금품등 수수의 금지에 관한 법률(약칭: 청탁금지법)'에 위반되므로 받을 수 없다. 그 당시 내가 그분들을 조사하면서 했던 말은 다음과 같다. "집에 들어가면 여러분들은 다 남편이요, 아버지입니다. 생계를 위해 어쩔 수 없이 이와 같은 행위를 한 것이니 수사에 순순히 협조한다면 구속영장이 발부될 정도로만 조사하겠습니다." 나의 따뜻한 말 한 마디가 그들의 마음을 움직였고, 석방되자 스스로 찾아온 것이다. 윽박지르고 억눌러서는 결코 진실이 밝혀지지 않는다. 오히려 사건 당사자들로 하여금 자유롭게 자신의 생각을 말하고, 증거를 제출할 기회를 줄 때 비로소 진실이 밝혀진다.

7. "검사님! 저 왔습니다!"

그러고 보니 에피소드는 1997년경 ○○검찰청에서 근무할 때에 가장 많았던 것 같다. 어느 무더운 한여름 나는 강간치상죄로 구속된 사건을 배당받았다. 그 사건의 범죄사실은 다음과 같다. 피의자가 술집에 혼자 가서 술을 마신 후 성매매를 하기 위하여 술집 마담에게 화대까지 주고 접대하던 피해 여성을 데리고 나왔다. 여관 입구까지 따라왔던 피해자가 갑자기 안으로 들어가기를 거부했다. 피의자는 피해자를 몇 대 때려 강제로 여관 방 안에 데리고 들어가는 과정에서 그 여성이 상해를 입었고, 여관 주인의 신고로 피의자는 바로 체포되었다. 기록을 검토해 보니 피의자는 전과가 없고, 당시 수박장사를 하던 30대 후반의 노총각이었다. 피의자에 대한 조사를 시작하면서 나는 대뜸 그에게 "한창 수박을 팔아야 할 대목에 여기에 잡혀 왔네요. 기록을 보니 여기에 올 사람이 아닌데, 아무튼 조사를 시작해 봅시다."라고 말했다. 경찰에서 다소 과장되게 조사된 부분을 바로잡고 사실관계를 정확히 정리한 후 그를 구속한 상태로 기소하였다. 약 보름 후인 어느 오후에 어떤 남자가 검은색 선글라스를 쓴 채 수박을 양손에 한 통씩 들고 검사실에 찾아왔다. 여름이라 검사실 출입문은 열려 있었다. 그는 검사실 문 앞에 서서 "검사님! 저 왔습니다."라고 반가운 목소리로 나를 불렀다. 직원이 "누구시죠?"라고 되물었다. 그러자 겸연쩍어진 그는 작은 목소리로 "저, 보름 전쯤 구속되어 검사님 앞에 왔던 ○○○인데요. 어제 보석으로 석방되어 찾아왔습니다." 이어서 그는 "그때 검사님이 하도 따뜻하게 저를 대해 주셔서 너무 고마워 제가 팔던 수박 2통을 가져왔습니다."라고 말했다. 나는 구속되어 왔을 당시 그가 측은해 보여 인간적인 말 한 마디를 던졌을 뿐이었다. 그 말이 그에게 그렇게 큰 위로가 될 줄을 몰랐다. 그날 수박을 직원들과 나누어 먹으면서 나는 다시 한번 느꼈다. 피의자는 조사할 대상이기 이전에 사람이라는 사실을 명심하자.

8. "그래도 제 말을 끝까지 들어준 분은 검사님밖에 없어요!"

이 사건은 내가 대구지검에서 근무하던 때인 2000년 1월경 경찰에서 송치된 사건이 나에게 배당되면서 시작된다. 상속 관련 위증 사건의 고소인에 관한 이야기이다. 고소인은 경기 성남시에서 동물병원을 운영하던 수의사였다. 그분은 자신이 개를 인공수정하는 국내 최고의 기술을 가지고 있다고 나에게 자랑까지 했던 기억이 난다.

고소내용은 고소인이 어느 친척을 상대로 제기한 민사소송에서 다른 친척 한 명이 위증했으니 그를 위증죄로 처벌해 달라는 것이었다. 그 사건은 혐의없음 의견으로 검찰로 송치되었다. 나는 한 달 뒤에 있을 인사에서 인사대상이라서 사건을 그냥 두고 가려고 하다가 혹시나 해서 일단 기록을 읽어 보았다. 기록을 보니 고소인이 억울해 보였고, 중요한 참고인 2명만 더 조사하면 위증 혐의를 바로 밝힐 수 있을 것 같았다. 위증사건은 원래 복잡하여 그대로 두고 가면 사건 처리가 많이 늦어질 것 같아서 인사이동 전에 처리하겠다는 계획도 세웠다. 고소인을 소환하여 자초지종을 듣고, 참고인 2명과 피고소인을 차례로 조사했다. 혐의가 인정된다고 판단하여 불구속으로 기소하였다. 그리고 며칠 뒤에 나는 서울지검[120]으로 인사이동이 되었다.

세월이 흘러 2002년 수원지검에서 부부장 검사로 근무하던 여름날 어떤 남자가 검사실로 전화를 했다. 전화를 받은 직원이 나에게 "전화를 건 사람이 검사님이 대구에서 처리한 사건과 관련하여 꼭 하고 싶은 말이 있다고 하는데, 연결해 드릴까요?"라고 물었다. 전화를 받았다. 그분은 내가 몇 년 전에 처리한 위증 사건의 고소인인데 나를 꼭 면담하다고 싶다고 했다. 순간적으로 "아! 내가 처리한 사건에 불만이 있는 사람이 찾아오겠다고 하는구나!"라는 생각에 갑자기 심장이 두근거렸다. 이어서 그분은 "검사님이 기소했던 사건의 참고인 2명이 법원에서 진술을 바꾸는 바람에 최종적으로 대법원에서 무죄가 선고되었습니다. **비록 무죄가 났지만 저의 말을 끝까지 귀담아 들어준 분은 검사님뿐이었습니다.** 고마워서 직접 찾아뵙고 인사를 드리려고 합니다."라는 말을 덧붙였다. 그 말을 듣는 순간 안심이 되었다. 그분을 내 사무실에서 만났다. 그는 몇 년간 소송을 하면서 고생했던 일과 내가 조사했던 참고인 2명이 법원에서 갑자기 진술을 바꾼 것에 대하여 말했다. 그리고 그는 당시 독일에 유학 중이던 딸에게도 내 이야기를 했다고 하면서 독일에서 딸이 보내온 편지도 보여주었다. 그 딸의 편지에는 내가 자신의 아버지 말을 믿어 줘서 고맙다는 취지와 덕담의 글이 적혀 있었다. 내가 처리했던 수많은 사건 속에서 이분처럼 격려와 칭찬을 아끼지 않는 분들이 나로 하여금 지금까지 검사로 근무하게 한 것이 아닐까 하는 생각이 든다. 지금도 그날 그분이 나에게 했던 말씀을 생각하면 기분이 좋다.

9. "검사님이 아니었다면, 저는 이민을 가려고 했어요."

내가 2003년 부산고검에서 항고사건을 담당할 때에 있었던 일이다. 어느 회사의 대표이사가 거래하던 상대방을 여러 번 고소를 했으나 혐의없음 처분된 사건이 3건이나 되었다. 나에게 배당된 4번째 사건도 전체의 흐름을 보면 이미 혐의없음 처분된 사건과 같다. 나는 전체 사건의 시작이 된 당사자 간에 작성된 계약서의 개개의 항목에 대한 해석부터 다시 했다. 그런데, 계약서의 중요한 부분인 어떤 항목이 상식과는 전혀 맞지 않게 해석되어 혐의없음 처분된 사실을 발견했다. 기존의 여러 명의 검사가 내린 결론을 뒤

집으려면 상당한 용기와 증거가 필요했다.

나는 이미 혐의없음으로 처분된 기존 사건 기록을 대출받고, 내 사건과 대조해 가면서 다른 사건을 제쳐 놓고 거의 20일 이상 그 사건만 집중적으로 검토한 후 약 10쪽에 걸쳐 이 사건의 수사가 미진한 점을 지적하여 원처분청인 부산지검에 재기수사명령을 내렸다. 그 사건을 배당받은 부장검사가 4개월간 내가 지적한 부분을 조사한 후 혐의가 인정된다고 판단하여 법원에 기소했다. 나는 사건을 기소했다는 보고서를 받았다. 나의 판단이 옳다는 사실을 다른 검사를 통하여 인정받으니 너무 기뻤다.

그 후 한 달쯤 뒤에 내가 처리한 사건의 항고인(고소인)이 감사의 편지를 보내왔다. 수년간 그분이 고생했던 구구절절한 사연과 함께 "검사님 같은 분이 계셔서 대한민국은 아직 희망이 있습니다. 내 사건이 혐의없음으로 처분되어 항고하려고 했더니 주위의 사람들이 검사들은 전부 한통속이라 항고해도 아무 소용이 없을 것이라며 말렸습니다. 그렇지만 저는 용기를 내어 항고를 했습니다. 검사님이 아니었다면, 저 이민가려고 했어요. 정의를 세워 주셔서 너무 감사합니다."라는 내용이었다.

6개월 후에 재판 진행상황을 확인하였더니 그 사건은 1심에서 유죄가 선고되었다. 그 후에는 재판의 결과를 확인하지 못하였지만 그후 무죄가 선고되었다는 통보를 받지 못했으니 그대로 유죄가 선고되었을 것으로 생각된다.

10. "에이, 평생 검사나 해 먹어라!"

내가 2000년 서울지검에서 근무할 때 있었던 일이다. 20년이 더 지났기 때문에 사건의 내용은 전혀 기억나지 않지만 고소인의 행동이 하도 특이하여 기억난다. 나는 대질조사를 하기 전에 고소인을 먼저 조사하였다. 고소인은 조사받기 전에 자신의 조카가 부장판사로 있으니 크게 보면 자신과 내가 같은 법조인 가족이라고 했다. 그는 가끔 아침에 나에게 안부전화를 하기도 했다. 몇 달이 지난 후 나는 그 사건을 혐의없음 처분하였다.

어느 날 아침에 고소인이 나에게 전화를 하여 사건결과에 대하여 서운하다는 취지의 말을 하고 나서 마지막 부분에 다음과 같은 아리송한 말을 남겼다. "에이, 평생 검사나 해 먹어라!" 고소인은 나보다 나이가 훨씬 많은 분이라서 갑자기 반말을 한 것 같다. 사건이 검사실에 있는 동안 자주 안부전화를 하는 등 정성을 들였던 것은 자신이 원하는 결과를 얻기 위함이었다. 나는 그분이 원하지 않는 결과가 나오면 돌변할 것이라는 것을 이미 예상하고 있었다.

지금도 내가 하고 있는 수사가 재미있으니 그분의 말이 악담인지 덕담인지는 잘 모르겠다. 내가 지금까지 33년째 검사로 근무하고 있는 것은 이 분의 악담 때문일까? 아니면 나를 위해 평생 기도하고 계실 사기 피해자인 교회 권사님의 기도빨 때문일까?

11. "순발력이 있어야 검사지!"

2001년 서울지검 조사부에 있을 때의 일이다. 비디오 테이프

대여점을 2명이 동업하던 중 한쪽 동업자가 몇 년간 영업을 하면서 회계장부를 허위로 작성하는 방법으로 수익금을 횡령하였다고 다른 쪽 동업자가 업무상횡령죄로 고소한 사건이었다. 오전부터 시작된 조사가 내용이 워낙 복잡하여 피고소인의 동의를 받아 다음 날 새벽 3시까지 진행되었다. 약 30페이지에 달하는 조서를 컴퓨터로 출력하여 피고소인에게 보여주었다. 피고소인은 한참을 읽어 보더니 조서내용이 자신이 진술한 대로 안 되어 있다면서 서명날인을 거부했다. 진술한 대로 안 되어 있는 부분을 볼펜으로 고치라고 했으나 피고소인은 그것도 거절하였다. 순간 당황스러웠다. 만일 여러분이 담당 검사였다면 이 경우 어떻게 하실 건가요?

갑자기 좋은 생각이 머리를 스쳤다. 나는 피의자신문조서에 질문만 남기고 대답 부분을 전부 지워 여백을 넓게 만든 후 피고소인이 직접 볼펜으로 대답을 쓸 수 있도록 하여 조서 초안을 출력하였다. 피고소인에게 그것을 주면서 답 부분을 본인이 직접 기재하도록 하였다. 그러자 그는 답 부분을 볼펜으로 채운 후 그 조서를 나에게 주었다. 그가 작성한 답의 내용은 원래 컴퓨터로 작성한 것과 큰 차이가 없었다. 나는 서명날인을 거부한 경위에 대한 수사보고서에 서명날인을 거부한 조서 초안을 첨부하고, 피고소인이 자필로 답을 기재한 조서를 기록에 편철한 후에 구속영장을 청구했다. 구속영장은 발부되었다. 나는 속으로 생각했다. "순발력이 있어야 검사지!"

12. "세어 보니 100원이 모자라는데요?"

이번에는 약 20년 전 나와 함께 근무한 순발력이 있던 수사관에 대한 이야기를 해 보기로 한다. 어느 날 그가 검찰청에서 당직을 서는데 새벽에 벌금미납자가 검거되어 왔다고 한다. 이 경우 미납된 벌금을 납부하면 바로 석방된다. 그가 못낸 벌금은 100만 원이었다. 체포되어 당직실로 온 그는 "벌금! 내면 될 것 아니오."라고 하면서 집에 전화하여 돈자루를 가져오라고 했다. 잠시 후에 그의 가족이 당직실로 들고 온 것은 100원짜리 동전이 10,000개나 들어있는 돈자루였다. 문제는 "10,000개나 되는 100짜리 동전을 어떻게 다 셀 것인가?"였다. 그의 동료 직원은 그 돈자루를 건네받고 내실로 들어갔다. 약 20분이 지난 후에 내실 밖으로 나와서 벌금미납자에게 "내가 세어보니 100원이 모자라는데요? 맞나 다시 세어보세요!"라고 했다. 그러자 벌금미납자는 자루에 있는 돈을 한참 세다가 너무 많아 도저히 셀 수가 없다고 하면서 다시 집에 연락하여 현금으로 100만 원을 가져오게 하였다고 한다. 벌금을 다 받고 나서 수사관은 벌금미납자에게 "어떻게 100원 짜리 동전을 그렇게나 많이 모았나요?"라고 물었다. 그러자 그는 사건을 조사받는 과정에서 수사관과 싸워서 화가 나 나중에 벌금을 납부할 때 검찰청 직원을 골탕먹이려고 오랫동안 동전을 모았다고 실토했다고 한다.

아마도 벌금미납자와 수사관은 수준이 비슷한 것 같다. 수사관이 "세어 보니 100원이 모자라는데요? 맞나 다시 세어보세요!"라고 말했을 때 내가 만일 벌금미납자였다면 "그래요? 모자라는 100

원 여기 있어요."라며 부족하다는 100원을 건네주었을 것이다. 그
렇게 했다면 수사관은 꼼짝없이 그 돈을 다 세느라고 골탕을 먹었
을 것이다. 왜냐하면 돈을 세어 보지 않고 벌금을 받을 수 없기 때
문이다.

13. 인쇄된 결혼식 청첩장에 검사가 속다.

　1990년 초임검사 시절의 이야기이다. 어느 날 나는 죄명이 절
도죄인 구속사건을 배당받았다. 피의자는 초범으로 청년이었고 20
일 뒤에 결혼식을 앞두고 있다고 하면서 그 증거로 인쇄된 청첩장
을 제출했다. 그 당시만 하더라도 청첩장은 인쇄소에 맡겨서 찍어
야 하고, 어느 정도 비용이 들기 때문에 나는 그 청년이 정말로 곧
결혼하는 줄 알았다.

　그후 피의자는 피해자와 합의하였고, 결혼을 앞둔 초범인 점을
참작하여 나는 석방하기로 마음먹고, 석방건의서를 작성하여 지청
장의 결재까지 받았다. 피의자를 석방하기 직전 갑자기 그 청첩장
이 허위일지 모른다는 생각이 들었다. 수사관을 통하여 청첩장에
찍힌 예식장에 전화하여 그 날짜와 시간에 결혼식을 올릴 사람이
피의자가 맞는지를 물어보았다. 예식장 측의 대답은 "그런 사람 예
약된 바가 없습니다."라는 것이었다.

　나는 피의자를 다시 불러 허위의 청첩장으로 검사를 속이려고
했다며 엄히 질책했다. 그는 다시 그런 짓을 하지 않겠다고 사과하
며 용서를 빌었다. 비록 곧 결혼할 예정이라며 속였지만 초범이고,
피해자와 합의가 되었고, 피해금액이 그다지 크지 아니하였기 때문

에 그대로 그를 석방하였다. 나의 직감이 들어맞은 사실에 만족해 하며 내가 서서히 검사가 되어 가고 있음을 느꼈다. **검사는 속으면 서 성장하고, 범인은 조사를 받으면서 전문가가 된다.**

14. "방금 검사님께 사건 부탁하고 나왔어요!"

지금은 검사실에 방문하려면 검찰청 출입통제실에 사전 등록을 하는 등 출입이 자유롭지 않다. 이 사건 당시인 30년 전에는 누구 나 마음만 먹으면 쉽게 검사실 출입이 자유로웠다.

어느 날 사기꾼이 피해자의 사건을 담당하고 있는 검사에게 사 건 청탁을 해 주겠다는 명목으로 돈을 받아 챙겼다. 그리고 나서 사기꾼은 사건이 계류 중인 검찰청의 담당 검사실 입구까지 피해 자를 데리고 갔다. 사기꾼은 피해자에게 검사실 앞 복도에 잠시 서 있으라고 한 후 혼자 검사실 안으로 들어갔다. 그리고 나서 검사실 직원에게 몇 마디 엉뚱한 질문을 하면서 잠시 시간을 끈 후 검사실 밖으로 나왔다. 사기꾼은 피해자에게는 검사님께 사건을 부탁하고 나왔다고 거짓말을 했다. 피해자는 사기꾼이 담당 검사에게 사건을 청탁하고 나온 것으로 믿었다. 황당한 사기꾼이다. 지금은 구조적 으로 이와 같은 범죄가 일어날 수 없다. 격세지감이 든다.

15. "저도 아빠 같은 검사가 될래요.", "아빠! 저 이렇게 공부했어요."

나는 사법시험에 4번째 도전해서 1987년에 합격했다. 그 과정이 너무 힘들어 앞으로 내 자식들에게는 사법시험 공부를 절대로 시키지 않겠다고 굳게 다짐한 적이 있다. 결혼도 그 당시로서는 늦은 나이인 서른 살에 했다. 결혼 후 아이가 생기지 않아서 우리 부부는 마음 고생을 참 많이 했다. 한약도 먹어 보고 좋다고 소문난 병원을 찾아다녔지만 허사였다. 나는 "아이만 태어난다면 모든 것에 감사해 하고, 앞으로 어떤 고난이 닥쳐도 달게 받겠습니다."라며 간절히 기도했다. 다행히도 결혼한 지 5년 만인 1994년에 딸아이가 태어났다. 눈에 넣어도 아프지 않을 정도로 귀여웠다. 어느날 딸은 나에게 "아빠! 나는 커서 아빠 같은 검사가 될거야."라고 말했다. 나는 "검사는 어떤 일을 하는 사람이야?"라고 물었다. 그러자 딸은 "검사는 나쁜 사람에게 벌주는 일을 하는 사람이지."라고 대답했다. 나는 부모의 강요로 법대에 가서 사법시험 공부를 한 것이지만, 딸은 자신이 원하여 하겠다고 한 것이라서 나는 이를 말리지 않았다.

대학교에 다니던 딸은 생각이 바뀌어 행정고시 공부를 하겠다고 했다.

딸은 2015년 하반기에 대학교를 휴학하고 행정고시 준비를 본격적으로 시작했고, 관악구 신림동 고시촌에 가서 공부하겠다고 했다. 책과 가재도구를 옮겨주러 신림동으로 간 나는 고시원을 보고 깜짝 놀랐다. 그동안 신림동 고시촌은 소문으로만 들었지 직접 보기는 처음이었기 때문이다. 다닥다닥 붙은 방은 크기가 너무 작아서 오랫동안 그 안에 있으면 폐소공포증에 걸릴 것만 같았다. "체력도 약한 딸이 이런 곳에서 고시에 합격할 때까지 어떻게 버텨낼까?"라는 걱정으로 애처롭고 가슴이 답답했다. 주인집 아주머니는

"이 방은 재수가 좋은 방입니다. 여기 살던 학생이 이번에 고시에 합격해서 나갔어요."라고 말했다. 그해 딸은 제1차 시험에 낙방을 했다. 딸은 고시촌에서 철수하고 다시 학교 도서관에서 공부를 했다. 그다음 해에도 제1차 시험에 낙방을 했다. 2018년에도 휴학을 한 딸은 다시 신림동 고시촌에 들어갔다. 우리 부부는 휴일에 가끔씩 딸을 보러 고시촌에 갔다. 시험 공부하느라 식사도 거르는 바람에 더 마른 딸을 보니 마음이 아팠다. 드디어 제1차 시험에 합격했으나 제2차 시험은 낙방했다. 복학해서 학교에서 공부하다가 2019년 다시 휴학하고 신림동 고시촌으로 들어가서 공부했다. 그해 제1차 시험에 합격하고 제2차 시험을 치고 나온 딸이 나에게 "아빠! 이번이 마지막이라는 심정으로 최선을 다했어요. 혹시 나쁜 결과가 나오더라도 이제는 포기하고 다른 길을 찾을게요."라고 했다. 그 말을 듣는 순간 고시공부를 하지 말라고 말리지 못한 것이 후회가 되었다. 두 달 뒤에 드디어 제2차 합격 통지를 받았다. 제3차 면접을 마친 후 초조한 기다림 속에서 드디어 제63회 행정고시(5급공채) 최종 합격통지를 받았다. 공교롭게도 딸과 나는 모두 시험에 3번 낙방 4번째 합격했다. 딸은 그 순간의 감동에 대하여, 합격기에 "면접을 치른 직후 최종 발표까지는 약 열흘의 시간이 남아 있었다. 초조함과 불안감은 그 자체로 그동안 내가 이 시험에 정말 진심으로 임해 왔다는 증거일 것이기에 그마저도 감사하다는 마음을 갖기로 했다. 마지막 최종 발표일 오후, 합격자 명단에서 나는 내 수험번호를 확인할 수 있었다. 평생토록 잊지 못할 순간이었다."라는 글을 남겼다. 딸은 시험 준비를 하면서 나약한 마음이 들 때마다 고(故) 박경리 작가의 '토지' 서문에 나오는 "… 앞으로 나는 내

자신에게 무엇을 언약할 것인가. 포기함으로써 좌절할 것인가. 저
항함으로써 방어할 것인가. 도전함으로써 비약할 것인가. 다만 확
실한 것은 보다 험난한 길이 남아 있으리라는 예감이다. …"라는
구절을 떠올렸다고 한다. 딸은 "내 선택의 기준은 언제나 한 가지였
다. 여기서 멈추더라도 후회하지 않을 자신이 있는가. 그렇다는 확신이
들 때에만 내 자신에게 포기를 언약하였다."라는 글도 덧붙였다. 합격
기의 끝에 "엄마, 아빠! 앞으로의 나의 삶에 그 어떤 행운이 찾아
온다 해도, 세상에 태어나 두 분을 만난 행운에는 비기지 못할 것
입니다. 제게 세상에서 가장 큰 사랑과 믿음을 가르쳐 주심에 감사
합니다. 오늘의 이 모든 영광을 두 분께 돌립니다."라고 썼다. 이
합격기를 읽으며 그동안 말 없이 묵묵히 인내의 시간을 잘 버텨 온
딸의 모습을 생각하니 나도 모르게 눈물이 났다.

　　최종 합격자를 발표하는 날 저녁, 딸이 갑자기 자기 방에 갔다
오더니 포장지를 풀면서 "아빠! 이것이 무엇인지 아세요?"라고 물
었다. 포장지 안에 들어 있던 것은 한 다발의 볼펜이었다. "이것은
고시공부를 시작하면서부터 합격할 때까지 4년 동안 내가 다 쓴
볼펜들이에요. 합격하는 날 엄마, 아빠에게 보여드리려고 버리지
않고 모아 보았지요. 아빠! 저 이렇게 공부했어요."라고 말했다. 그
러면서 "하도 볼펜을 많이 써서 오른쪽 검지 손가락 마디에 굳은
살이 생겼어요."라는 말도 덧붙였다. 딸의 손가락을 보니 마음이
아팠다. 나는 볼펜을 바닥에 펼친 후 휴대폰으로 촬영하였다. 그
사진을 내 카톡 프로필에 올려놓았다. 가끔 지인들은 내 프로필에
올려져 있는 멋진 사진이 어느 작가의 작품이냐고 물었다. 나는 유
명한 작가의 작품이라고 말하며 딸의 사연을 이야기 해 주었다. 그

이야기를 듣던 지인들은 감동을 느꼈다고 했다.

지금도 몇 년째 법무사 시험 준비를 하는 지인이 있다. 어느 날 내 카톡 프로필에 올려져 있는 필기구 사진을 보고 누구의 작품인지를 물었다. 딸의 사연을 이야기했다. 그러자 지인은 "검사님! 감동입니다. 따님과 비교하니 저는 공부하는 것도 아닙니다. 책상 앞에 그 필기구 사진을 붙여 놓고 매일 쳐다보며 자극을 받도록 하겠습니다."라는 말을 했다.

또 축령산에서 세심원(洗心園)을 운영하시는 지인의 형님을 만난 적이 있다. 그날 나는 그분에게 딸의 필기구에 대한 이야기를 했다. 그분은 큰 감동을 받았다며 필기구 사진을 보내 달라고 하셨다. 그분은 다음 날 자신의 인터넷 블로그에 필기구 사진과 함께 다음과 같은 글을 올리셨다. "지인 따님께서/ 2019년 행정고시에 합격하고/ 공부하면서 사용하였던/ 빈볼펜 300자루/ 노력의 증거/ 아름다운 펜이/ 예술 작품으로 태어나/ 증명하는 것을 보면서/ 꿈은/ 마저석(磨杵石)/ 돌이 수저가 되도록/ 갈고닦아야/ 이루어진다는 것을/ 아름다운 예술 작품을/ 남기신 이쁜 마음으로/ 국가의 동량으로/ 일취월장하시기를 기원합니다./ 추사 김정희 선생님께서는/ 벼루 10개 붓 1,000자루를/ 갈고 쓰면서 소진하여/ 선생님만이 쓸 수 있는/ 추사체를 남겼습니다."

딸의 사연을 책에 쓰게 된 경위는 다음과 같다. 사기예방 원고 2차 교정을 마친 날 저녁에 오랜만에 지인을 만났다. 나는 지인에게 사기예방 책을 출판하려고 한다는 말을 했다. 그러자 지인은 "검사님! 따님 이야기도 당연히 책에 나오겠지요?"라고 했다. 나는 딸의 이야기가 왜 책에 나와야 하는지를 물었다. 그러자 지인은

"따님이 고시를 준비하면서 사용했던 필기구 사진이 아직도 감동적인데요. 그 이야기 당연히 책에 쓰셔야지요."라고 말했다. 나는 자식 자랑하면 팔불출이라고 하면서 거절했다. 그러나 그분은 "그날의 감동을 여러분들에게 알려서 시험준비로 어려움을 겪고 있는 많은 사람들에게 희망을 줄 필요가 있지 않을까요? 책에 꼭 따님의 이야기를 쓰세요."라고 말했다. 그 말에 용기를 내어 나는 팔불출 아빠가 되기로 했다.

딸은 광화문에 있는 모 행정부처에서 사무관으로 근무하고 있다. 매일 아침 8시에 함께 집을 나와 교대역에서 '딸은 상행선, 나는 하행선'인 3호선 지하철을 탄다.

살면서 힘들고 어려운 일이 생길 때마다 아이를 갖지 못해 5년간 간절히 기도했던 시절을 생각하면 쉽게 극복이 된다. 인생은 감동의 연속인 것 같다. 인내가 없으면 결실도 없다. 모든 것에는 숙성기간이 필요하다.

딸이 사용했던 볼펜

강의 및 방송출연 등 자료

2022. 6. 29. tvN [유퀴즈 온 더 블럭]

2023. 12. 11. SBS [좋은 아침]

2023. 11. 17. 연합뉴스경제TV [인포멕스 D]

2023. 11. 6. CBS [김현정 뉴스쇼]

2022. 8. 4. SBS [경아윤아의 브런치톡]

2022. 4. 1. JTBC [썰전 라이브]

2022. 8. 10. KBS1 [무엇이든 물어보세요]

2022. 1. 21. CBS [김현정 뉴스쇼]

2022. 1. 26. KBS1 [성공예감 김방희입니다]

2022. 10. 13. 대검찰청 [검찰 & people]

2022. 12. 7. 서울동부지검 [퇴임식]

2024. 2. 20. EBS평생학교 [사기방지법 6강]

2022. 2. 10. [교보문고 VORA 강의]

2024. 7. 3. KBS1 [성공예감 이대호입니다]

2024. 5. 5. 지식인사이드 [사기꾼들의 28가지 수법]

2024. 6. 3. 김미경TV [사기꾼들의 28가지 수법]

미 주

1 내가 기소한 사건이 법원에서 무죄가 선고되거나, 내가 무혐의 등 불기소 처분한 사건이 고등검찰청에서 수사미진 등을 이유로 재기수사 명령이 내려지는 것을 의미한다.

2 2021년 1월 1일부터 새로 시행된 형사사법 제도에 의하면, 경찰이 수사한 결과 혐의없음 의견인 경우에는 **사건을 불송치**하면서 그 이유를 명시한 서면과 함께 관계 서류와 증거물을 지체 없이 검사에게 송부하도록 하였다(형사소송법 제245조의5 제2호).

3 박용근·이해인 기자, "살인누명 20대 무혐의 석방"(2003년 6월 6일자 경향신문)

4 특정경제범죄 가중처벌 등에 관한 법률 제3조(**특정재산범죄의 가중처벌**) 제1항에, 「「형법」 제347조(**사기**), 제347조의2(컴퓨터등 사용사기), 제350조(공갈), 제350조의2(특수공갈), 제351조(제347조, 제347조의2, 제350조 및 제350조의2의 상습범만 해당한다), 제355조(횡령·배임) 또는 제356조(업무상의 횡령과 배임)의 죄를 범한 사람은 그 범죄행위로 인하여 취득하거나 제3자로 하여금 취득하게 한 재물 또는 재산상 이익의 가액(이하 이 조에서 "이득액"이라 한다)이 **50억 원 이상일 때에는 무기 또는 5년 이상의 징역**에 처한다.」라고 규정되어 있다.

5 손재호 기자, "마포경찰서에서 20대女 투신 사망… 환전 사기 피해자"(2023년 11월 3일자 국민일보)

6 '문워크(moonwalk)'란 마치 달 위에서 걸어간다는 느낌을 주기 때문에 그렇게 부른다고 한다.

7 민법 제863조(인지청구의 소)에, 「자(子)와 그 직계비속(直系卑屬) 또

는 그 법정대리인(法定代理人)은 부 또는 모를 상대로 하여 인지청구의 소를 제기할 수 있다.」고 규정되어 있다.

8 김수영·이미나 기자, "[법알못] '정관수술 했다더니…남편 거짓말에 임신했습니다'" (2021년 2월 20일자 한국경제)

9 이러한 부부를 딩크족(Double Income No Kids, 의도적으로 자녀를 두지 않는 맞벌이 부부)이라고 부른다.

10 '먹고 튀다.'의 준말. 정당한 대가를 치르지 않거나 이익만 챙겨 떠나는 행위를 말한다.

11 이근하 기자, "[단독 인터뷰] 펜싱 남현희·15세 연하 재벌 3세 전청조, 만남·열애·결혼 풀 스토리 최초 공개" (2023년 10월 23일자 여성조선)

12 서울 송파구 잠실역 롯데월드타워에 위치한 국내 최고급 오피스텔로서 매매가격이 최고 370억 원을 기록한 적이 있다.

13 김현정 앵커, "150억 먹튀 명품 쇼핑몰, 잡고보니… 통장엔 44만원 뿐" (2022년 12월 21일자 CBS 김현정의 뉴스쇼)

14 2022년 4월 20일 대구 서부지청은 '데이팅 앱'으로 약 3만여 명의 피해자들에게 여성인 것처럼 행세하거나 만남 또는 교제 의사가 있는 것처럼 기망하여 구매금액 합계 10억 4,000만 원 상당의 포인트를 편취하고 1억 6,800만 원 상당을 교제비 등으로 편취한 신종 사기 범죄 집단을 적발, 주범 3명을 구속 기소하고 공범 14명을 불구속 기소하였다는 보도가 있었다(2022년 4월 21일자 대구지방검찰청 서부지청 보도자료).

15 "이토록 친밀한 배신자"라는 제목으로 번역서가 출판되었다.

16 한동훈, 심기문, 김태영 기자, "투자 광풍에…개미 등치는 주식사기 기승" (2021년 2월 3일자 서울경제)

17 '환형유치'란 벌금 또는 과료를 내지 못하는 범법자가 교도소 노역으로 형을 대신하는 제도이고, 노역장 유치라고도 한다. 형법 제70조 제

1항에, 「벌금이나 과료를 선고할 때에는 이를 납입하지 아니하는 경우의 노역장 유치기간을 정하여 동시에 선고하여야 한다.」라고 규정하고 있다.

18 소수점 이하의 둘째 자리 숫자는 반올림하여 첫째 자리까지 표시하였다.

19 김현정 앵커, "33년 사기꾼을 잡아온 검사 '13가지 사기 수법 다 썼더라, 전청조... 혀 내두를만'" (2023년 11월 6일자 CBS 김현정의 뉴스쇼)

20 2023년 발간된 법무연감에 의하면, **고소·고발된 사람은** 2018년에는 78만 2,251명, 2019년에는 85만 551명, 2020년에는 84만 3,712명, 2021년에는 52만 2,368명, 2022년 49만 4,753명이고, **경제사범은** 2018년에는 10만 3,541명, 2019년에는 10만 950명, 2020년에는 11만 8,138명, 2021년에는 8만 3,911명, 2022년에는 7만 6,933명으로 최근 감소하는 추세이다

21 공판절차를 거치지 아니하고 원칙적으로 서면심리만으로 피고인에게 벌금이나 과료를 과하는 간이한 형사절차를 약식절차(略式節次)라고 하며, 이러한 약식절차에 의하여 재산형을 과하는 재판을 약식명령(略式命令)이라고 한다. 검사가 약식절차를 청구하면서 기소하는 것을 약식명령청구(略式命令請求), 줄여서, 구약식(求略式)이라고 한다.

22 박용필 기자, "사기 범죄 피해액 회수되는 돈은 3%, 배상액은 0.3% 불과" (2021년 7월 13일자 경향신문)

23 양형위원회가 정한 **조직적 사기란** 다수인이 역할을 분담하여 사기범행을 목적으로 사전에 치밀하게 계획하여, 조직적이고 전문적으로 범행을 저지른 경우를 말한다(예를 들면. 전화금융사기단의 전화금융사기, 사기도박단의 사기도박, 보험사기단의 보험사기, 토지사기단의 토지사기, 조직적인 국가보조금사기, 기획 또는 활동에 주도적으로 관여한 자의 다단계사기 등).

24 한지혜 기자, "마지막까지 "엄마 사랑해"... 사기 당하자 두 딸 살해한

母 최후" (2022년 11월 25일자 중앙일보)

25 이지영 기자, "베트남서 8억 원대 취업 사기 벌인 한국인…'무기징역'" (2018년 4월 18일자 중앙일보)

26 박성은 기자, "수십억 사기쳐도 잠깐 살고 나오면 내돈?" (2018년 5월 5일자 연합뉴스)

27 미늘(barb): 낚시 끝의 안쪽에 있는데, 거스러미처럼 되어 고기가 물면 빠지지 않게 만든 작은 갈고리를 말한다.

28 유사수신행위의 규제에 관한 법률 제2조에, 「이 법에서 '유사수신행위'란 다른 법령에 따른 **인가 · 허가를 받지 아니하거나 등록 · 신고 등을 하지 아니하고 불특정 다수인으로부터 자금을 조달하는 것을 업(業)으로 하는 행위**로서 다음 각 호의 어느 하나에 해당하는 행위를 말한다.

    1. 장래에 출자금의 전액 또는 이를 초과하는 금액을 지급할 것을 약정하고 출자금을 받는 행위

    2. **장래에 원금의 전액 또는 이를 초과하는 금액을 지급할 것을 약정**하고 예금 · 적금 · 부금 · 예탁금 등의 명목으로 금전을 받는 행위

    3. 장래에 발행가액(發行價額) 또는 매출가액 이상으로 재매입(再買入)할 것을 약정하고 사채(社債)를 발행하거나 매출하는 행위

    4. 장래의 경제적 손실을 금전이나 유가증권으로 보전(補塡)하여 줄 것을 약정하고 회비 등의 명목으로 금전을 받는 행위」라고 규정되어 있다. 즉, '유사수신행위'는 ① 법령에 따른 인 · 허가나 등록 · 신고없이, ② 불특정 다수인으로부터 자금조달(수신)을 업으로 하며, ③ 장래에 수신한 출자액 등의 전액 또는 초과금액 지급 약정(원금보장)하는 행위이다. 같은 법 제6조 제1항에, 「제3조를 위반하여 유사수신행위를 한 자는 5년 이하의 징역 또는 5천만 원 이하의 벌금에 처한다.」라고 규정되어 있다.

'유사수신행위'를 하는 원인은 **저금리가 장기화되자 투자자들의 대박심리를 자극**하여 불특정 다수인으로부터 금원을 편취할 것을 노리기 때문

이다. **실물투자에 따른 수익 창출가능성이 전혀 없는 상황**에서, 다단계 조직을 이용하므로, 다수피해자, 거액 피해금으로 심각한 사회문제를 야기하고 있다. 다단계의 **상품판매는 등록하면 적법**하나, **금융다단계**는 사기성이 농후하므로 등록 여부와 무관하게 **엄격히 금지되어 있다.**

29 조수영 기자, "'전주 전통시장사기' 대부업자 징역 18년 선고"(2021년 10월 8일자 전주MBC)

30 구성요건(構成要件)이란 형벌을 과하는 근거가 되는 행위유형을 추상적으로 기술한 것을 말한다.

31 상대방이 착오를 일으키지 아니하여 사기범행이 이 단계에서 끝이 났다면 사기미수이다.

32 사기범이 속였지만 상대방이 착오를 일으킨 것이 아니라 불쌍하다고 느껴서 돈을 사기범에게 준 경우에는 착오와 처분행위 간에 인과관계가 없기 때문에 사기미수죄가 된다.

33 대법원은 「사기죄의 성립요소로서 **기망행위는 널리 거래관계에서 지켜야 할 신의칙에 반하는 행위로서 사람으로 하여금 착오를 일으키게 하는 것**을 말하고, **착오는 사실과 일치하지 않는 인식**을 의미하는 것으로, 사실에 관한 것이든, 법률관계에 관한 것이든, 법률효과에 관한 것이든 상관없다. 또한 사실과 일치하지 않는 하자 있는 피기망자의 인식은 처분행위의 동기, 의도, 목적에 관한 것이든, 처분행위 자체에 관한 것이든 제한이 없다. 따라서 피기망자가 기망당한 결과 자신의 작위 또는 부작위가 갖는 의미를 제대로 인식하지 못하여 그러한 행위가 초래하는 결과를 인식하지 못하였더라도 그와 같은 착오 상태에서 재산상 손해를 초래하는 행위를 하기에 이르렀다면 피기망자의 처분행위와 그에 상응하는 처분의사가 있다고 보아야 한다(대법원 2017. 2. 16. 선고 2016도13362 전원합의체 판결 등).」라고 기망행위를 정의하였다.

34 처분행위에는 사기범이 재물을 가져가는 것을 묵인하는 것도 포함

한다.

35 마이클 잭슨(Michael Jackson)의 노래 '빌리진(Billie Jean)'의 가사에, "그러니 내 강력한 충고를 새겨들으세요, 항상 두 번 생각하는 걸 잊지 마세요(So take my strong advice, just remember to always think twice). 꼭 다시 한번 생각하세요(Do think twice)"라고 되어 있다.

36 이보람 기자, "의사 한명이 한달간 41억 털렸다…그를 속인 '악마의 수법'" (2022년 8월 24일자 중앙일보)

37 조정아 기자, "의사에게 41억 가로챈 보이스피싱 일당…사기 규모 200억" (2023년 6월 21일자 KBS뉴스)

38 최다은 기자, "귀하의 사건이 계류 중에 있습니다. '이승필 검사' 사칭 피싱 기승" (2021년 10월 26일자 한국경제)

39 임순현 기자, "112 신고전화 한통으로 보이스피싱 피해구제까지"(2023년 9월 26일자 연합뉴스); 지금까지 신고는 경찰청(☎112), 악성 앱 차단은 KISA(☎118), 지급정지는 금융감독원(☎1332) 등 여러 부처·기관에 업무가 흩어져 있었다.

40 "26억 원 편취 보이스피싱 사건 수사결과 – 환전상 등 조직원 5명 구속 기소 – " (2020년 9월 15일자 서울동부지방검찰청 보도자료)

41 이재경 기자, "112에 네가 왜 나와? … 전화 가로채는 보이스피싱" (2021년 2월 4일자 MBC 뉴스데스크)

42 이채연 기자, "'아들 납치했다' 부모 노리는 보이스피싱 급증" (2020년 10월 27일자 MBC충북 뉴스)

43 김윤이 기자, "「아내 번호로 전화 와 '납치됐다'며 돈 요구」 알고 보니…" (2021년 12월 10일자 동아일보); 이상현 기자, "딸 번호로 전화해 협박까지…진화하는 보이스 피싱" (2022년 11월 22일자 연합뉴스)

44 안윤학 기자, "또 '검사 사칭'에 속아 … 대한상의 직원, 극단적 선택"

(2020년 4월 23일자 YTN)

45 김다영 기자, "보이스피싱에 전재산 900만 원 뜯긴 50대 가장, 결국 극단선택" (2021년 11월 18일자 중앙일보)

46 홍현기 기자, "인천 아파트 옥상서 떨어져 숨진 중학생 … '몸캠피싱' 피해 정황" (2021년 5월 31일자 연합뉴스)

47 김병용 기자, "실패하면 보복 범죄까지 … 진화하는 '보이스 피싱'" (2019년 4월 4일자 KBS 뉴스 따라잡기)

48 윤수진 기자, "보이스피싱 신고하니 '배달 폭탄' 보복…경찰은 '소극적'" (2020년 10월 22일자 SBS 뉴스)

49 통신사기피해환급법(정식 명칭: 전기통신금융사기 피해 방지 및 피해금 환급에 관한 특별법)은 2023년 5월 16일 일부 개정(법률 제19418호)되어 2023년 11월 17일부터 시행되었다.

50 김민지 기자, "마포경찰서에서 20대女 추락사…숨지기 직전 '사기 피해' 호소했다" (2023년 11월 3일자 서울신문)

51 김영명 기자, "'로맨스 스캠 피해 도와줄게요'... 화이트해커 가장해 짜고..." (2023년 6월 16일자 보안뉴스)

52 이태권 기자, "로맨스 스캠 일당이 만든 가짜 코인 거래소, 48억 삼켰다" (2021년 9월 29일자 서울신문)

53 배용진 기자, "KAI도 당했다 … 16억 피싱 사기" (2021년 6월 21일자 제2663호 주간조선)

54 안윤학 기자, "국제범죄조직, 해킹으로 마스크 사기 … '스피어피싱' 주의보 (2020년 12월 13일자 YTN 뉴스)

55 김용민 기자, "17억대 인터넷 중고거래 사기범 18명 검거" (2021년 8월 17일자 내일신문)

56 김현정 앵커, "150억 먹튀 명품 쇼핑몰, 잡고보니… 통장엔 44만원

뿐" (2022년 12월 21일자 CBS 김현정의 뉴스쇼)

57 유선희 기자, "'롤렉스 값 현금 냈는데…' 네이버 최대 '구매대행' 카페 15억 사기" (2023년 3월 21일자 한겨레)

58 신용카드 **차지백(Chargeback) 서비스**란 입금취소 또는 환불을 의미하며, 해외거래 소비자가 사기 의심, 미배송, 가품 의심, 환불 미이행 등의 사유가 있을 경우 카드사에 요청하여 이미 승인된 거래를 취소하는 서비스로 소비자가 신용카드 발급사로부터 입증서류를 제출하여 거래대금을 환불받는 서비스를 말한다.

59 정재훈 기자, "80만 명 피해봤지만… 반복되는 쇼핑몰 사기 왜 못막나" (2023년 1월 10일자 KBS 뉴스)

60 정새배 기자, "'명품 할인 판매' 쇼핑몰 알고 보니 '먹튀'?…판매 중지 명령" (2022년 10월 17일자 KBS뉴스)

61 이은지 기자, "재력가 속여 10년간 72억 꿀꺽…슈퍼카 37대 산 30대 女, **차용증 위조도**…징역 9년"

62 이승연 기자, "회사돈 120억 원 빼돌려 도박에 탕진…30대 철창행" (2021년 10월 30일자 연합뉴스)

63 조성준 기자, "4,300만 원 집, 보증금이 7,000만 원… '전세 구하기 무서워'" (2022년 7월 13일자 머니투데이)

64 박초롱 기자, "대신 갚은 전세금 올해만 2.7조 원…정부, HUG에 1조 원 추가출자" (2023년 11월 17일자 연합뉴스)

65 안규영 기자, "[단독] 70억원 규모 전세 보증금 사기에 피해 속출, 일부 극단적 선택" (2019년 10월 15일자 국민일보)

66 최덕재 기자, "신탁등기의 함정…전셋집에서 쫓겨나는 청년들" (2021년 10월 4일자 연합뉴스 TV)

67 ① "전 재산이었던 전 월세 보증금을 날리고 하루 아침에 쫓겨날 위기에 처한 세입자들, 그들에게는 무슨 사연이?" (2021년 2월 18일자

KBS교양); ② "한 아파트에서 들려온 세입자들의 절규! 내쫓길 위기에 놓인 세입자들, 그 이유는?"(2022년 3월 1일자 KBS교양)

68 홍인택 기자, "중개사 가짜 등기부에 … 47명이 전세금 24억 날렸다"(2019년 10월 22일자 한국일보)

69 박정현 기자, "전세금 73억 빼돌려 해외 도주한 공인중개사 항소심도 징역 9년"(2020년 7월 2일자 창원＝연합뉴스)

70 남승우 기자, "[못참겠다] 전입신고 날 근저당 건 집주인…'보증금 1억 날릴 위기에 눈물만'"(2019년 1월 13일자 KBS뉴스)

71 법무부가 국토교통부, 서울특별시, 대한법률구조공단과 함께 만든 주택임대차표준계약서의 특약사항에 이와 같은 취지의 문구가 예시되어 있다(www.moj.go.kr＞moj＞subview 법무부, 주택임대차표준계약서 참조).

72 이 규정은 공포한 날로부터 시행되었다.

73 남승우 기자, "[못참겠다] 대학생 전세 한 달 만에 집주인 '파산신청'…'우릴 속인 세상 야속'"(2018년 9월 6일자 KBS뉴스)

74 [生生국감] "'세금의 갑질?'… 집주인 체납에 5년간 떼인 전세금 335억"(2021년 10월 20일자 뉴데일리경제)

75 이와 같은 것이 사회문제가 되어 최근에는 **임대사업자**의 경우 '민간임대주택에 관한 특별법(약칭: 민간임대주택법)'에 의하여 의무적으로 임대보증금반환 보증보험에 가입하도록 하였다(민간임대주택법 제49조 제1항). **신규 임대사업자**는 2020년 8월 18일부터, 기존 사업자는 1년 후부터 이 법이 적용된다. 종전에는 '전세보증금 반환보증보험'에 가입한 세입자가 보증료를 전액 부담해야 했지만, 민간임대주택법 시행령은 임대사업자가 의무적으로 가입한 보험의 보증료를 집주인과 세입자가 각각 75%, 25% 나누어 내도록 하고 있다. 집주인이 먼저 보증료를 전액 낸 뒤 이 중 25%를 임대료에 더해 세입자에게 받는 식

으로 된 것이다. 그러나, 25%의 보증료를 내기 싫은 세입자들은 **임대사업자가 아닌 집주인한테 전월세**를 구하면 된다. 그러나, 매매가가 보증금보다 낮은 '깡통전세'나 '역(逆)전세'가 될 경우 보증금을 돌려받지 못할 각오는 해야 할 것이다.

76 이가영 기자, "태연도 걸려든 기획 부동산 사기… 전문가가 본 그들의 수법은"(2021년 10월 29일자 조선일보)

77 고성민 기자, "'연 12%' 분양형 호텔의 배신…1억짜리 객실이 1,000만 원에도 안팔려"(2020년 5월 8일자 조선비즈)

78 재건축 · 재개발조합의 경우 규제가 상대적으로 엄격한 도시정비법의 적용을 받는 반면, 지역주택조합의 경우에는 규제가 약한 주택법의 적용을 받는다.

79 서울북부지검은 '토지확보율은 계약체결에 중요한 사항인 바, 토지확보가 미진(모집개시 당시 1.9%)하였음에도 불구하고 66% 이상 확보한 것으로 속이고, 1군 건설업체 브랜드를 내세워 마치 확정된 일반분양인 것처럼 속여 조합원(피해자) 246명을 상대로 91억 원을 취득하고, 조합자금 중 46억 원 상당을 허위 용역비 등으로 빼돌려 사채 변제, 호화 생활 등에 유용한 북부관내 B지역주택조합 **업무대행사 실운영자**, 추진위원장 등 10명을 적발하여 기소하였다.'는 수사결과(2020년 6월 5일자 보도자료)를 발표하였고, 한편 청주지검은 '청주시 관내 지역주택조합 사업과 관련하여 토지 확보율, 시공사 확정 등을 속여 945명으로부터 가입비 · 분담금 등 합계 288억 원을 취득한 C지역주택조합 **업무대행사 대표**, 홍보대행사 대표 등 2명을 구속 기소하고, 이에 공모한 조합장 등 5명을 불구속 기소하였다.'는 수사결과(2020년 12월 23일자 보도자료)를 발표한 바 있다.

그 외에도 인천, 대구, 광주, 창원 등 각 지검이나 지청은 지역주택조합의 비리를 단속하여 수사결과를 언론에 각각 발표하였는데, 대부분의 경우 **업무대행사** 대표가 주축이 되어 비리를 저질렀다.

80 주택법 제11조의6(조합 가입 철회 및 가입비 등의 반환)이 2019년 12월 10일 신설되어(2021년 1월 24일부터 시행), 주택조합에 최초로 가입을 신청한 자는 가입비등을 예치한 날부터 30일 이내에 주택조합 가입에 관한 청약을 철회하여 조합에서 탈퇴할 수 있도록 하였다.

81 김수한 기자, "'아파트 할인만 덜컥 믿다가'…분양 사기 주의보" (2014년 1월 22일자 헤럴드경제)

82 법인은 대표이사를 통하여 법률행위를 하기 때문에 법인 상호 옆에 대표이사 이름과 직인이 있어야 하고, 그 법률효과는 대표이사 개인에게 귀속되는 것이 아니라 법인에게 귀속된다.

83 주택임대차보호법 제3조에, 「임대차는 그 등기(登記)가 없는 경우에도 임차인(賃借人)이 주택의 인도(引渡)와 주민등록을 마친 때에는 그 다음 날부터 제3자에 대하여 효력이 생긴다. 이 경우 전입신고를 한 때에 주민등록이 된 것으로 본다.」라고 규정되어 있기 때문이다.

84 <논어(論語)> '안연편(顔淵篇)'에 실린 공자(孔子)의 말에서 비롯되었다. 자공(子貢)이 정치(政治)에 관해 묻자, 공자는 "식량을 풍족하게 하고(足食), 군대를 충분히 하고(足兵), 백성의 믿음을 얻는 일이다(民信)"라고 대답하였다. 자공이 "어쩔 수 없이 한 가지를 포기해야 한다면 무엇을 먼저 해야 합니까?" 하고 묻자 공자는 군대를 포기해야 한다고 대답했다. 자공이 다시 나머지 두 가지 가운데 또 하나를 포기해야 한다면 무엇을 포기해야 하는지 묻자 공자는 식량을 포기해야 한다며, "예로부터 사람은 다 죽음을 피할 수 없지만, 백성의 믿음이 없이는 나라가 서지 못한다(自古皆有死 民無信不立)"라고 대답했다.

85 1920년대 미국에서 찰스 폰지(Charles Ponzi: 1882~1949)라는 사람이 벌인 사기 행각에서 유래되었다. 그는 1919년 국제우편 요금을 지불하는 수단인 국제우편쿠폰(international reply coupon)이 당시 제1차 세계대전을 겪으면서 크게 변한 환율을 적용하지 않고 전쟁 전의

환율로 교환되는 점에 착안하여 해외에서 이를 대량으로 매입한 뒤 45일 후 원금의 50%, 90일 후 원금의 100%에 이르는 수익의 지급할 것을 약속하고 투자자를 모집하였고, 투자자들은 약정된 수익금이 지급되자 재투자를 하는 한편 자신의 지인을 2차 투자자로 모집하게 되었다. 이 소문이 미국 전역에 퍼져 더 많은 투자자들이 모여들어 투자 총액이 몇 달 만에 막대한 규모로 불어났다. 그러나 이 사업의 실상은 **나중에 투자한 사람의 돈으로 먼저 투자한 사람의 수익을 지급하는 금융피라미드**라는 의혹이 제기되자 불안해진 일부 투자자들이 투자금을 회수하기 시작함으로써 폰지의 사업은 순식간에 파산되어 사기죄로 구속되었다. 그후 '폰지사기'는 다단계 금융사기를 가리키는 말로 통용되게 되었다.

86 '외환마진거래'란 두 나라의 통화를 동시에 사고 파는 방식의 외환거래를 말한다. 8개국의 통화 중 2개를 교환해서 환율변동에 따른 환차익을 노리는 것이다. 손실이 발생할 위험이 거래소 선물시장보다 크다.

87 김현주 기자, "성공한 화장품 회사인 척?…1조원대 투자금 모은 화장품 회사 대표·임원 구속" (2021년 10월 22일자 세계일보)

88 최은미 기자, "[뉴스추적/단독] '49명이 한 패' 100억 대 투자 사기, 어떻게 가능했나" (2023년 10월 16일자 MBN 뉴스)

89 서울중앙지방법원 2011. 7. 27. 선고 2011고합89 사건 [특정경제범죄가중처벌등에관한법률위반(사기)·사기·배상명령신청]의 판결문은 「피고인들은 2009. 11. 5.경 위 (이하 생략) 또는 ◇◇◇◇에서, 피고인 1.은 "정치자금으로 예치되어 있는 구권 2,000억 원을 600억 원에 인수하려고 한다. 그러기 위해서는 우선 600억 원 잔고증명서를 발급받는 비용으로 3,000만 원이 필요하다. 그러면 그 돈의 일부를 떼어 기존에 빌린 돈을 변제하고 약속한 사업투자금도 지급하겠다."는 취지로 거짓말을 하고, 피고인 2.는 옆에서 "구권 교환 작업은 상당한 돈이 든다. 큰 돈이 생긴다."고 말하는 등 분위기를 조성하였다. 그러나 사실은

피고인들은 **구권이 실제로 존재하는지 확인한 바도 없고, 구권을 인수할 수도 없었으므로** 피해자로부터 돈을 받더라도 잔고증명서를 받아 2,000억 원을 인수하여 피해자에게 돈을 변제하거나 투자금을 지급할 의사나 능력이 없었다. 그럼에도 피고인들은 공모하여, 위와 같이 피해자를 기망하여 이에 속은 피해자로 하여금 증명서 발급비용 명목으로 피고인들이 지정한 공소외 ○○○ 의 새마을금고 계좌로 2009. 11. 5. 1,000만 원을, 2009. 11. 6. 2,000만 원을 송금하도록 하여 합계 3,000만 원을 편취하였다.」라고 되어 있는바, 이를 보면 그 범행 수법을 알 수 있다.

90 당시 '서울지방검찰청'이었으나 2004년 2월 1일부터 서울지방검찰청에 속해 있던 서울 동, 남, 북, 서부, 의정부 지청이 서울동부지검, 남부지검, 북부지검, 서부지검, 의정부지검으로 승격하면서 "서울중앙지방검찰청"으로 명칭이 변경되었고, 당시 조사부는 검찰청에 직접 접수된 고소·고발·진정사건 중 피해금액 5억 원 이상의 재산범죄를 경찰에 수사지휘를 하지 아니하고 검찰청에서 직접 수사·처리하기 위하여 설치된 부서이다.

91 慢(게으를 만), 藏(감출 장), 誨(가르칠 회), 盜(훔칠 도).

92 변제(辨濟)라 함은 '진 빚을 갚는다.'는 의미이다. 그 빚의 발생원인은 금전 또는 물품을 공급받거나 용역(service)을 제공받는 등 다양하다.

93 이정훈 기자가 "원금보다 많아도 돌려막기로 원금·이자 줬다면 사기죄 해당"(2019년 9월 30일자 창원=연합뉴스)이라는 제목으로 취재한 이 사건의 번호는 창원지방법원 2019. 9. 26. 선고(1심) 2019고합114호이다.

94 사기죄가 보호하는 법익(法益)에 관하여 여러 가지의 견해가 있는데 '재산을 주된 보호법익으로 하나, **2차적으로 재산적 거래의 진실성 또는 신의성실도 포함한다.**'는 것이 통설이다.

95 이에 관한 대법원 판례 2건을 소개하면 다음과 같다.
　① 「**신용카드 가맹점주가** 신용카드회사로부터 금원을 교부받을 당시 신

용카드회사에게 **매출전표가** 용역의 제공을 가장하여 **허위로 작성된**
것임을 고지하지 아니한 채 제출하여 대금을 청구하였고, **신용카드회**
사는 매출전표에 기재된 바와 같은 가맹점의 **용역의 제공이** 실제로
있은 것으로 오신하여 그에게 그 **대금 상당의 금원을 교부한 경우,** 신
용카드회사가 가맹점의 용역의 제공을 가장한 허위 내용의 매출전
표에 의한 대금청구에 대하여는 이를 거절할 수 있는 등 매출전표
가 허위임을 알았더라면 가맹점주에게 그 대금의 지급을 하지 아
니하였을 관계가 인정된다면, 가맹점주가 용역의 제공을 가장한
허위의 매출전표임을 고지하지 아니한 채 신용카드회사에게 제출
하여 대금을 청구한 행위는 사기죄의 실행행위로서의 **기망행위에**
해당하고, 가맹점주에게 이러한 기망행위에 대한 범의가 있었다면,
비록 당시 그에게 신용카드 이용대금을 변제할 의사와 능력이 있었다
고 하더라도 사기죄의 범의가 있었음을 인정할 수 있다(대법원
1999. 2. 12. 선고 98도3549 판결).」라고 판시하고,

② 「**타인으로부터 금전을 차용함에 있어서** 그 차용한 금전의 **용도나**
변제할 자금의 마련방법에 관하여 **사실대로 고지하였더라면 상대방**
이 응하지 않았을 경우에 그 용도나 변제자금의 마련방법에 관하여
진실에 반하는 사실을 고지하여 금전을 교부받은 경우에는 사기죄
가 성립하고, 이 경우 차용금채무에 대한 담보를 제공하였다는 사
정만으로는 결론을 달리 할 것은 아니다. 피고인 1의 1998. 1. 26.
자 사기의 점에 대하여 보건대, 제1심이 적법하게 채택하여 조사
한 증거들을 기록에 비추어 살펴보면, 피고인은 위 1998. 1. 26.경
위 상가 관리소 소장으로서 월급도 제대로 받지 못하고 별다른 재
산이 없어서 피해자 공소외 2로부터 돈을 빌리더라도 3개월 후에
변제할 능력이 없었다고 보이는 점, 사실은 피고인이 빌리려는 위
돈의 용도는 상가의 전기요금을 납부하기 위한 것이 아니라 피고
인 개인적으로 사용하기 위한 것이었던 사실, 그럼에도 피고인이
피해자 공소외 2에게 상가 전기요금을 내기 위하여 빌리는 것이

며, 상가 관리비를 받아서 3개월 후에 갚겠다고 거짓말을 하고 선이자 120만 원을 공제한 880만 원을 빌렸던 사실, 피고인은 위 차용금을 여러 해가 지나도록 갚지 않고 있는 사실 등을 알 수 있는 바, **피고인이 차용금의 용도나 사용 후 변제할 자금의 마련방법 등에 대하여 피해자를 기망**한 위와 같은 내용, 피고인의 차용 당시의 변제 자력이나 그 이후 그 채무의 이행을 위한 노력 여부에 비추어 살펴보면, 피고인은 피해자 공소외 2를 기망하여 위 금원을 편취할 의사가 있었다고 봄이 상당하고, 피해자 공소외 2는 그와 같은 피고인의 기망에 속아 피고인이 3개월 후에 변제할 것으로 믿고서 대여하였다고 할 것이니, 피고인 1이 위 금원을 차용할 당시 비록 재력이 있는 것처럼 보이는 공소외 3이 보증을 하였다고 하더라도 그와 같은 사정만으로 피고인에게 편취의 범의가 없었다고 보기는 어렵다고 할 것이다(대법원 2005. 9. 15. 선고 2003도5382 판결 등).」라고 판시하여, 기망행위와 처분행위의 인과관계가 인정되면 사기죄가 된다는 취지로 용도사기를 인정하였다.

96 황재하 기자, "전관변호사 성공보수금 '먹튀' 논란 (약정서 임의 작성 … 서울변회 조사 착수)" (2021년 8월 6일자 연합뉴스)

97 변호사법 제111조(벌칙) 제1항에, 「**공무원이 취급하는 사건 또는 사무에 관하여 청탁 또는 알선을 한다는 명목으로 금품·향응, 그 밖의 이익을 받거나 받을 것을 약속한 자 또는 제3자에게 이를 공여하게 하거나 공여하게 할 것을 약속한 자는 5년 이하의 징역 또는 1천만원 이하의 벌금에 처한다.** 이 경우 벌금과 징역은 병과할 수 있다.」, 제116조(몰수, 추징)에, 「제111조 죄를 지은 자 또는 그 사정을 아는 제3자가 **받은 금품이나 그 밖의 이익은 몰수한다. 이를 몰수할 수 없을 때에는 그 가액을 추징한다.**」라고 각각 규정되어 있다.

98 대법원 판례는, 「공무원이 취급하는 사건 또는 사무에 관하여 청탁 또는 알선을 한다는 명목으로 금품·향응 기타 이익을 받거나 받을 것을 약

속하고 또 제3자에게 이를 공여하게 하거나 공여하게 할 것을 약속한 때에는 위와 같은 금품을 받거나 받을 것을 약속하는 것으로써 **변호사법 제111조 위반죄가 성립된다고** 할 것이다. 공무원이 취급하는 사건에 관하여 청탁 또는 알선을 할 **의사와 능력이 없음에도** 청탁 또는 알선을 한다고 **기망하고 금품을 교부받은 경우, 사기죄와 변호사법 위반죄가 상상적 경합의 관계에** 있다.」(대법원 2006. 1. 27. 선고 2005도8704 판결)라고 판시하였다.

99 참고로 채권의 공정한 추심에 관한 법률(약칭: 채권추심법)에 의하면, 정당한 사유 없이 반복적으로 또는 야간(오후 9시 이후부터 다음 날 오전 8시까지)에 채무자를 방문하거나, 전화·말·글·음향·영상 또는 물건을 채무자에게 도달하게 함으로써 공포심이나 불안감을 유발하여 사생활 또는 업무의 평온을 심하게 해치는 행위(같은 법 제9조 제2호, 제3호)를 할 경우 **1년 이하의 징역 또는 1천만원 이하의 벌금**에 처하도록 되어 있으므로(같은 법 제15조 제2항 제2호) 경우에 따라서는 돈을 빌려주고도 채권을 추심하는 과정에서 적법절차를 지키지 아니하면 처벌될 수도 있으니 각별한 주의가 요망된다.

100 이에 대해 법원은 「사람은 누구나 자신의 음성이 함부로 녹음되거나 재생, 방송, 복제, 배포되지 않을 권리를 가지는데, 이러한 음성권은 헌법 제10조 제1문에 의하여 헌법적으로도 보장되고 있는 권리이므로, 음성권에 대한 부당한 침해는 불법행위를 구성한다. 그러나 녹음자에게 비밀녹음을 통해 달성하려는 정당한 목적 또는 이익이 있고 녹음자의 비밀녹음이 이를 위하여 필요한 범위에서 상당한 방법으로 이루어져 사회윤리 또는 사회통념에 비추어 용인될 수 있는 행위라고 평가할 수 있는 경우에는, 녹음자의 비밀녹음은 사회상규에 위배되지 않은 행위로서 그 위법성이 조각된다고 보아야 한다. 이 사건 제반증거에 의하면, 피고의 녹음행위로 원고의 음성권이 다소 침해되었다고 하더라도 이는 필요한 범위 내에서 상당한 방법으로 이루어져 **사회상규에 위배되지 않는 행위로 판단되어 원고의 항소를 기각한다.**」라고 판시

하였고, 대법원에서도 상고가 기각되어 그대로 확정되었다(서울중앙지방법원 2019. 7. 10 선고 2018나68478 판결, 대법원 2019. 10. 31. 선고 2019다256037 판결).

101 다음은 음성권 침해를 이유로 법원이 인정한 위자료이고, 그 금액이 100~500만 원임을 알 수 있다. 서울고등법원 2009. 6. 3. 선고 2008나80052 판결은 위자료 100만 원, 서울중앙지방법원 2016. 7. 21. 선고 2015가단5324874 판결은 위자료 400만 원, 서울중앙지방법원 2005. 9. 27. 선고 2004가단235324 판결은 위자료 500만 원을 각각 인정하였다.

102 형법 제348조 제1항(준사기)에, 「미성년자의 지려천박 또는 **사람의 심신장애를 이용**하여 재물의 교부를 받거나 재산상의 이익을 취득한 자는 10년 이하의 징역 또는 2천만원 이하의 벌금에 처한다.」라고 규정되어 있다.

103 장은교 기자, "비트코인 비번 찾기..남은 두 번에 2,600억 원이 달렸다"(2021년 1월 13일자 경향신문)

104 채권의 공정한 추심에 관한 법률 제15조 제2항 참조.

105 대법원 2005. 9. 15. 선고 2005도5215 판결; 대법원 1997. 7. 25. 선고 97도1095 판결; 대법원 1983. 11. 8. 선고 83도1723 판결 참조.

106 이를 어음 또는 수표의 무인증권성(無因證券性)이라고 한다. 즉, 어음·수표의 권리는 물건의 매매 또는 금전대차 등과 같은 원인관계가 처음부터 효력이 없거나 뒷날 취소되어 효력을 잃더라도 어음·수표상의 권리에는 아무런 영향을 주지 않는다.

107 '친고죄'에 대하여 제일 먼저 떠오르는 범죄가 강간, 강제추행 등 성범죄일 것이다. 그러나, 2012. 12. 8.자로 친고죄를 규정한 형법 제306조가 삭제됨으로써 이 범죄들은 이제 친고죄가 아니다. 따라서, 성범죄는 '친고죄의 고소기간'의 제한을 받지 아니한다.

한편 친고죄와 구별되는 것으로 '반의사불벌죄'가 있다. 친고죄는 고소가 없으면 공소를 제기할 수 없지만 '반의사불벌죄'는 피해자의 명시한 의사에 반하여 논할 수 없는 죄를 말한다. 즉, 처벌을 희망하는 의사표시가 없어도 공소를 제기할 수 있으나, 처벌을 희망하지 아니하는 의사표시가 있는 때에는 공소를 제기할 수 없고, 이미 공소를 제기한 때에는 형사소송법 제327조 제6호에 의하여 공소기각의 판결을 선고하여야 한다.

형법 제260조 제3항에 「폭행의 죄는 피해자의 명시한 의사에 반하여 공소를 제기할 수 없다.」라고 규정되어 있다. 즉, 폭행죄는 반의사불벌죄이다. 그 외의 협박죄, 명예훼손죄도 반의사불벌죄에 해당한다. 그러나, 형법상 모욕죄는 친고죄이다. 형법상 모욕은 '**사실을 적시하지 아니하고** 타인에 대하여 경멸의 의사를 공연히 표시하는 행위'이다. 명예훼손은 '**사실**(허위 또는 허위가 아니라도 됨)**을 적시(摘示)하여** 공연히 타인의 명예(사람이 사회적으로 가지는 가치)를 훼손하는 행위'이고, 따라서, '사실의 적시'가 있었느냐에 따라 서로 구별된다.

108 이 사건도 2021. 1. 1.부터 수사권조정으로 형사소송법이 개정되기 전의 사건이다. 개정된 법에 의하면 경찰이 혐의없음 의견인 경우에는 사건을 송치하지 아니한 채 1차로 수사를 종결하면서 기록만 검찰로 송부할 뿐이다.

109 고도예 기자, "공수처, 6호사건으로 '공소시효 넘긴 평검사' 수사" (2021년 7월 12일자 동아일보)

110 기수(旣遂)는 범죄의 구성요건(構成要件)을 실현하여 완성하는 것을 말한다. 구성요건이란 형법상 금지 또는 요구되는 행위가 무엇인가를 추상적, 일반적으로 기술해 놓은 것이다.

111 포괄일죄(包括一罪)란 여러 개의 행위가 포괄적으로 1개의 구성요건에 해당하여 1죄를 구성하는 경우를 말한다.

112 법익(法益)이란 법에 의하여 보호되는 이익을 말한다.

113 홍성규 기자, "공소시효 잘못 계산한 사기범 쇠고랑, 시효완성 된 줄

알고 검찰에 '지명수배해제' 요청하다"(2002년 4월 26일자 법률신문)

114 통상적으로 구속전심문을 '실질심사'라고 부르고 있으나, 이는 법률상의 용어는 아니다. 형사소송법 '제201조의2'에는 구속영장이 청구된 피의자에 대한 구속전심문에 관하여 규정하고 있다.

115 어린이들로 하여금 로봇조종사, 드론조종사 등 미래의 다양한 직업을 재미있게 체험할 수 있도록 하는 전시 및 놀이시설을 말한다.

116 이 사건은 수사권 조정되기 이전의 것이다. 수사권이 조정된 현재는 검사의 수사지휘권이 폐지되고, 경찰에게 1차 수사종결권이 있다. 경찰은 혐의없음 등의 이유로 불송치 결정을 하는 경우 사건을 검찰에 송치하지 아니하고, 기록만 검찰에 송부한다.

117 과거에 벌금의 집행률을 높이기 위하여 미리 벌금을 납부받아 기소하였다. 이것을 예납(豫納)이라고 한다. 예납실적을 높이기 위하여 월말이 되면 검사와 직원들은 사무실에서 야근을 하면서 예납을 독촉하는 전화를 하느라 바빴다. 예납제도는 법무부령인 검찰징수사무규칙에만 규정되어 있을 뿐 법적 근거가 없어서 2003년에 폐지되었다.

118 이 죄명은 2012년 12년 18일 제11574호로 형법에서 삭제되었다.

119 그 당시 조사부는 5억 이상 재산범죄에 대한 고소사건을 배당받아 검찰에서 직접 조사하는 업무를 하였다.

120 검찰청 명칭이 서울중앙지검으로 바뀌기 전의 사건이다.

저자약력

임채원

○ 학력
서울고, 고려대 법대 졸업

○ 경력
제29회 사법시험 합격(사법연수원 제19기)
성남(1990년), 천안지청, 부산, 대구, 서울지검 검사
수원지검 부부장, 서울, 대구, 부산고검 검사
부산지검, 의정부지검, 서울북부지검 부장검사
사법연수원 교수(2년: 제36기~제38기), 국가경쟁력강화위원회 파견(1년)
순천, 안산지청 차장검사
서울중앙지검 중요경제범죄조사단(부장검사, 2년 6월)
전주지검 중요경제범죄조사단(단장, 2년)
서울동부지검 중요경제범죄조사단(단장, 2020년 9월~2022년 12월 7일)
현재 변호사

○ 수상
우수 중요경제범죄조사단 검사(2020년 상반기, 대검찰청)
홍조근정훈장(2017년), 검찰총장 표창(1999년)
모범검사상 수상(1999년), 법무부장관 표창(1996년)

○ 저서
새로운 검찰 결정문 연구(2007년, 공저)

○ 강의 경력
한양대, 동국대, 서울외대, 전북대 각 AMP, 단국대(죽전캠퍼스), KBS스포츠예술과학원(큐레이터 과정), 교보문고VORA(보라), 글로벌물류(GLMP), 울산시청특사경, 울주군청, 전북병무청, 부안군청, 순천독립신문, (사)연기예술학회, 시민로스쿨, 대광사(천태종), 정각사(유나방송), 법무연수원(진천군 소재), 대한법무사연수원 등 92회

○ 방송출연 경력
tvN － "유퀴즈 온 더 블록(유재석 진행)"(사기꾼 잡는 검사, 2022. 6.)
SBS － "좋은 아침"(사기 피해 주의보, 2023. 12.)
EBS 평생학교 － "사기방지법"(2024. 2.)
CBS － "김현정 뉴스쇼"(전청조 사건, 2023. 11. 및 사기예방, 2022. 1.)
KBS － "무엇이든 물어보세요"(노인 상대 사기, 2022. 8. 및 2021. 9.)
SBS － "경아윤아의 브런치톡"(보이스피싱예방, 2022. 8.)
KBS1 － "성공예감 이대호입니다 (사기예방, 2024. 7.)
JTBC － "썰전라이브"(만우절과 사기예방, 2022. 4.)
김미경TV － "20분 트랜드과외"(사기예방, 2024. 6.) 등 다수
이메일   a7760601@gmail.com   ▶ YouTube 임변불패

제 2 판
임 검사의 사기예방 솔루션

초판발행	2022년 1월 7일
제2판발행	2024년 2월 8일
제2판2쇄발행	2024년 8월 14일

지은이	임채원
펴낸이	안종만·안상준

편 집	윤혜경
기획/마케팅	김한유
표지디자인	이영경
제 작	고철민·김원표

펴낸곳	(주)**박영사**
	서울특별시 금천구 가산디지털2로 53, 210호(가산동, 한라시그마밸리)
	등록 1959. 3. 11. 제300-1959-1호(倫)
전 화	02)733-6771
f a x	02)736-4818
e-mail	pys@pybook.co.kr
homepage	www.pybook.co.kr
ISBN	979-11-303-4662-5 03360

copyright©임채원, 2024, Printed in Korea

* 파본은 구입하신 곳에서 교환해 드립니다. 본서의 무단복제행위를 금합니다.

정 가   23,000원